汉语教学名家文选

U0754195

崔永华　卷

崔永华●著

成功的汉语教学必定建立在"实事求是"的基础上。"实事"首先是汉语（也包括汉字）的事实，特别是汉语作为第二语言的学习属性，直面其中不利于学习的属性。因为难学，所以需要明了汉语学习的难点，才能找到克服困难的途径。"鸵鸟政策"不利于汉语教学方法的研讨。"求是"就是以认清"实事"为起点，探求汉语教学的规律。特别是针对汉语教学的难点，确定教学重点，抓住主要矛盾，打好攻坚战。实事求是，才能发现、遵循汉语教学的规律，确定适合汉语特点的教学思路、方法、方案。

北京语言大学出版社
BEIJING LANGUAGE AND CULTURE
UNIVERSITY PRESS

©2019 北京语言大学出版社，社图号 18289

图书在版编目（CIP）数据

汉语教学名家文选．崔永华卷／崔永华著．－－北京：
北京语言大学出版社，2019.5
ISBN 978-7-5619-5432-4

Ⅰ．①汉… Ⅱ．①崔… Ⅲ．①对外汉语教学－语言读
物 Ⅳ．① H195.5

中国版本图书馆 CIP 数据核字 (2019) 第 004423 号

汉语教学名家文选·崔永华卷
HANYU JIAOXUE MINGJIA WENXUAN · CUI YONGHUA JUAN

排版制作：北京光大印艺文化发展有限公司
责任印制：周　燚

出版发行：北京语言大学出版社
社　　址：北京市海淀区学院路 15 号，100083
网　　址：www.blcup.com
电子信箱：service@blcup.com
电　　话：编辑部　　8610-82303647/3592/3395
　　　　　国内发行　8610-82303650/3591/3648
　　　　　海外发行　8610-82303365/3080/3668
　　　　　北语书店　8610-82303653
　　　　　网购咨询　8610-82303908
印　　刷：北京建宏印刷有限公司

版　　次：2019 年 5 月第 1 版　　　印　　次：2019 年 5 月第 1 次印刷
开　　本：787 毫米 ×1092 毫米　1/16　印　　张：27.5
字　　数：544 千字
定　　价：99.00 元

PRINTED IN CHINA

序　一

刘　珣

我面前是一部沉甸甸的书稿：《汉语教学名家文选·崔永华卷》。

说它沉甸甸，是因为作为一部个人的论文选集，主要探讨汉语作为第二语言教育的学科理论和教学理论，能达到如此的高度、深度和广度，实不多见。

就立论的高度而言，作者是以语言学、心理学、教育学和文化学等基础学科及跨学科的视角，审视汉语国际教育和对外（国际）汉语教学，运用唯物辩证法的方法论从宏观上论述我们学科的架构，涉及汉语观、汉语教学观、汉语教学理念直至汉语教学法体系等一系列顶层问题，其中很多属于他自己研究所得出的开创性的观点，并以此作为贯穿全书的指导思想；就研究的深度而言，本书从教学实际出发，直击具体课型的课堂教学，甚至各种教学微技巧，细到汉字部件怎么教；就覆盖的广度而言，这本文集46篇论文，阐述了学科理论、教学设计、课堂教学、汉语要素教学、汉语教材和教学资源、汉语教学史等，本学科范围内所能遇到的主要问题几乎都有论及，以大学汉语教学为主，还涉及中小学汉语教学。我是把它当作一部章节完整、脉络清晰的对外汉语教学概论来阅读，来学习的。

《汉语教学名家文选·崔永华卷》是崔永华教授近40年来从事对外（国际）汉语教学和研究成果的缩影，是他步入古稀之年送给本专业年轻学子和同行们的一份珍贵的纪念品。

本文集所收入的46篇文章是作者从20世纪80年代末开始，直到2018年之间陆续发表的，前后跨度约30年。这段时间的前一半（暂以2005年为界），正值二十世纪八九十年代我国对外汉语教学事业发展的第二阶段，即开始学科建设的阶段。当时，北语作为我国对外汉语教学的中心，在我国对外汉语教学事业（第一阶段）已有20多年发展历史的基础上，率先提出了学科建设问题，并带动整个学界开启了语言学习理论、语言教学理论和教学法以及交际文化等重大问题的研究和讨论，同时也开启了各种教学大纲和汉语水平考试的研制，由此形成了我国对外汉语教学史上学科建设的第一个高潮。本文集中约有半数文章产生于这一阶段，反映了这一时期学术研究的特点。我们看到作者的研究活动是从课堂教学研究开始的，最早的一批论文涉及课堂教学模式、教学技巧、课堂教学结构等，以及与课堂教学紧密相关的教材、教学语法体系、成绩测试和计算机在教学中的运用等。20世纪90年代后期，作者把研究的方向扩展到教学设计、培养目标以及学科体系、方法论等宏观性的问题。

另一半文章则发表于21世纪，我国对外（国际）汉语教学事业发展的第三阶段，即汉语加快走向世界的阶段。由于改革开放以来我国经济的高速发展和国际地位的日益提高，国际汉语教学事业出现了迅猛发展的势头，特别是中小学汉语教学发展得更快；孔子学院、孔子课堂几乎遍布世界各大洲；我国每年要外派数以千计的汉语教师和志愿者；汉语教学的工作重心从国内转向我们不太熟悉的海外。汉语教学的新形势和出现的新事物，给教学法研究、教材研制和汉语教师的培养等方面带来了亟待解决的新问题，也推动了学科建设新高潮的到来，并深深吸引了我国数百所从事汉语教学的院校和广大的教师学者们。各种学术会议和学术期刊如雨后春笋，学术论著和文集大量涌现。本文集中发表在这一时期的论文，也体现了研究面更广，讨论的问题更新、更深的特点。学科建设成了作者更为关注的焦点；作者与时俱进，研究并推介国外新的教学理论和教学法，研究中小学的汉语教学。其中不少论文在学界起了引领作用，对学科建设产生了很大影响。

从另一方面说来，这三十年的岁月和四五十篇文章，也记录了永华教授从一名对外汉语教师到本领域研究成果卓著的著名学者的历程。出身北大中文系，师从朱德熙先生，不仅使他具备了很扎实的语言学和汉语语言学的功底，还养成了他勤于学术思考和勇于探索创新的学者精神；长期的、在国内外的对外汉语教学实践，使他积累了丰富的汉语作为第二语言的教学体验；从教研室主任、系主任到教务处副处长直至学校副校长的行政工作，又给了他比较全面的从事教育和教学管理的经验。更重要的是，这近40年从业的风风雨雨和悲喜哀乐，培养了他对对外汉语教学事业和这门学科的刻骨铭心的、执着的爱！这种感情是我们在阅读这本文集时，从字里行间随时都能感受得到的。

除了永华教授对我们学科始终不渝的爱，我在阅读这本文集时，还感受到：

全书出现最多的关键词要数"教学"二字了，46篇文章无一不谈教学，无一不与教学相关。作者一直认为，教学是我们学科研究的"主体内容"，是学科不可替代性的体现。也就是说，离开了教学，我们这个学科也就不复存在了。他反复强调学科主要的研究对象是教学。作为研究汉语语法出身的作者，身体力行，一直把主要精力用于研究教学，包括语法的教学。

作者十分重视并积极提倡研究国外第二语言教学理论和借鉴国外的第二语言教学法。他在很多文章中介绍了国外的新理论和新教学法，提醒汉语教师不要封闭在汉语教学的圈子里。但他反对不从汉语教学的实际出发，全盘照搬其他第二语言的教学理论和方法。他强调的是研究汉语教学的特点和遵循汉语教学的规律。也正是从这点出发，他认为必须坚持以"掌握汉语结构"作为前提的汉语教学传统，主张"结构—功能—文化相结合"是适合汉语教学的教学思路。

汉字教学是汉语教学的一大特点和难点，他认为处理好汉字教学是汉语教学成功的关键。作者对汉字教学一直十分重视且情有独钟，早在1997年就发表了第一篇论对外汉字教学的文章，他在这方面的研究一直在不断深入，延续到现在。本文集共收了四篇有关汉字教学的文章。

更为重要的是，随着学科的深入发展，作者认为我们所面临的许多复杂问题，单依赖某一门学科，只固守语言学的研究方法，是无法解决的，必须提倡使用我们不熟悉的跨学科的方法来研究。只有运用当今的新的科学方法，才能使汉语教学及其研究成为一门科学。

应该说，上述这些观点是我们阅读这本文集可能获得的主要启示，也在一定程度上代表了我们学科当前的主要共识。

阅读本文集的同行们，以为然否？

2018 年 5 月 9 日
于北京语言大学

序 二

李 泉

　　随着近年来中国逐步走向世界舞台中央，汉语的国际化趋势也愈加凸显，呈现出教学类型和层次多样化、目标和需求大众化、学习和应用多样化的局面。世界汉语教学的形态和内涵及发展需求进入了一个多元化的新时代。汉语教学既是一项国际性的事业，也是一门国际性的学科。这两种定位本应相互促进、相辅相成。然而，有关部门对学科建设的重视程度，远不及对这项事业的重视程度，汉语教学作为学科的地位远不及作为事业的地位。对外汉语教学界几代前辈学人虽在学科建设方面筚路蓝缕、孜孜以求，取得了可喜的成就。然而，在汉语教学国际化、多元化的新时代，我们对基于汉语、汉字特点及其个性化教学理论和方法的探索，仍显得力度不够大、成果不够多，走适合汉语、汉字特点和教学规律的"道路自信"还不够坚定，所提供的"中国方案"还不够丰富。

　　在此背景下，《汉语教学名家文选·崔永华卷》的出版，令人鼓舞，可喜可贺。这部文集既关注国外第二语言教学的理论和方法，又专注于汉语自身特点及其教学理论和方法的探索；既探讨第二语言教学的共性，更着力研究汉语教学个性化的理论和方法。其中，介绍和论及国外的教学理论能结合汉语教学的实际，为我所用，而不是生搬硬套；观察和研究教学实践能借以提炼教学理念，开拓研究领域，而不止于就事论事。故多有新论、新见，多有开风气先之举。具体而言，我认为这部文集有以下几方面突出特点：

　　视野开阔，内容宏富。本文集涉及学科理论、教学实践（教学设计、教材和资源）、语言要素（语法、汉字）、课堂教学（意识、方法、策略）、教师发展与教学能力、当代汉语教学史研究等诸多方面。学习者群体包括本科生／进修生、大学生／中小学生等不同类型和特点的教学对象及其相关问题。研究思路和方法上，兼涉中外、观察分析、探讨理论、反思教学、总结经验，并能合理吸收教育学、心理学、认知科学以及与第二语言教学和习得研究相关的成果。其中，对汉语教学历程的实时梳理，对热点问题的探究，独树一帜，颇有贡献。整部文集不但视野开阔、内容丰富，且能务实落地、贴近教学。其过人之处还在于，有关研究不但基于教学、为了教学，且往往能提炼出理念、上升为理论、总结出方法、提出改革方略。对课堂教学意识、设计、模式、策略、技巧和活动的系列研究成果即颇有这一意境。

　　多个率先，引领航向。本文集的学术价值和独特贡献在于，开创了对外汉语教学界多个"首次""率先""较早"研究的领域和课题，颇有开风气之先、引领学术航向之功。诸如针对语法课堂教学模式（1989）、教学语法体系（1990）、课堂教学意识（1990）、课堂教学技巧（1991）、计算机技术在对外汉语教学中的应用（1991）、课堂教学结构分析（1992）、教学设计（1996）、对外汉语教学学科概说（1997）、汉字及其部件教学（1997）、教师行动研究（2004）等的文章即有这样的学术价值。其中，"课堂教学模式""课堂教学意识""课堂教学结构""课堂教学技巧""教师行动研究"等概念的最早提出或率先引入业界，不仅深化了对相关问题本身的研究，也开辟了诸多新视角、新领域，为教学研究注入新活力、带来新气象。对教学语法体系的研究（1990），更是显示出作者敏锐的学术眼光及对少数关键问题的把握能力。永华先生是业界最早对汉语教学语法体系提出质疑和改进措施的学者，开启了对外汉语教学语法体系研究的先河，受到业界广泛的重视和热烈的响应，影响延续至今。这也验证了智者所言：发现和提出问题，往往比解决问题更有价值，更难能可贵。对汉语教学学科基础理论和应用理论乃至学科体系的研究，前人做了不少有益的探讨，提出了许多重要的观点。永华先生在继承的基础上，创造性地建构了一个全面而系统的学科框架体系（《对外汉语教学学科概说》，1997），包括：（1）学科理论体系——学科支撑理论（语言学、教育学、心理学等），学科基础理论（第二语言教学理论、语言习得理论、汉语语言学、学科方法论、学科发展史），学科应用理论（总体设计、教材编写、课堂教学、语言测试、教学管理）；（2）学科教学体系——教学类型、教学设计、教材建设等；（3）学科人才体系——人才的知识结构、科学的人才结构及人才体系。这是业界较早建构起的一个完整的学科体系，其考虑之周全、内涵之丰富，20年后的今天仍令人感佩不已。汉字教学是对外汉语教学与其他第二语言教学的重要区别之所在，也是作者颇入情感的一个领域，发表多篇文章探讨汉字特别是部件教学的理论与方法，展示了作者对汉字教学的独到见解。不仅如此，文集中其他一些文章亦多有为人先的改革意识和创新观念，引领学科研究向纵深发展。

且行且思，与时俱进。作者虽着眼和着力于汉语、汉字的教学研究，但不画地为牢，而是不断吸取教育学、心理学等学科的理论与方法，关注海外有影响的二语教学理论与方法，如对沉浸式教学法、后方法时代教育理论的研究和应用。正是经常用不同的眼光、从不同的视角来审视对外汉语教学的问题，使得作者的研究不但眼界开阔，且能合乎时代发展的需要乃至引领潮流。本文集中"回头看"类的文章就是作者且行且思、与时俱进研究特色的最好诠释，如《语言课堂教学策略说略》（2010）、《重新认识汉字教学》（2014）、《汉语作为第二语言教学需要什么样的语法研究》（2015）、《后方法时代的汉语教学理论建设》（2016）等，都是在先期相关研究基础上的深化和拓展，或者是换个角度的再思考。这种开放性的思维、多元化的研究观念，经常"回头看""换角度看"的做法，不仅是学术研究的一种方式、方法，更是作者对待学术的一种情怀和态度。其中，最重要的"回头看"见于《我的汉语教学观（代自序）》，该文深刻而言简意赅地阐释了作者的语言观——对汉语本身学习属性的看法，教学观——对汉语教学基本思路的看法，研究观——对汉语教学研究的看法，教师观——对汉语教师的认识，如此集中而明确地展示自己对汉语教学核心问题的看法及理据，这在业界并不多见，无疑有助于促进汉语、汉字个性化教学理论和方法的形成。

如同对任何学术著作都可以有商榷意见一样，不同读者也可以对这部大著提出某些不同看法。我作为永华先生的一位老读者，在深为钦佩他的远见卓识和诸多开拓性研究成果的同时，对其中的个别观点也有些许小看法和小补充。比如，他对学科框架体系的建构内容全面，自成一家之说，但其中的"学科应用理论"和"学科教学体系"似乎有重复之感，如"课堂教学理论"和"课堂教学"，区分的必要性也值得考虑。又如，《后方法时代的汉语教学理论建设》中指出："就时间概念来说，既然世界第二语言教学都处于'后方法时代'，汉语作为第二语言教学不是'世外桃源'，无法也没有必要'逃避'这个时代。"提出后方法时代汉语教学理论建设这一问题本身，就是作者远视野、深思考、抓大事的具体表现，文中的相关论述不仅很有见地，也颇具导向性。但要吹毛求疵的话，也还可以补充讨论：就"时间概念"上说，的确是这样，那么"实际情况"是否也是这样？汉语教学是否走过了"方法时代"？国际二语教学虽有"后方法时代"的理论主张、发展趋势乃至事实，可讲究程序和方法的任务法不是照样大行其道，广有市场吗？而在我看来，汉语教学尚未完成"方法时代"，公认的"中国方案"并不多。这当然不代表汉语教学和研究可以成为"世外桃源"，更不是说可以不去吸收"后方法时代"等二语教学的新理论、新理念。

永华先生20世纪80年代初毕业于北京大学中文系，是著名语言学家朱德熙先生的硕士研究生，深得大家真传，曾在《中国语文》等刊物上发表多篇很有影响的语法论文。然而，基于一种责任和担当，基于干一行爱一行的朴素观念，他毅然把主要甚至全部精力都用在了对外汉语教学事业发展和学科建设中，并取得了丰硕的学术成果，而个人的语法研究却受此影响，几乎停滞。从语言学专业转而从事对外汉语教学的人不少，由研究语言和语法，到教语言和语法，说起来也顺理成章，但能心甘情愿转行，真心实意入行，且能在兹言兹、在兹研兹的人并不多，能成为行家、名家、大家者，更是凤毛麟角，永华先生则当之无愧。在汉语走向世界的过程中，无疑需要有更多这样的"三家先生"。这其中，永华先生的担当精神、对教学和研究的深情投入，很值得我们年轻同行学习。

第一次见到崔永华其名，是 1985 年我读研究生时，在《语言学论丛》第九辑（商务印书馆，1982）上读到他的《与褒贬义形容词相关的句法和词义问题》一文，文章语言之干净利索、行文之逻辑严谨、分析之深入细致，让我大开眼界，深为折服。第一次见到崔永华其人，是 1988 年在北京语言学院（今北京语言大学）召开的"北京青年语言学讨论会"上，他待人随和友善，发言中所指出的教学语法存在的问题实际上"很尖锐"，但语气温和、娓娓道来，这跟我拜读他"褒贬义形容词"一文所感受到的那种层层推进、环环相扣，让人无法不接受他观点的气势很不一样。然而，其"语风"、其"文风"都让我印象深刻。

二十世纪八九十年代，是汉语教学学科建设的大发展时期。世界汉语教学学会、中国对外汉语教学学会定期召开国际国内学术研讨会，有关部门和高校也经常召开一些专题讨论会。于是，我跟永华先生见面的机会自然就多了，也就越见面越熟悉、越无话不谈。以他对学术问题的那种洞察力，他应该知道我对他为人、为学、为事的敬重。他倒也没有"辜负"我，多年来对我学习、工作和做人做事都给予了无私的帮助、提携和指导，我心存感激。不知从何时起，形成这样一种模式：正式场合我称呼他崔永华先生、崔永华教授、崔老师，私下里叫他崔大哥。我曾明确告诉他："叫您崔大哥，并非我不懂得师道尊严，而是想跟您套近乎。"他笑着说："这样很好，本来就把你当作小兄弟。"不知这话真假，不过他私下倒也确实叫我"老弟"。

絮叨过往旧事，不仅是表达我对永华先生的敬重和感激，也是为这篇"小序"做个必要的解释：我自知半斤八两，深知不适合做这份美差，也从未做过这样的"中国梦"。我理解永华先生是用这种方式又一次提携我，可我也分明感到他这是在"折煞我"。这真是让我欢喜让我忧，喜的是他这般抬举我，忧的是自己分量不够、学力不及却又无法拒绝。纠结之中，我想起永华先生曾经对我说过的一句话："人的一生谁都难免会遇到一些莫名其妙的人和莫名其妙的事，别太在意。"这次我真的遇到了"莫名其妙的人和莫名其妙的事"，我不应太在意，而应抑制理性思考，启动为永华先生集散珠成大著、为业界增添一部"中国方案"而欢呼的快乐程序。

2018 年 5 月 20 日
于中国人民大学

编选说明

　　这本小册子收录了本人讨论对外汉语教学的主要文章。文章涉及对外汉语教学理论、汉语教学设计、汉语课堂教学、汉语要素教学、汉语教材和教学资源以及当代对外汉语教学史六个方面，大致反映了我对对外汉语教学的教学问题的主要思考过程。

　　这些文章大部分是发表过的，也有个别篇目是第一次呈献。其中有三篇文章想特别说明。《中国语言学年鉴（1995—1998）·对外汉语教学》和《对外汉语教学动态资源整合、研发、应用工程描述》两篇都是集体作品。第一篇我只是做了组织和统稿工作，发行范围不广，看到的同行不多。第二篇是张普老师跟我一起执笔的，没发表过。收录这两篇文章出于同样的想法：一是不辜负各位参与者的心血，让更多同行借此了解 20 年前对外汉语教学研究的学术风貌和相关思考；二是表达对为汉语教学建设做出了杰出贡献的张普教授、孙德金教授的怀念，他们参与了两文的讨论、撰写、修改。第三篇《对外汉语教学学科 30 年发展报告》是教育部组织编写的《中国高校哲学社会科学发展报告（1978—2008）·语言学卷》对外汉语教学部分的原稿，承蒙该卷主编邢福义教授委托撰写。限于"语言学卷"的篇幅，对外汉语教学部分在发表时有较大幅度的删减，本书恢复了当时我提交的全部内容原貌，希望可以对了解那段时间的汉语教学研究有一点参考作用。不过本人眼界、能力有限，肯定还是挂一漏万，难免偏颇，恳请读者谅解。

　　向出版社呈交文稿时，我心中很是忐忑。深知这些文稿谬误、偏执、自相矛盾的地方甚多，只好用"尊重历史，文责自负"壮胆，期待读者批评指正。

崔永华

2018 年 10 月

目　录

肆　汉语要素教学

伍　汉语教材和教学资源

陆　当代对外汉语教学史

我的汉语教学观

（代自序）

本文拟简要说明我对汉语教学的一些基本问题的看法。这里的"汉语教学"指汉语作为第二语言或外语的教学。讨论的问题涉及四个方面：对汉语本身学习属性的看法、对汉语教学基本思路的看法、对汉语教学研究的看法、对汉语教师的认识。这些看法主要基于我自己的对外汉语教学经历和观察、思考，有的在一些文章中表达过，有的现在有所改变，也有以前没说过的。这里汇集到一起，算是对自己对汉语教学认识的一个梳理，希望得到国内外同行指正。如果能引起一些批评、讨论，更是求之不得。

一、语言观——对汉语本身学习属性的看法

1.1 汉语是一种难学的外语

这里的"汉语学习属性"是指汉语中跟汉语作为第二语言的学习难度相关的特点。如跟印欧语相比，汉语有很多特点，其中有的特点造成了母语为印欧语者汉语学习的困难，如汉语的声调；有的特点又有利于汉语学习，如汉语没有形态变化；有的特点跟汉语学习难度的关系不那么明显，如大多数的汉语音素和典型的汉语主谓、述宾结构。

对于多数成年二语学习者（例如母语为印欧语的学习者）来说，汉语是一门难学的语言。确定一门外语难不难学，最直接的衡量标准是达到某一交际水平所花费的时间长度。美国外交学院（Foreign Service Institute，FSI）根据英语母语者学习一种语言达到说和写的一般专业水平（General Professional Proficiency）大致需要的时间，把目的语学习难度分为五级。其中与英语关系密切的语言（如法语、意大利语、西班牙语）需要 575~600 小时，而汉语（还有日语、韩语、阿拉伯语）则属于对于英语母语者来说异常困难的语言，需要 2200 小时[1]。如果不能否认这个时间长度差别，也就无法否认汉语对于英语母语者的确是一种难学的语言。也许有个别语言天才用的时间短些，但是，个案不能成为否定普遍现象的依据。

1.2 汉语难学主要是由其学习属性决定的

承认汉语难学，是为了找到汉语难学的原因，以便找到教学的难点、重点，提高教

---

[1]　参看 http://www.effectivelanguagelearning.com/language-guide/language-difficulty.

学的效率。汉语为什么难学？其基本原因是汉语跟多数成年二语学习者的母语没有亲属关系。这使得汉语至少具有了以下学习属性：（1）词汇系统跟学习者母语的词汇系统完全无关；（2）文字系统跟学习者母语的文字系统完全无关而又异常复杂；[1]（3）声调系统不但学习者母语中没有，而且基本没有规律可循。由于这三种属性，学习者在初始以至后续阶段，必须死记硬背每个词、字的音、形、义，包括极端任性的声调和天书般的汉字字形。这是汉语、汉字的基因，至少在可预见的将来，还无法改变。当然，汉语的语法和语音体系也跟其他语言不同，但是在各语言间总是存在一些共性，相对来说还是容易一些[2]。因此我认为，汉语学习的困难特别集中在这三点上，而我们的教学安排都是把语法放在首位，对这三点重视不足，特别是对词汇教学重视不够和没处理好汉字教学与汉语教学的关系，这不能不说是很大的欠缺。

　　由此可见，教学方法不当，是造成汉语难学的另一个原因。汉语基因不能改变，但是教学思路、方法[3]大有改进的余地。我在1997年的一篇文章中说："对外汉语教学学科是研究对外国人进行汉语教学规律的学科，它探讨怎样使学习者又快又好地掌握运用汉语的能力。"就是说"汉语难学"的现状是可以改变的。改变可以从两方面着手：一是采用更好的教学思路、方法，提高学习速度，让学习者学得"又快又好"；二是通过好的教学设计，提高学习者的学习动机和兴趣。能学得"又快又好"，也是提高动机和兴趣的重要动力。

1.3 汉字是一种难学的文字

　　汉字难不难学，也要看外国学生用于学习汉字的时间。说汉字难学，绝没有否认汉字之美、汉字之博大精深、汉字对中华民族发展的贡献的意思，只是想从学习的角度客观地认识汉字。这是讨论汉字教学规律的基础，也是进而改进汉字教学的起点。近20年，这方面讨论、争论不休，这也从一个角度说明汉字教学不容易，否则不必费这么大劲儿。中国教育界为儿童识字设计了数十种教学方法[4]，也说明汉字学习的难度。

---

[1]　（1）（2）两点，日本学习者、韩国学习者中的部分除外。

[2]　赵元任（1980：221）说："在语法方面呐，中国语言在世界的语言当中，算是比较容易的。……各国语言里不同的方面各有难易；平均说起来么，我觉得中国的语言在世界上，对于没有学过任何语言的小孩子，可以算是中等，也不特别难，也不特别容易。……至于说中国文字方面，在世界上比起来就相当难了。"

[3]　本文在多处说到"教学思路、方法"，这里的"思路"指教学的总体设计，相当于吕必松先生说的"教学路子"，"方法"指比较具体的教学策略、方法、技巧。

[4]　《人民教育》1991年1~6期介绍了21种识字教学法：集中识字、随课文识字（分散识字）、注音识字，提前读写、韵语识字、字族文识字、字根字识字、汉字标音识字、成群分级识字、字理识字、部件识字、猜认识字、字谜识字、趣味识字、立体结构识字、多媒体辅助识字、多媒体电脑识字、四结合识字、听读识字、科学分类识字、奇特联想识字、快速循环识字。

　　对于汉字为什么难学，吕叔湘（1995：433）的一段话说得比较全面："汉字难学，这是大家都知道的。这有好几个原因。第一，难认。……第二，难写。……第三，字数多。……第四，字形、字音、字义之间很多交叉关系，容易搞错：有多音多义字，有一音多义字（指几个意义联系不上的），有一义多音字。第五，难查。……有人说汉字不难学，甚至说比拼音文字容易学，这是不符合大多数人的亲身体会的。"吕先生这是对每天都处在汉语、汉字环境中的中国人（主要是学龄儿童）说的。对外国人来说，肯定更"难学"。

　　有人说就记忆量来说，英文单词的数量不比汉字少，这话不假。但是汉字确实比英文"难认、难写、难查"，也是事实。英文单词读起来、抄写起来、查（字典）起来确实都要比汉字容易得多。

　　说汉字易教易学的一个理由是，汉字有规律可循，可以且应当按照汉字规律教学。比如我推崇的《国际汉语教师标准》中关于汉字教学的第一条原则就是"根据汉字造字原理进行教学"。大家论证时都举出若干象形字、会意字、指事字、形声字来支持这种说法。但是具体分析一下就会发现，汉字造字法对汉字学习的帮助是极其有限的。

　　先看象形字。根据李大遂（2013）的分析，1992年公布的汉语水平汉字等级大纲的2905个汉字中，有203个象形字。甲级字800字中包含的109个象形字是"白不才厂车出大单刀弟电儿而反飞非丰夫父干高个工广果行黑互户火几已见交角斤九久口来了离力立六马毛么门米面民母目内牛女片平其气且求人日肉山身生示手首术束水天文我五午西习小心辛言羊也页衣已易音永用儿又鱼雨元月云之只直中于自足"。逐个审视一下，其中可以用"形"跟学生讲的也就是三分之一左右。况且由于字形演变，现在真正能跟"形"联系起来的更少。所以举几个例子提高一下兴趣确实有用，可是真用这个办法教汉字，不但作用不大，可能还会添乱。外国学生会问："哪儿像啊？"如果把字形发展都从头儿捋一遍，肯定乱套。指事字、会意字情况也差不多，因为这两种字大都是以象形为基础的，再说让外国人理解汉字里的"指事、会意"，肯定不像我们上大学文字课那么容易。

　　有同行认为形声字规律、规则清楚，教学中应当重点利用。在构形上的确如此，但是想利用形声字教发音，则很不现实。李燕等在《现代汉语形声字研究》（1992）一文中得出如下统计结果："现代汉语通用字表"的7000个通用汉字中共有5636个形声字，占通用字总数的80.51%。其中声符的读音和形声字的读音声、韵、调全同的有2285个（如"园、清"），占40.54%。也就是说，近60%的形声字的声旁起不到提示准确发音的作用，让学生参照声旁发音，其实是误导。见字读半边，会让学生形成不良的认字习惯。就是形声字中声旁能准确提示读音的那五分之二，学生又根据什么来辨认、记忆呢？而且，形声字的哪个部分表音也是一个"迷魂阵"——有"右形左声、左形右声、上形下声、下形上声、外形内声、内形外声"，还有"颖"这样"从禾顷声"的字。所以形声造字法规则对学习汉字字形会有所帮助，但是读音还得靠死记硬背。

总之，汉字规律对外国人学习汉字的积极作用远没有我们主观想象的那么大。这也是用汉字规律教汉字的效果"雷声大，雨点小"的原因。汉字教学必须另辟蹊径。

1.4 汉语可以利用的学习优势

前面分析了汉语、汉字学习困难的原因，但是汉语、汉字也有有利于学习的属性。主要包括：

第一，汉语没有形态变化，"我说、他说、昨天说、明天说、正在说"都是一个"说"字，用不着记忆变化规则，更没有要死记硬背的不规则变化，省去了很多麻烦。

第二，汉语语法规则"意合"比重大，尽管灵活、不易把握，但语法出点儿错，也容易被理解、接受。这就便于学习者大胆用汉语沟通，践行"在使用中学习"这一语言学习的最重要的原则和途径。学习者在大量的使用中可以自然而然地纠正错误，最终掌握语法规则。

第三，汉语中词、词组、句子的结构方式高度一致，都是主谓、述宾、述补、偏正、并列等方式，比较容易理解、记忆和运用。

第四，汉语词汇构词形式和意义透明度高，便于理解，也有利于记忆。我们从中介语语料库中发现，学生甚至可以正确利用汉语的构词规则，自己造出一些"新词"。当然我们不认可这种做法，但是这也可以说明汉语的构词法比较容易理解、掌握，有利于汉语词汇学习。

第五，汉字也有可以利用的规律、规则。例如，汉字虽然数量庞大，但是部件还是有限的；汉字象形、指事、会意、形声造字法都可以在适当的阶段、时机尽量利用。

毫无疑问，利用好这些有利于汉语学习的属性，有助于把汉语学得"又好又快"。

二、教学观——对汉语教学基本思路的看法

2.1 汉语教学要遵循汉语教学的规律

从教和学的角度分析汉语、汉字，主要目的是发现汉语教与学的规律，制订更加有效的汉语教学思路和方法。

　　成功的汉语教学必定建立在"实事求是"的基础上。"实事"首先是汉语（也包括汉字）的事实，特别是汉语作为第二语言的学习属性，直面其中不利于学习的属性。因为难学，所以需要明了汉语学习的难点，才能找到克服困难的途径。"鸵鸟政策"不利于汉语教学方法的研讨。"求是"就是以认清"实事"为起点，探求汉语教学的规律。特别是针对汉语教学的难点，确定教学重点，抓住主要矛盾，打好攻坚战。实事求是，才能发现、遵循汉语教学的规律，确定适合汉语特点的教学思路、方法、方案。

　　第二语言教学的普遍规律，国内外语言教学界一直在探索。各种语言教学流派，代表着各种对第二语言教学规律的认识：直接法认为语言学习必须排除母语的干扰，听说法认为语言学习就是刺激反应，交际法、任务法认为语言是在使用中学会的，认知法认为语言是按照规则生成的，沉默法认为没有压力的输入是学会语言的条件，克拉申认为可理解输入是基本规律，Swain 认为输出是学习语言的必要途径，等等。经过 100 年的探讨、争论，人们终于认识到，这些对语言教学规律的认识看似互相对立，其实并不矛盾，主要是从不同角度认识语言教学的结果。这些认识和方法，都有助于二语学习。这是在"后方法"时代，也就是当今，人们对二语教学法比较普遍的"共识"，即按照公认的、已被广为接受的原则教学，这些"原则"，就源于前面所列举的各家"认为"的内容及其延伸。

　　这些规律和原则也适用于汉语教学，充分理解和吸收其中的合理成分，肯定可以大大提高教学效果，尽管这些理论、思路基本上来自西方亲属语言之间的二语学习。

　　但是，如前所说，除此之外，汉语教学还有源自汉语的特点以及由此带来的汉语教学的特点。比如对母语为英语的学习者来说，西班牙语的词汇（形、音、义）、语法规则很多跟英语很接近，学习者的母语知识和能力对学习西班牙语有正迁移的作用。但是汉语词汇的形、音、义完全无法从英语中得到理解和记忆的线索，语法规则可利用的线索也不多。所以，对他们的汉语教学必须以"掌握汉语结构"为前提。这个结构不只是语法结构，而是涉及汉语的语音、词汇、语法，以及汉字，后来又扩展到篇章。这是自赵元任先生 20 世纪 40 年代开创"现代汉语教学法"[1]以来，国内外汉语教学普遍遵循的基本原则。强调"结构"的传统得以坚持至今，未被诸多后起的语言教学流派挤掉，足见其体现了汉语教学的基本规律。

　　当然，汉语教学还需要遵循教育、心理、社会、文化等学科、领域的一般规律。

---

[1] 这里的"现代汉语教学法"应切分为"现代/汉语教学法"，而不是"现代汉语/教学法"。

2.2 "结构—功能—文化相结合"是适合汉语教学的教学思路

汉语对绝大多数学习者来说，是一种特殊的"远距离型语言"[1]，这一特点决定了它在教学思路和方法上有所不同。那么，什么是适合于汉语教学的思路、方法呢？自20世纪50年代起，国内汉语教学界一直探索。我们在对教学实践的不断总结、梳理、积累，以及对国内外第二语言教学理论和实践成果的借鉴和吸取过程中，经历了由结构为主，到结构、功能相结合，逐步形成了"结构—功能—文化相结合"的教学思路。这一思路得到国内外汉语教学界广泛认可。

这一教学思路有两个显著特征：一是在初、中级教学阶段，始终坚持"结构第一"。这是这一教学思路的本质特征，是由汉语的特点决定的。如前所说，学习一种跟母语毫无关系的语言，学习者不得不死记硬背汉语的词汇、声调、汉字、句型，否则无法形成获得汉语交际能力的基础。二是"精讲多练"，这是由第一个特征决定的。"精讲"是说不完全排斥解释，包括教材甚至课堂上必要的外语解释，但是要少而精，讲得必要、易懂、简洁。"多练"则是"精讲多练"原则的重点所在。课堂内外必须有大量的练习，特别是包括足够的机械练习即结构性练习，达到准确、熟练地听、说、读、写汉语的语音、词汇、语法、汉字以及篇章的能力，在此基础上，进行交际性练习、任务活动，达到能准确、得体运用汉语的能力。

这一教学思路中的"功能"和"文化"是随着人们对语言和语言学习认识的深化，逐步融入到汉语教学思想中的。"功能"和"文化"再做细分，跟美国提倡的"5C"指导思想其实是相通的，但是其内容、内涵还确实需要做认真的澄清、梳理、表述工作。

"结构—功能—文化相结合"的教学思路既不同于听说法，也不同于交际法，是一种基于汉语作为第二语言的特点和汉语教学的特点形成的教学思路，是汉语教学界对国际语言教学理论和实践的重要贡献，可供把远距离型语言作为第二语言的教学广泛借鉴。

2.3 处理好汉字教学是汉语教学成功的关键

汉字教学是汉语教学的一个重要特点。这不仅因为汉字是一种特殊的、难学的文字，更因为它对汉语教学总体影响重大，以致被认为是汉语教学的"瓶颈"。问题还在于，虽然汉字难学，但是对于真正要学会汉语的学习者来说，学汉语不能不学汉字。因为汉字既是汉语学习的重要内容，更是汉语学习的工具和动力。

---

[1] 法国白乐桑教授多次强调"远距离型语言"的概念。

汉字是汉语学习的内容之一。语言学习的目标是掌握交际能力，汉字是汉语的书面语形式，也是汉语交际的渠道之一。而且对很多人来说，使用书面语的机会比口语更多，这包括课本、书刊、报纸、网络、移动工具等。从另一个角度来说，汉语交际能力包含读、写、打（电脑输入）三种能力，这三种能力都以汉字为前提。所以掌握汉字是获得汉语交际能力不可逾越的条件，是汉语学习不可或缺的内容。

汉字还是汉语学习的工具。第一，汉字是学习语言要素的工具，汉字是学习汉语词汇的媒介，新词汇、新语法点都是通过汉字呈现，借助汉字学习的。近年还有学者主张，用汉字直接教外国人汉语语音，比用汉语拼音效果更好。第二，如上所说，汉字是学习汉语技能的前提，学习读、写、打都以汉字为依托。第三，汉字是提高汉语水平的工具，中、高级汉语课本都是用汉字呈现的，不会汉字无法继续学习。第四，借以提高汉语水平的汉语读物（包括网上读物），也都是用汉字呈现的。

汉字学习效果还影响汉语学习的动力。汉字的掌握水平影响汉语学习的总体进度。低效的汉字教学使汉字学习占用的时间过多，影响听说能力的发展，大大降低了学习者的成就感。正如刘珣（2000：371）所说："外国学习者为学汉字花了大量的时间，但效率极低，汉字读写能力很差，严重影响了汉语水平的提高。"吕叔湘（1995：157）也曾说过："外国来华的留学生都说，他们的学习时间小一半花在汉语上，多一半花在汉字上。"低效的汉字教学，使很多学习者产生厌倦、畏难情绪，甚至放弃汉语学习。

汉字是汉语学习的内容、工具和动力，可见其地位之重要，对整体汉语学习影响之巨大。如果安排不当，就会成为"瓶颈"。所以，处理好汉字教学，对提高汉语教学效率的确至关重要。

2.4 汉字教学要遵循汉字学习的规律

汉字教学如此重要，怎样才能取得成功呢？这跟进行成功的汉语教学同理，必须发现和遵循汉字学习的规律。什么是汉字学习的规律？实际上汉语教学界讨论得并不多。我认为，汉字学习的规律要从中国人学习汉字的过程中找，要从中国儿童集中识字的教学经验中找，要从中国古代汉字教学实践中找，要从外国人习得汉字的过程和方式中找，要从外国人使用汉字的偏误中找。这些规律大致可以概括为：先语后文（先说话，后认字），先认后写（先认字，后写字），认多写少（认识的字比会写的多），整字先行（先认整字，再分析部件），由易到难，利用规则，用中学字（特别是通过大量阅读学习汉字），错误集中（学生认写错误是有规律的）。

根据上述规律，汉字教学的设计原则应当是"语文双轨（开始阶段先听说，后读写；多听说，少认写），先认后写，多认少写，合理选字（先教常用字和体现规则的字），依理排序（根据汉字学习的规律编排汉字教学的顺序），用字当头（创造大量阅读的条件）"。依据这些原则设计汉字教学，应当对改进汉字教学、提高汉语教学的效率有积极的作用。

把本文提出的这些规律、原则跟以往的汉字教学设计比较，至少可以看出两点：一是"语文同步，认写同步"的教学思路正好全面违背了中国人汉字学习的规律。当然，外国人学汉字肯定跟中国人识字有很多不同，但是为什么要完全相反，似乎难于给出合理的解释。二是以往强调的重点是利用汉字造字方法，忽略汉字学习规律。这是用汉字的规律代替教学的规律，把汉字造字法放错了位置。认识这两个关键的误区，遵循学习规律设计汉字教学，一定可以让汉字容易学一些，学得有意思一些，进而突破"瓶颈"，提高汉语教学的效率。

2.5 教有定法

从上面的讨论中可以看出，汉语和汉字教学都有一定之规，"教学有法"。学界探索得到的汉语教学的规律、规矩是否得到了遵循，是在教师的教学行为中体现出来的。也就是说，所谓遵循教学规律，就是要依"法"教学。

也许是受"后方法"思想的影响，近年来很流行"教无定法"的说法。这句话没有错。但是认为汉语教学教无定法，所以汉语教师的语言知识远比教学方法重要，则太离谱了。也许是受职业眼光的限制，在我看来第二语言教学是最讲究教学方法的教学领域，普通高校尤其如此[1]。理由是：（1）其他课程的教师基本不必经由教学法的训练即能进课堂，而二语教师不行，一定要经过教学法的学习、培训，才能进汉语课堂；（2）很少有哪个领域发表过这么多教学方法的著述和文章；（3）很少有哪个领域提出过那么多种教学法。所以，我认为，对汉语教师来说，掌握汉语知识固然重要，但是掌握汉语教学方法则是汉语教师的本质特征。

根据我的理解，所谓"教无定法"，粗略地说有两层意思：一是教师要有能力根据教学实际情况选择适当的教学方法；二是教师要有根据课堂教学的进展，调整既定的教学方案的应变能力。所以，"教无定法"是一种运用教学方法的策略，而不是一种教学思路或方法。"教无定法"不是不讲章法，随意而为，而恰恰需要扎扎实实地学习并掌

---

[1] 当然，对于艺术类、体育类的大学，可能教学方法也很重要。

握足够的教学方法、技巧，这样才能根据实际情况选择方法，调整教学的章法。误解"教无定法"不利于青年教师的培养和教师的发展。

所以，"教无定法"的背后是"教学有法"，"有法"是根本，"无法"是随机应变。万变不离其宗，这个"宗"就是根据汉语、语言教学规律设计的有效思路和策略、方法，这是汉语教学、汉语教师的"灵魂"所在——没有汉语教学法，就没有汉语教学。"法"是途径，是路；没有路，怎么到达彼岸？

三、研究观——对汉语教学研究的看法

3.1 教学是汉语教学研究的主要研究对象

发现教学规律，设计、实施更好的教学方法，需要大量的研究成果来支持。当前，汉语教学领域的研究主要包括三大类：（1）语言学角度的研究——主要研究汉语作为第二语言教学内容（主要是汉语要素）的选择、排序和解释，对语言本质的认识，也对语言教学理论有重要的影响。（2）心理学角度的研究——主要研究影响学习者习得和认知汉语的因素，以及习得、认知的过程和方式，揭示汉语学习的规律，为设计教学策略（过程、方法等）提供依据。（3）教育教学角度的研究——研究各类汉语教学的实践，吸收语言学、心理学、教育学等方面的相关研究成果，探求汉语教与学的规律、原理，以指导实施各类教学设计、课堂教学、教材编写、教学评估、教育技术的应用，等等。当然汉语教学也要进行文化学、社会学、哲学等角度的研究，特别是以网络为核心的现代科学技术应用，也在快速发展，成为汉语教学发展的一个重要方向。

上述三大类都是汉语教学研究的重要组成部分，但是教学应当是研究的主体内容。理由很简单，教学是汉语教学领域最主要的活动，是汉语教学学科的研究对象，是与语言学、心理学研究的区别所在，是汉语教学学科的学科不可替代性的体现。

在教学研究中，课堂教学又是研究的核心。课堂教学是现实的汉语教学实践，是教学研究最直接、具体的对象；是各种教学理论、思路、方法、技巧的存在方式；是检验教学理论、教学方案、教学法的设计、选择是否有效、合理的主要（甚至可以说是唯一的）标准。因此，汉语教学研究最重要的对象，应当是汉语课堂上的师生行为。遗憾的是，当前的教学研究，特别是课堂教学的研究，在数量和质量上，都远远不如前两个方面，没跟上汉语国际教育形势的发展，在一定程度上，还拖了后腿，急需加强。

3.2 汉语教学需要跨学科的方法

汉语教学的教学研究不足，根本原因是我们仍没有很好地掌握研究教学的方法。今天的汉语教学面临着世界各地情况各异的课程设计、教学方法、课堂教学、教学管理、教材编写、教师培养，以及风起云涌的网络教学等问题，是我们熟悉的语言学知识、能力和已有的经验、见识远远不能覆盖的。工欲善其事，必先利其器。我们必须学会使用我们不熟悉的跨学科的方法来研究、解决这些问题。

回顾一下历史，可以有所启发。20世纪末我们一批年轻同行，下苦功夫学习心理学、统计学的知识和技能，同时请来一批心理学、教育技术学、教育测量学、计算机和信息处理的人才共同研究，使得汉语水平考试、汉语二语习得和认知研究取得了显著的成果，吸引了国内外相关学者的支持和关注，使汉语教学的科学性大大提升，令学界刮目相看。汉语多媒体和计算机辅助教学、中介语语料库建设、网络汉语教学取得的成就，也是借助其他学科的理论方法实现的。可见，跨学科的方法，推动了汉语教学的发展，提高了学科的科学水平。

目前我们面临的问题，除上面提到的方法外，还特别需要教育学、计算机和信息科学的方法。对于教学研究（教师、教材、教法）、课堂教学研究、教学管理研究，教育学早已有很多现成的、成熟的理论、方法。学习借鉴教育学的理论、方法、工具，无疑有助于汉语教学研究，让我们少走弯路，避免总是在黑暗中摸索。坚持用语言学的方法解决当今的语言教学问题，令人联想到缘木求鱼、纸上谈兵、隔靴搔痒等成语。计算机、信息、网络、大数据等技术也是如此，把它们用于自己的教学和研究，有能力参与网络教学建设，应当是新时代汉语教师的"标配"，大家都应当努力学习、掌握。

实事求是地说，我们的同行大都出身于中文系。国内中文系教学的体制，很少涉及跨学科方法的知识和能力训练，即使是毕业于汉语教学的相关专业，也很少受过严格意义上的教学研究训练。这是造成汉语教学研究现状的基本原因。在汉语国际教育迅速发展的今天，我们需要向先贤学习，解放思想，大步走出语言学，像当年引进、借鉴心理学、教育测量学、教育技术学一样，学习和掌握心理学、教育学、现代科学技术的理论和方法，培养出一批具有跨学科知识能力，可以满足学科发展需要的硕士、博士，以更全面深入地了解、理解汉语教和学，更全面地探索、发现汉语教学的规律，更好地运用现代科学技术，让汉语教学跟上时代的发展。

我们常常思考如何让汉语教学成为一门科学。任何一种现象，都可以成为科学研究的对象，关键是你是否在用、是否会用科学的方法来研究它。在语言学领域，乔姆斯基、王士元、冯志伟诸先生无疑使用了科学的方法。汉语教学运用心理学、统计学、教学实验、计算机和信息技术、大数据，乃至脑科学的方法，是走向科学的必由之路。想让汉语教学研究成为科学，就必须掌握适合它的科学研究方法。汉语教学能不能成为科学，全看同行们，特别是年轻同行的努力。

四、教师观——对汉语教师的认识

4.1 汉语教师是一个优秀的群体

说汉语教师优秀，首先是因为汉语教师一直跟国家的命运紧密相连。对外汉语教学一直被认为是"国家和民族的事业"。国内外的汉语教学，为传播汉语和中国文化，让世界了解、理解中国，培养各国人民之间的友好情谊，为国家发展创造良好的国际环境，做出了重要的贡献。而这种贡献的实施者，就是国内外汉语教师。

汉语教师是一种特殊的职业。他们承受着跨文化的压力，承担着数倍于其他教师的课时，还需要对学生关怀备至，靠自己的兢兢业业和人格魅力，吸引、引导学生坚持学习这种非勤学苦练掌握不了的语言。除此之外，外派教师还要忍受寂寞、文化冲突、陌生的饮食习惯和生活环境等多方面的压力，以及比国内更复杂的各种课程。甚至有的教师要教授小学和中学十多个年级的课程。但是他们坚韧地坚持着，不忘初心，牢记使命。正是这是这种坚持，成就了这项"国家和民族的事业"。

汉语教师职业之特殊，还表现在他们需要具有全面的知识、能力、素质结构。《国际汉语教师标准》规定，一个合格的汉语教师，应当具有五大方面的知识和能力，即：（1）语言基本知识与技能；（2）文化与交际；（3）第二语言习得与学习策略；（4）教学方法；（5）教师综合素质。不知有几个学科的教师，需要这么全面的知识和能力？举例来说，一个汉语教师不仅要熟悉汉语语法知识，还要具备语音、词汇、汉字的知识；要知道学生是怎么学会这些知识的，应用什么方法教会他们在汉语交际中使用；还要知道学生会犯什么错，如何避免，如何纠正；还要知道如何激发学生克服困难的意志；还要会管理课堂；还要具有一定的观察、决策能力；等等。因此，衡量汉语教师，不应仅使用其中一个标准。

4.2 教师是汉语教学研究的主力军

国内外汉语教学研究取得了丰硕的研究成果。这些成果有力地支持了对外汉语教学／汉语国际教育学科和事业的发展。这些研究绝大多数是汉语教师做的。与汉语相关的研究自不必说，心理学、教育学角度的研究，也大都出于汉语教师之手。比如汉语水平考试就是由北语汉语教师筚路蓝缕开发出来的；二语习得和认知的很多研究成果的贡献者、中介语语料库的建设者、多媒体和网络教学的设计者，也主要是汉语教师。

这是因为汉语教师有得天独厚的教学研究优势。第一，他们面临大量具有实践和理论价值的课题。过去是这样，现在更是有大片大片未开垦的处女地。世界各地的汉语教师，每天都面临大量"百思不得其解"的问题，不用到处找研究题目，更不用为做研究而"无病呻吟"。第二，汉语教师置身于"取之不尽，用之不竭"的研究素材之中，每天都接触丰富的、自己亲身参与产生的第一手材料，不必求助他人。第三，有最便利的检验研究成果的条件。研究出来的成果，可以在自己的教学实践中实施、检验（当然也很容易求助于同行，互相帮助）。

当然，由于职业特殊，汉语教师做教学研究工作也需要克服很多困难。包括汉语教师的教学任务和教学研究脱节，不像文学课的教师研究对象就是文学；汉语教师一般课时较多，课时常常数倍于一般的高校教师，缺少研究的时间。尽管如此，他们勤学、刻苦钻研取得的成果，构成对外汉语教学事业的重要组成部分，支持、推动了事业和学科的发展。他们不愧为学科发展的主力军。

当然，也必须承认，我们多数汉语教师都是中文专业出身，总体上缺少教学研究的知识和训练，要研究教学，就要付出努力，学习、掌握、运用一些新的理论、方法和技术。我们的一批同行正是这样取得了成就，多次让对外汉语教学学科的研究别开生面。我们的年轻同行一定会进一步发扬这种传统，让这项国家和民族的事业不断达到新的水平。

参考文献

崔永华.对外汉语教学学科概说 [J].中国文化研究，1997 年春之卷.

李大遂.简明实用汉字学（第三版）[M].北京：北京大学出版社，2013.

李燕等.现代汉语形声字研究 [J].语言文字应用，1992（1）.

刘　珣.对外汉语教育学引论 [M].北京：北京语言文化大学出版社，2000.

吕叔湘.汉语文的特点和当前的语文问题 [G]// 李行健等编《吕叔湘论语文教育》.郑州：河南教育出版社，1995.

吕叔湘.《"注音识字，提前读写"实验报告》序 [G]// 李行健等编《吕叔湘论语文教育》.郑州：河南教育出版社，1995.

赵元任.语言问题 [M].北京：商务印书馆，1980.

（原载于《国际汉语教学研究》2018 年第 4 期）

壹

对外汉语教学理论

对外汉语教学学科概说 [1]

（1997）

一、引言

简略地说，对外汉语教学就是教外国人学汉语。学好一门外语，是一个复杂的"教"和"学"的过程。对外汉语教学学科是研究教授外国人汉语规律的学科，它探讨怎样使学习者又快又好地掌握运用汉语的能力。

本文的任务是概略地说明我国对外汉语教学学科的框架和学科的现状，内容包括对外汉语教学事业的意义，对外汉语教学学科的定位、研究对象、理论体系、教学体系、人才培养体系，以及学科的现状。

二、对外汉语教学事业的重要意义

语言是人类最主要的交际工具。使用本族语的各国内部是这样，作为国际交流媒介的"外国语"也是这样。在当今这个变得越来越小的世界上，各种语言的使用范围，常常跟一个国家、民族的国际地位密切相关。因此，世界上很多国家都非常重视向世界推广自己的语言，以增进与其他国家的了解和各方面的交流。对外汉语教学事业的作用，也在于此。

我国的对外汉语教学事业已经度过了40多个春秋。随着我国国际地位的提高和对外政治、经济、文化交往不断扩大，世界上学习汉语的外国人也越来越多。目前国内进行对外汉语教学的高等院校已有300多所，1996年在校就读的外国学生有37000多人，专职教师在2000人以上。此项事业得到前所未有的发展。

国外学汉语、使用汉语的人数也在激增。总数难以统计，下面是几个抽样数据：法国国立东方语言文化学院在校生2000多人；澳大利亚把汉语列为第一外语；美国把汉语列入大学升学考核语种之一，1990—1995年学汉语的学生增加了36%；韩国近年来每年仅在中国大陆学习汉语的各类学生就有近万人；日本有200所中学开设了中文课，从1997年开始，汉语成为大学入学外语考试语种之一。

汉语日益受到国际社会的重视，依赖于我国经济的发展和国际地位的提高；反

[1] 本文在写作过程中，承蒙校内外同行提供许多宝贵意见，特致谢忱。

过来，汉语的推广又为世界了解中国，增进我国与国际社会的联系提供了重要契机。例如北京语言文化大学（原北京语言学院）[1]建校34年来，已经培养出40000多名懂汉语的国际友人。他们之中已经有很多人活跃在国际交往中的政治、外交、经济、文化等各个领域。所以，对外汉语教学"是一项国家和民族的事业"[2]。毫无疑问，培养更多的真正了解中国的国际友人，对21世纪中国与世界的交往必然会起到积极的作用。

另一方面，随着来国内各高等院校学汉语的外国学生日益增多，对外汉语教学已经形成了相当的规模，逐步发展为我国高等教育的一个日益受到重视的领域，成为我国教育走向世界的一个新的途径。建立一个高水平的对外汉语教学学科，无疑有利于提高我国教育在世界上的声誉。40年来，伴随事业的发展和国际第二语言教学学科的发展，我国的对外汉语教学学科也得到了迅速的发展并逐渐走向成熟。

三、关于对外汉语教学学科

对外汉语教学是一种外语教学，国际流行的学科名称为"第二语言教学"[3]。因此，对外汉语教学又可以称为"汉语作为第二语言教学"。外语教学和第二语言教学又称"狭义的应用语言学"，出现于20世纪40年代，60年代进入发展时期。此后新的理论、方法层出不穷，经过半个多世纪的发展，它已经成为一个相当发达的学科。世界上许多大学都设有第二语言教学的硕士和博士学位便是一个证明。据统计，1986—1988年，美国有143所高校开设了196个英语作为第二语言教学（TESOL）的专业，其中博士专业18个，硕士专业120个，学士专业25个。目前在美国、法国、意大利、埃及等国家甚至都已经有大学设立了汉语作为第二语言教学的博士学位。

出于汉语的习惯，我国学者把汉语作为第二语言教学定名为"对外汉语教学"。（参看施光亨，1995）在下文的讨论中，除特别说明外，我们把"对外汉语教学"和"汉语作为第二语言教学"作为同义语使用。

我国学者明确地提出把对外汉语教学作为一个学科来建设，始于1978年。近20年来，对外汉语教学工作者一边努力实践，总结经验，一边学习和吸取国外第二语言教学理论，使学科得到了较快的发展。

---

[1]　今按：2002年校名简化为"北京语言大学"，下文不再一一说明。
[2]　参看国家教委1989年5月8日关于印发《全国对外汉语教学工作会议纪要》的通知。
[3]　一般认为，外语教学和第二语言教学是两个有差别的概念，为叙述简便，本文未做严格区分。

四、学科的研究对象及其特性

任何一门学科都有自己特殊的研究对象。对外汉语教学学科的研究对象是"作为第二语言或外语的汉语的学习和教学，即研究外国人学习和习得汉语的规律和相应的教学规律。研究的内容则是作为第二语言或外语的汉语的学习和教学的全过程。从'学'的角度，要研究学习者是如何学会并掌握汉语的；从'教'的角度要研究总体设计、教材编写、课堂教学、语言测试等全部教学活动"（中国对外汉语教学学会、《世界汉语教学》编辑部、《语言教学与研究》编辑部，1995：1-5）。

对外汉语教学学科是一个研究教学实践的学科。这种教学的对象（非母语的汉语学习者）也有自己的特殊性。学习者不同于学习汉语的中国儿童，一般是成年的、受过高中或高中以上教育的外国人，已经有了完善的母语能力、本族文化的传统和一定的科学知识水平；这些学习者又不同于我国中文系汉语专业的学生，就多数学习者来说，他们是把汉语作为外语来学习的，学习的目的是掌握汉语的运用能力，而不把汉语的语言学知识作为主要学习内容。

对外汉语教学的教学内容是汉语言，包括语言要素、言语技能、言语交际技能、语用规则和文化背景知识。朱德熙（1989：9）说："上课许多问题说不清，是因为基础研究不够。所以我觉得应该强调汉语研究是对外汉语教学的基础，是后备力量，离开汉语研究，对外汉语教学就没法前进。"在这个意义上，我们也可以说，现代汉语也是对外汉语教学学科的一个研究对象。

学科研究对象（包括教学对象）的特殊性，规定了本学科的学科理论、研究方法和学科人才规格的特殊性。

第一，本学科研究母语非汉语的汉语学习者学习汉语的规律，这涉及语言学规律、心理学规律、教育学规律，乃至社会学规律等方面的科学研究，是一门典型的交叉学科。因此，其学科理论必然建立在多种学科理论的基础上，而不单独依赖于某一学科。第二语言教学理论与语言学、教育学、心理学学科有很深的渊源。

第二，由于研究对象和理论基础的特殊性，对外汉语教学的研究方法也与其他相关学科不同。它需要进行语言研究，要对语言规律进行精密的研究、描写，但是是从语言教学规律和语言习得的角度进行的语言研究；它较多地使用心理学的方法进行调查研究，也从教育学的角度研究教学规律，但这是跟语言规律相结合的调查研究。

第三，上面的各种特殊性，规定了从事对外汉语教学和研究工作的人员必须具有特殊的知识结构，包括：有丰富的汉语言知识和较好的运用能力，懂得第二语言教学方法和语言习得规律，有较好的外语能力，有较宽的中外文化知识，了解研究第二语言教学的方法，等等。

五、学科理论体系

对外汉语教学学科是一门综合运用多学科理论的"新兴的边缘交叉学科"（参看许嘉璐、王福祥、刘润清，1996：236），是在多种学科理论和研究成果的支撑下形成和发展起来的。它在教学和研究实践中吸取各相关学科理论，形成本学科的基础理论、应用理论，指导本学科的实践，并用新的实践不断丰富、充实学科理论。本学科的理论体系可以分为三个层次：学科支撑理论、学科基础理论和学科应用理论。

5.1 学科支撑理论

学科支撑理论是第二语言教学理论（对外汉语教学学科理论）赖以生长的相关、相邻学科的理论。第二语言教学在教学和研究实践中，运用这些理论的相关部分，与自己的发展和创造有机地结合起来，形成和发展自己的理论体系。下面一些学科的理论，可以看作本学科的支撑理论：

第一，语言学。第二语言教学理论和实践的发展，受语言学理论的支配。听说教学法受美国结构主义语言学的影响而产生，认知教学法的理论基础是转换生成语言学。但是正如科德（1983：130）所说，"理论语言学同语言教学的关系是间接的"。另外，心理语言学、社会语言学、对比语言学等语言学分支，也都对语言教学理论和实践有所贡献。

第二，心理学。实施语言教学和研究语言教学规律，需要研究学习者习得语言的心理过程、策略，这需要借助心理学的理论和方法。当前，认知心理学在第二语言习得的研究中备受重视，是语言习得理论的主要支柱之一。

第三，教育学。语言教学本身就是教育的一类，需要遵循教育规律。比如制订课堂教学原则、教学计划，进行课程设计、教学评估，等等。在语言水平测试中，还必须要大量运用教育统计学的原理和方法。

第四，其他。有人认为，第二语言教学对文化学、哲学和社会学也有所借鉴。（参看盛炎，1990：7；吕必松，1993：33）

5.2 学科基础理论

学科基础理论是指导本学科教学和研究实践的基本指导思想和方法论。本学科的基础理论是综合吸取学科支撑理论的相关部分，结合教学和研究的实践建立起来的。学科基础理论包括以下五部分：

第一，第二语言教学理论。这是本学科不断发展的传统学科理论。它建立在语言学、教育学和心理学的基础之上，回答第二语言教学的性质、特点、教学原则、方法等问题。它至今仍是对外汉语教学中"教"的指导理论。

第二，语言习得理论。这是近 20 年逐渐发展并流行起来的理论。它建立在现代语言学、认知心理学的基础之上，从语言学习者的立场出发，以学习者获得语言的过程为研究对象，试图了解外语学习者掌握目的语的过程和在获得过程中产生的现象及相关规律，以指导语言学习和教学活动。

第三，汉语语言学。对外汉语教学学科研究的对象是汉语言教学。如科德（1983：7）所说，"要想为语言教学过程制订出一个真正周密的方案，那就必须按照'语言的'语言学术语来表达：列出语法结构表和词汇表，列出需要'熟练掌握'的音素表和发音的其他特征的表格"。因此，对汉语言规律的了解和分析，是进行汉语教学的必备条件。另一方面，汉外语言对比也是对外汉语教学的一个重要手段，所以在教学和研究中也要用到外语研究的成果。

第四，学科方法论。这是建立在综合各学科基础上的研究方法体系。对外汉语教学的规律是由语言规律、文化规律、语言习得规律和一般教育规律所共同决定的，是上述各种规律的综合反映。（参看吕必松，1993：33）因此在本学科的研究中，必然综合运用相关领域的研究方法，如语言研究的方法（对学习内容的描写、对学习者错误类型的分析、中介语研究等）、心理学的方法（研究语言习得的心理过程、学习动机、态度、性格差异对语言学习和习得的影响等）、教育学的方法（如进行教学设计、教学评估、成绩测量等）。本学科的方法论体系不是各领域方法的拼凑，而是一个有机整体。以语言学的方法为例：为了教学和研究语言习得规律，对外汉语教学也研究汉语的语音、词汇、语法和汉字，但这是结合语言习得过程进行的研究。另一方面，语言学的方法在对外汉语教学领域已经形成自己的特点。"在汉语本体研究方法上的突出特点是运用比较语言学的方法，进行汉外语的比较，从而找出学习的难点……这种从教学中发掘的研究课题，具有对外汉语教学本体研究的独特视角。其研究，不仅推动了对外汉语教学本身，也对现代汉语研究起了促进作用。"（参看赵金铭，1996：448）

第五，学科发展史。外语教学有 2500 年的历史。经历了古典语言教学阶段（1880年以前）、现代语言教学萌芽阶段（1880 年至第一次世界大战）、现代语言教学发展阶段（第一次世界大战至 20 世纪 70 年代）、现代语言教学深入阶段（20 世纪 70 年代以后）。

对外汉语教学也经历了初创（20 世纪 50—60 年代）、改进（20 世纪 60—70 年代）、探索（20世纪 70—80 年代）和改革（20 世纪 80 年代初以来）四个历史阶段。了解学科发展历史，权衡各阶段、各教学流派的得失，无疑对学科理论研究和教学实践都会大有裨益。

5.3 学科应用理论

本学科应用理论是在本学科的基础理论上建立起来的直接指导学科教学实践的理论。第二语言教学是研究如何实施语言教学的学科。它的一个重要的特点，就是比其他任何学科都更重视教学实践的研究。研究的具体内容包括教学总体设计、教材设计编写、课堂教学的方法和语言测试等。对外汉语教学学科的应用理论是学科理论的核心部分，它包括以下五方面：

第一，总体设计理论。第二语言教学的总体设计就是根据语言规律、语言学习规律和语言教学规律，在全面分析第二语言教学的各种主客观条件、综合考虑各种可能的教学措施的基础上选择最佳教学方案，对教学对象、教学目标、教学内容、教学途径、教学原则以及教师的分工和对教师的要求等做出明确的规定，以便指导教材编写（或选择）、课堂教学和成绩测试，使各个教学环节成为互相衔接、统一的整体，使全体教学人员根据不同的分工在教学上进行协调行动。（参看吕必松，1996：84）

第二，教材编写理论。教材编写理论是关于教材编写的原则、类型、过程、方法的理论。它探讨教材编写如何在教学总体设计的指导下，根据教学对象、学习目的、学习者水平、适用课程等选择和规定教学内容（包括语言要素、言语技能、言语交际技能、语用规则和文化背景知识）和素材，如何根据语言学习规律选择和安排教学内容、教学项目（生词、语法、课文、练习等）及其顺序，以达到既定的教学目标。

第三，课堂教学理论。在学校语言教育中，课堂是帮助学习者学习和掌握目的语的主要场所。课堂教学理论探讨对外汉语教学课堂教学的规律，包括课堂教学的性质、目标，它在语言学习和教学中的地位、教学内容的教授方法，课堂教学的原则、结构、程序、技巧等。

第四，语言测试理论。语言测试是语言教学的一个重要组成部分。它不仅有评价学习效果的作用，还有诊断教学过程中的问题，激励学习者的积极性，调动教师的教学潜能和学生的学习潜能等作用。语言测试理论涉及测试的功能、种类，测试标准的制订、考试设计、试题设计、考试实施、成绩统计，以及效度、等值等基本问题。

第五，教学管理理论。根据教育规律、语言习得规律探讨适合语言教学的管理规律和体系。

六、学科教学体系

对外汉语教学学科是实施和研究对外国人的汉语教学的学科。它存在的依据是对外汉语教学的教学实践。因此教学体系的建设，也是学科的本体建设。这是本学科特点之一。

教学体系的建设是学科建设的最基本的内容。当前，本学科的教学体系存在于各高校以对外国人进行汉语言教育为目的的汉语言专业、现代汉语专业、汉语言文化专业和各种汉语短期教学、速成教学系统之中。需要说明的是，在上述专业中，以言语技能培养为主要目的的教学和课程，是本学科的研究对象。其他课程的教学和研究属于其他学科研究的对象，但是其他课程也是该专业建设中与言语技能培养课程一样需要建设的课程。

学科的教学体系建设是在学科理论体系，特别是学科应用理论体系的直接指导下，依据教育规律和第二语言教学规律设计和建立的。本学科的教学体系可以从以下几个方面描述：

第一，教学类型。指教学的层次和种类。一般包括：汉语言专业的本科和硕士层次的学历教育中的汉语教学，为进入非汉语专业学习做语言准备的汉语预备教育，各不同语言水平的短期汉语教学和速成汉语教学，为不同职业需求设置的各种特别目的的教学，汉语函授教学和广播电视教学等。

第二，教学设计。指根据语言教学规律和教育规律，为同类型学习者制订的不同教学层次、种类和职业的教学实施方案。方案一般包括：教学计划（培养目标、教学内容、课程设置）、课程大纲、教学质量保证体系等。

第三，教材建设。根据不同教学类型的需要编写的各类教材，例如：汉语言专业本科系列教材、短期汉语系列教材、速成汉语系列教材、特别目的汉语教材（如经贸汉语、新闻汉语等）。

第四，课堂教学。课堂教学是语言教学的基本教学形式，是语言教学最基本的实践。课堂教学建设包括：建立完善的课堂教学制度、方法，具备实现教学手段的设备、条件，使教师掌握良好的课堂教学方法和教学技巧，以达到良好的教学效果。

第五，语言测试。测试的建设也是教学体系建设的一个重要方面。语言测试一般包括学能测试、成绩测试和水平测试三种。在教学体系建设中，注重于成绩测试，即应当建立各类成绩测试的原则、制度、题库、分析反馈手段等，保证各类教学具有有效的测量和评价手段。

汉语水平考试是一门专门的学问，这里不做说明。

第六，教学管理。健全各种教学规章制度并严格执行，是语言教学得以顺利实施的保证之一。在语言教学中，教学管理（甚至相关的生活管理）对教学和学习效果来说是十分重要的。完善的教学体系应当包括完善的管理制度、高质量的管理和良好的管理效果。

七、学科人才体系

一个学科发展和完善的最重要的保证是本学科高质量的人才队伍。学科人才体系可以从人才的知识结构、人才结构和人才培养体系三方面来说明。

7.1 人才的知识结构

对外汉语教学学科的人才，除要有较高的政治思想素质外，还必须具有自己特定的知识结构。从总体上说，本学科人才需要有下面这些最基本的知识结构：

第一，有较好的语言理论基础、汉语言知识和技能，如普通话发音准确，能正确使用汉语拼音，有较高的汉字书写水平，有辨别、分析学生语言错误的能力，等等。

第二，懂得第二语言教学法和语言习得规律，具备一定的教育学、心理学知识，并能自如地运用到教学的各个环节中。

第三，有一定的外语能力。其作用是：（1）获得习得外语的经验；（2）通过汉外对比启发教学；（3）具有在国外任教的生活和工作能力。

第四，有一定的中外文化知识，包括现当代文学、古代汉语、古典文学、中国传统文化，以及自然科学和社会科学常识等。

第五，了解研究第二语言教学的方法，即由语言研究、心理研究和教育研究综合而成的研究方法。具有一定的研究能力和解决教学中出现的问题的能力。

具备这种知识结构，是本学科人才培养的目标。这不是现有其他任何学科人才培养体系所能代替的。

7.2 学科人才的结构

对外汉语教学学科的人才可以分为三类：教学型人才、研究型人才、管理型人才。当然也可以有兼具其中两种或三种才能的人才。

第一，教学型人才。作为教学学科，最基本的人才是教学型人才。但是我们所提倡的不是只能教书的人才，而是在教学某方面（如语音教学、词汇教学或口语教学、听力教学）的专家。他们不仅是这类教学的杰出实践者，同时又是这方面的理论权威。

第二，研究型人才。跟其他学科一样，对外汉语教学学科也需要有一些专门从事或偏重于理论研究的人才。如教材编写理论研究、测试理论研究、语言习得研究等，以保证学科的高水平发展。

第三，管理型人才。教学管理在语言教学中有着特别重要的作用。管理型人才是具有本学科人才基本知识结构的教学设计、教学管理方面的专家。

7.3 学科人才培养体系

学科的人才需要培养。这需要相应的教育培养体系做保证。学科人才培养体系是学科发展的关键和成熟度的标志。学科人才培养有三条途径：

第一，专门为培养本学科人才设立的专业。其目标是培养具有本学科人才知识结构的各类人才。目前有培养对外汉语教师和研究人员的"对外汉语教学"本科专业、"学科教学论（对外汉语教学）"硕士专业和"现代汉语"专业（对外汉语教学方向）的硕士课程。今后应当进一步理顺学历教育体系，并设立本学科的博士专业。

第二，教师培训。对在职教师进行定期培训，使其不断提高教学、研究和理论水平，以保证教学质量和学科发展。

第三，新教师岗前培训。鉴于目前教师多为其他专业的毕业生，应当坚持对新教师进行岗前培训和一定时间的指导。

八、学科的现状

我国对外汉语教学事业始于 20 世纪 50 年代初。经过 40 多年的发展，已经形成相当的规模。我国学者正式提出把对外汉语教学作为学科建设，始于 1978 年，到今天，可以说"学科框架已初步形成"（参看许嘉璐、王福祥、刘润清，1996：240），这表现在：

8.1 有了较好的学科发展条件

一个学科存在的前提是有自己专门的研究对象，学科快速发展的前提是社会发展对它有强烈的需求。对外汉语教学学科具备了这两个前提，所以在近 20 年中得到了迅速的发展。

学科的发展首先得益于良好的发展环境，包括：有类别齐全、数量充足、水平稳定的学生的学校作为实验基地（如每年在北京语言文化大学学习汉语和中国文化的外国留学生有 4000 多人）；丰富的本学科图书、资料及相关电子资源和计算机应用系统（如北京语言文化大学有本专业全国藏书量最大的图书馆，有先进的对外汉语教学文献资料检索系统、处于国内外领先地位的中介语语料库和汉语研究语料库）；有自己的专业出版社（北京语言文化大学出版社、华语教学出版社等）；有自己的专业杂志（北京语言文化大学主办的《语言教学与研究》《世界汉语教学》都是国家中文核心刊物）；有自己的专业学会——中国对外汉语教学学会建立于 1983 年，世界汉语教学学会建立于 1987 年，现已有 38 个国家的 782 名会员（参看韦钰，1996），已经成功地举办了五届大规模的国际汉语教学讨论会。另外，国内很多从事对外汉语教学的单位都具有比较充足的教学科研经费支持本学科的发展。

8.2 建立了基本的理论框架

特别是理论框架的核心部分——学科应用理论——形成了具有对外汉语教学特色的应用理论体系。

第一，本学科的基础理论研究有了丰硕的成果。在汉语作为第二语言教学理论方面的主要专著有：吕必松的《对外汉语教学概论（讲义）》《对外汉语教学发展概要》、王还的《对外汉语教学语法大纲》、盛炎的《语言教学原理》、吕文华的《对外汉语教学语法探索》、李杨的《中高级对外汉语教学论》、赵永新的《汉外语言文化对比与对外汉语教学》等。更有数百篇这方面的论文发表。

第二，建立了比较完善的本学科应用理论体系。吕必松在 20 世纪 80 年代初提出对外汉语教学的四大环节（总体设计、教材编写、课堂教学、语言测试），理论化地概括了对外汉语教学的基本过程和学科理论建设的主要目标。十几年来，本学科专家以此为纲，不断地探索、完善对这四个领域的理论和实践的研究，在学科总体设计研究、教材编写的实践和研究、教学实施、课程建设、课堂教学方法、教学管理及语言测试等方面，形成了具有对外汉语教学特色的比较完整的理论体系。出版了多部著作，发表了数以百计的文章。除以上提到的各种著述外，杨惠元的《听力训练 81 法》《汉语听力说话教学法》，刘英林等编著的《汉语水平等级标准与语法等级大纲》《汉语水平考试研究》，即将出版的陈贤纯的《外语阅读教学与心理学》，崔永华、杨寄洲的《对外汉语课堂教学技巧》等著作和论文集，以及许多论文都为本学科应用理论做出了贡献。

第三，在汉语本体研究方面更是硕果累累。从事对外汉语教学工作的专家从对外汉语教学的角度对汉语语音、词汇、语法、汉字、语义、语用以及汉外语言对比等课题的研究，成果甚丰。正如赵金铭（1996：49）所说："对外汉语教学研究已经取得了丰硕的成果。汉语本体研究成绩尤为突出……对外汉语教学从一个新的角度开拓了汉语研究点……对外汉语教师，掌握外国人学习汉语的特点与难点，从那些中国人习焉不察的问题中，小处入手，大处着眼，发掘带有理论价值和实用价值的研究课题，体现了学科特色，为汉语研究做出了特殊的贡献。"

第四，专家、学者们也越来越注重科学的学科方法论建设。从对课堂教学和学习者的汉语习得过程所进行的调查研究以及近几年发表的论著中可以看到，大家都在尝试综合借鉴心理学、认知心理学和教育统计学的方法解决教学和研究中的各种问题。

8.3 建立了日趋完备的教学体系

第一，教学层次逐步齐全。近十年来，对外汉语教学领域中一个深刻的变化是，从过去以汉语预备教育和短期语言培训为主，到近年正规学历教育的比重逐步增加。1975年原北京语言学院（今北京语言文化大学）创设了外国留学生汉语本科专业。接着南开大学、南京大学和复旦大学等校也相继开设相关专业。尽管专业名称不尽一致，有的叫"汉语言"专业，有的叫"现代汉语"或"语言文化"专业，但其基本性质同属"汉语作为第二语言教学"则是肯定的。目前的学生人数也在稳步增长。例如北京语言文化大学的汉语言本科专业1995年毕业生为89人，1996年为110人，1997年将达到170人。另外，各校学习汉语的外国硕士生数量也在逐年增加。

第二，教学设计日趋完善。随着本学科的教学层次的完善，多所院校建立了面向外国人的汉语本科专业、硕士专业，短期汉语教学、速成汉语教学更是大量普及。经过多年的实践、调整、打磨，在教学历史稍长一些的院校中，为各种教学类型、层次设计的教学计划、课程设置、课程大纲、教学管理体系已经比较完善。历史较短的院校也在积极向兄弟院校学习，试图尽快规范地建立自己的教学体系。

第三，教材建设成绩显著。自1978年以来，我国各对外汉语教学单位编写的教材达300种以上，形成了比较完善的本科教学系列教材和短期、速成系列教材。近几年来，随着计算机技术的发展，多媒体对外汉语教材也呈快速增长趋势。我国编写的对外汉语教材，特别是北京语言文化大学编著的汉语教材，在世界各国被广泛采用。

第四，汉语水平考试获得成功。北京语言文化大学受国家教委委托研制的汉语水平考试（HSK）是为测试母语为非汉语的人（包括外国人、部分华侨和国内少数民族）的汉语水平而设立的标准化考试。1990年通过专家鉴定，1992年被国家确定为国家级标准化考试。此考试在世界上享有很高的声誉，目前已在16个国家设立了考点。参加考试的人数呈迅速增长趋势，1995年共有12490人参加考试，比1994年增长了70%，1996年仅上半年就有17406人参加考试。

8.4 形成了本学科的专家队伍

第一，经过 40 多年的教学研究实践，本学科已经形成了一支经验丰富、在理论和实践上卓有建树的专家、教授队伍。一批中青年专家也在成长。据 1994 年统计，对外汉语教师中有教授 70 多人、副教授 500 多人、讲师 800 多人。到 1996 年 8 月，已有 1200 多名教师获得国家教委汉语师资审查委员会颁发的对外汉语教师资格证书。

第二，学科人才培养的教育体系也日趋完善。1983 年起北京语言学院、北京外国语学院、上海外国语学院、华东师范大学等院校先后设立了培养教师和研究人员的对外汉语教学本科专业，1986 年起北京语言学院、北京大学、南开大学等几所院校先后在现代汉语专业下开设了对外汉语教学方向的硕士学位。这些院校已经培养出一批本学科的专业人才。1996 年北京语言文化大学获准招收学科教学论（对外汉语教学）专业的硕士研究生。最近，有关机构和专家经过认真的研讨论证，提出应当设立对外汉语教学学科的博士学位。

九、结束语

毋庸讳言，与一些历史悠久的学科相比，第二语言教学学科还是一门年轻的学科；与英语、法语、德语等作为第二语言教学学科相比，对外汉语教学学科，无论在学科理论研究还是高层次学科人才方面都有一定的差距；本学科的教学体系，不尽如人意之处还不少。因此，尽管经过近 20 年的辛勤耕耘，初步形成了一个学科的框架，但学科理论、人才、教学的建设仍然任重道远。

作为汉语的故乡，中国理应成为汉语作为第二语言教学的研究中心和高层次学科人才培养的基地。为了此项事业的发展和满足国际人才市场的需求，我们必须加倍努力。笔者以为，今后的学科建设尤需以下几个方面的努力：

第一，进一步梳理总结自己的教学和研究成果，吸取国外的新理论、新方法，在实践中建设自己的理论，追赶世界第二语言教学学科的先进水平。

第二，进一步转变过去注重"教"的研究，忽视"学"的研究的倾向。运用科学的方法，在语言习得规律的研究方面多做调查研究，探索外国人习得汉语的规律，探索改进传统教学模式的途径，提高教学效果、效率。

第三，加快学科人才培养速度，理顺和健全学科人才培养的教育体系，尽快在完善对外汉语教学本科和硕士教育的基础上，建立博士学位，建立本学科人才的培养基地，促进学科理论的发展和完善。

　　学科的发展取决于时代的需要。国家需要对外汉语教学事业的发展，事业的发展需要以学科的发展为依据。另一方面国家的发展也给此项事业带来了前所未有的机遇。我们应当抓住机遇，推进学科建设，以提高教学水平，让对外汉语教学事业为国家做出更大的贡献。

参考文献

桂诗春.应用语言学 [M].长沙：湖南教育出版社，1988.

桂诗春.实验心理语言学纲要——语言的感知、理解与产生 [M].长沙：湖南教育出版社，1991.

科　德.应用语言学导论 [M].上海外国语学院外国语言文学研究所译.上海：上海外语教育出版社，1983.

黎天睦（Timothy Light）.现代外语教学法——理论与实践 [M].北京：北京语言学院出版社，1987.

吕必松.对外汉语教学发展概要 [M].北京：北京语言学院出版社，1990.

吕必松.华语教学讲习 [M].北京：北京语言学院出版社，1992.

吕必松.对外汉语教学研究 [M].北京：北京语言学院出版社，1993.

吕必松.对外汉语教学概论（讲义）[Z].北京：国家对外汉语教师资格审查委员会办公室，1996.

麦　基.语言教学分析 [M].王得杏等译.北京：北京语言学院出版社，1990.

盛　炎.语言教学原理 [M].重庆：重庆出版社，1990.

施光亨主编.对外汉语教学是一门新型的学科 [M].北京：北京语言学院出版社，1994.

施光亨.关于对外汉语教学的若干议论和思考 [J].汉语学习，1995（2）.

王初明.应用心理语言学——外语学习心理研究 [M].长沙：湖南教育出版社，1990.

王　甦、汪安圣.认知心理学 [M].北京：北京大学出版社，1992.

王振昆.浅谈汉语言文化教学的理论依据及其学科体系 [G]// 汉语言文化研究（第四辑）.天津：天津
　　人民出版社，1994.

韦　钰.在第五届国际汉语教学讨论会开幕式上的致辞（1996 年 8 月 8 日)[J].世界汉语教学，1996(3).

许嘉璐、王福祥、刘润清主编.中国语言学现状与展望 [M].北京：外语教学与研究出版社，1996.

袁博平.第二语言习得研究的回顾与展望 [J].世界汉语教学，1995（4）.

赵金铭.对外汉语教学与研究的现状与前瞻 [J].中国语文，1996（6）.

中国对外汉语教学学会、《世界汉语教学》编辑部、《语言教学与研究》编辑部.对外汉语教学的定性、
　　定位、定量问题座谈会纪要 [J].语言教学与研究，1995（1）.

朱德熙.纪念《语言教学与研究》创刊 10 周年座谈会发言（摘登）[J].语言教学与研究，1989（3）.

（原载于《中国文化研究》1997 年春之卷）

关于对外汉语教学学科的方法论问题 [1]
（1998）

一、引言

"科学方法是科学的灵魂。"（高兴华等，1991：164）在科学发展史上，一门学科理论和实践的进步，总是包含着方法论上的创新和突破。可见学科方法论，对学科的建设和发展极为重要。

目前，对外汉语教学事业正在蓬勃发展。人们逐渐认识到，学科方法论的建设，已经成为对外汉语教学学科的教学实践和理论建设的一个关键问题。过去讨论方法问题，一般集中在教学理论、方法、技巧，汉语语音、语法分析，文化因素等问题上。通常是在强调对外汉语教学的复杂性时，指出它"涉及"心理学、教育学、文化学等学科，常常是点到为止。对于与各学科的实质关系以及如何运用相关学科的理论、方法解决本学科的问题，还缺少深入的研究与论述。

可喜的是，近年来，这种状况已经开始转变，有的学者已经开始学科方法论方面的研究；在教学和研究实践中，也开始有人探索综合运用教育学、心理学、语言学的方法，解决本学科的一些问题。这使对外汉语教学这门交叉学科，开始实实在在地"交叉"起来，大大丰富了本学科的理论和实践，打开了本学科方法论建设的新局面。

本文试图在此基础上，说明自己对本学科方法论问题的一点粗略的看法。

二、关于学科方法论 [2]

方法论是一个哲学概念，是关于认识世界、改造世界的一般方法的学说。

对于学科方法论，人们的理解不尽相同。本文把学科方法论理解为关于学科方法的

---

[1] 本文承刘珣、王旭东先生提出宝贵意见，特致谢忱。

[2] 两部辞书对"方法"和"方法论"的解释：

《现代汉语词典》 方法：关于解决思想、说话、行动等问题的门路、程序等。方法论：（1）关于认识世界、改造世界的根本方法的学说；（2）在某一门具体学科上所采用的研究方式、方法的综合。

《辞海》 方法论：关于认识世界和改造世界的方法的理论。按其不同层次有哲学方法论、一般科学方法论、具体科学方法论之分。哲学方法论是关于认识世界和改造世界的最根本的方法理论。一般说来，方法论同世界观是统一的。用世界观去指导认识世界和改造世界，就是方法论。

理论和方法体系。笔者认为，对外汉语教学学科的方法论包括四个层次：

第一，哲学层次。哲学层次的方法论解决语言教学的价值观问题，包括对语言教学的基本看法，对教学、教学研究的基本态度和方法论原则等问题。

第二，一般科学方法层次。这包括所谓次哲学范畴的系统方法（系统论、信息论、控制论、突变论、耗散论、协同论等）和数学、逻辑方法，是帮助我们认识和解决语言教学问题的基础方法的一部分。

第三，通用方法层次。即普遍适用于自然科学或社会科学研究的方法。例如实验法、观察法、社会调查法、历史法、文献法等。

第四，学科方法层次。即本学科所运用的理论、方法和技术。本学科可分为两部分：一部分是借助于其他学科（如教育学、心理学、语言学等）的理论和方法；另一部分是本学科特有的理论和方法，比如语言教学中的直接法、功能法、沉默法，研究中的中介语、偏误分析、语言习得、语言能力研究的理论和方法。

本文讨论对外汉语教学学科方法论在上述四个层次上所涉及的学科领域和相关问题。不讨论具体方法。

三、哲学层次

哲学是最高层次的、最根本的方法，是理论化、系统化了的世界观。世界观就是方法论。当人们用它去说明世界的时候，就是世界观；当人们用它去指导认识和改造世界的活动的时候，就成为方法论。（吴元樑，1991：134）唯物辩证法是对外汉语教学实践和研究的根本指导思想，它所揭示的对立统一规律、质量互变规律、否定之否定规律、物质和意识的关系、实践和认识的关系，以及关于因与果、必然与偶然、内容与形式、现象与本质诸种关系的观点，都是教学、研究和学科建设应当遵循的基本原则。具体来说，在对外汉语教学中，哲学的指导作用至少体现在以下几方面：

第一，形成科学的学科的价值观。即以辩证唯物主义的态度对待语言，对待教育，对待学习者，对待语言教学，正确认识学科的性质，形成科学的语言观、学生观、学习观、教学观。学科的价值观，从根本上决定着学科方法论的原则，因为"研究对象对研究方法影响极大，它的特点规定和制约了研究方法的性质和特点，有什么样的研究对象，就会形成相应于它的研究方式和方法"（吴元樑，1991：6）。对外汉语教学的研究对象是对外汉语教学的过程，内容包括学生、教师、语言、教材、教学计划、课堂教学等因素及其相关关系。显然，研究这个过程涉及多门学科，需要多学科的方法。因此，我们把它称为"交叉学科"。交叉是指所涉及的领域和方法论的交叉。交叉学科,要以交叉学科的方法对待,不仅能说出是哪些学科的交叉,而且要学习、研究、搞懂相关学科的理论和方法,并用来指导教学实践与研究。

第二,树立科学的态度。科学态度,首先表现在正确处理理论和实践的关系上。一方面,要坚持实践第一的观点。对外汉语教学的研究和实践,是学科发展的根基。对外汉语教学是一门实践性很强的科学,它的学科建设离不开教学实际,它的理论、结论都来源于教学实践和科学实验,理论研究者要做实际的调查、研究、分析,而不应单凭良好的愿望或主观臆想。另一方面,要认识理论对实践的指导作用。没有科学的理论,就没有科学的实践。当前的学科建设需要在真正认识学科交叉性的基础上,切实学习、了解相关学科的理论和方法,用科学的理论和方法探索、描述科学规律并进行研究,避免单纯经验主义的摸索。经验是宝贵的,是学科建设的基础,但更重要的是把经验升华为理论,这才是经验最好的归宿,才能更有力地推动学科的发展。

第三,指导科学的认识和实践。哲学揭示认识客观事物的一般原则。多年来,我们在教学实践中,都是在自觉不自觉地或遵循或违反唯物辩证法的一些基本规律,如对立统一规律、事物间存在普遍联系的规律等。当我们遵循这些规律时,事情就做得好一些;相反,就可能遇到挫折。唯物辩证法认为,对立统一规律是事物存在和发展的根本规律。语言教学中常常遇到种种关系,例如教和学、讲和练、教师和学生、知识和技能、此技能和彼技能、新知识和旧知识、课内和课外等等的关系。关系就是矛盾。但是,我们对它们还很少自觉地从对立统一规律的角度去分析。在教学实践和研究中,我们需要提高运用科学的世界观和方法论指导学科建设的自觉性。

无疑,哲学作为认识论和方法论,对于任何学科都是非常重要的。有重大理论创造的科学家,包括教育学家、心理学家、语言学家、语言教学流派的创始人,很多人都同时是哲学家或对哲学问题有深刻的见解。当然,"哲学对语言教学法的影响有直接的,有间接的。哲学观点先影响语言学、心理学、教育学,转而影响语言教学法"(王武军,1987:6)。

四、一般方法层次

这里说的一般方法指被某些学者统称为系统科学的系统论、信息论、控制论、突变论、耗散论、协同论和逻辑学、数学、信息科学(包括中文信息处理),也有人将它们统称为横断科学。尽管关于一般方法的范围和学科地位 [1] 各家说法有异，但是有一点是肯定的，即它们已经成为各学科方法论的重要组成部分。这里以系统论和数学方法在对外汉语教学领域中的运用为例，稍加说明。

系统科学为科学研究和实践提供一种普遍适用的思想方法和认识工具。对外汉语教学的理论和实践跟其他领域一样，都可以看作是一个系统。那么我们应当如何运用系统科学的方法来对待和认识对外汉语教学呢？

比如说，大家都认为语言是一个系统。那么，这个系统在语言教学中是怎样运作的？在教学中，语音、词汇、语法、汉字之间的关系如何？如何用系统科学的观点和方法对这些关系加以描述？

对外汉语教学的教学过程也是一个非常复杂的系统。这个系统包括诸多的因素，如从管理上说，有招生、编班、教师、教材、教学计划、教学大纲、课堂教学、课堂管理、教学管理、考勤、考绩、考试、课外活动、教书育人等；从办学条件上说，有科研成果、经济实力、学校在社会上的地位、宣传和公共关系、实验室、图书馆、出版社、宿舍、伙食、电教设备、交通、气候、语言环境、校园环境、跟家长的联系等；从组织系统来说，有国家、教育部、学校，学校有教务处、科研处、外事处、各教学单位、后勤单位等等。我们应当运用系统科学的思想、理论和方法，分析、描写、改进这个复杂的系统，使它能够尽可能合理地、有效地运转。

事实上，语言教学的程序教学法就是根据控制论的理论建立起来的。用系统论、信息论、控制论的理论和方法研究教学过程，对编排最优化的教学程序，选择最适合的教学内容和最佳的教学方法，都有重大意义。（王武军，1987：6）

再说数学方法。"数学是关于量及其关系的科学，是从量的角度来研究、反映客观世界及其规律的工具。近现代科学的发展，就是同数学方法的应用和发展紧密相联的。科学数学化成了现代科学发展的一个重要特点。……马克思认为一种科学只有在成功地运用了数学之后，才算达到了完善的地步。"（吴元樑，1991：154）语言教学领域在近些年的发展中，已经大量地使用了数学方法。例如，信息处理手段在教学和研究过程中的运用，数学模型在语言习得规律的研究和描写中的运用，教育统计学和教育测量学在汉语考试和有关研究中的运用，等等。事实上，数学方法已经成为对外汉语教学学科中不可缺少的科学语言和工具。

这里举一个笔者亲历的例子。为研制汉字教学的部件系统，崔永华（1997b）用计

---

[1] 有人认为系统科学属于"次哲学"范畴，有人认为属于一般方法论范畴。

算机对《汉语水平词汇与汉字等级大纲》中使用的每个汉字的部件进行了统计、分析。统计涉及 500 个部件、2866 个汉字、8822 个词。如果靠人工来做比较和统计，则一回需要做上百亿次比较：

$$500 \times 2866 \times 8822 = 12641926000$$

（一百二十六亿四千一百九十二万六千）

若按一秒钟比较一次计算，则大约需要 400 年时间：

$$12641926000 \div 60 \text{ 秒} \div 60 \text{ 分} \div 24 \text{ 小时} \div 365 \text{ 天} \approx 400 \text{ 年}$$

这还只是比较一回。实际上，要制订一个系统，要进行多次比较、统计，那么就需要若干个 400 年。当然，人做事可能不像计算机那么机械，但是人也不可能每天工作 24 小时，更不可能像计算机那样准确无误。而使用计算机和中文信息处理技术，在已有语料库的基础上，通过程序，只要几十分钟便可以进行一回统计。

五、普遍方法层次

普遍方法是指自然科学、社会科学、思维科学都普遍使用的方法，如观察法、调查法、实验法、测量法、统计法、文献法、历史法等等。这些方法在对外汉语教学研究中都经常使用。（本节论述从略）

六、学科方法层次：邻近学科方法

对外汉语教学是一门交叉学科。对于此说法是不存在争议的。尽管人们对所涉及学科的范围看法不一，但认为它涉及语言学、教育学和心理学是一致的看法。所以我们只讨论这三个学科的理论、方法与本学科的关系。

多年来，人们一直把对外汉语教学看作是语言学的一个分支——应用语言学。对此，已有人提出不同看法。一个学科的性质是根据其研究对象决定的。很明显，对外汉语教学学科跟汉语语言学的研究对象不是一回事。尽管汉语教师要有汉语知识，应当对汉语有所研究，甚至是汉语专家，但是研究汉语教学，不是研究汉语。对外汉语教学的研究对象是汉语教学的过程和过程所涉及的各种因素。汉语作为教学内容，是教学中的一个因素。汉语也正是在这个意义上作为对外汉语教学学科的研究对象。

交叉学科本身是一门新的学科，它不应是所涉及学科中的一个。粗略地说，在对外汉语教学学科中，语言学规定教学内容，教育学规定教学的基本原则，心理学参与规定教学顺序和方法。无论人们自觉与否，任何汉语教学，都是这三个因素在起主要作用。

其中教育学、心理学的比重有时还可能占得更多一些。所谓的教学经验，本质上是对教育学和心理学规律的自觉或不自觉的探索。这是为什么一个语言学基础未必很深厚的语言教师，可以取得很好的教学效果，而一位功底深厚的语言学家，却未必能成为优秀的语言教师的原因。

6.1 对外汉语教学与语言学的关系

从事和研究语言教学不能不懂语言学，特别是不能不懂所教的语言。语言学跟语言教学的关系至少表现在三个方面：

第一，教学内容。教师、研究者应当了解其基本规律，以合理地选择和安排教学内容。语言教学研究者、教材编写者和优秀的教师，还应当关注语言学领域的新成果。近30年来，语言理论、汉语研究都取得了很多新成果，但是从总体上看，汉语教学的各方面吸收新成果甚少，在教学内容、教学理论和方法上，对于转换生成语法、系统语法、话语分析等领域取得的卓越成果，很少反映。

第二，教师的知识背景。优秀的教师应当是汉语专家，至少应当具备正确使用汉语的能力和必备的语言学知识。

第三，分析语言教学过程的方法。分析语言教学，常常需要懂得语言学的方法，比如语言教材的编写，教学中所需的汉外语言对比、偏误分析、中介语描写、语言能力分析，都离不开语言学的方法。但是，这已不是纯粹的语言学方法，不是用来追求语言学上的突破。

6.2 对外汉语教学与教育学的关系

教育学是关于教育一般规律的科学。对外汉语教学作为学校教育的一部分，可以叫作"汉语教育学"。因此它必须遵循教育学的一般规律。教育学为学校教育规定的道德养成、智力发展和能力培养三个方面的目的，教学的一般原则（如思想性、科学性、直观性、量力性、自觉性、巩固性、系统性诸原则）、一般教学方法（如启发式、归纳法、演绎法），以及课程设计、课堂教学的一般原理等，都对对外汉语教学有指导意义。教育学的各分支大都跟本学科相关，这里试举几例说明。

第一，教育哲学。教育哲学讨论教育的价值观和教育目的问题。作为大学教育的语言教学，应当遵循人的全面发展的原则（崔永华，1997a），在教学设计、教材编写、课堂教学过程中，要坚持有利于学生道德、智力、能力综合素质的全面健康发展，而不能顾此失彼，舍此求彼。笔者看到某国的一种教材，可能是为了增加情趣，其中有的课文污秽得令人不忍卒读，显然违背了教育的基本原则。

第二，教学论，也有人称为"课程学"[1]，被认为是教育学的核心。目前国内流行的对外汉语教学理论，实质上应当是教学论一般原则在对外汉语教学中的具体应用。教学论讨论学校教育的教学过程、教学目的、教学原则、教学主体、课程编制和设计、教学方法、教学组织形式、教学媒体、教学环境、教学管理、教学评价等的一般原则。我们应当在这个基本框架下，进行本学科的教学实践和教学理论建设。另一方面，近十年来，国内外教学论（包括分科教学论）的研究成果和专著、译著大量出现。在对外汉语教学事业和学科建设迅速发展的今天，我们应当结合教学本身的发展，积极从教学论科学中吸取营养，改进和完善本学科的教学理论，指导教学和研究的实践。

第三，教育管理学。在语言教学中，管理占有十分重要的地位。这里的管理包括教学管理，也包括生活和其他管理。对外汉语教学的教育管理是一个系统工程。以汉语速成教学为例，要保证教学质量，必须把握住招生、编班、授课、预习、作业、考勤、测试、升级、语言实践、论文写作等各个环节，甚至宿舍、食堂都构成影响学生学习效果的因素。国内外的办学经验都证明，只有一流的管理，才能获得一流的教学质量。

第四，外语教学的教学和研究方法。对外汉语教学与外语教学隶属同一上位学科。我国的英语和其他语种的教学与研究，成果甚丰。其教学和教学研究的方法和成果，无疑是我们应当借鉴的。

第五，教育心理学。这是心理学和教育学交叉而成的一门学科（将在下文中一并说明）。

6.3 对外汉语教学与心理学的关系

语言学习是一种心理过程，它一方面同心理活动的感觉、知觉、表象、记忆、思维、想象、联想等密不可分，另一方面又时时受到动机、信心、兴趣、情感、意志、注意等心理现象的制约，同时学习者的个性和认知方式对学习也有重要的影响（参看胡春洞，1996）。可见，语言学习是一种完整的心理过程。

语言教学发展史说明，语言教学跟心理学关系极为密切。20世纪40年代风行的听说法，以行为主义心理学的"刺激—反应学说"为其支柱。认知法也与认知心理学

---

[1] 有人将二者视为同一概念，也有人认为不同。

有很密切的联系。心理学家直接参与外语教学法的理论研究和教学实践活动，已经成为当代外语教学法的重要特点之一。认知法、自觉实践法、暗示法的首创人都是心理学家。

　　跟外语教学相关的心理学分支有普通心理学、教育心理学、语言心理学／心理语言学、认知心理学、外语教育心理学等等。这些分支在不同的层次上为外语教学提供心理学的依据，是语言教学原理的心理学来源，对语言教学有重要的指导作用。其中语言心理学、认知心理学和外语教育心理学跟语言教学的关系更为密切。语言心理学是以研究和认识这些语言机制的功能、作用及其发展为对象的。"研究语言的获得就是语言发展心理学，它是心理语言学的一个分支。"（靳洪刚，1997：1）认知心理学是研究大脑思维、记忆、问题处理的科学。根据彭聘龄（1997）的说明，汉语认知研究的主要任务是：（1）揭示汉语信息加工的过程及其影响因素；（2）研究汉语、汉字在头脑中储存的特点；（3）研究汉语句子和课文的理解；（4）研究儿童学习和使用汉语、汉字的规律；（5）研究汉语识别的脑机制；（6）进行汉语识别的计算机模拟；（7）进行跨语言文字的比较研究。外语教育心理学则更直接"研究外语教学的心理基础，为建立外语教学的基本原则和教学方法体系并正确组织外语教学工作提供心理学论据"（朱纯，1994：12）。运用这些心理学的理论和方法，可以揭示语言学习的过程、规律，为语言教学的设计、教材编写、课堂教学、教学管理、语言测试提供重要的依据。

　　朱纯（1994：9）说："近来直接对第二语言学习进行心理学研究的必要性已为更多的人所承认……这意味着人们将继续多年前已开始的工作，涉足心理学和心理语言学领域，了解与语言教学有关的理论、概念和研究发现，由此推断并计划运用于语言教学理论。另一种情况是，近十年来发展了一种更专门的第二语言学习心理学，直接对第二语言学习、教学和使用进行实验研究。"

　　当前，随着教育学、教学论、心理学、认知心理学、汉语认知研究和对外汉语教学学科的发展，已经有越来越多的研究者在用心理学和认知科学的方法探索外国人学习汉语的规律。

七、学科方法层次：本学科方法

　　一般把汉语语言学、汉语教学理论、汉语习得理论作为本学科的基础理论。这三种理论及各自所提出的教学与研究方法，构成本学科的方法论体系。这里仅对这三者在本学科方法论中的地位做简单的说明。

7.1 关于汉语语言学

前面已经说过，在对外汉语教学方法论体系中的语言学理论和方法，是服务于汉语教学和学习的理论和方法。它不以语言研究本身的突破为主要目标，而主要是把汉语研究的成果，运用到汉语教学中去，从教学的角度，即从如何有利于学习者学习的角度研究汉语。当然，学习者学习汉语的过程，会给发现汉语的规律很多有益的启发，反过来丰富汉语语言学的理论和研究成果。

7.2 关于汉语教学理论

汉语教学理论，大致相当于我们常说的对外汉语教学法，是教育学分支——教学论（或课程论）在对外汉语教学中的运用。其基本框架、基本原理来源于教学论。应当承认，这在我们现行的著述中还没有得到充分的体现。汉语教学理论结合汉语教育的特点，规定对外汉语教学的性质、价值、原则和方法论体系。

7.3 关于汉语习得理论

可具体称为"汉语作为第二语言的习得理论"，以区别于母语的习得研究。第二语言习得研究与语言学、心理学、认知学、社会学、文化学有着比较密切的联系。它虽然只有三四十年的历史，但其理论基础已经相对比较雄厚。一般从两个角度对第二语言习得进行研究：一是对语言学习者的研究；二是对语言学习过程本身的研究。心理测试和统计学的方法，在语言习得研究中得到广泛的应用。（参看袁博平，1995）当前，对外汉语教学领域中的第二语言习得研究主要集中在四个方面：偏误分析、中介语研究、习得过程研究、语言能力研究。（参看王建勤，1997）

本学科的上述三种基本理论，不是各自孤立的，而是有机地结合在一起的。其基本联系可以表述为：

教学逻辑 = 语言本体逻辑 + 语言习得逻辑 [1]

其中教学逻辑指语言教学原则、顺序、方法等，语言本体逻辑指语言项目（语音、词汇、汉字、语法、功能等）本身结构的复杂性（学习的难易度）和运用的轻重缓急等，语言习得逻辑指学习者习得语言项目的自然顺序和方法。

从哲学的角度来看，可以把汉语教学（教学逻辑）理解为由语言本体逻辑和语言习

---

[1] 这一表述受到廖哲勋（1991：217）论述教材顺序的启发，其原文为："教材顺序是由分科教材的逻辑顺序与学生心理发展的顺序结合而成的各科教材内容外在的组织形式。"

得规律构成的对立统一体。其对立表现在二者的矛盾上：有时结构简单的语句，并不易学；交际上急需的项目，由于其表达方式难度较大，教学中可能要较晚安排。其统一表现为两方面：一是二者在难易、缓急上有不少一致之处；二是二者缺一不可，共同决定着汉语教学的逻辑。

八、小结

学科方法论的建设关乎学科发展的根本，对外汉语教学学科应当尽快建立自己科学的方法论。

学科的基本性质，决定着学科的研究对象、方法体系的理论和内容。

学科的综合性决定着学科方法的综合性，要提高综合运用各层次的科学方法的自觉性，全面地掌握学科的教学和研究方法，而不应囿于单纯的语言学方法。

参考文献

安文铸主编.教育科学学引论 [M].南昌：江西教育出版社，1997.

陈嘉明.当代西方哲学方法论与社会科学 [M].厦门：厦门大学出版社，1991.

崔永华.略论汉语速成教学的设计 [J].语言教学与研究，1996（2）.

崔永华.关于汉语言（对外）专业的培养目标 [J].语言教学与研究，1997a（4）.

崔永华.汉字部件和对外汉字教学 [J].语言文字应用，1997b（3）.

高兴华等主编.科学认识论教程 [M].成都：四川大学出版社，1991.

胡春洞.英语学习论 [M].南宁：广西教育出版社，1996.

金吾伦主编.跨学科研究引论 [M].北京：中央编译出版社，1997.

靳洪刚.语言获得理论研究 [M].北京：中国社会科学出版社，1997.

柯普宁.科学的认识论基础和逻辑基础 [M].王天厚、彭漪涟等译.上海：华东师范大学出版社，1989.

李秉德主编.教育科学研究方法 [M].北京：人民教育出版社，1986.

李秀林、王于、李淮春主编.辩证唯物主义和历史唯物主义原理 [M].3 版.北京：中国人民大学出版社，1990.

廖哲勋.课程学 [M].武汉：华中师范大学出版社，1991.

刘楚明.教育辩证法 [M].北京：教育科学出版社，1994.

莫泽克.论科学 [M].孟祥林等译.武汉：武汉大学出版社，1997.

彭聃龄主编.汉语认知研究 [M].济南：山东教育出版社，1997.

沈克琦主编.自然科学基础 第 5 册：系统科学 [M].北京：高等教育出版社，1993.

王建勤主编.汉语作为第二语言的习得研究 [M].北京：北京语言文化大学出版社，1997.

王坤庆 . 现代教育哲学 [M]. 武汉：华中师范大学出版社，1996.

王武军主编 . 日语教学法 [M]. 北京：高等教育出版社，1987.

吴元樑 . 科学方法论基础 [M]. 北京：中国社会科学出版社，1991.

殷正坤、邱仁宗 . 科学哲学引论 [M]. 武汉：华中理工大学出版社，1996.

袁博平 . 第二语言习得研究的回顾与展望 [J]. 世界汉语教学，1995（4）.

查有梁 . 系统科学与教育 [M]. 北京：人民教育出版社，1993.

朱　纯 . 外语教学心理学 [M]. 上海：上海外语教育出版社，1994.

（原载于《语言教学与研究》1998 年第 2 期）

加强学科建设，提高教育质量 [1]
（1999）

我代表北京语言文化大学向大会汇报自 1988 年第一次全国对外汉语教学工作会议以来，我校在对外汉语教学的学科建设方面所做的主要工作、目前存在的主要问题和今后一段时间里的努力方向。

一、近十年来我校在学科建设方面所做的一些主要工作

近十年是我国改革开放和社会主义市场经济建设取得飞速发展的十年，也是对外汉语教学事业蓬勃发展的十年。事业的发展给学科建设提出了许多新的问题、新的要求，也推动了学科的基础理论研究、应用研究和人才队伍建设的发展。为适应形势发展，解决教学实践中遇到的问题，我校主要开展了以下几项工作。

1.1 加强了学科基础理论的研究

学科基础理论是指导学科建设的认识论和方法论，也是指导对外汉语教学实践的基本指导思想。我们通过借鉴国内外汉语教学、语言教学的理论和经验，总结本校的经验和教训，加深了对学科研究对象、研究内容和学科性质的认识。我们认为对外汉语教学学科具有以下主要特征：

第一，对外汉语教学学科以对外汉语教学的全过程为研究对象，目的是揭示教和学的规律；内容包括教育和教学总体设计研究，学习过程和认知特征的研究，教学内容、方法、手段研究，以及与教学内容和手段相关的语言学、文学、哲学、历史学、计算机及信息科学等方面的研究。

第二，对外汉语教学学科是一个交叉学科。一个理想的学科理论体系，必须综合运用哲学、系统科学、教育学、心理学、认知科学、语言学、文化学、计算机及信息科学等学科的相关理论和方法，在科学研究中要使用跨学科的方法。

第三，对外汉语教学学科是一个面向教学实践的应用学科，它以提高教育教学质量

---

[1] 这是笔者为北京语言文化大学起草的在 1999 年 12 月全国第二次对外汉语教学工作会议上的汇报。汇报吸收了当时学校领导和相关部门同志的意见。汇报反映了笔者对对外汉语教学学科的认识和当时的一些历史特征。收录于此，以供参考。

为最终目的，学科建设必须面向汉语教学实践，科学研究必须注重成果向教学实践的转化。

第四，对外汉语教学学科又是一个具有基础科学意义的学科，它从语言习得的角度研究语言的本质、揭示语言的认知方式，其研究成果对于哲学、心理学、认知科学、符号学、逻辑学和计算机语言处理等都有重要的参考价值。

基于以上特征，对外汉语教学学科，应当兼有教育学、心理学、语言学、文化学、计算机和信息科学等方面的人才，研究者个人也应尽量多地具备上述学科知识和能力。

近年来，在学科基础理论研究方面，我们主要通过专著、论文、研讨会等形式进行了关于对外汉语教学学科的性质、跨学科方法论的探讨；利用跨学科的方法进行了一些包括语言对比、偏误分析、习得顺序研究、汉语认知研究、语言能力研究在内的第二语言习得研究；建立了 350 万字的"外国留学生汉语中介语语料库"、200 万字的"汉语研究语料库"、120 万字的"现代汉语句型语料库"、包含上万条信息的"世界汉语教学文献数据库"，并产生了一批利用语料库研究教学规律的重要成果；在利用新技术进行对外汉语教学和教学研究的理论和方法方面，也进行了一些探索。

1.2 加强了学科的应用研究

学科应用研究是在学科基础理论的指导下直接服务于对外汉语教学实践的研究。我们重点进行了以下研究工作：

第一，教学规范研究。为推进对外汉语教学科学化、规范化，提高教育、教学质量，我校受汉办委托，研制了"汉语言本科专业教学大纲"和"汉语短期速成教学大纲"。学校立项研制出版了《基础汉语教学规范》和《中高级汉语教学规范》《对外汉语基础阶段教学大纲》《中高级汉语功能大纲》等。另外，我校还根据教育部的要求、人才培养的需要和教学实践，多次修订教学计划和课程大纲，以不断提高教育、教学质量，更利于培养适合国际人才市场需要的汉语人才。

第二，教材研究和建设。此间，我校承担了国家社科基金项目"对外汉语教材研究"，并进行了多项教材调查研究。编写、出版了近百种教材，其中《速成汉语教程》《商务汉语》《桥梁——实用汉语中级教程》《汉语会话 301 句》等教材和短期速成系列教材、汉语言本科专业教育的语言和文化系列教材都得到广泛应用。目前我们正在编写专门为国外汉语教学设计的基础汉语教材，以及为探索大幅度提高汉语教学效率而编写的基础汉语教学试验教材。

第三，教学手段研究。我校自 20 世纪 80 年代末开始从事利用计算机辅助汉语教学的研究，先后研制出"基础汉语计算机辅助教学系统""计算机汉语教材编写系统""基础汉语精读课成绩测试试卷计算机自动生成系统"，与日本富士通公司合作研制了计算机多媒体汉语教材《学中国语》。20 世纪 90 年代中期以来，研制出版了汉语教学片《商务汉语》《北京行》等。随着计算机、多媒体、光盘和网络技术的发展，近几年，我校又陆续研制出《汉字教学》《中级汉语教程》光盘，参与研制《标准汉语教程》等光盘；研制出"基础汉语课程考试题库系统""计算机学籍管理系统"等软件，在建立多媒体教室、汉语网络教学研究和设计、对外汉语教学网站的建设方面，也投入了较大的人力、财力，取得了一定的进展。

第四，教学方法研究。教学方法研究历来是语言教学研究的一个重要方面。近几年，我校在研究中特别注重运用教育学、心理学、认知科学和信息科学的理论和研究成果，注重借鉴国外相关领域的理论和成果，注重教学和学习过程的实验和对比研究。出版了《中高级对外汉语教学论》《外语阅读教学与心理学》《汉语听力口语教学》《对外汉语课堂教学技巧》等多种专著，发表了数百篇相关论文。这些研究成果对改进课堂教学、提高教学质量起到了重要作用。

第五，汉语水平考试的深入研究。十年来，汉语水平考试在教育部、国家对外汉语教学领导小组的领导和支持下，在汉办和兄弟院校的支持下，研究不断深入并得到迅速的推广。1984 年教育部委托我校研制汉语水平考试。1990 年 2 月 20 日，汉语水平考试（初、中等）通过了原国家教委组织的专家鉴定。1992 年 9 月 2 日，原国家教委发布了第 21 号令，确定汉语水平考试为国家级考试。1993 年 7 月 28 日，汉语水平考试（高等）通过了国家汉语水平考试委员会组织的专家审定。1997 年，汉语水平考试（基础）通过鉴定推广。自 1996 年开始，我校汉语水平考试中心进行了题库建设的设计和由经典考试理论向项目考试理论转换的研究，已经取得了重大进展。目前，我们正在根据国家汉语水平考试委员会的决定，进一步完善考试的命题和审订工作，对考试体系进行调查研究，以进一步提高汉语水平考试的科学性、权威性。

在学科基础研究和应用研究方面，我校十年来承担了国家社科基金项目五项，教育部项目六项，汉办项目数十项，学校立项 100 多个。"基础汉语计算机辅助教学系统""世界汉语教学文献数据库""汉语中介语语料库""现代汉语句型统计研究""多媒体汉字教学系统""汉语水平考试研究""基础汉语课程考试题库系统"等多个项目被鉴定为国内外先进水平。

1.3 逐步完善了学科人才培养体系

学科人才，是学科建设的根本。为保证学科发展的后劲，我们着力建设和完善本学科的人才培养体系。

第一，对外汉语本科专业的建设。本科专业建设，是培养学科人才的重要途径。我们以国家教育方针为指导，探讨适应社会发展和学科发展的需求、全面提高学生综合素质、改善学生知识结构和实践、创新能力的方法和手段，多次修订教学计划，把探索的成果落实到教育、教学实践中。

第二，研究生教育。我校对外汉语教学方面的研究生教育，原来依托于现代汉语专业。1995 年建立了课程与教学论（对外汉语教学）硕士专业，1998 年又建立了语言学与应用语言学的硕士和博士专业，为培养本学科的高层次人才创造了良好的条件。在研究生培养上，我们也不断根据学科发展的需要和对学科认识的加深，调整课程设置，强调吸收学生参加科学研究，帮助学生建立更适合学科需要的知识和能力结构。

第三，初步建立起一支在学科结构和知识能力结构上适合学科发展的专兼职研究队伍。我校现有独立设置的本学科研究所三个，共有专职研究人员 50 余名；学校数百名从事汉语教学和管理工作的教师和管理人员，也在积极从事学科研究工作，并且取得了许多重要的研究成果。根据对学科的认识，近年来，我们注重改善教学、研究人员的学科结构和知识结构，有计划地吸纳相关学科的人才加入到汉语教学的研究队伍中。同时，我们还借助开设课程、组织培训、鼓励自学、参加研究项目等方法，使教学和研究人员具备教育学、心理学、计算机科学的知识和能力。目前，这种做法已经初见成效，不少重大项目都是不同学科的人才合作完成的。

二、存在的问题和今后的努力方向

十多年来，我校在国家改革开放政策和教育思想的指导下，学科建设取得了一些成绩，但是目前研究水平和人才还不能满足事业发展的需要，特别是在很多方面离世界第二语言教学的先进水平还有很大差距。

例如，对学科性质的认识还不够清楚，特别是对本学科的跨学科性质，探讨还不够深入；学科人才，目前仍以汉语和文学为主，相关学科的人才不足，教学研究人员的知识、能力结构过窄，研究方法和手段单一，不能适应高层次研究的需要；目前还没有形成一个建立在多学科基础上的完整的学科理论体系；很多方面还缺少研究，如外国人的汉语习得和认知研究，汉语教学的教育学、心理学角度的研究，教材研究，词汇教学研究，新教学手段研究，对本科专业的外国学生进行素质教育的研究，等等。这些问题造成了学科理论上的欠缺，更难满足事业发展和提高教育、教学质量的需要。

为此，我校将以贯彻第三次全教会和本次会议的精神为契机，以深化教学改革，推进素质教育为指导思想，使学科建设更好地为提高对外汉语教学的教育、教学质量服务。在下一个阶段，我们在学科建设方面将着重做好以下几项工作：

第一，树立新的对外汉语教学观念。全面推进素质教育，培养学生的实践能力和创新能力，是我国教育方针的深化和具体化，也是世界教育的潮流。现在对外汉语教学已经逐渐成为我国高等教育的一个组成部分。大学是人的世界观、价值观形成的重要阶段，也是培养服务社会和谋生能力的重要阶段。这同样也应适用于在我国高校学习的外国学生。作为教育者，我们应当把对留学生的本科教育定位在培养适应新世纪需要的汉语人才的目标上，尽力全面提高他们的思想道德素质、文化素质、专业素质和身心素质，培养他们的实践和创新能力，而不能只进行语言教学。当然，教育的内容和方法应区别于中国学生。为此，我们必须树立新的留学生教育观，新的教育、教学质量观，使对外汉语教学的学科建设更好地服务于综合素质和创新能力的培养，制订更适合培养目标的教学计划、课程体系，编写更适合培养目标的教材。

第二，继续加强对外汉语教学的学科基础理论和对教学实践的研究。特别是进一步明确学科的交叉性质，建立系统的、跨学科的认识论和方法论体系；重点加强汉语作为第二语言的习得研究、汉语认知研究，从学习者和学习过程的角度探索更适合培养学生语言能力的教学理论和方法。

第三，注重利用以计算机和网络技术为代表的新技术、新手段改进教学。跟上世界教育、教学的方法、手段改革的潮流，加快多媒体和网络教学的研究，加快新一代计算机教材编写系统、题库、教学管理系统的研制，尽快建立起包括教学研究信息、资料系统和网上课程资源的对外汉语教学网站。

第四，进一步完善专兼职研究队伍的学科结构和知识能力结构。根据交叉学科的需要，吸收更多相关学科人才，使教学研究队伍的学科结构更为合理。培训和鼓励教师改善自己的知识和能力结构，提高研究层次、质量和水平，推出更多的重大研究成果，促进教学质量的提高。

第五，进一步理顺科研体制。尽快按照国家人文社会科学重点研究基地的标准，建立对外汉语教学研究中心。理顺校内与本学科相关的研究所的关系，使学科建设、科学研究、人才培养、信息服务融为一体，相得益彰；建立更有利于人才培养、重大成果产出，具有竞争机制的科研管理体制，为对外汉语教学的学科建设做出更大的贡献。

教师行动研究和对外汉语教学[1]
（2004）

一、问题的提出

近年来，在对外汉语教学研究中，基础理论研究取得了不少成果。这种研究运用语言学、心理学、数学、逻辑学等方法进行语言能力、语言习得和认知、语言测试方面的研究。其研究成果，对于确立对外汉语教学的基本原则和指导思想、设计教学大纲、编写教材、改进课堂教学和语言测试，以至于对语言和汉语的科学认识，都有重要的参考价值。这方面的研究也是国际第二语言教学研究的热点和前沿课题。

1.1 目前对外汉语教学的应用研究成就不明显，落后于基础研究

诚如刘珣（2003）所说："近十多年来教学改革的探索已停步不前，对教学理论和教学方法的研究，也成了本学科最薄弱的一环。"在笔者看来，这主要表现为：

第一，上述基础研究的成果直接应用于教学的不多。由于很多基础研究课题的专业化程度很高，跟教学实践有一定的距离，所以要把那些对教学有用的研究成果应用到教学实践中去，常常需要进一步的研究和试验——把新的教学思想具体化，把理论上提出的方法或邻近学科的方法移植到课堂教学。而这种把基础研究成果付诸教学实践的应用研究还很少。

第二，教学实际中确有很多问题未能解决。解决课堂教学中的一些具体问题是纯理论研究所不能代替的。比如在班级人数较多的情况下，如何提高课堂教学的水平？如何增加学生练习的机会？如何有效地开展课堂讨论？如何提高亚洲国家学生课堂的开口率，让他们积极参与课堂活动？如何改进课堂练习的组织方式？如何改进课堂练习形

---

[1] 在本文的写作中，除所列参考文献外，还参考了一些网上刊登的文章。由于难以开列出处和发表时间，不便列入参考文献。其中主要有：蔡清田《教育行动研究》（五南图书出版公司，2000 年 4 月版，第七章第三节），丁钢《丁钢访谈录》（原载《课程与教学》，2003 年 4 月六卷二期第 1-9 页），李银河《什么是"行动研究"》，李克东《行动研究法及其在教育技术研究中的应用》，刘海生《课堂教学录像分析法及其应用思考》，刘良华《校本行动研究》，欧用生《提升教师行动研究的能力》，汪霞《对课程行动研究的思考》，王建政《行动研究法、实践反思法、个案研究法的应用比较》，王月芬《走向新课程的教师教学行为》，吴锦骠《行动研究法》，叶连祺《中小学教师行动研究策略之探讨》，易卫平《学校如何利用行动研究进行自我改进》，谌业锋《行动研究法》，等等。在此一并致谢。

式？如何提高学生的出勤率？如何进一步有效地提高教学的效率？等等。这些都是在教学中存在的与提高教学质量密切相关的实际问题。而科学地解决这些问题，只从基础研究的结果中进行推论或频频讨论指导思想是不够的，必须通过教学试验的方法来加以论证、解决。但是这类教学研究成果近年来确实并不多见。

第三，教师在教学中继承和创造了很多好的经验、好的教法，但是常常找不到适当的方法论证，找不到合适的机会发表，得不到承认和推广，甚至只能作为不成文的经验，"烂在肚里"。

1.2 存在研究人员跟一线教师分离的现象

目前基础理论研究存在专业化的倾向，这不是坏事。但是另一方面，专门的研究人员很少有机会深入接触教学实际（课堂教学、教材编写、教学设计、教学管理等），缺少教学的体验，因此上面提出的教学实际问题，常常不是专门研究人员关注和擅长解决的问题。而接触这类教学实际问题的一线教师又缺少条件（时间、精力、经费等）和方法（理论、方法、工具），很少参与研究。本学科一个值得注意的现象是，在教学一线教师中，缺少本学科的"领军"人物。

另一种分离的现象是，教学一线也有不少研究成果，甚至是高水平的研究成果出现，但是这些高水平的成果，常常与教师的教学实践关系不多，而是相关学科的成果。随着对外汉语教学的教师队伍的学历层次提高和教师的学科领域拓展，毫无疑问应当鼓励教师发展自己所学的专业或专业方向。但是结合教学实践的研究成果不多，不能说不是对外汉语教学研究中存在的一个问题。

上述问题显然不利于教学问题的解决和教学质量的提高，也不利于教师队伍的建设。这也许是对外汉语教学事业发展、学科建设和师资队伍建设所面临的一个瓶颈问题。有没有一种可以把一线教师、教学实践、教学研究联系起来的方法呢？"行动研究"就是这样的方法。正如《教师行动研究》的"译者序"所说："行动研究中的研究者与实践者是统一的，研究的起点是对自身实践的不满和反思，研究的对象是现实中出现的具体问题，研究的目的是为了解决现实问题，研究的过程是为了改善新的实践，研究的结果则是切实改变了现状。……让实践者得到'提升'，不必等待研究者来解决问题。这样，研究不再高高在上，超越于日常教育生活之外。"（Arhar，Holly & Kasten，2002：1）

二、"教师行动研究"简介 [1]

2.1 行动研究的起源、性质和分类

根据各家的说法，行动研究的方法和实践，起源于 20 世纪 40 年代中期，50 年代被应用于教育领域。从各种著述的参考文献看，大概在 80 年代后期被引入我国，90 年代开始，出现了数量可观的论著、论文和研究报告。

维尔斯曼（1997）把行动研究归类为应用研究和准实验研究。首先，行动研究属于应用研究，它跟基础理论研究不同，也代替不了基础理论研究。其次，行动研究带有实验研究的性质，属于一种实证研究，但是作为"准实验研究"，它又跟一般意义的实验研究有所区别。它常常使用一个小样本（在小范围内，通常是一个班），解决的问题有较强的实践性和针对性，在操作上（比如对干扰因素的控制）不如严格意义的实验研究严谨，且受到教师个人认识水平、操作方式的限制，因此得到的结论常带有一定的局限性。

行动研究的分类。行动研究在国内外被应用于多种社会研究领域。就与教育、教学相关的行动研究来说，由于研究者研究对象和研究思路的不同，而产生了不同的命名。例如：教育行动研究、校本（school-based）行动研究、教师行动研究、课堂研究、自我反思研究、参与性研究、协作研究、行动学习研究等等。（参看张向阳、洪淑秋，2003）本文侧重讨论的是教师行动研究中的课堂行动研究，下文一般称"教师行动研究"或径称"行动研究"。

2.2 教师行动研究的特点

陈柏华（2001）说，凯米斯"主要是从教育的角度对行动研究下了一个比较好的定义：'行动研究是由社会情境（包括教育情境）的参与者为提高对所从事的社会的或教育实践的理性认识，为加深对实践活动及其依赖的背景的理解所进行的反思研究。'虽然这一定义未必缜密严谨，但它起码给我们揭示了'行动研究'之所以为'行动研究'的一些基本特点：（1）它是以提高行动质量，改进实际工作为'首要目标'的研究方法；（2）它（是）强调研究与行动的结合 [2]，即强调研究过程与行动相结合的研究方法；（3）

---

[1] 对于行动研究的历史、定义和特点，各种论著都有大同小异的介绍和论述。很多都列举多种看法，以示严谨。本文的简单介绍，决定牺牲一点严谨，换取一点简洁和可读性。介绍中主要陈述本人的领悟，在取舍上难免会有主观性。关心这种方法的读者和有志研究者，请参看原著，以免被误导。

[2] 括号中的"是"字是笔者所加，下句同此。

它（是）要求行动者参与研究，研究者参与实践，在研究和工作中相互协作的研究方法"。

根据笔者的理解，教师行动研究是这样一种研究方法：它以改进教学过程、提高教学质量为研究目标，以教师实施的课堂内外教与学的行动为研究对象，以教学行动的实施者（教师）为研究者主体，以研究行动与教学行动的互动为研究方法的基础。下面做一点简单说明：

第一，以改进教学过程、提高教学质量为研究目标，这是教师行动研究的出发点和归宿。

第二，以教师实施的课堂内外教与学的行动为研究对象，即研究的内容是在教学过程中存在、出现、思考的问题，比如教师的课堂教学的指导思想、教学方法、教学技巧，学生的学习策略、学习态度，以及把新的基础理论研究成果和新的教学思想、方法付诸实践，等等。

第三，以教学行动的实施者（教师）为研究者主体，是说从事这类研究的人应该是实施教学行为的教师本人，教师至少是主要的参与者。因为研究的是教师的教育教学活动，教师是这些活动的执行者，是教师在实施、检验研究方案，反思教学实验的过程。因此教师是对研究的内容、过程、依据、效果最有发言权的人。同时，教师在研究过程中，也可以不断提高自己的教学能力、学识和研究水平。

第四，以研究行动与教学行动的互动为研究方法的基础，是行动研究的基本方法，即"在行动中研究、在研究中行动，研究是为了更好的行动，所获得的研究成果马上在行动中采纳，产生实际效益"。（参看吴锦骠《行动研究法》）

2.3 行动研究的操作

为直观地了解行动研究，可以先看看行动研究的一般过程。

一般认为行动研究包括"计划、行动、考察、反思"四个环节。详细的描写，各家大同小异。下面根据王蔷（2002）提供的一个过程加以简单说明。

表 1　行动研究的过程

	过　　程	对过程的解释
1	发现问题	发现教学中的问题或引进新的教学方法
2	提出假设	分析问题发生的原因或教学方法的适用性
3	调查研究	用查阅文献、问卷、访谈、征求意见等方法对上述假设进行初步的验证
4	重新认识问题	根据上述调查研究修正假设

续表

	过　　程	对过程的解释
5	制订的行动计划或措施	确定解决问题的措施或试验新的教学方法的方案
6	实施计划	在教学中实施上面制订的措施或方案
7	在实施中根据实际情况调整计划	发现措施和方案的不足，加以调整
8	观察、收集数据	在 6、7 项的实施中，由本人、同行或学生观察、记录实施过程中的行为、收获、效果和感受等，包括使用录音、录像、听课记录、学生作业、问卷调查等手段
9	分析、反思与评价效果	使用叙述、归纳、综合、统计、比较、图表、文献等手段，整理、分析收集到的数据；对比实施前后的情况，对执行的措施和方案做出评价，反思行动过程的得失，如可能，尽量给出理论解释；提出新的改进行动方案，必要时制订新的行动研究计划
10	撰写研究报告	根据行动研究报告的格式和要求，写出本次研究的报告[1]

注：表中"过程"一栏主要依据王蔷（2002：40），"对过程的解释"一栏为笔者所加。

　　从研究过程中，我们可以更具体地看出行动研究的特点：第一，此类研究是直接针对教学问题的，对教学质量和效果的提高有直接的帮助；第二，研究是跟教学行动密切联系在一起的，是在教师熟悉的范围中进行的，教师有解决这些问题的优势；第三，行动研究可以使用多种研究方法，如文献、材料、经验、问卷、观察、比较、统计等等，但试验（付诸行动，记录行动过程，观察行动的结果）和反思是这种研究方法的特色。

三、行动研究参考选题

　　当前，国内出版了一些介绍行动研究的专著，其中介绍了一些教育行动研究方案和研究报告。在教育方面的报刊杂志上，也有一些介绍行动研究的文章和研究报告发表。但是目前还没有看到对外汉语教学领域的教师行动研究的报告[2]。

　　为了了解行动研究的研究对象和思路，下面提出一些研究题目[3]，希望对理解教学行动研究提供一点参考思路。

---

[1] 行动研究报告的写法在王蔷（2002）和 Arhar 等（2002）中有详细的说明。

[2] 在 2003 年 1 月召开的北京地区第三届对外汉语教学学术研讨会上，北京外国语大学的丁安琪老师提交了论文《行动研究在对外汉语教学中的应用初探》，目前笔者还没有看到论文的全文。如果不是笔者孤陋寡闻，应当是丁安琪老师首先把行动研究的概念引入对外汉语教学的。

[3] 列举这些题目，参考了王蔷（2002）介绍的选自 A. Burns. *Collaborative Action Research for English Language Teachers* (Cambridge: Cambridge University Press, 1999) 的"行动研究选题参考"的框架。

3.1 情感问题

（1）学生出勤率不高的原因是什么？是什么心理或情感问题在起作用？如何才能提高学生出勤率？

（2）学生害怕在课堂上发言、回答问题的原因是什么？如何帮助他们克服避免发言的心理倾向？

（3）据说有的学生是被家长逼着来中国学汉语的，所以他们的学习积极性不高，有什么办法可以提高他们的积极性？

3.2 学习策略问题

（1）学生在课堂以外常常使用自己的母语跟同学交流，有什么办法可以激发他们在课外使用汉语的热情呢？

（2）让学生在课外阅读一些中文报刊，尝试从中了解一些信息并在班上交流。以学生目前的水平，这样做是否行得通？

（3）根据一些研究，学习好的学生和学习差的学生在学习策略上是有差别的。如果推广好学生的学习策略，对提高其他学生的学习成绩有没有作用？

（4）汉语认知研究的一些成果，比如说学生的句法意识、构词意识对提高学生的汉语能力有积极的作用。如果想在教学中适当地增加他们的这些意识，有什么办法？会不会起作用？

3.3 课程设计问题

（1）我读过关于任务型教学法的介绍，我很想把目前使用的教材部分地任务化？这会出现什么结果？

（2）我觉得我在课堂上所教的内容和给学生做的练习跟学生的实际需要有一定的距离，如果我请学生跟我一起来设计教学，结果会怎么样呢？

（3）我的学生中有的有英语教学的经验，如果我有时让他们当老师，结果会怎么样？

（4）我现在上听力课/阅读课的办法是不是最有效的？是不是可以尝试一下某人介绍的思路？

3.4 课堂活动问题

（1）现在每个班的人数都比较多，我想通过增加小组活动的方式来提高学生练习的机会，这样做会有效吗？会产生什么问题？

（2）做分组练习时，是按国籍分组好还是混合分组好？是按学生的水平分组好还是混合分组好？

3.5 教学技巧问题

（1）在现有的练习方式中，哪些类型的语法练习对学生掌握语法规则最有用？

（2）我想试一试某篇文章中建议的教授可能补语的方法在我们班是否适用。

（3）有文章说，"把"字句的图式在学生理解"把"字句时有一定的作用，我想尝试一下在教"把"字句时，设计一个"把"字句的图式教学方法，试一试是否有效。

（4）有什么办法可以帮助学生巩固已经学过的词汇，是按构词法归类还是按意义归类更有效？

（5）有哪些方法可以帮助学生更好地掌握声调？对不同母语的学生，什么方法最有效？

（6）某篇文章说，对非汉字圈的学生来说，部件意识可以提高他们掌握汉字的速度和认读水平，我想尝试培养学生的部件意识，并检验一下这样做的效果。

3.6 教学评估问题

（1）不少英语教学的论著都提倡形成式评价，认为对提高教学质量有积极的作用，对外汉语教学如何进行？

（2）学生对现行的考试方式有什么想法？如果改变一下，对学生的学习有什么影响？

（3）现在的教学班都比较大，每学期的口语测试都需要很长时间，是否可以用分组测试的办法进行？

（4）我认为现在的考试设计难以测出学生实际运用语言的能力，有没有办法可以解决这个问题？

上述问题是举例性的。这些问题大概来自三个方面：一是在教学过程中遇到或发现的不足；二是在教学中产生的"灵感"，觉得可以用某种方式改进教学；三是力图把一些基础研究成果应用于教学。在实际教学中的确存在很多需要改进的问题，需要我们提高问题意识，发现、研究、解决问题。

四、行动研究对对外汉语教学研究的意义

魏锡山（2003）认为："当前国内外教育改革（包括课程改革）普遍认同的两个观点，一是教师是改革的关键，二是改革最终发生在课堂上。"如前所述，当前的对外汉语教学，包括课堂教学方法和相关的其他方面，有不少尚不成熟和值得探讨的地方，需要进行研究和改进。行动研究的目的就是改进教学，提高教学质量。上文所列的行动研究参考选题，提出了一些这方面的问题。提高教师的业务（教学和研究）水平和课堂教学水平，是提高对外汉语教学水平和学科建设水平的一个基本条件，应当引起重视。提高教师的业务水平，根本的办法，是给教师提供进行或参与教学研究的条件。在教学任务繁重的情况下，只做一般号召，不积极寻求出路，教师就摆脱不了"教书匠"的境地。行动研究跟教学实际密切相连，跟教师的实践密切相连，方法又不复杂，教师在这类研究中既有方便之处，又有不可替代的优势。因此它应当是提高教师的教学科研能力的一条重要途径。正如刘珣（2003）所指出："在第一线从事对外汉语教学的广大汉语教师，最应该也最有条件从事这方面的研究。但是由于种种主、客观的原因，我们广大教师的力量还没有得到充分的发挥。"

行动研究的方法掌握起来并不难。这从上面的描述中可以看出，使用的都是大家比较熟悉的方法，并不难学。本文所列的参考文献中有多种文献对分析方法和研究报告的撰写做了详细的介绍，我们可以借鉴。

当然，任何研究都需要下功夫才能取得成果。尽管行动研究的方法不复杂、较直观，但是还是需要敏锐的眼光发现和分析问题；需要有一定的语言学、心理学、教育学基础，学习和掌握基本的研究方法，比如学会设计和实施研究方案；需要持之以恒地收集材料、分析材料，每天花十几分钟、几十分钟记录实施的过程、具体效果、学生的反应、自己的感受等；需要花些时间整理材料、分析材料、撰写研究报告。许多研究者都指出，行动研究的方法只有在行动研究的过程中才能真正学会。所以正如行动研究的性质所规定的，行动研究是在实施研究行动中对行动进行研究。学会用行动研究的方法研究对外汉语教学，也必须首先付诸行动，在进行教学研究的过程中理解、学会并加以运用。

参考文献

Arhar, Joanne M., Holly, Mary L., & Kasten, Wendy C. 教师行动研究——教师发现之旅 [M]. 黄宇等译. 北京：中国轻工业出版社，2002.

曹红晖. 教学行动研究：撰写研究报告 [J]. 中小学外语教学，2003（10）.

陈柏华.论课程行动研究——兼论头脑风暴法和中立主席法 [J].外国教育研究，2001（4）.

陈向明.什么是"行动研究"[J].教育研究与实验，1999（2）.

顾泠沅、杨玉东.教师专业发展的校本行动研究 [J].教育发展研究，2003（6）.

李跃平.教学行动研究两法 [J].上海教育，2003（14）.

刘　珣.有关对外汉语教学学科理论建设的两点感想 [J].海外华文教育，2003（1）.

宋虎平.行动研究 [M].北京：教育科学出版社，2003.

王　蔷.英语教师行动研究——从理论到实践 [M].北京：外语教学与研究出版社，2002.

维尔斯曼.教育研究方法导论 [M].袁振国主译.北京：教育科学出版社，1997.

魏锡山.倡导反思教学与教育行动研究，实现科研、教研有效结合 [J].天津教育，2003（7）.

张向阳、洪淑秋.开放远程教育理论与实践互动的有效途径：行动研究 [J].江苏广播电视大学学报，
    2003（6）.

郑金洲.校本研究指导 [M].北京：教育科学出版社，2002.

（原载于《世界汉语教学》2004 年第 3 期）

科研课题和对外汉语教学学科建设¹（2004）

最近，国家汉办公布了"十五"科研规划首批启动的66个研究课题。笔者认为，这批课题比较客观地反映了当前对外汉语教学领域关注和需要解决的问题，适应了当前本学科发展的需要；同时也显示了学科方法论的进步和学科对人才的知识结构、能力结构的要求，对对外汉语教学学科的建设有重要的启发。

本文拟对这66个课题的内容、研究方法进行简略的分析，并据此对学科的人才培养做一个简单的探讨。需要说明的是，笔者只是根据自己对课题名称的理解、对课题内容和可能使用的方法进行推测的，因此下面的分析难免有不准确的地方，希望分析离大方向不会太远。

一、科研课题的分析

一般来说，一个时期内的选题，可以反映出这一时期某一领域所关注的问题。我们每天都会遇到很多问题，但是遇到的，并不都能成为研究课题；可以列为研究课题的，也不都是当时可以解决的问题。把哪些问题列为研究的主要目标，是否有条件立项，既受到研究者和评审机构的理论水平和学术素养的制约，也受到承担人的知识、能力结构和所使用的方法、工具制约。因此，从一个时期的重点选题可以看出一个学科或领域这一时期的学科建设水平（理论、方法、人才）和所倡导的研究方向。

根据笔者的理解，这66个课题研究的问题可以分为以下11类：

表1　课题类别统计表

序　号	课题类别	数　量	比　例
1	汉语本体研究	21	31.8%
2	习得规律和学习策略研究	13	19.7%
3	教学大纲研究	7	10.6%
4	网络教学和多媒体教学研究	5	7.6%
5	学科资源建设	4	6.1%

---

¹ 此文写成于2000年底，首次发表于中国人民大学对外语言文化学院选编的《汉语研究与应用》（第二辑），中国社会科学出版社，2004.

续表

序　号	课题类别	数　量	比　例
6	教材编写	4	6.1%
7	教学方法研究	4	6.1%
8	汉语测试研究	3	4.5%
9	汉语教学史研究	2	3.0%
10	文化研究	2	3.0%
11	教学管理研究	1	1.5%

下面对表中主要的项目类别做一个简单的评论。

第一，汉语本体研究还是占比例最大的课题类别。毫无疑问，搞清和描写好语言规律，是提高教学质量的一个前提。这批选题的特点在于：讨论教学内容和力求贴近教学的课题占有较大的比例（多使用"面向对外汉语教学的……研究"或"……与对外汉语教学"为题）；内容还是以现代汉语语法研究为主（11项），语音研究和词汇研究占一定的比例（各4项）。

第二，习得规律和学习策略研究占了较大的比例。多数课题超越了以往形式上的模仿和套用，扎实地使用心理学方法研究汉语学习和习得规律。如：留学生汉字认知加工中形音义编码作用的实验研究、趋向补语认知及习得顺序研究、语素在留学生复合词习得过程中的作用、汉语作为第二语言学习中的词素加工与构词意识研究、外国留学生汉语词汇学习的认知研究等等。一方面，这反映了我们的教学观念正在发生转变——从以教师为中心转向以学生为中心；另一方面，也反映出我们正在逐步缩小与国际第二语言教学领域研究选题的差距，对作为第二语言的汉语（即外国人说或写的汉语，所谓的"对外汉语"，而不同于上面提到的"教学内容"）研究更加深入。

第三，教学大纲研究继续加强。对外汉语教学研究的根本目的是提高教学效率和质量。教学大纲则是汇集相关研究成果（包括语言学、心理学、教育学等领域的成果），指导教材编写和教学实践的文件。前几年，教育部进行了大规模的面向新世纪高等教育的教学内容和教材的改革和更新，对外汉语教学在这方面的步子还不够大。前两年，国家汉办主持研制了本科和短期教学大纲，现在这一势头未减，说明学界同人对教学体制和教学内容的认识还在不断更新。目前多数学校的教学体制和课程框架形成于20世纪80年代初期，20多年来虽不断有所调整，但是社会的进步和事业的发展，使对外汉语教学的内涵和外延都发生了巨大的变化，包括教学对象、学习需求的变化，也包括教育思想、教学理论、教学方法和手段、教学环境和条件的发展变化等等。这对教学体制、课程设置、教学内容提出了新的要求。这几个教学大纲研制项目的建立和发展正是适应了这种需求。

第四，网络和多媒体教学研究更受关注。这是一个在国内外都广受关注的发展方向。但是迄今为止，在对外汉语教学方面，理想的课程设计和课件还不多。这方面的选题也反映了我们仍处于起步、摸索阶段。在多媒体和网络教学沸沸扬扬了几年之后，国内外都有了一些汉语教学的多媒体和网络教材，如果能对此做一个综述，探讨一下以往的得失，会有利于今后的发展。不知选题中的"基于网络的对外汉语远程教学评价系统"是评价学生还是评价课程和课件的设计？

第五，学科资源建设和研究是一项新的基础工程。对外汉语发展趋势及教育资源调查、HSK 动态作文语料库、现代汉语"动态通用词表"研究、汉语语料库例句检索工具研究与制作，这四个课题的研究成果可以为本领域的研究和教学工作提供必要的资源和工具。进行此类建设，是我们现行研究体制的一个优势，使不少国外同行羡慕不已。国外同行很少有机会集中人力、物力进行这种大规模的研究和建设。衷心希望研究成果不再像以前的一些相关研究成果那样鉴定后便束之高阁，而是能在学科建设中真正发挥作用。

其他几方面，尽管不无新意，如汉语教学史研究、教学管理研究，或属传统研究，或数量较少，恕不一一说明。

从以上分析可以看出，这批课题所代表的学科发展方向，顺应了社会的需求和科学技术的进步，接近了国际同领域的研究热点，同时也使我们对对外汉语教学学科的内涵和外延有了进一步的认识。

二、科研课题的研究方法

人们常说，正确地提出问题，就解决了问题的一半。这话也许不错。但是问题提出之后，如果没有正确的方法，问题依然无法解决。进一步说，没有正确的方法，连正确的问题都难以提出。所以我们前面对选题的肯定，已经从某种程度上表明了对所使用方法的肯定。

从使用的研究方法看，这 66 个课题可以分为以下五类[1]：

---

[1] 这只是为便于分析而做的大略分类。

表 2　课题研究方法统计表

序　号	课题使用的主要研究方法	数　量	比　例
1	以语言本体研究方法为主的研究	23	34.9%
2	运用教育学方法的研究（教学大纲、教材、教学法、测试、教学史）	18	27.3%
3	运用计算机和信息处理方法的研究	10	15.1%
4	运用认知科学、心理学和语言习得方法的研究	13	19.7%
5	其他（文化研究等）	2	3%

下面分别说一点看法：

第一，语言本体研究方法。从选题看，这里主要采取的还是传统的语言学方法。这是我们比较熟悉的方法，不赘言。

第二，教育学方法。凡是教学，都是在自觉或不自觉地遵循或违背着教育规律。所以教学大纲、教材、教学法、测试研究都属于教育学的范畴，虽然语言教学与语言知识、语言能力研究有着不可分割的联系，正如数学教学跟数学知识、数学能力的研究有不可分割的联系一样。传统上把语言教学研究归入应用语言学，在一定程度上表示语言教学有其特殊性，但是过分强调语言学的成分，忽略教育学角度的研究，也会影响语言教学的质量和学科的发展。国外有些大学把第二语言教学专业放在教育系，是一个值得注意的事实。我们在研制教学大纲、编写教材、管理教学等方面，借鉴教育学方法这一点虽已有所注意，但仍显不足，总体上还没有脱离经验的框架。在应该借鉴教育学方法的地方，多一些借鉴，这也许会成为某些课题创新的突破口。

第三，计算机和信息处理方法。教育教学的发展，不仅与社会的需求相关，也与社会的科学技术水平相关。先进科学技术的教育和利用，是评价教育水平的一个标准，也是推进学科发展的动力之一。计算机和信息处理技术，同样为语言教学提供了新的手段，也同样为这方面的研究工作提供了新的发现工具，关键是看我们能否自觉地去掌握和运用。这批课题在利用先进科学技术手段方面，体现出可贵的时代性。

第四，认知科学和心理学方法。第二语言的习得过程或第二语言（外国人所说所写）的研究，已经成为国际第二语言教学领域的主流研究对象，也成为设计新的教学模式、提高教学质量的重要依据。这种研究大都借助心理学和认知科学的方法。这批课题中涉及心理学方法的占有相当大的比例，说明我们在学科理论和方法上，正在缩小与国际第二语言教学研究的差距。

　　根据上面的分析，如果这些课题正确地反映了当前学科关注的问题，那么解决这些问题，就必须使用跨学科的方法。当前，跨学科方法已经为许多学科所实践，成为科学哲学的一个重要的研究对象。其实，语言学方法从20世纪后半叶开始，已经发生了巨大的变化，越来越倾向于运用跨学科的方法描写和揭示语言现象和规律，哲学、社会学、心理学、逻辑学、信息学、数学、计算机等方法在语言研究中普遍运用。形式语言学、转换生成语法、认知语言学等都是在这种背景下产生的。在这一点上，我们跟世界语言学有不小的差距。

　　总之，解决对外汉语教学学科的问题，需要跨学科的方法，应当是没有疑问的了。

三、小结

　　现在，我们已有多所学校设立了对外汉语教学的本科专业和立足于培养对外汉语教学人才的硕士、博士专业学位。这是我们学科兴旺发达的希望。这批课题研究的内容和所使用的方法，也对学科人才的培养提供了一些有益的启示。

　　我们看到，承担上述课题（特别是那些需要使用跨学科方法的课题）的年轻同人，大都是通过自学而掌握相关的理论和方法的。他们主动学习、运用相关学科的方法，更新自己的知识结构，推动了学科的发展，令人钦佩。事实上，这些年我们学科建设取得的许多重大的、前沿性的成就，很多都与跨学科方法的使用有关。如汉语水平考试、中介语研究、语言习得研究、多媒体和网络教学的成果、语料库建设、题库建设、对外汉语教学网站建设、某些教材的编写等等，都是使用跨学科的理论和方法取得的成果。近些年，越来越多的心理学、教育学、计算机专业人才加入到对外汉语教学和研究的队伍，使我们的学科建设如虎添翼，大大提高了研究水平和速度。

　　这显示出对外汉语教学学科的专业人才应当具备的知识和能力结构。专业人才，是指能够解决专业问题，特别是能够胜任学科前沿课题研究的人才。从对外汉语教学学科的研究对象和要解决的问题来看，这个专业培养的高级专门人才，应当具备跨学科的知识和能力。尽管一个人不可能掌握所有相关学科的知识和方法，但是在某一方面有所长，同时具有跨学科的意识和基本素养，应当是各层次，特别是研究生层次的对外汉语教学专业人才的培养方向。

　　最后说明一点，笔者认为，对外汉语教学的学科人才和汉语教师是两个概念。汉语教师可以是各方面的专家，如语言学、文学、历史学、哲学、经济学、贸易学、计算机科学等等，因为是教汉语，当然是语言学人才为主；学科人才指的则是前面所说的对外汉语教学学科的专门人才。汉语教师不必也不可能都是对外汉语教学学科的专家。

附录

表1   国家汉办"十五"科研规划首批启动课题[1]

序号	课题类别	使用方法	课题题目
1	本体	语言学	现代汉语问答研究
2	本体	语言学	现代汉语语序研究
3	本体	语言学	因果情境表达方式分工研究
4	本体	语言学	汉语普通话语调系统研究
5	本体	语言学	汉语方位词的语义认知基础及意象隐喻系统
6	本体	语言学	基于语料库面向对外汉语教学的汉语副词研究
7	本体	语言学	基于对外汉语教学的汉语口语若干语法现象的考察与研究
8	本体	语言学	基于第二语言学习与教学的汉语词汇问题研究
9	本体	语言学	面向对外汉语教学的特殊动词的句法语义属性研究
10	本体	语言学	面向对外汉语教学的汉语语体研究
11	本体	语言学	面向教学的汉语韵律特征研究
12	本体	语言学	现代汉语语序研究及汉语教学语序问题探讨
13	本体	语言学	汉语文化词语语义及其教学原则和方法研究
14	本体	语言学	现代汉语虚词的语篇功能及习得研究
15	本体	语言学	现代汉语近义词的综合研究以及习得研究
16	本体	语言学	对外汉语教学中的语气成分研究
17	本体	语言学	对外汉语语音教学的体系及其实施
18	本体	语言学	对外汉语教学语法难点的语义语用诠释
19	本体	语言学	词语用法研究与汉语学习词典编纂
20	本体	语言学	现代汉字构形分析与对外汉字教学
21	本体	语言学	普通话语音格局与对外汉语语音教学
22	习得	心理学	词汇学习理论与词汇教学策略研究
23	习得	心理学	语素在留学生复合词习得过程中的作用
24	习得	心理学	韩国人汉语偏误分析
25	习得	心理学	汉语作为第二语言的习得考察——"能"类助动词的研究
26	习得	心理学	留学生汉语阅读技能习得研究
27	习得	心理学	留学生汉语语法偏误生成的原因和相关语法规则的解释

---

[1] 表中对"课题类别"和"使用方法"分类的解释请参看前文，这里只是一个大致的分类。

续表

序号	课题类别	使用方法	课题题目
28	习得	心理学	留学生汉字认知加工中形音义编码作用的实验研究
29	习得	心理学	趋向补语认知及习得顺序研究
30	习得	心理学	汉语作为第二语言学习中的词素加工与构词意识研究
31	习得	心理学	外国留学生汉语词汇学习的认知研究
32	习得	心理学	认知理论在对外汉语教学中的应用研究
33	习得	心理学	外国人汉语学习策略的调查与研究及对外汉语教学法的改革
34	习得	心理学	针对日本来华中学生汉语学习心理的对外汉语教学法研究
35	大纲	教育学	商务汉语教学研究
36	大纲	教育学	对外汉语教学模式分析
37	大纲	教育学	"准常规语言教学"（长期进修）相对强化教学研究
38	大纲	教育学	以学习者为中心的、基于任务学习法的对外汉语写作教学（设计）
39	大纲	教育学	汉语长期进修教学总体设计研究
40	大纲	教育学	交际任务教学法与汉语口语教学及其教材编写
41	大纲	教育学	对外汉语教学语音大纲
42	网络	计算机	面向海外儿童的汉语教学多媒体课件研究与开发
43	网络	计算机	基于网络的对外汉语远程教学评价系统
44	网络	计算机	基础汉语多媒体素材库的建设及其教学应用
45	网络	计算机	汉语阅读多媒体网络教学与影视素材库
46	网络	计算机	对外汉语教学网络教育共享支撑平台和资源库标准的研究
47	资源	计算机	现代汉语"动态通用词表"研究
48	资源	计算机	对外汉语发展趋势及教育资源调查
49	资源	计算机	HSK 动态作文语料库
50	资源	计算机	汉语语料库例句检索工具研究与制作
51	教材	教育学	对外汉语教学实用语法系列用书
52	教材	教育学	《现代汉语高级教程》
53	教材	教育学	《现代汉语视听说》
54	教材	教育学	《文化阅读》系列教材
55	教学法	语言学	英汉语言行为对比与对外汉语教学
56	教学法	语言学	对越汉语教学疑难问题研究
57	教学法	教育学	对俄汉语教学的对策研究

续表

序号	课题类别	使用方法	课题题目
58	教学法	教育学	认知功能教学法
59	测试	教育学	高等学校对外汉语测试研究
60	测试	教育学	汉语水平考试题目公平性的研究
61	测试	计算机	HSK 命题理论和计算机辅助命题系统研究
62	教学史	教育学	欧洲人的早期汉语学习史专题研究
63	教学史	教育学	法国汉语教学发展史
64	文化	其他	中韩跨文化交际研究
65	文化	其他	汉阿（拉伯）词汇文化内涵对比
66	管理	教育学	对外汉语教学质量计算机评估系统研究

[原载于中国人民大学对外语言文化学院编《汉语研究与应用》（第二辑），中国社会科学出版社，2004 年]

以问题为导向的对外汉语教学学科建设刍议
（2005）

一、引言

陆俭明（2004）指出："对外汉语教学本体研究要有一个总的指导思想。这个总的指导思想，我认为应该是：怎么让一个从未学过汉语的外国留学生在最短的时间内能最快最好地学习好、掌握好汉语。对外汉语教学学科的本体研究必须紧紧围绕着这个指导思想展开。"这是一种以解决教学理论和实践问题为导向的学科建设指导思想。这里的"问题"有两层意思：一是指学科的研究应当回答什么问题；二是指教学实践中存在的不足、需要解决的矛盾和难题。

以问题为导向的学科建设有深厚的理论背景。波普尔（1987：184）指出："科学与知识的增长永远始于问题，终于问题——愈来愈深化的问题，愈来愈能启发大量新问题的问题。"吴元樑（2004）说："问题是科学研究的起点和归宿。一个具体的科学研究过程，既始于问题的确定，又终结于问题的解决。随着新问题的解决，科学研究又会进入新的过程。可以毫不夸大地说，正是社会问题的提出和解决，推动着哲学社会科学的发展。"孙喜亭指出："教育学的研究对象，可以说是研究以教育事实为基础的教育问题。"（转引自黄甫全，2003）

对外汉语教学学科的发展也始于和终于对外汉语教学中的问题，没有实践中需要解决的问题，学科就失去了存在的价值，这是学科建设的前提。不明确学科要解决的基本问题，不发现和探究教学实践和理论上的不足，学科建设就会迷失方向。因此，对外汉语教学学科应以教学理论和实践中的问题为对象，用相关的科学方法研究产生问题的原因，寻求解决方案并付诸实施，在实践中检验。学科建设在不断解决问题的过程中，认识对外汉语教学现象，揭示其中的规律以指导教学实践，发展和完善学科的理论和方法，提高对外汉语教学实践的水平。

笔者以为，陆俭明提出的"对外汉语教学本体研究"的"总的指导思想"，正体现了这种以解决问题为导向的学科建设的思路。

二、对外汉语教学学科的基本问题

什么是对外汉语教学学科的基本问题，学界专家、学者见仁见智。从解决问题的角度，可能会得到不同的结论。如果把陆俭明（2004）所说的"怎么让一个从未学过汉语的外国留学生在最短的时间内能最快最好地学习好、掌握好汉语"理解为"如何提高教学质量"，那么"对外汉语教学学科的本体研究必须紧紧围绕着这个指导思想展开"，"总的指导思想"可以理解为"提高教学质量"是学科的基本问题。

简言之，笔者赞同对外汉语教学学科的基本问题是教学质量问题。陆俭明（2004）进一步说："要提高教学质量，必须具备三个条件：一是要有一支高素质的教师队伍；二是要有高质量的教材；三是要有好的教学法。"毫无疑问，这三点是提高教学质量的核心的、直接的条件。同时，还有其他的外围条件也影响着教学质量。综合起来，我们可以把影响教学质量的因素粗略地归结为图1（图中的"策略/模式"大致相当于陆俭明所说的"教学方法"）。

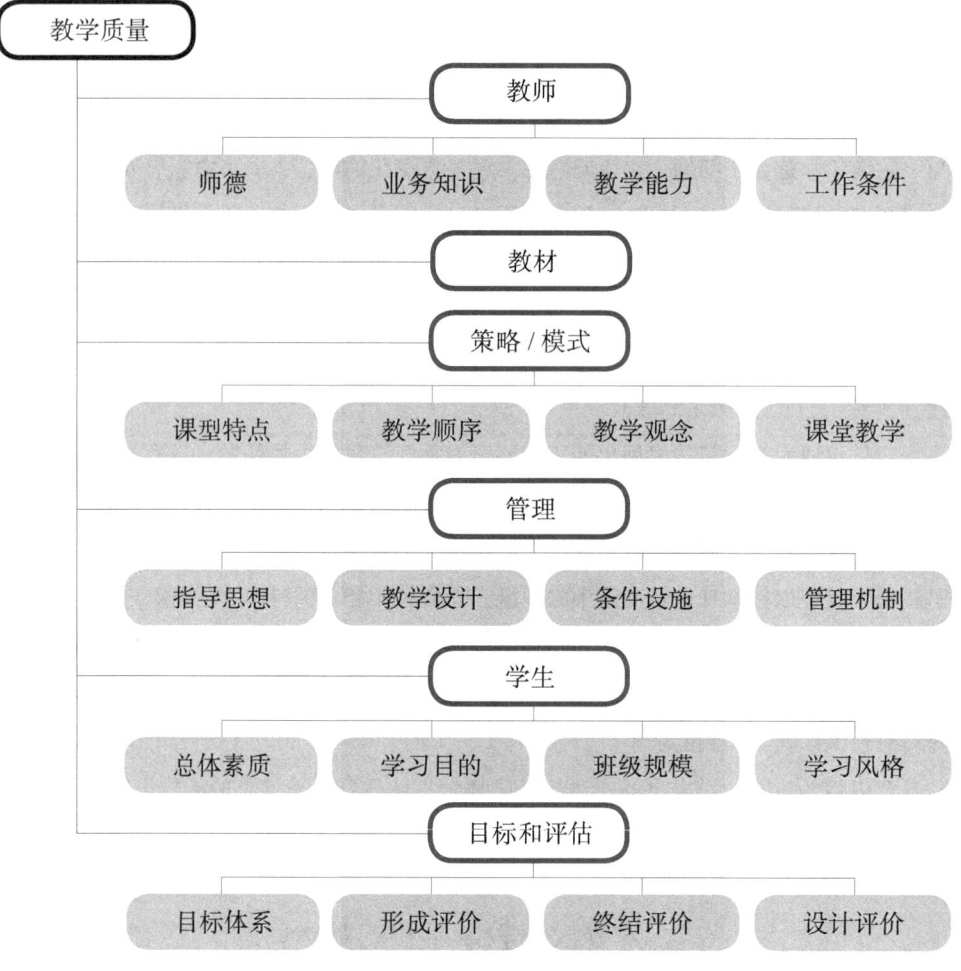

图1　教学质量问题系统图

图 1 中每一个因素都跟教学质量相关，都有需要解决的问题，也都可以用科学的方法加以研究。这种以问题为导向的研究思路可以从以下几方面促进学科的发展：（1）有利于明确研究的具体问题和方向；（2）有利于学科研究力量和研究成果的整合；（3）有利于学科方法体系的建设。

三、学科建设以问题为导向，有利于明确研究的具体问题和方向

以解决问题为导向的学科建设和学术研究，由于明确了需要解决的各层次的问题和产生问题的原因（常常是下一层次因素影响的结果），可以使我们发现以往研究的疏漏和薄弱环节，使研究有明确的指向——明确为什么要研究，使研究成果更容易转化为提高教学质量的动力。

近 20 年来，对外汉语教学的学科建设取得了丰硕的成果，有些方面达到了相当高的水平，比如汉语习得和认知研究、汉语水平考试研究。但是，从提高教学质量的角度来看，有些方面的研究仍然十分薄弱，比如总体的教学质量问题、课堂教学效果问题、教学方法和技巧问题、各种不同课型的教学模式和教学规范问题等。还有一些影响教学质量的全局性问题，一直没有进入学科研究的视野，比如教师课时量过多、教学编班过大、学生出勤率不高等。从教学实践的角度说，这些也是影响教学质量的重要原因。这些问题不解决，提高教学质量就可能变为空谈。学生缺少学习的积极性，甚至不来上课，怎么提高质量！每班超过 20 个学生，如何进行技能训练！教师每周 20 节课，怎么提高备课的质量！要提高教学质量，这些问题无法回避。其实这些问题并非无法解决，只是要求研究者突破传统的学科理论和方法的束缚，深入了解教学实际，发现问题所在，运用相关学科的方法（如教育学、心理学和系统的方法）分析原因，找出解决问题的方法，提出解决问题的方案。例如调整教学模式、改善教师工作条件、激发学习动机、改进教学方法等。

再如学界普遍关心的教材问题。近十年来对教材的批评之声不断。教材的问题到底在哪儿？应当请教教材的使用者——任课教师。他们是最有资格评价教材的，但是他们的意见其实并没有受到学界的重视。教师对某些教材的评价是"用着不顺手"，教材要解决的问题是如何让教师"用着顺手"，这就需要知道是什么问题导致了"不顺手"。这涉及教材的体例、课文和练习语料的选择、有效的操练和练习方式、语言点安排（每课的数量、先后顺序）和解释方式、课程的时间安排等问题。问题的关键在于，这是一个教学设计的问题，而不是单纯的语言问题。用适当的方法对这些问题进行实实在在的研

究，对外汉语教学的教材应当会有大的改观，教材理论的建设水平也会提高。

当然，教材还有其他问题要解决。图2粗略地说明了跟教材相关的问题。

图 2   跟教材相关的问题

这些年来，我们在很大程度上把教学质量问题归因于教材。这不公平。第一，这些年教材建设确实取得了很大的进展，总体上有不小的进步，不应求全责备；第二，教材中出现的问题很多不是编者本身可以解决的问题，而是学科总体研究水平的问题，比如我们对教材使用情况缺少扎实的研究，对教材设计的理论缺乏研究，对新的语言教育和教学的理论、方法缺乏关注，有些重要的语言现象，语言学家也还没有说清楚，等等；

第三，实事求是地说，教材对教学质量的影响其实是有限的，一个明显的证据是，同一本教材，同一课内容，不同水平的两位教师教学效果会有天壤之别。

当前提高教学质量的关键不在教材，而是要转变教学观念，改进教学模式，改善办学条件。即使仅从教学操作的技术层面上说，影响教学质量的主要因素也不是教材，而是课堂教学效果；影响课堂教学效果的主要因素又是教师的业务水平，特别是教师对教学原则、教学方法、教学技巧、教学行为的理解和掌握。所以陆俭明把"要有一支高素质的教师队伍"作为提高教学质量的第一个条件。在当前对外汉语教学规模迅速扩大的情况下，教师素质确实是影响总体教学质量的一个主要因素。这需要从教学实践中发现问题之所在，寻找产生问题的原因和解决问题的途径，制订出解决问题的方案。

四、以问题为导向的研究方法，
有利于学科研究力量和研究成果的整合

以问题为导向的研究方法，有利于整合学科研究力量和研究成果，促进教学质量的提高。图1说明，提高教学质量是一个系统工程，或者说是一个质量保障体系。这个系统是由不同层次的要素构成的。要全面解决教学质量问题，必须逐一解决跟教学质量相关的各分支、各层次的问题。其中每个问题的解决，都指向教学质量问题。研究成果可以直接促进教学质量提高，同时也有助于提高学科理论水平。

我们当前的研究体系与此不同，指导思想、课型特点、教材、课文趣味、教学观念、教学设计、课堂教学、学生数量及素质、学习风格等各要素之间呈现出相互分离的研究状态。

现在的研究由于对需要解决的基本问题缺乏明确的认识，各方面的研究没有形成相互关联的明确的体系。因此研究虽然不乏优秀的成果，也对学科的理论和实践起了重要的推动作用，但是由于研究成果跟提高教学质量的衔接不够明确，不少成果尚未整合并服务于实践。另一方面，大量的研究集中在基础理论方面，教学本体的研究（如教学模式/体系研究、教学方法研究、教学设计研究、课堂教学研究、教师行为研究、教师培训研究）成了薄弱环节，教学中一些亟待解决的问题尚未进入研究视野，这种状况下我们很难实现学科建设的基本目标——解决提高教学质量的问题。

以问题为导向的学科研究，将解决问题系统化，从解决问题的需要出发，各层次的问题关系明确，研究成果易于整合，有利于共同达成问题的解决。这不但可以更有效地解决教学质量问题，形成一个质量保证体系，也可以使学科理论体系不断完善。

五、以问题为导向的研究方法，有利于学科方法体系的建设

确定学科问题，是确定学科方法的前提。任何一个学科都是先确定研究对象，再建立学科的方法体系，而不是先确定研究方法，再确定研究的对象，像是拿着药方找病治。因为只有明确了要解决的问题，才能选择解决问题的正确方法。

对外汉语教学跟汉语语言学面对的是不同的问题。汉语语言学的研究对象是汉语中尚未得到正确解释的问题，对外汉语教学学科研究的是如何提高教学质量问题。研究的问题不同，使用的方法也不同，因此形成不同的学科。

认识和解决对外汉语教学的问题，涉及多种学科，所以要用多学科的方法来解决。比如要提高教学质量，需要涉及如下学科理论和方法：第一，需要对语言能力和汉语有正确的认识，以确定教学的目的、目标，选择教学内容，科学、简明地描述语言要素，说明学生的错误类型，这要用语言学的理论和方法；第二，需要分析教学对象的生理特征、心理特征、认知方式、学习策略、学习风格，这要用心理学的理论和方法；第三，要科学地制订教学大纲、设置课程、设计和编写教材、实施课堂教学、讲授和学习教学管理、进行教师培训等，这要用教育学的理论和方法；第四，要应用多媒体和网络教学，这需要求助于现代科学技术。

显然，解决对外汉语教学的问题，不能靠其中一种理论和方法"包治百病"，而是要根据解决问题的需要，选择相应的科学方法。解决一个复杂的问题，有时需要综合运用几个相邻学科的方法。对一个复杂的问题，运用多学科的方法，是现代科学研究的一个方法论上的特点。

六、余论：解决问题是学科发展的动力和归宿

吴元樑（2004）指出："古今中外的哲学社会科学都是在发现和解决现实社会问题的过程中得到发展的。这些问题的提出、研究和解决是哲学社会科学得以存在的生命线，得以发展的源泉和动力。"对外汉语教学学科也是在不断地发现、分析、解决问题的过程中发展的。学科创建初期，学界重视研究教学实践和学科建设中提出的问题，涌现出一批至今仍有影响的学科人才和可观的研究成果，得到学界的广泛关注。老一辈语言学家重视对外汉语教学，一是确认"对外汉语教学是一门科学"[1]，跟汉语研究不是一回事，需要单独加以研究；二是希望语言学从对外汉语教学中发现汉语中没说明白的问题，推

---

[1]　王力 1984 年为《语言教学与研究》创刊五周年题词。

动汉语研究的发展，其中也包含把发现和解决问题作为中国语言学发展动力的思想，表现出他们的远见卓识。

对外汉语教学的学科建设要有新的突破，也必须致力于发现和解决教学中的实践和理论问题。解决学科面临的问题，是学科的生命价值所在。对外汉语教学学科作为一个应用性质的学科，应当重视研究的"应用性"，即重视发现和解决教学中的实践和理论问题，把研究成果转化为改革教学的动力，促进教学质量的提高。近年来一些很有价值的研究成果没有引起广大教师和研究人员的广泛重视，一个重要的原因就是缺少"应用"，缺少跟解决学科具体问题衔接的环节。以解决问题为导向的学科建设，应当可以解决这个问题，使教学和研究人员辛辛苦苦得到的研究成果找到满意的归宿。

参考文献

波普尔. 真理·合理性·科学知识增长 [G]// 科学知识进化论——波普尔科学哲学选集. 纪树立编
　　译. 北京：生活·读书·新知三联书店，1987.

黄甫全. 关于教育研究中的问题意识 [J]. 华南师范大学学报（社会科学版），2003（4）.

刘　珣. 对外汉语教育学引论 [M]. 北京：北京语言文化大学出版社，2000.

陆俭明. 增强学科意识，发展对外汉语教学 [J]. 世界汉语教学，2004（1）.

吴元樑. 问题研究与哲学社会科学的使命 [N]. 光明日报，2004-07-27.

张　凯. 对外汉语教学学科的基本问题和基本方法 [J]. 世界汉语教学，2000（3）.

赵金铭. 对外汉语教学概论 [M]. 北京：商务印书馆，2004.

（原载于《语言教学与研究》2005 年第 3 期）

"北语传统"的继承与发扬 [1]
（2010）

我校 2008 年年底举行了一次全校性的对外汉语综合课教学观摩活动。活动的宗旨是通过课堂教学观摩和相应的研讨活动，展示我校多年来形成的汉语教学理念、原则和课堂教学方法，通过分析教学实例，探讨提高汉语课堂教学水平的途径。"北语传统"是我们这次教学观摩活动的一个关键词。

我们一直强调继承和发扬我校对外汉语教学的优良传统，但是对于"北语传统"的内涵，却缺少研究和明确的描述、说明。这种缺失，使传统的继承和发扬带上了或多或少的盲目性。为此，我们有必要对"北语传统"进行深入的探讨。这篇短文想说明笔者对"北语传统"渊源、内涵、继承、发扬的初步认识。希望浅见抛砖引玉，引起讨论，以使"北语传统"得到更好的认识，得以更好地继承和发扬。

一、渊源

根据我们的理解，"北语传统"应当追溯到周培源、吕叔湘、王还、朱德熙、邢公畹、邓懿、杜荣、程美珍、李景蕙、钟梫、赵淑华、李德津等开创新中国对外汉语教学事业的诸多前辈。他们的事迹或载于国家典籍，或见于学界的文献、史册，垂范后学，他们的"道德文章"一直是我们学习的榜样。他们是新中国对外汉语教学事业的创立者，也是对外汉语教学优秀传统的奠基人。这些传统从"清华大学东欧交换生中国语文专修班"，带到"北京大学外国留学生中国语文专修班"，再传到"外国留学生高等预备学校"即北京语言大学的前身。这种传统在各个不同时期，对全国各地的对外汉语教学机构都有深刻的影响。北语继承的正是这种传统。因此，"北语传统"实际上是对新中国对外汉语教学事业的开拓者率先垂范、建立起来的传统的继承。

这种传统通过助教制度、严格的岗前培训、言传身教、教学管理等方式，代代相传，得到继承。

―――――――――――――――――――――――――
[1] 此文在写作过程中得到刘珣教授的宝贵意见，启发颇多，谨致谢忱。

二、内涵

我们认为，"北语传统"可以概括为以下三个方面：优秀的教师素质、以"精讲多练"为基本原则的教学方法体系和坚持不懈的创新精神。

2.1 优秀的教师素质

由于对外汉语教学的特殊性，新中国的对外汉语教学事业开创伊始，就对教师素质有很高的要求。李景蕙老师在回忆创业时期的对外汉语教学时说："为了培养新教师，我的前辈们的示范课发挥了积极作用。……他们的敬业精神，以及他们熟练掌握对外汉语教学特点、并且能够在课堂教学中体现对外汉语教学规律，对我之后的工作有很大帮助。"（李景蕙，2008：24）这里的"敬业精神""熟练掌握对外汉语教学特点""在课堂教学中体现对外汉语教学规律"概括出了对外汉语教师的基本素质。我们把这种教师素质概括为：（1）敬业精神；（2）严谨的专业知识；（3）过硬的教学基本功。上面提到的诸前辈无疑都具备这种素质。这种教师素质代代相传，是对外汉语教学事业蓬勃发展和学科建设的根本保证。

2.2 以"精讲多练"为基本原则的教学方法体系

北语教学方法经历了"翻译法[1]——相对直接法（参看钟棵，1979）——句型教学法——听说法——分技能教学法——结构、功能（文化）法"的发展过程[2]。在这个发展过程中逐渐形成了这样一种教学模式：（1）以综合培养听说读写能力为教学目标；（2）以结构为基础选择和安排教学内容；（3）以"精讲多练"为教学基本原则；（4）以"生词——语法——课文——应用"为基本教学过程。

迄今为止，这仍是我校初、中级汉语教学基本的、行之有效的模式。我们认为，体现这个教学模式的教学法核心是"精讲多练"的课堂教学原则。为实践"精讲多练"的教学原则，课堂教学中的学生活动必须占据大部分时间，必须有明确的教学重点，必须有严谨的教学环节、步骤安排和简洁高效的操练方法，必须有简单、明了的教师语言（指令、讲解、例句等）。迄今为止，我校优秀的课堂教学，都具备这些品质。这是我们高质量教学效果的基本保证。

---

[1] 这里的"翻译法"不同于一般语言教学法所说的"语法翻译法"。清华、北大时期的翻译法，主要是指课堂教学中为使学生理解语言理论，配有相应的外语翻译。

[2] 前两个阶段，主要是在"外国留学生高等预备学校"（北京语言大学的前身）成立前经历的过程。

2.3 坚持不懈的创新精神

对外汉语教学的创新来源于三个方面：一是不断总结自己的教学、科研实践，解决教学中出现的问题；二是积极借鉴国内外语言教学的理论和方法；三是学习和运用相关学科的理论和方法。下面主要说后两个方面。

新中国对外汉语教学是从引进和借鉴国外的教师、教材、教学方法[1]开始的。此后，我们不断结合我们自己的汉语教学实践，吸收国内外语言教学的新理论、新方法。上面提到的各个发展阶段，都与国内外语言教学的发展相联系。但是，我们又绝不照搬国外的语言教学理论和方法，而是根据汉语和汉语教学的特点和实践，实事求是地加以吸收、改造。我们的"相对直接法"、分技能教学模式、"结构—功能—文化相结合"的教学思路、汉语水平考试，以及被国内外广泛采用的《实用汉语课本》（刘珣等，1981）等教材，都是这种借鉴和创新的产物。

对外汉语教学是一门跨学科的科学这一思想，在20世纪90年代后期逐渐得到学界的认同。对外汉语教学的发展，特别是学科建设开始以后[2]的发展，确实是在不断运用教育学、心理学、文化学、认知科学、信息科学等领域的理论、方法、成果的过程中成长起来的。我校在对外汉语教学总体设计、汉语水平考试、语料库建设、多媒体教学和网络教学、汉语习得认知研究等方面的重大成果和创新，都得益于较早地、自觉地运用了相关学科的理论和方法。

三、继承

参加这次教学观摩的授课青年教师让我们看到这种传统得到了很好的继承。

我们看到了一批具有良好汉语教师素质的青年教师。他们继承了前辈的敬业精神：对事业充满热情；对教学认真负责，备课中精心准备每一分钟、每一个字、每一句话、每一张图片，课堂上认真执行每一项教学活动；对学生了如指掌，调动若定；娴熟地把握课堂教学语言和行为，在讲台上举手抬足，都展现出优秀语言教师的形象。当然，他们也都有扎实的汉语专业知识和能力。

---

[1] "清华大学东欧交换生中国语文专修班"的教学负责人邓懿先生曾经在美国哈佛大学给赵元任先生做汉语教学的助手。李景蕙（2008）提到："说到渊源，实际上这种教学模式是邓懿先生从美国带回来的。1949年新中国建立后，最初的对外汉语教学没有现成的教学模式，所以我们需要借鉴。"程裕祯（2005）："1951年1月专修班的33名留学生正式开课，教材是邓懿等利用赵元任在美国使用的《国语入门》临时改编的，汉字注音采用了威妥玛式罗马字母拼音法。

[2] 一般把吕必松1978年在"北京地区语言学规划会议"上提出"要把对外国人的汉语教学作为一门专门的学科来研究"作为对外汉语教学学科创立的标志。参看《中国语文》编辑部（1978）。

我们看到"精讲多练"的教学原则得到了继承。他们有明确的教学目标、教学重点，他们设计的教学环节和步骤合理、清晰、考究，他们使用的教学方法简洁、高效；他们的课堂语言简洁，没有多余的话。在他们的课堂上，学生活动占据课堂的大部分时间，体现着我们一直追求的"高开口率"。当然，他们都取得了很好的教学效果。

我们看到了青年教师的创新精神。他们比以往更多地使用启发式教学方法，调动、启发学生参与课堂活动；他们熟练地使用多媒体及其他教学手段，给学生的理解、操练、运用提供了明确、清晰的语言素材和话语背景；他们吸取了新的教学理念和方法，都安排了一些小组活动、任务活动。这使"精讲多练"的内涵得到了延伸。

毋庸讳言，青年教师的表现也非尽善尽美，也存在不足。课堂教学上的不足主要表现为：在词语教学、语法教学、课文教学中，有的老师教学步骤不够完整、逻辑性不强，细节还不够精益求精；有的环节师生活动比例失当，该学生做的事，老师做了；有的老师教学语言（指令、讲解、例句）还不够精练、到位；小组活动布置不够细致，对任务内容、角色、时间、操作过程、汇报方式等说明不足，还是一个比较普遍的现象。另一方面，所提交论文，有的眼界不够开阔，或过于局限于自己的教学实践，或对新世纪以来新的教学理念、方法吸收不足；有的文章的研究方法和行文还不够精到。学习和发扬"北语传统"将有助于克服这些不足。

四、发扬

对外汉语教学的形势在发展，教学对象、教学环境和手段、教师以及语言教学的理念都在发生变化。在新的条件下，如何理解、对待北语的汉语教学传统，值得我们认真思考。联系本次教学观摩的情况，笔者以为以下几个方面值得重视：

4.1 加强教师培训

继承传统，教师培养是根本。重视教师培养是"北语传统"的重要部分，是传统得以传承的基本手段。由于工作的特殊性，北语的汉语教师培养一直注重师德和业务两手抓。

师德是对外汉语教师的灵魂。我们需要通过各种途径，培养教师热爱对外汉语教学事业、热爱教学、热爱学生的敬业精神，培养他们精益求精、一丝不苟的教学品质。

扎实的教学基本功，是对优秀教师的根本要求。学界早期教学有"苦练基本功"的口号，基本功达不到要求，不能进课堂。现在情况不同了，但是，扎实的基本功还应当是优秀语言教师的不懈追求。

达到"德艺双馨"首先需要教师自己的努力，但是对教师的培养、培训和老教师的传帮带，仍是传承教学基本功的必要条件。

4.2 加强科学研究

保证教学质量、提高教师素质、不断开拓创新，都需要有足够的实践和研究。

20 世纪 80 年代初，学界前辈就一再强调，对外汉语教学是一门科学。作为一门科学，对外汉语教学有自己的研究对象和学科的理论、方法。如林焘（2005）所强调的："对外汉语教学的中心是'教学'，科学研究工作和基础理论建设都必须环绕这个中心展开。"

研究和教学相结合，边教边研究，是学界也是北语的传统之一。学界的前贤和历代学术带头人，大都是在教学一线边教学边研究中成长起来的，对学科建设产生重大影响的著述、教材和成果，多数是源于教学实践，以教学经历为基础，由一线教师发起、牵头完成的，因此才在学科理论建设、教学模式、教材编写、语言测试、标准和大纲研制、语料库建设，以及听力教学、阅读教学、文化教学研究方面多有建树。

北语在教学法研究上素有学界重镇之誉，北语创立的教学模式、编写的教材、研发的考试、发表的教学法著述，在国内外被广泛采用。但是近年来教学理论、教学方法的研究成果相对不足。其主要原因是，我们忽视了对教学实践的研究。比如现在我们十分关注如何解决汉字教学这个瓶颈问题。汉字难学是一个事实，但不是没有可以改进的余地，现在探讨文章众多但成效尚不显著，其基本原因是我们虽然有很多汉字理论和汉字认知的研究成果，但是汉字教学操作研究近年来并不多见。对课堂教学的研究、对北语教学模式的研究也是如此。

继承和发扬北语的教学研究传统，需要像本领域的语言研究、习得和认知研究那样，学习、掌握跨学科的研究方法，鼓励对课堂教学、教材等方面的科学、系统、详尽的研究。高水平的教学研究跟高质量的教师、高质量的教学、高质量的教材是紧密相连的。反之，没有高水平的教学研究，高质量的教师、教学、教材也就会成为无米之炊。

4.3 学习、创新

近年来，我们的理论和实践都在一定程度上忽略了一个传统，就是对国内外新的语言教学理论的学习和引进。新世纪到来前后，国内外语言教学领域呈献了一些新的语言教学文献，如美国《21 世纪外语学习标准》（1999）、《欧洲语言共同参考框架：学习、教学、评估》（2008）、中国教育部《义务教育英语课程标准》（2001）、中国教育部《大学英语课程教学要求》（2007）、国家汉办《国际汉语教学通用课程大纲》（2008）。这些文献反映了经过对 20 世纪语言教学理论和实践的反思产生的一些新的教学理念、理论和方法。笔者认为，这些新的教学理念可以概括为三点：（1）语言技能、语言知识、学习态度、学习策略、跨文化交际能力等的习得或培养；（2）学生是语言学习的主体；（3）语言是在使用中学会的。（参看崔永华，2008）

从这次综合课教学的基本思路和教学研究的文章来看，我们的教学理念、方法跟新世纪的语言教学理念还存在一定的差距，我们对国内外语言教学的发展，还缺少前贤的敏锐眼光和学习精神。教学理念是教学方法创新的灵魂。当前，如何认识和规定对外汉语教学的目标和内容，如何构建以学生活动为中心的课堂教学，如何组织课堂教学活动，以提高汉语课堂教学和语言学习的效果，都需要我们在更新语言教学理念的前提下，有更多的创新、创造，像前辈那样在总结自己的教学实践的基础上，不断吸收国内外新鲜的教学理论、方法，实现教学的创新和进步。

五、结论

这次教学观摩，让我们看到北语的优秀教学传统得到了继承和发扬，一批新的高素质对外汉语教师已经成长起来，这是北语的希望，也是我国对外汉语教学事业蓬勃发展的缩影。

一种传统要有生命力，必须与时俱进。"北语传统"本质上是一种实践，而不是理论和教条。继承和发扬北的优秀传统，尤其要求我们在新的条件下抓住教师素质培养这个根本，通过跨学科方法的研究和对语言教学新理念、新方法的学习借鉴，充实和发展我们的汉语教学法体系，这样才能让我们的优秀传统得到发扬和光大。

参考文献

程裕祯.新中国对外汉语教学发展史 [M].北京：北京大学出版社，2005.

崔永华.对外汉语教学设计导论 [M].北京：北京语言大学出版社，2008.

国家汉语国际推广领导小组办公室.国际汉语教学通用课程大纲 [Z].北京：外语教学与研究出版社，
    2008.

教育部高等教育司.大学英语课程教学要求 [Z].上海：上海外语教育出版社，2007.

李景蕙（口述）.北京语言大学对外汉语教学名师访谈录·李景蕙卷 [M].北京：北京语言大学出版社，
    2008.

林　焘.世界汉语教学与研究丛书·总序 [M]// 吕必松著.语言教育与对外汉语教学.北京：外语教学
　　与研究出版社，2005.

欧洲理事会文化合作教育委员会.欧洲语言共同参考框架：学习、教学、评估 [S]. 刘骏、傅荣主译.
　　北京：外语教学与研究出版社，2008.

中华人民共和国教育部.义务教育英语课程标准 [S].北京：北京师范大学出版社，2001.

《中国语文》编辑部.北京地区语言学科规划座谈会简况 [J]. 中国语文，1978（1）.

钟　梫.十五年汉语教学总结 [G]//《语言教学与研究》编辑室.《语言教学与研究》（试刊第四集）.
　　北京：北京语言学院（内部刊印），1979.

American Council on the Teaching of Foreign Languages. *Standards for Foreign Language Learning
in the 21st Century*（21 世纪外语学习标准）[S]. Yonkers, NY: American Council on the Teaching
of Foreign Languages, Inc., 1999.

补充：

　　我国对外汉语教学现行的教学路子不是只有一种，但是有一种教学路子已占据主流地位。这种占主流地位的教学路子的特点可以归结如下：（1）以培养汉语能力和汉语交际能力为基本教学目的；（2）以"语文一体"和"词本位"为基本教学模式；（3）按照综合教学与分技能教学相结合的思路设计课程；（4）主张结构与功能相结合，重视跟语言理解和语言表达相关的文化知识的教学；（5）提倡交际性原则和实践性原则，要求"精讲多练"。

　　上述教学路子是在借鉴西方语言教学理论和教学方法并不断总结自己的教学经验的过程中逐渐形成的。这种教学路子虽然融合了自己的教学经验，但是并没有突出汉语教学的个性。"语文一体"和"词本位"教学模式则完全背离了汉语的特点。

　　　　　　　　（原载于崔希亮主编《对外汉语综合课课堂教学研究》，北京语言大学出版社，2010 年）

"后方法时代"之我见
（2014）

国内外有很多外语教学专家宣称，外语教学正处在"后方法时代"。

国内对后方法语言教学理论的讨论大都以库玛（Kumaravadivelu）的十项宏观策略为代表。库玛 2006 年把 Stern 的三维框架（three-dimensional framework）、Allwright 的探索实践框架（exploratory practice framework）和他自己的宏观策略框架（macrostrategic framework）都视为体现后方法视角的代表，尽管 Stern 和 Allwright 并没有使用"后方法"这一术语。"三者的共同点是都对'方法'这一概念持否定的态度，并试图突破'方法'的局限。"（Kumaravadivelu，2006）

根据库玛的说法，笔者认为后方法语言教学理论还存在其他表现形式，至少应包括以下几种：（1）Brown 在《根据原理教学：交互式语言教学》中提出的"开明教学途径"（enlightened，eclectic approach）的 12 项原则；（2）理查德在《英语教学三十年之回顾》中对八个问题的新认识；（3）美国《21 世纪外语学习标准》的"5C"（交际、文化、贯通、比较、社区）；（4）中国《义务教育英语课程标准》提出的五个基本的教学理念和对教学目标内容的描述；（5）中国《国际汉语教师标准》提出的汉语教师素质的五个模块；（6）中国《国际汉语教学通用课程人纲》对汉语教学目标和内容的描述。

以上表现形式的共同点可以概括为两条：（1）对"方法"持否定的态度（库玛语）；（2）所提出的原则是"比较公认的，已被广为接受的"（Brown 语）。

这些表现形式对后方法语言教学理论的具体理念、原则、标准表述各异。笔者认为可以归纳为三个基本理念：

第一，外语教学的目标是培养语言综合运用能力。《义务教育英语课程标准》和《国际汉语教学通用课程大纲》规定教学目标为"培养语言综合运用能力"；库玛十项宏观策略中包括"语言技能综合化"；《21 世纪外语学习标准》认为语言学习内容包括语言系统、文化知识、交际策略、批判性思维能力、学习策略、其他学科领域和技术；《欧洲语言共同参考框架：学习、教学、评估》认为外语能力包括个人综合能力、语言交际能力、语言活动能力、不同领域的交际能力。

第二，学习者是学习的中心。上述所有文献都特别强调这一点。十项宏观原则中"最大化学习机会，最小化感知失配，提高学习者自主性，激活直观启发"，都体现着这种理念。

第三，语言是在使用中学会的。这也是各种文献的共识。《21 世纪外语学习标准》中的一段话说得十分透彻："语言教学的方法是为了培养学生与他人进行真实交际的能力。学习语言系统本身可能对有些学生有用，但这不会自动培养出在真实语境中理解语言和以得体方式做出有意义回应的能力。学习者有在广泛交际活动中使用目的语的机会，才能学得语言。积极地使用语言是学习过程中最重要的方面。"

理解和实践后方法语言教学理论，需要认识它的两个本质特征：（1）"以人为本"。教学以学生为中心，重视学生的需求、学习风格，强调学生参与；重视教师发展，定位教师为教学实践的主人和教学理论的创造者。（2）从分析走向综合。提倡培养语言综合运用能力，而不再是只强调语言知识的习得、语言技能的培养；由于关注点重在学习者、教师、教学过程，因此在理论和方法上更多地寻求教育学、心理学等多学科的支持；要求教师具有综合性知识和能力，《国际汉语教师标准》是一个代表。

后方法语言教学理论是外语教学的一次思想解放，将推动汉语国际教育的发展。学界应当主动了解、理解，而不应轻易拒之门外。现在是学界更新一些不利于新形势和教师发展的理念和举措的时候了。

参考文献

Kumaravadivelu, B. TESOL methods: changing tracks, challenging trends[J]. *TESOL Quarterly*, 2006 (40.1): 59-81.

（原载于《世界汉语教学》2014 年第 4 期）

汉语教学学科建设的困境和创新 [1]
（2016）

一

要讲学科建设，前提是要确定这是不是一个学科。既然讨论的题目就是学科建设，那就说明对外汉语教学或者汉语国际教育是一个学科。

一个学科有很多构成的元素，其中有四个非常重要的要素。第一是学科研究的对象。这是学科存在的前提。因为有一个特殊的研究对象，所以才能成为一个学科；换言之，如果研究的东西跟其他学科一样，那么就不能被称为一个学科。第二是学科的理论和方法。研究学科问题使用的理论和方法，是解决学科问题的途径。第三是成果。你说你是一个学科，人们就要看你研究出了什么成果，你的研究成果对社会发展有没有贡献，有什么作用。第四是队伍。这个学科有多少人来做事？队伍的结构怎么样？队伍强不强大？

归结起来，今天我想说的话包括六个关键词，两个大的关键词是题目中"困境"和"创新"，然后从四个方面来说，即"对象""理论""成果"和"队伍"，是四个小的关键词。我认为，我们的学科现在确实有了很大的发展，做了很多事情，但是现在我们还有很多困惑，还有很多的问题没有解决好，这是我要说的困境，我将从以上四个方面来说；怎么摆脱这个困境，我觉得关键是需要创新，我也将从这四个方面来说。

先说学科的困境。

第一，关于学科研究对象的困境。汉语作为第二语言教学学科研究什么？第一种意见是主要研究"汉语"，过去有很多同行这样说，现在也有很多同行坚持学科研究的重点还是在汉语上，很多人也在这么做。第二种意见认为，汉语作为第二语言教学研究的重点应当放在"教学"上。从历史上看，对外汉语教学原来的范围就是中国大学对来华留学生的汉语教学。迄今为止发表的成果主要也集中在这个范围。第三种意见是研究"汉语国际教育"，也就是研究现在国内外各个层次对外国人的汉语教学。可见，目前我们对于学科研究的对象到底是什么，学界还没有取得一致的意见，甚至有很大的分歧。如果这个根本问题都不能取得一致意见，学科建设肯定会遇到很大的困难。

第二，关于学科理论和方法的困境。如果说我们的研究对象是汉语国际教育的话，我们应当用什么方法来研究。过去我们主要是靠语言学的方法。后来我们逐渐认识到，

---
[1] 本文为笔者在 2014 年北京大学第六期"黉门对话"——"汉语国际教育重大理论与实践问题"研讨会上的发言。

语言学的方法不能解决这个学科的所有问题。所以后来我们提出对外汉语教学是一门跨学科的学问，要用跨学科的方法来研究。于是，我们在语言学方法的基础上，逐步引进了心理学、文化学、教育学的方法。跨学科这个想法早已得到比较普遍的认同，但是在实践上，还是以语言学方法为主。我认为，对于我们学科的研究对象来说，当前最需要的是教育学的方法。但是对教育学的理论和方法，我们这个领域里的专家、学者知之甚少。我们基本还不会使用教育学的方法进行研究。而这正是当前学科建设最需要的理论和方法。

第三，关于学科研究成果的困境。近十年，我们学科的经费、会议、论文、博士生，都成几何级数增长，但是重大成果却比过去少了。被教材和教学吸收的成果、对学科发展有重大推动作用的成果很少，可以作为学科发展标志的更少。我们在这么好的条件下，除了汉办主持的几项成果之外，再数不出几项像二十世纪八九十年代的汉语水平考试、各种大纲、有世界影响力的教材那样的重大研究成果。我们的时间、经费、人才都去哪儿了？

第四，关于学科队伍建设的困境。根据新的学科设置，汉语国际教育学科已经建立了完整的本科、硕士、博士人才培养体系。但是多数学校三者没有衔接。在这种情况下，很难培养出学科的领军人物、尖端人才。另一方面，我们的学科队伍人数在快速增长，但是这些从业者基本上是一盘散沙。从全国范围来说，我们的学科队伍缺少交流和合作的机制。这也许是出不来大的成果的一个重要的原因。大家各自为战，互相不知道在做什么，不知道同行有什么好的东西可以学习、借鉴。这一点上我们远不如美国、英国等欧美国家和地区，他们经常召开一些全国性的、规模比较大的学术会议，进行学术交流和汇报情况。

以上我从对象、方法、成果、队伍四个方面说明学科发展存在的问题。

在这种情况下我们该怎么办？用一个时髦的词就是需要"创新"。我认为，创新就是"改革开放"，我们需要"改革开放"。我国30多年的改革开放有两个前提，一个是"实事求是"，一个是"解放思想"。没有实事求是和解放思想就没有改革开放。我们学科今后的发展建设也是这样。所谓"实事求是"，首先就是要客观地认识汉语作为第二语言教学的现状。要从总体上认识汉语作为第二语言教学的现状，不仅看国内，还要看国外；不仅看大学，还要看中小学；不仅看学校，还要看社会上的汉语教学。第二就是要实事求是地承认学科建设中的天然的不足。我们都出身于中文系，我们的知识是有限的。我们现有的知识和能力已经不足以应对汉语作为第二语言教学遇到的许多新的、重大的问题。这个时候我们怎么办？我们是固守自己的知识，采取所谓"扬长避短"的路线，不懂的我们就不去管它吗？那么我们就没有能力解决当前学科发展急需解决的重大问题。因此，我不主张一味地"扬长避短"，而是主张"扬长补短"，主动学习一些新的本事，引进一些新的人才，弥补我们的不足。因此就需要我们"解放思想"，打破禁锢，让我们的知识、能力、研究的问题，走出语言学，走出中国高校，走出中国。了解、学习我们原来不知道、不懂的东西，这样我们才能应对学科新的发展。

"创新"也可以从上述四个方面说。

第一是要重新认识我们的研究对象。大家都说要继承对外汉语教学的优良传统，我举双手赞同。但是我认为，在当前形势下，我们更需要创新。当前，学科内涵发生了巨大的变化，我们要了解我们不了解的情况，要解决学科面临的"真问题"。这就要求我们不是陶醉于坐在屋子里想问题，而是要看国内外汉语国际教育面临哪些重大问题需要去解决，把我们的研究跟事业发展、教学、教材建设衔接起来，研究学科建设最需要研究的"接地气"的问题。

第二是理论创新。我主张我们应当学习一些能够解决学科问题的其他学科的理论和方法。比如现在我们面临的一个特别大的问题是大、中、小学的教学管理和教学设计问题，特别是国内外蓬勃发展的中小学汉语教学的教学设计、课程设计、教材编写、教学模式、课堂管理、教学评价、教师培养等问题。一个严酷的事实是，这些问题都不是靠语言学能解决的。企图用语言学的理论和方法解决这些问题，那无异于缘木求鱼。工欲善其事，必先利其器，要把事情做好，必须找到好的理论、方法和工具。要解决这些问题就需要我们学习和掌握相关学科的理论和方法。理论和方法上的欠缺，使我们领域真正的教学研究成果稀缺，甚至轻易否定教学研究的重要性，看不起教学研究。其实语言教学研究比很多语言本体研究更为复杂、困难。比如语法研究可以下载、搜集一些材料关在屋子里探求结论。教学研究则不然，研究者必须掌握教学研究的理论和方法，需要实地调查、观察，需要设计和实施研究方案，然后分析收集到的相关数据，得出结论，甚至要多次反复，才能真正解决问题。所以对于我们这些人来说，教学研究比语言研究更具挑战性。

第三是研究成果上的创新。为什么要进行研究？我们怎么能够出新的有用的成果？研究是为了解决实践中的问题。我认为，面对一个应用型学科，我们的研究要特别强调以问题为导向，要把是否发现并解决了教学中的问题作为衡量研究成果的重要标准。我们应当下力气研究解决影响教学和学科发展的重大问题，比如下午我们要讨论汉字教学和文化教学问题。这一轮汉字教学的讨论大概是 1995 年开始的，到现在已经 20 年了，我们是不是还要这么纸上谈兵继续讨论下去？我认为，现在到了给汉字教学做一个结论的时候了。讨论是没有尽头的。现在，我们应当坐下来梳理一下 20 年的研究成果，求同存异，设计出一个思路来，供教学遵循、参考。这一点美国学界做得比我们好，他们虽然总是争论不休，但是也不断地在做总结，不断地归纳出一些共识，给多数人一个可遵循的思路，然后在做的过程中不断充实、改进。如果总是在讨论、争论，再过十年，汉字教学也仍然难有总体上的进步。我认为，汉字教学研究已经取得了一定的成果，可以有一些结论了。我们可以聚集一些专家把这些结果梳理出来，取得一些共识，落实到教学中去，这样我们的汉字教学一定会有所进步。文化教学也是这样。国内从 20 世纪 80 年代就开始下大功夫研究文化教学问题，但是也说了 30 年了，仍然没理出一个可供学界遵循的思路来。所以我们不能总是空谈，总是争论不休，现在是总结和设计实践的时候了。

成果创新的第二个方面就是要开启新的研究领域，在新的领域中取得成果，包括国外的汉语教学、中小学的汉语教学、孔子学院的汉语教学。孔子学院是一个新事物，我们研究的第一步是了解孔子学院，切实知道孔子学院到底是怎么回事？只有了解了之后才能提出发展建议和解决现有问题的办法。现在很多问题需要我们研究出新的成果加以解决，需要我们大显身手。当前的问题是，我们的"身手"还不足以解决这些问题。

第四是队伍建设的创新。我想有两个方面。一是建立健全队伍建设和人才培养机制。比如本科、硕士、博士三个阶段怎么做好衔接。二是要下大力气培养学术带头人。我们学科设立博士学位可以从 2001 年开始算起，现在理论上建立健全了体制。为学科的长远发展计，我们必须利用好这个体制，加快学科带头人的培养。我建议有博士授予权的学校建立一个合作开设课程的机制，打通各校的特长课程，让博士课程建立在学科发展的最高水平上，尽快培养更多的高端学科专门人才。另外，我还建议建立起学科交流、学习、合作的机制。比如建立一个联谊会，定期召开一些规模较大的全国性的会议，至少大家"赶赶集"、互相见见面，认识认识、了解了解也好。

最后，我的小结：第一，我们应当把学科研究对象定位在研究汉语国际教育上；第二，践行跨学科研究，努力学习、引进学科建设需要的其他领域的方法和人才；第三，努力推出一批解决教学和学科发展瓶颈问题的重大研究成果；第四，合作培养学科尖端人才，加强同行间的交流与合作。

谢谢大家。

二

我一直认为，把对外汉语教学归到语言学还是教育学，本身并没有实质性的差别。

从 20 世纪 90 年代起就有很多人问我对学科归属问题的看法，迄今为止，我一直是这个看法。

我觉得把它放到哪儿并不那么重要。因为语言教学本身就是一门跨学科的学问。在英国、美国，培养语言教师，有的是放在语言学系，有的放在教育学系。

关键是你要解决什么问题。在 20 世纪 80 年代以前，国内的对外汉语教学基本上都是在大学里面进行的。大学里的汉语教学，特别是正规大学的汉语教学，不是一件很难的事情，涉及的问题比较单纯。而且，那个时候刚刚开始对外汉语教学，需要建立语法体系，确定语音、词汇教学的内容和解释，需要学习借鉴一些基本的教学方法，那个时候用语言学解决问题，差不多够用了。

但是后来我们越来越觉得语言学不够用了。从学科发展的角度来看，在 20 世纪 80 年代以前没有人（至少在国内没有）讲语言习得研究。20 世纪 90 年代，语言习得研究进入我们这个领域，使我们学科有了一个非常大的提升，大家认为，汉语教学研究引进了统计学、心理实验、心理测量的方法，增加了汉语教学研究的科学化程度。这是 20 世纪 80 年代以前没有的。这期间，我们还引入了文化和文化教学研究。

现在，"汉语作为第二语言教学"的情况发生了根本的变化。如果我们认为汉语国际教育是一个学科，那么这个学科的研究对象是什么？如果是研究汉语作为第二语言教学，那么它包括哪些种类？如果我们还把研究对象局限在国内大学的汉语教学，那就不是研究"汉语作为第二语言教学"。这可以跟"英语作为第二语言教学"做一个类比。英语作为第二语言教学的研究范围，肯定不局限在英国大学里的英语教学，它研究的是世界范围里的大、中、小学的英语教学，也包括其他种类的英语教学，甚至包括咱们的新东方一类的英语教学，这些都是英语作为第二语言教学的研究范围。所以我们不应当把自己限制在一个小范围里。我们要研究的问题应当跟英语教学一样，把国内外各类教学都包括进来。

还有一个研究指导思想的问题。我们为什么进行研究？研究是要探索规律。探索规律又是为了什么？是要服务社会。我一直认为对外汉语教学是一门应用型学科，应用型学科最基本的指导思想就是要以问题为导向。我认为解决问题也是世界上科学研究的一个根本导向。

我这里特别想强调的是研究"真问题"。所谓真问题，是汉语教育、教学中存在的、提出的问题，不是坐在屋子里想出来的问题，不是从语言学的角度推导出来的问题。比如研究一个句型应该怎么教，就抽出若干例句统计一下，认为用得最多的肯定是最重要的，应当从结构最简单的开始教，等等。道理好像是这样，但是教学中是否行得通，要靠实践来检验。

现在我们教学中有很多问题需要研究，但是我们有些研究不注意这些问题，而是研究一些"隔靴搔痒"式的问题。当然它也是问题，也是科学研究，我们也不该断然反对。但是我们应当知道这类研究对社会发展、改进教学贡献很小。特别是一些犄角旮旯的语言现象，中国人一辈子都说不了几回，就没有必要作为对外汉语教学的问题来研究。

说实话，我觉得我们对国内大学的对外汉语教学已经研究得差不多了。当然你还可以研究其中的很多问题，但是和现在新的情况比起来，有些问题确实没有太大的研究价值。一个应用型学科，应该把研究重点放在解决实践中的问题上，特别是放在着力研究、解决影响事业和学科发展的重大问题上。比如现在海外的中小学学习汉语的人数比大学的要多，就很值得下大气力研究。据说在美国教育部注册的在校生里，大学生是 5~6 万人，中小学生则是 15~18 万人。美国大学的汉语教学基本用不着我们去研究了，如果要研究美国的汉语教学，我认为重点应放在中小学上。中小学的学生这么多，中小学的教学很不成熟，应该成为我们研究的重点。

研究这样的问题语言学够用吗？不能说语言学没有用，但是有多大用？研究中小学汉语教学涉及教学设计、美国的中小学课程设置的原则/规则、儿童语言学习心理、课堂管理等问题。他们学习语言的规律和成人不一样，是仅凭我们已有的经验和语言学方法解决不了的。

我还想强调，语言学理论和方法，解决不了汉语国际教育的所有问题，就像教育学解决不了语言教学所有问题一样。现在，我们要研究我们还不熟悉的东西，才能说我们在研究汉语作为第二语言教学；我们要学会我们不懂的东西，才能胜任汉语作为第二语言教学的研究。特别是要解决大问题，常常不是一个学科的理论方法能胜任的，需要跨学科的方法来解决。

[原载于《汉语教学学刊》编委会编《汉语教学学刊》(第 10 辑)，北京大学出版社，2016 年]

后方法时代的汉语教学理论建设
（2016）

　　进入 21 世纪，西方一批著名外语教学专家声称，第二语言教学处于"后方法时代"（参看理查德，2003）。他们的基本共识是，否定在第二语言教学中，教学和教师必须"自上而下"地接受和遵循某种特定的语言教学理论及操作方法的做法。根据陈力（2009）所列，影响较大的学者包括 Prabhu、Stern、Allwright、Richards（理查德）、Pennycook、Nunan、Brown（布朗）、Freeman、Bell、Kumaravadivelu（库玛）等。其中库玛被公认为"后方法"语言教学理论的主要代表人物和集大成者。"目前，这一概念已经被外语教育界广泛接受，成为理解外语教学思想'时代精神'的核心语汇之一。"（武和平、张维民，2011：61）

　　在这个时期，学者们纷纷提出自己对第二语言教学的基本的见解。其中影响最大的当属库玛（2013）的十项宏观策略（macrostrategies for language teaching）。另外，Brown（2007）的"开明教学途径"（enlightened, eclectic approach）的 12 条原则也颇具影响力。这个时期，还产生了一批分别对国际、国内汉语教学界具有重要意义的第二语言教学的文献，例如《21 世纪外语学习标准》（American Council on the Teaching of Foreign Languages，1999）、《欧洲语言共同参考框架：学习、教学、评估》（欧洲理事会文化合作教育委员会，2008），以及《义务教育英语课程标准》（中华人民共和国教育部，2012）、《国际汉语教师标准》（国家汉语国际推广领导小组办公室，2007）、《国际汉语教学通用课程大纲》（国家汉语国际推广领导小组办公室，2008）等。这些都产生于"后方法时代"。笔者认为，这些也都体现了这个时代的"时代精神"，是后方法时代语言教学理论的构成部分。因此，下文关注的"后方法时代的语言教学理论"，是指这个时期（时代）各位学者和各个机构提出的语言教学理论的总和，不限于库玛的"后方法"语言教学理论。（参看崔永华，2014、2015）它们都具有后方法时代语言教学理论的共同特征——不再要求教学、教师接受和遵循某种由专家制订的"自上而下"的理论及操作过程、方法，而是在总结、吸取以往语言教学实践和研究的成果的基础上，提出一套供教学和教师参考、选择的第二语言教学的基本原理、原则。

　　在这个大背景下，汉语作为第二语言教学（以下简称"汉语教学"）界也在思考几个问题：汉语教学是不是也处于后方法时代？需不需要建立后方法时代的汉语教学理论？这种理论应当如何建立？应当具备哪些特征？下面是笔者对这几个问题的粗浅思考。

一、汉语教学也处于后方法时代

就时间概念来说，既然世界第二语言教学都处于"后方法时代"，汉语作为第二语言教学不是"世外桃源"，无法也没有必要"逃避"这个时代。汉语教学界总体上不再要求教师、教学、教材必须遵循某种特定教学流派的理论和操作方法，也具备了后方法时代的特征。认识到这一点，可以促使我们积极关注、借鉴、吸纳世界第二语言教学的最新思考和研究成果，提高汉语教学理论建设的水平和教师发展水平，进而提高教学质量。

二、汉语教学需要建立自己的后方法时代的教学理论

首先，汉语教学需要科学理论的指导，没有理论指导的教学，是一种盲目的教学，往往难于达到最好的效果。当前，我们确实感到，汉语教学缺少一种类似库玛、布朗、理查德、"5C"、"欧洲框架"那样比较权威、比较系统、为学界所公认的理论和原则来指导教学，引导教师发展。这也是大量新入职教师的困扰。

其次，后方法时代提倡把教师从自上而下的束缚中解放出来，但后方法时代不是"无方法时代"，不是提倡"无法无天"，仍然（或者说是更加）需要有科学、有效的理论、原则、方法指导。这种指导至少有三个来源：（1）关注和借鉴国内外第二语言教学理论、经验；（2）吸取以往汉语教学有效的理论、经验；（3）在此基础上，再通过教学实践和研究，建立自己的教学理论以指导教学实践。其中的第二项是关键，最重要，需要基于汉语教学的实际，对以往国内外第二语言教学的实践、理论加以梳理，提炼其中适合汉语教学的内容，同时总结汉语教学的实践、经验、研究，建立符合教学实际的汉语教学理论，供教学、教师参考、选择。

再次，当前，汉语教学迎来了我们的前辈梦寐以求的发展机遇，这尤其需要有科学、有效的理论，以保障其健康发展。当前教学理论的建设，远远不能满足形势的发展。后方法时代的语言教学理论及其体现的方法论，为新时代的汉语教学理论建设提供了良好的机遇和思路。

三、建立后方法时代的汉语教学理论的途径

综观这一时期各家理论可以看出，各种新见解都是建立在对以往教学实践、理论探索和研究成果反思的基础上的。如库玛和布朗所说：十项宏观策略是"从与第二语言教学有关领域的研究成果综合而来的"（库玛，2013）；开明教学途径12条教学原则"是比较公认的，已被广为接受的"（Brown，2007）。

这种解放思想、反思以往、吸取研究成果的探究途径，具有方法论的意义。后方法时代的汉语教学理论建设，也应遵循这种尊重历史、尊重科学、尊重实践的思路，从以下几个方面着手进行：

第一，关注、借鉴国内外第二语言教学界总结、提炼出来的适用于汉语教学的理论、原则、方法。笔者认为，这个时期学者们对第二语言教学的新一轮大规模探讨，是语言教学理论的一次升华。积极、主动地吸收这些理论的精华，无疑会对汉语教学的理论和实践以及教师发展有极其重要的价值。

第二，总结、梳理汉语教学的实践、经验和所做的理论探索。汉语教学要遵循一些为实践证明有效的"普适"原则。但是近些年来，人们越来越认识到，汉语的特点决定了其在作为第二语言教学中，必须使用一些特殊的思路和方法才能达到好的效果。为此，国内外汉语教学界进行了大量的探索，现在急需回顾、反思、总结，在此基础上系统构建自己的汉语教学理论。

第三，把迄今为止可以支持教学的汉语习得的研究成果，例如汉语偏误分析的研究成果、汉字习得认知的研究成果，转化为教学理论和方法。这需要下一番功夫，梳理30年来大量的相关研究成果，例如王建勤（1997、2005）关于汉语语法习得顺序和汉字认知的研究、江新（2007）建立在汉字习得认知研究基础上提出的汉字教学思路建议、施家炜（1998）关于汉语句式习得顺序的研究，以及众多教师所做的外国学生汉语偏误研究，等等。这可以列出清单，择其相关者加以设计、实验，实现向教学理论、方法转化。

第四，在以上三项的基础上，建立包含先进的语言教学理念、符合汉语教学实际、具有可操作性的汉语教学理论。

四、后方法时代的汉语教学理论应当具备的特征

后方法时代的汉语教学理论，应当具备以下特征：

第一，包含先进的语言教学理念。例如摆脱"方法"的束缚，以学生为中心，在用中学，通过行动研究促进教师发展，等等。当然，这种借鉴不是照搬，而是立足汉语教

学实践的借鉴。

第二，包含汉语教学中被实践证明有效的教学原则和方法，如"结构—功能—文化相结合"的教学思路、实践性原则、精讲多练、汉字部件教学思路，以及体现汉语和汉语教学特点的、行之有效的语音、词汇、语法和语言技能教学思路、方法、技巧。

第三，包含由汉语习得和认知研究成果转化而来的教学理论、原则、方法，如汉字、语法、语音习得和认知的研究成果、偏误分析的研究成果、语言技能获得的研究成果等。

第四，为汉语教学发展的关键——教师发展提供指导。上述各种后方法时代的教学理论，都把教师发展作为建立理论的出发点和归宿，为教师发展提供了值得借鉴的思想。这一点在当今汉语教师数量迅速增长、学术研究能力大大提高的情况下，特别值得关注。

五、结语

20世纪末以来，在后方法时代的大氛围下，国内外汉语教学界也进行了大量的探索：学界前辈白乐桑（1997）提出的字本位教学模式，柯彼德（2003）提出的双书面语教学思想，吕必松（2007a、2007b）提出的组合汉语教学模式，吴伟克（2010）提出的体演文化教学法，鲁健骥（2014）提出的激创法教学思路；国家汉办颁布的《国际汉语教师标准》（2007）和《国际汉语教学通用课程大纲》（2008）；很多教师根据自己的汉语教学实践，尝试运用后方法语言教学理论进行的实践和理论探索。虽然很多探索没有提及"后方法"的概念，但是都试图摆脱以往"方法"的束缚，力求适合汉语教学特点和国情、校情、"人情"（学生和教师的自身情况），体现着后方法时代的"时代精神"。当前有必要进行全面总结、梳理了。

最近，刘珣（2015）基于丰富的教学、研究、教材编写实践，根据汉语教学的特点，借鉴国内外语言教学的研究成果，提出"结构—功能—文化相结合"的教学思路应体现的十大教学原则：能力、主体、运用、认知、文化、输入、比较、策略、情感、技术。笔者认为，这是一种体现时代精神的高瞻远瞩的思路，对后方法时代汉语教学理论的建设，极具启发意义。

参考文献

白乐桑.汉语教材中的文、语领土之争：是合并，还是自主，抑或分离？[C].《第五届国际汉语教学讨论会论文集》编辑委员会编.第五届国际汉语教学讨论会论文选.北京：北京大学出版社，1997.

陈　力.外语教学法的"后方法"时代[J].山东师范大学外国语学院学报（基础英语教育），2009（3）.

崔永华. 后方法理论视野下的对外汉语教学研究——第 11 届对外汉语国际学术研讨会观点汇辑 [J].
世界汉语教学，2014（4）.

崔永华. 试论后方法时代的汉语教学资源建设 [J]. 国际汉语教学研究，2015（2）.

国家汉语国际推广领导小组办公室. 国际汉语教师标准 [S]. 北京：外语教学与研究出版社，2007.

国家汉语国际推广领导小组办公室. 国际汉语教学通用课程大纲 [Z]. 北京：外语教学与研究出版社，
2008.

江　新. "认写分流、多认少写"汉字教学方法的实验研究 [J]. 世界汉语教学，2007（2）.

柯彼德. 汉语拼音在国际汉语教学中的地位和运用 [J]. 世界汉语教学，2003（3）.

库　玛. 超越教学法：语言教学的宏观策略 [M]. 陶健敏译. 北京：北京大学出版社，2013.

理查德. 英语教学三十年之回顾 [J/OL]. 尤菊芳译. 百度文库，2003.

刘　珣. 辩证思维与汉语教学原则 [R]. 短期汉语教学法研讨会. 上海，2015.

鲁健骥. 对外汉语教学激创法散论 [M]. 北京：北京大学出版社，2014.

吕必松、赵淑华、林英贝. 组合汉语知识纲要 [M]. 北京：北京语言大学出版社，2007a.

吕必松. 汉语与汉语作为第二语言教学 [M]. 北京：北京大学出版社，2007b.

欧洲理事会文化合作教育委员会. 欧洲语言共同参考框架：学习、教学、评估 [S]. 刘骏、傅荣主译.
北京：外语教学与研究出版社，2008.

施家炜. 外国留学生 22 类现代汉语句式的习得顺序研究 [J]. 世界汉语教学，1998（4）.

王建勤. "不"和"没"否定结构的习得过程 [J]. 世界汉语教学，1997（3）.

王建勤. 外国学生汉字构形意识发展模拟研究 [J]. 世界汉语教学，2005（4）.

吴伟克. 体演文化教学法 [M]. 武汉：湖北教育出版社，2010.

武和平、张维民. 后方法时代外语教学方法的重建 [J]. 课程·教材·教法，2011（6）.

中华人民共和国教育部. 义务教育英语课程标准（2011 年版）[S]. 北京：北京师范大学出版社，2012.

American Council on the Teaching of Foreign Languages. *Standards for Foreign Language Learning in the 21st Century*（21 世纪外语学习标准）[S]. Yonkers, NY: American Council on the Teaching of Foreign Languages, Inc., 1999.

Brown, H. D. *Teaching by Principles: An Interactive Approach to Language Pedagogy* [M]. Englewood Cliffs, NJ: Prentice Hall, 2007.

Kumaravadivelu, B. TESOL methods: changing tracks, challenging trends [J]. *TESOL Quarterly*, 2006 (40. 1): 59-81.

（原载于《国际汉语教学研究》2016 年第 2 期）

工欲善其事，必先利其器

（2017）

一、教学研究在学科研究中的地位

对外汉语教学领域的研究主要包括三大类：语言学角度的研究、心理学角度的研究、教学角度的研究。当然还有文化学、社会学、哲学等角度的研究。从语言学角度，主要研究汉语作为第二语言教学内容的汉语要素的选择、排序和解释；从心理学角度，主要研究影响外国人习得和认知汉语的因素、过程和方式，揭示汉语学习的规律，为设计教学策略（过程、方法等）提供依据；从教学角度，则是要发现汉语教学的规律、原理，指导实施各类教学设计、课堂教学、教材编写、教学评估等。

笔者认为，三大类中，教学应当是研究的主体。教学研究的成果，直接规定着教师、教材、教法，其他两者则是为汉语教学提供素材和依据。从当前的研究成果来看，属于语言学角度的汉语本体研究成果最丰富，二语习得和认知的成果也比较显著，教学研究的成果则显得相当薄弱，没有体现出学科研究的主体地位。

汉语教学需要研究的问题千头万绪。20 世纪后 20 多年，主要是围绕吕必松先生提出的总体设计、教材编写、课堂教学、语言测试四大环节进行的，取得了不少标志性成果。但是受事业规模和学科发展阶段的限制，研究的范围还是比较有限。21 世纪以来，随着汉语国际教育的发展，需要研究的教学问题范围大大扩展。仅把上述四大环节的研究放到不同的国家和地区、不同的年龄段（如中小学教学）、不同的教学环境（如网络教学），要研究的问题就不知增加了多少倍。当前强调解决的遍及世界各地的"三教"（教师、教材、教法）问题，涉及的方面当然更为广泛。

汉语教学涉及的所有问题都值得研究，那么其中核心的问题、最重要的问题是什么？笔者认为是课堂教学，特别是教师的课堂教学行为。课堂教学研究的成果是教学设计、教材编写、语言测试的基本依据，也是三者的归宿。设计不同国别、不同年龄、不同环境的教学，要落实在课堂教学，设计的结果需要接受课堂教学的检验。从所谓"三教"的角度看，汉语教师的标志性业务素质是课堂教学能力，这需要教师不断用最新的教学研究的成果来改进自己的教学行为，提高教学水平，提高自身发展水平。教材应当体现最新的教学研究的成果，才能保证教学的高效和科学性。教法（教学的具体操作）需要教学研究成果提供好思路、好方法，以适应不同的教学类型。而这些思路、方法好不好，是否有效、高效，也要靠教学研究来证实。所有与教学相关的理论研究、内容研究、教学设计、语法教学、汉字教学、文化教学，以及关于教师素质的探讨，等等，最后都要落实到教师的课堂教学行为上，都要接受课堂教学研究检验，否则都是纸上谈兵。反过来说，教学研究的不足，直接影响到教学质量、教师发展以及事业的发展。

但是我们进一步发现，即使在汉语教学中本来就占比例不大的教学研究中，课堂教学研究所占的比例也还是很小。已有的汉语教学研究很多是在原则、历史、地位、教师、教材等外围打转，很少进入课堂教学研究这个核心。

新世纪以来，国内外涌现出众多优秀的汉语教师、优秀的汉语课堂、优秀的汉语教学方法，但是却或者缺少优秀课堂研究的支持，或者没形成研究成果以大量推广，让更多的教师受益，实在是学科建设和事业发展的重大遗憾。

二、教学研究不足的主要原因是缺少研究方法

教学研究、课堂教学研究、教师行为研究如此重要，为什么很少有人问津呢？这里有学科建设指导思想的问题，也有研究兴趣的问题，但是笔者认为，最根本的原因是我们没有掌握，甚至不知道最有效的教学研究方法。

在对外汉语教学学科建设的初始时期（20 世纪后 20 年），由于教学规模不大，教学对象、教学目标、教学内容、教学环境都比较单一（以在国内大学学习汉语的外国留学生为主），因此教学研究的对象比较单纯。由于刚刚建立教学体系，教学内容研究占了很大的比例，汉语语言学方法在那时起了非常重要的作用。当时教学方法和教学法研究的问题都还比较简单，主要集中在对大学汉语教学原则、方法的归纳和讨论上。

汉语教学发展到今天，所面临的问题已经不是语言学知识、能力和已有的经验、见识所能驾驭的了。世界各地情况各异的课程设计、教学方法、课堂教学、教学管理、教材编写、教师培养等问题，都远远超出了我们以往的经验和推论能力。工欲善其事，必先利其器。要解决好这些问题，必须突破现有的学科方法体系，用新的方法研究这些现象、问题，发现规律，制订解决的方案。显而易见，这里特别需要我们所不熟悉的教育学的相关理论和方法。

对于教学研究（教师、教材、教法）、课堂教学研究、教学行为研究，教育学早已有很多现成的、相对成熟的理论、方法。例如教学实验的方法、教学观察的方法，特别是近些年来教育学界提倡的适合一线教师使用的质性研究的方法，如行动研究、叙事研究等方法。借鉴教育学的研究方法，自觉地学习教育学的理论、方法、工具，无疑会帮

助我们更好地进行教学研究，让我们少走弯路，避免继续在黑暗中摸索。然而，我们尚不了解、不熟悉这些方法。受教育体制的限制，我们的老师没有掌握，没教过我们；我们自己也没有掌握，没有能力去教我们的学生；我们一代代都被告知要扬长避短，用自己学过的语言学知识和能力，从语言学或自己的经验、经历中做些推导，谈谈体会，发些宏观议论，或者把自己的语言研究成果跟汉语教学做些联系。总之是尽量避开我们不知所措的真正的教学问题。这样自觉不自觉地以语言研究范式代替教学研究范式，以汉语素质代替汉语教师素质，认为在语言学框架中可以解决语言教学问题。这不禁让人想起"缘木求鱼"这个成语。

笔者认为，在今天，我们必须解放思想，走出语言学，像当年引进、借鉴心理学、教育测量学，成就了汉语习得研究和汉语测试研究一样，引进、借鉴教育学的相关方法，切实实践跨学科之路。学习、掌握教育学理论和方法，是对外汉语教学学科发展的必由之路。

三、汉语教师是教学研究的主体

汉语教师是一个特殊的学术群体。第一，教学和研究脱节。汉语教师所教的内容大都跟所学的专业不一致。汉语教师的教学任务是培养外国学生的汉语能力，但是他们出身的专业大都不研究汉语能力及其培养途径。不像文学课的教师一般会把文学作为自己的研究对象。第二，缺少研究的时间。汉语教师的课时一般较多，不说跟专门的研究人员比，就是跟一般的大学教师比，课时也是数倍于后者。第三，缺少从事教学研究的基础。从理论上说，从事跟自己教学实践密切相关的汉语教学研究，是汉语教师学习、改进教学方法，提高教学质量和自身素质的重要途径。但是，如前所说，汉语教师大多没有接受过这方面的知识和训练。从以上三点看，汉语教师在学术发展上，确实处于一种不利的地位——继续从事职前所学专业的研究，时间、精力、经历（对当前教学内容的研究）不足；要研究汉语教学，则在研究方法上先天不足。所以很多教师放弃教学研究，或者常常成为配角：作为研究者的研究对象，或者配合做些资料收集工作等。自己独立从事教学研究，特别是课堂教学研究的汉语教师很少。

但是，另一方面，对于教学研究来说，汉语教师又有得天独厚的优势。第一，面临大量有实践和理论价值的课题。当今的汉语教学尚有大片大片未开垦的处女地。世界各地的汉语教师每天都面临大量"百思不得其解"的问题。汉语教师寻找、确定研究题目时，不用为做研究而"无病呻吟"，到处去找研究题目。第二，汉语教师生活在"取之不尽，用之不竭"的研究素材之中。他们每天都亲历丰富的、自己亲身参与产生的第一手材料，不必求助他人。第三，有最便利的检验研究成果的条件。研究出来的成果可以在自己的教学实践中实施、检验（当然也很容易求助同行，互相帮助）。以上三个优势，语言教师得天独厚，取之不尽，无可替代。可惜，目前在多数情况下，这些优势没有得到很好的利用，每天与教师们擦肩而过，白白浪费了。好一些的则是把优势拱手送人，仅仅成为别人的研究对象、研究材料和检验成果的手段。

有价值的研究题目、丰富的第一手材料、检验成果的便利条件，对汉语教师做好汉语教学的科学研究来说是"万事俱备，只欠东风"。这个东风就是借鉴、学习、掌握、运用一些适合汉语教师使用的研究方法。我想，对于现在以博士、硕士为主体的世界各地的汉语教师来说，学习几种新的研究方法，绝非高不可攀。磨刀不误砍柴工，我们的年轻教师、学者花些时间学习、掌握恰当的方法，一定会取得丰硕的成果，进而改进以语言学为主导的研究思路，逐步形成适合汉语国际教育学科的研究范式，让学科研究别开生面，助力教学水平的提高，助力教师的自我发展，成为学科建设和事业发展的强大动力。

四、一次经历

有一件事，也许可以作为支持笔者上面的议论的实例。

2015 年夏天，在一个新疆汉语教师培训班上，笔者做了一个关于汉语教师发展的讲座。提问阶段，老师们提出一些教少数民族学生汉语时遇到的问题。其中包括下面这些问题：（1）如何打开学生的嘴巴？（2）如何发挥考试的导向作用？（3）如何发挥学生的创造力？如何帮助学生挖掘创造力？（4）如何激活学生的表现欲？（5）如何提高学生归纳汉语规则的能力？（6）如何提高学生学习汉语的兴趣？（7）如何提高学生阅读汉语读物的积极性？（8）如何培养学生自主学习的能力？（9）如何教好写作？（10）形成性评价有哪些有效的方法？（11）有哪些学习策略可以教给学生？怎么教？（12）有哪些有效的教学方法？如何证明这些方法的有效性？

笔者当时是这样回答的："第一，我可能要让大家失望了。这些问题我给不出最佳答案。希望大家理解，作为汉语教师，我的知识和能力都是有限的，即使是大专家也不能'包治百病'。第二，对于这些问题，你们是真正的专家，如何解决这些问题，你们知道的肯定比我多，我凭主观想象说，反而是班门弄斧。第三，就研究的角度来说，这些都是好问题，都是具有理论和实践价值的问题，不是'无病呻吟'。这些正是大家可以研究的问题。研究出成果，问题就解决了，教学质量就提高了，教师的教学和研究素质也就提高了。第四，研究这类问题，行动研究、叙事研究、教学实验、教学观察等是最恰当的研究方法。这正是我认为最适合各位老师学习使用的研究方法。"

忘记了当时的掌声是否热烈。反正我至今仍心安理得于说的是实话，没忽悠大家。

（原载于《国际汉语教学研究》2017 年第 1 期）

试说"北语模式"

（2018）

一、引言

本文所说的"北语模式"全称为"北京语言大学对外汉语教学模式"。这一教学模式初创于 1950 年的"清华大学东欧交换生中国语文专修班"和随后的"北京大学外国留学生中国语文专修班"。1962 年单独建立的"外国留学生高等预备学校"（1964 年升格为北京语言学院，以后更名为北京语言文化大学、北京语言大学，以下统称"北语"），继续了这种模式的探索。

对于"教学模式"，各家所指对象、层次各异，定义、分类众说纷纭，各不相同。本文不想讨论"模式"的概念，只是试图从课程设置、课堂教学方法和作为教学模式载体的教材来宏观地理解北语模式。

需要特别说明的是，北语模式中各种不同的教学类型、层次、课堂教学过程，从广义教学模式[1]的角度看，都有不同的表现形式。这些模式可以看作北语模式的"次模式""模式变体"。本文只是从宏观上讨论北语模式，或者说希望说明北语模式的本质特征。

二、北语模式的发展

宗世海（2016）从课程设置的角度，把七位作者[2]在十种文献中描述的"我国上世纪 70 年代以来的对外汉语教学模式"归纳为三个大的阶段，即"讲练—复练模式（综合模式）""讲练—复练 + 小四门模式"[3]"（广义）分技能模式"，其中第三个阶段又分为"综合 + 分技能模式"和"（狭义）分技能模式"。笔者认为，宗文将上述文献观点归纳成这三大四小模式是客观的。值得注意的是，宗文所列模式的代表教材[4]都是当时北语

---

[1] 这里的"广义教学模式"是在宽泛的意义上使用"教学模式"这个术语，包括大家经常讨论的预科教学模式、速成教学模式、基础汉语教学模式、综合课教学模式、语法教学模式、阅读课教学模式等。

[2] 这七位作者是吕必松、赵金铭、鲁健骥、李泉、吴勇毅、刘颂浩、崔永华。

[3] "小四门"指在对外汉语教学形成分技能教学模式之前，在综合课外设置的听力、说话、阅读、汉字、写作、报刊阅读等辅助课程，并不限于四门课。这些课程作为综合课的补充，一般没有正式的教材，课时也都比较少。鲁健骥（2017）说明"小四门"课程的设置是一个渐进的过程，崔永华（1999）所说的 1980—1986 年是对外汉语教学的"讲练—复练 + 小四门模式"阶段的说法是不严谨的，笔者赞同鲁健骥教授的看法。

[4] 主要指鲁健骥主编的《初级汉语课本》（北京语言学院出版社，1986）和李德津、李更新主编的《现代汉语教程》（北京语言学院出版社，1988）。

编写、使用的，这表明北语模式是具有代表性的，至少是这种发展过程的一个缩影。因此，本文以此作为讨论的起点。

先看宗文的一个表格。

表1反映了以下情况：

（1）从所列的教材看，这里讨论的是基础阶段的汉语教学模式。下文所分析的北语模式，也主要指这个阶段。

（2）北语模式是一个发展着的模式。宗文说明了各家对教学模式的发展阶段认识有所不同，但笔者仍认为可以从中看出大致的发展过程：始于"讲练—复练模式（综合模式）"，发展到"（广义）分技能模式"。同时，笔者仍认为其中存在着由"小四门"逐步过渡到分技能模式的轨迹[1]。

表1　20世纪70年代以来我国汉语教学模式分析表[2]

模式代表文献	Ⅰ. 讲练—复练模式（综合模式）	Ⅱ. 讲练—复练+小四门模式	（广义）分技能模式	
			Ⅲ. 综合+分技能模式	Ⅳ.（狭义）分技能模式
吕必松1985			鲁健骥：听说、读写、听力（第一学期）；精读、写作、听力（第二学期）	按语言技能划分课型：读写、听力、说话；或者听说、阅读、听力 附：70年代——听说（打头）、读写两条线，效果不错
吕必松2008	综合教学路子		综合教学与分技能教学相结合的路子	分技能教学路子
崔永华1999	讲练—复练1973—1980	讲练—复练+小四门1980—1986	分技能（复合型模式）1986—现在 鲁健骥《初级汉语课本》 李德津、李更新《现代汉语教程》	
赵金铭2007	讲练—复练	讲练—复练+小四门	分技能（复合型模式）1986—现在 听说打头：鲁健骥《初级汉语课本》，目前占主导地位 读写打头：李德津、李更新《现代汉语教程》	
鲁健骥2009	"复习—讲练—练习"为"文革"前的主要模式，源于美国，"文革"后不久变成"讲练—练习"		分技能 口笔语综合+听力，汉字读写/阅读 鲁健骥《初级汉语课本》 读写、听力、说话 李德津、李更新《现代汉语教程》	

---

[1] 关于"小四门"在北语课程设置中的发展过程，请参看鲁健骥（2017）。
[2] 引自宗世海（2016：20），格式略有调整。

续表

模式 代表 文献	Ⅰ.讲练—复练模式 （综合模式）	Ⅱ.讲练—复练+ 小四门模式	（广义）分技能模式	
			Ⅲ.综合＋分技能 模式	Ⅳ.（狭义）分技能模式
赵金铭 2010	综合教学法 代表教材多部，含鲁健骥《初级汉语课本》			
李泉 2009			分技能教学 鲁健骥《初级汉语课本》	
吴勇毅 2009	结构驱动的综合教学模式			技能驱动的分技能教学模式 一套三本，三门课：读写、听力、说话
吴勇毅 2014			分技能 鲁健骥《初级汉语课本》	
刘颂浩 2014	综合教学模式		分技能教学模式 主课综合，听力、阅读与之配合	按技能设课 分技能教学模式在全国流行后，一般将听、说、读、写四项技能分摊到三门课，即读写、听力、说话课中进行训练 ▲北京语言大学听说、读写两条线教学实验

下面的讨论主要涉及表1所列"Ⅰ.讲练—复练模式（综合模式）"和"Ⅲ.综合＋分技能模式"，为行文方便，下文分别简称为"综合模式"和"综合＋分技能模式"。

三、北语模式的表现形式

北语现行对外汉语教学体系主要包括四大类型：汉语言本科学历教育、汉语预备教育、汉语进修教育和汉语短期教育。每种类型中又因学习者的学习需求、汉语水平、教学时间等方面的不同分成不同的次类。比如汉语短期教育就至少还可以再细分为三个不同次类[1]：（1）强化型（控制性的训练更多）；（2）进修型（教学目标更倾向于了解中国、中华文化等）；（3）短期型（例如有职业目的的、夏令营性质的）。各次类教学在课程设置、教学方法、所使用的教材上都有所不同。那么，这些不同情况的教学是否可以归结

---

[1] 这里对速成汉语教学的分类是根据毛悦教授在一次座谈会上的发言整理的，如有不当，当由笔者负责。

为一种教学模式？笔者认为，宗文的表述隐含了对外汉语教学的不同类型都遵循了上述发展过程的意思，即在同一时期都可以大致归结为同一种教学模式。笔者赞同这种看法，认为当前的北语模式仍是一个"内在一致"的模式。理由如下：

第一，从课程设置上看，北语当前的各类教学都以占用周课时最多的综合课为打头课，同时配有口语、听力、阅读、汉字、写作等技能性课程。当然，各类型所设置的技能课有所不同，而且随着学生汉语水平的提高，增设的技能课也越来越多。

第二，从课堂教学过程和方法看，综合课的主体部分都是由词汇教学、语法教学、课文教学、综合练习构成。（参看王青，2006）课堂练习都是由结构练习（语音、词汇、语法的机械性练习）和运用练习（交际性练习、任务活动等）构成。其他技能性课程也在技能训练的同时不同程度地处理一些结构问题。

第三，从使用的教材看，内容都与课堂教学过程和方法相对应：综合课由课文、生词表、语法解释或注释、综合练习组成。第一学期的课文多是体现交际功能（实际运用）的对话体，第二学期开始的课文则多为与中国国情、文化相关的短文。综合练习的内容都包括语音练习（入门阶段）、词汇练习、语法练习（很多还坚持保留句型替换练习）、应用（情景）练习、任务活动等。

可见，从现行的课程设置、课堂教学过程和使用的教材来看，在形式上，北语的对外汉语教学处于宗文所说的"综合＋分技能模式"阶段，在各种教学类型之中，存在着超越各种教学类型的、内在一致的"核心"教学模式。

四、北语模式的内涵

那么，这个核心模式的内涵是什么呢？通过分析上述各教学类型的课程设置、课堂教学过程和教材，尤其是综合课教材，可以看出各种类型的教学模式都具有以下基本的属性：

第一，结构第一。这里的"结构"指语音、词汇、语法、汉字[1]等语言要素的教学。这是北语模式的本质特征。北语模式对结构的重视表现在：（1）各种类型的主干教材——综合课教材都将结构教学内容放在显著的地位，特别是语音（入门阶段）、语法教学；（2）教材的明线或暗线都遵循或参照要素教学大纲排序（即相关的语法大纲、词汇大纲、汉字大纲等），其中又以大纲的语法排序为主要考虑因素；（3）教材都有大量的语音、词汇、语法、汉字练习，特别是语法结构的重复、替换等机械性、结构性练习，我们把它称为结构性练习。

---

[1]　严格地说，汉字不属于语言要素，本文从汉语学习的角度，把它列入汉语学习的"结构"要素。

结构第一的指导思想还表现在教学方法上。北语的课堂教学一直坚持结构操练。教学操作的核心原则是"精讲多练"。"精讲"是说不完全排斥解释，包括教材甚至课堂上必要的外语解释，但是要少而精，讲得必要、易懂、简洁。"多练"就是如上所说，课堂内外必须有大量的练习，特别是足够的机械练习，即结构性练习；当然，也越来越注重交际性练习、任务活动等。

结构第一是对外汉语教学的传统。现代汉语作为第二语言教学法的创始人赵元任先生持此做法，北语模式的源头清华大学、北京大学的"专修班"基本继承了这种教学思路。此后对外汉语教学的各个发展阶段都始终坚持着结构第一的思路。

北语教材一直为国内外所欢迎，说明这是一种公认适合汉语作为外语或第二语言教学的思路，因为它体现了汉语作为一种"独特外语教学"的特点。如刘珣教授在一次讲座中所说："美国语言教育家 A. Ronald Walton 上世纪 80 年代就说过汉语是美国学生'真正的外语'。德国顾安达（Andreas Guder）教授也认为，对欧洲人来说汉语是'外语中的外语'……汉语属于汉藏语系，与绝大多数学习者的母语的谱系相距很远。在语言结构方面，共同之处实在太少。"（参看刘珣，2016）因此，对大多数汉语学习者来说，必须有对结构（语音、词汇、语法、汉字）必要的死记硬背和机械性的熟巧操练，才可能记住汉语的词汇、汉字和语法规则，才能达到脱口而出、流利书写，形成良好的汉语交际能力。

第二，突出功能。这里所说的"功能"是指以培养实现语言交际功能的能力为教学目标，简单说就是培养汉语运用能力。重视结构的最终目的是培养语言运用能力，即实现语言的交际功能的能力。北语当前"综合＋分技能模式"的课程设置，正是体现了这种教学思路：掌握语言结构知识——掌握听说读写技能——获得交际能力。

实际上，北语模式从其源头就持这一主张。1953 年周祖谟先生在《教非汉族学生汉语的一些问题》中就指出，语法教学的目的在于使学生掌握基本的语法知识，以便发展说话和听话的能力，并且为培养阅读的能力打下基础。北京语言学院 1982 年制订的《汉语预备教育教学计划（试行）》继承和发展了这一思想，指出要针对学生的交际需要选择语言内容和语言材料；按照辩证唯物论的认识论的原理，组织、引导学生通过大量的、自觉的语言实践来掌握语言，通过灵活多样的教学方法尽快地培养学生实际运用语言的能力。（转引自吕必松，1990：55）

当然，培养运用能力的思想还是经历了一个由"结构为主"到"结构＋技能"到今天的"结构＋技能＋运用（功能）"逐步发展的过程。随着语言教学理论的发展和对教学效果的观察分析，如对学习者结业后运用汉语情况的调查和使用偏误分析，培养语言运用能力的思路越来越明确。近年来汉语教学强调任务型教学，也是这种思路的体现。

国家汉办 2008 年发布的《国际汉语教学通用课程大纲》比较好地归纳了这种思路（如图 1 所示）。

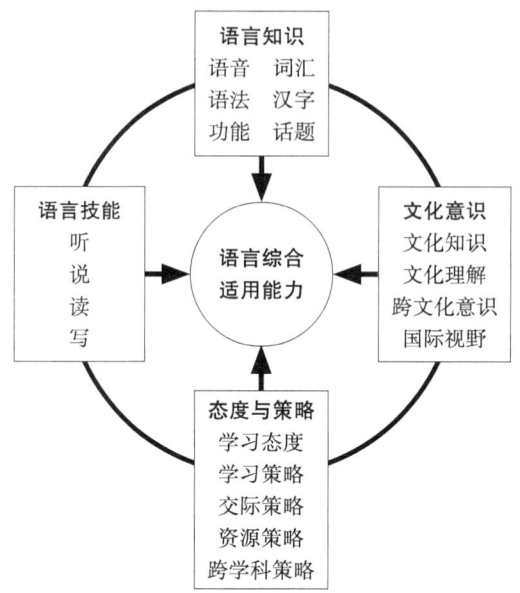

图 1　国际汉语教学课程目标结构关系图

为了表述的需要，我们在本文中用"功能"指代"语言综合运用能力"的培养。

第三，注重文化因素。这里的文化因素大致可以分为三个方面的内容：汉语中包含的文化因素的教学（即张占一先生所说的"交际文化"[1]）、中国国情介绍、中国传统文化介绍。对外汉语教学中包含文化内容由来已久。比如赵元任先生在《国语入门》中所讲的"在'王'之后，应避免用语助词'吧'"和对"大便小便都通"的注释。（参看周质平，2015）又如：1962 年北京外国留学生高等预备学校的《一年级现代汉语教学大纲（试行）》规定，专题报告课"目的在于提高学生听汉语及记笔记的能力，为将来入系听课做准备，并利用这机会向学生介绍中国的新旧文化的某些方面，促进学生对中国的了解"（转引自鲁健骥，2017）。

20 世纪 80 年代，在当时的文化思潮、文化语言学思潮和国内外第二语言教学界开始特别强调文化因素的氛围中，对外汉语教学也兴起了一阵"文化热"，主要表现为：

1　张占一（1984）从功能角度把语言教学中的文化背景划分成"知识文化"和"交际文化"两类："知识文化"指非语言标志的、对两种不同文化背景的人进行交际时不直接产生严重影响的文化知识；"交际文化"指的是两种不同文化背景熏陶下的人在交际时，由于缺乏有关某词、某句的文化背景知识而发生误解。这种直接影响交际效果的文化知识就是交际文化。胡文仲、高一虹（1997）认为："这样一种文化观对于对外汉语教学尤为适用。"

在讨论语言和文化的关系时，张占一先生提出要区分知识文化和交际文化，引起学界的强烈反响；大力倡导"文化导入"，强调在语言教学中要加大文化教学的内容；更有同人主张对外汉语教学应当拓展为对外汉语文化教学，培养能从事汉学研究的高层次人才。（参看程裕祯，2005）

时至今日，学界对"文化"在语言教学中的地位、作用的认识仍有所不同，但文化已经成为汉语教学中一个不可或缺的因素。教学、教材中注意讲解交际文化内容，教材选编涉及中国国情、文化内容的课文，通过注释等途径帮助学生了解、理解中国文化，等等，已经成为学界的一种自觉行为。这对学习者学习、理解和正确使用汉语，了解、理解中国文化，提高学习兴趣，形成跨文化交际意识和能力，都起到了很好的作用。

五、小结

基于以上分析，本文认为，从宏观上说，北语模式在形式上表现为"综合课＋技能课"模式，其本质属性可以用"结构—功能—文化相结合"的教学模式来概括。这是一种既不同于听说法，也不同于交际法的教学模式，是一种基于汉语作为第二语言的特点和汉语教学的特点形成的教学模式。其本质特征是始终坚持"结构第一"。

北语模式是20世纪50年代以来国内外数代汉语人以自己的教学实践为基础，不断积累经验、积极探索，不断吸取国外第二语言教学理论和实践中的有效成分，由结构思路到"结构—功能"思路，逐步形成了当前的"结构—功能—文化相结合"的教学模式。应当看到，这一模式得到国内外汉语教学界广泛认可，是因为它是国内外对外汉语人通过自己扎扎实实的实践和探索共同创造的，如其中文化教学的思想，就凝聚了国内外多少学者的心血。这是对外汉语教学界对国际语言教学理论和实践的重要贡献，可供类似语种作为第二语言教学借鉴。

由于尚未看到正式讨论"北语模式"的文献，本文也只是尝试讲述一个未必准确的思路，并且北语模式的理论、实践、发展，需要大量讨论才能说清，所以本文只能是"试说"。笔者渴望小文能成为引玉之砖，文中偏颇、不足之处，恳请同行批评指正。

参考文献

程裕祯.新中国对外汉语教学发展史 [M].北京：北京大学出版社，2005.

崔永华.基础汉语教学模式的改革 [J].世界汉语教学，1999（1）.

胡文仲、高一虹.外语教学与文化 [M].长沙：湖南教育出版社，1997.

刘 珣.刘珣教授讲座文字版 [Z/OL].国际汉语教师 500 强,2016(2).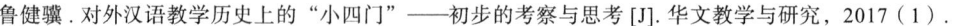

鲁健骥.对外汉语教学历史上的"小四门"——初步的考察与思考 [J].华文教学与研究,2017(1).

吕必松.对外汉语教学发展概要 [M].北京:北京语言学院出版社,1990.

王 青.对外汉语初级阶段综合课的课堂教学模式研究 [D/OL].北京语言大学硕士学位论文,2006.

张占一.汉语个别教学及其教材 [J].语言教学与研究,1984(3).

周质平.美国中文教学史上的赵元任(下)[J].国际汉语教学研究,2015(1).

周祖谟.教非汉族学生汉语的一些问题 [J].中国语文,1953(7).

宗世海.我国汉语教学模式的历史、现状和改革方向 [J].华文教学与研究,2016(1).

(原载于《国际汉语教学研究》2018 年第 1 期)

贰

汉语教学设计

略论汉语速成教学的设计 [1]

（1996）

一、速成教学的实质是调动语言学习的潜能

语言速成教学（或称语言短期强化教学）表现为学习者在相对短的时间内获得相对多的语言技能和知识。但是速成教学并不仅是依靠增加学习时间或压缩学习内容来实现的。如简单地把一天上四节课改为八节课，或把四小时的学习内容压缩到两小时，未必能达到速成的效果。

一个明显的事实是，语言速成学习能够实现，说明在一般的语言教学的过程中，还有可以使学习者在同样长的时间内获得更多的语言技能和知识的余地。下面的分析将表明，这些"余地"存在于与语言学习相关的各个方面，我们把这些存在于语言学习各个方面的余地称之为潜能。这种潜能，是与一般的语言教学相比较而发现的。

语言速成教学，正是以这种潜能的存在为前提的。在一般语言教学规律的指导下，对这种潜能给以分析、开发和充分地合理利用，是成功的语言速成教学的唯一的出路。调动学习者、教授者、管理者、一切教育资源的潜能，是速成教学的实质所在。

我们拟在这种思想的指导下讨论汉语速成教学的设计。首先分析在一般的语言教学的基础上，还有哪些潜能可以利用，然后说明在教学设计中，如何有效地利用这些潜能。

二、语言教学中可以挖掘的潜能

在与非强化的语言教学过程有关的诸因素中，至少在下面八个方面存在着潜能。它们是：学习者、教授者、教学过程、课堂教学、课外时间、教材、教学管理、学习环境。下面分别做一些举例性质的说明。

2.1 学习者（即学生）的潜能

一般的学习者，习惯于一般的学习节奏，缺少在最短的时间内掌握一种语言的意识

---

[1] 本文关于语言速成教学的思想是建立在笔者参与汉语速成教学实践的基础上的。这里，我要特别感谢美国普林斯顿大学周质平教授和美国欧柏林学院凌志蕴教授，他们使我得到在美国明德暑期中文学校两度任教的机会。那里的教学经历和两位教授的指教，使我加深了对语言速成教学的理解。

和要求；他们把很多可以用于学习语言的时间用于非语言学习方面，例如用于学习其他课程、旅游、安排生活、交往、娱乐等等。如果他们有速成的要求就可以根据速成教学的教学安排，挖掘潜能，充分利用时间和精力。这无疑可以加快他们掌握语言技能和知识的进度。

学习者的另一个重要潜能是学习者本身的素质。这包括：有强烈的速成动机、积极的学习态度、良好的语言接受能力等。实践表明，在理想的速成教学中，学习者可以具有双倍于普通学习过程的接受能力。

2.2 教授者（即教师）的潜能

一般的教授者习惯于一般的教学：按部就班的节奏和教学方法。速成教学采用的是与此大不相同的方法。由于教师的素质、经验和年龄方面的差别，并不是所有的教师都有兴趣并适合从事速成教学。教师的适当人选、速成意识、时间和精力的投入以及对速成教学的领会、实施，无疑会对教学效果产生巨大的影响。

2.3 教学过程的潜能

速成教学较理想的教学过程可以简单地概括为：预习—答疑—集中解释难点—重点项目练习—课外作业 / 交际运用—复习—通过考试强调知识和技能。

一般的教学过程不一定遵循这个教学过程，特别是某些教学过程没有条件，不能很好地利用预习、答疑（后面将有解释）并严格遵循这个过程。

在教学过程中，合理地安排课型，减少人为因素的干扰，保证知识掌握和技能训练的连贯性也是一个重要的问题。例如每天上午四节课分为"精读—阅读—听力"，这种安排可能不适合于速成教学。因为频繁地改变教学内容和学习环境而浪费了时间，更不利于学生注意力的集中和对所学内容的熟巧掌握。

2.4 课堂教学的潜能

一般的课堂教学遵循普通课堂教学的组织方式，存在着大量冗余的时间，例如：与语言训练无关的通知、谈话，由于学生水平不齐产生的等待，由于少数人的疑问而进行的解释，由于编班过大而造成的学生练习机会过少，由于采用一些不适合的教学手段而延误的时间，等等。

合理地安排班级规模，按学生的语言水平编班，改进课堂的组织和操练方法，充分利用课堂时间，可以给学生更多的学习、操练机会。

2.5 课外时间的潜能

一般的语言教学，对学习者的课外时间是不予控制的，而速成教学则要把所谓"课外时间"算入教学进程。语言速成教学又称作"全浸式"（total immersion）语言教学，就是说，这种教学的特点是学习者 24 小时应当完全沉浸在目的语环境中。

所谓课外时间的合理利用体现在三个方面：一方面是进行不必教师指导或只要稍加指导的课型（听力课、阅读课）；第二方面是需要教师个别指导的活动（个别辅导、预习和复习的答疑）；第三方面是对日常生活必须用目的语交际的控制。

2.6 教材方面的潜能

一般的语言教材不一定适合速成教学。主要的问题是教材设计不适合速成教学。如课型的划分、配合，每课的分量，对速成教学是冗余的或不适合的练习，生词、语法、文化注释过于依赖教师而不利于学生的预习和独立学习，等等。

速成教学要求有在总体设计、具体课程上都针对速成教学特点和需要的教材和教学辅助材料，如音像材料、阅读材料、练习材料、各种考卷和教师备课材料（因为速成教学单位时间教授内容大大多于普通教学，需要为教师准备更多的教学素材以备选用）。

2.7 教学管理方面的潜能

对速成教学来说，教学管理的范围大大超出一般的教学管理。速成教学的教学管理是全方位的管理，除睡眠以外，其他时间都应当置于教学管理的范围之内。

速成教学的教学管理的内容，从选取生源、编班、学习周期、教师安排、授课、课外活动、生活安排各方面，都与普通的语言教学大不相同，用自己特有的原则和方式，协调上述各个方面，合理利用学习者和教授者的时间和精力。

2.8 学习环境方面的潜能

创造良好的学习环境，是速成教学区别于普通语言教学的一个显著特点。

所谓"全浸式"教学，除了全方位的管理之外，还要求学习者完全沉浸在良好的目的语语言环境中，包括封闭的教学区、生活区，使用目的语的严格规定，等等，以利于教学的高质量进行和创造良好的目的语交际环境。

良好的学习环境还包括良好的教学设备、辅助设施，如学习气氛和目的语气氛浓厚的教室、听力室、阅览室，方便、高效的办事效率和必备的办公设备等，以保证教学各环节不受阻塞。

以上我们从八个方面分析了语言教学可以利用的潜能。这八个方面是举例性的，每一个方面的内容也是举例性的。也就是说，这里并没有穷尽速成教学可以利用的潜能。

以上分析可以说明：一方面，普通的语言教学过程中确有可以供速成教学利用的潜能，因此速成教学是可能的；另一方面，它也告诉我们，速成教学能否成功，取决于潜能能否得以利用。

三、汉语速成教学的设计要点

以上的讨论是从一般语言教学或者说是一般的外语教学跟速成外语教学比较的角度进行的。下面我们根据前两节的分析，提出一种汉语速成教学的设计方案要点。要点分为指导思想、教学计划、办学规模、教学实施、教材和学习环境六个方面。

3.1 指导思想

把遵循一般汉语教学规律和挖掘、合理利用各方面的潜能结合起来，发现和遵循速成汉语教学规律，建立优化的教学过程。

速成教学是一种强化的教学过程。在这个过程中，不只是对学生的强化，也是教师、管理人员、教学条件的强化，这些相关的因素之间是有内在联系的、相互制约的，因此教学的设计不仅要考虑到学生、教师和管理人员的承受能力，还要考虑到物力、财力资源的合理使用，使潜能的利用达到最佳的结合。因此语言速成教学的设计应当是一个系统性的设计。

速成教学设计应当是一种充分重视效率的设计，要达到最佳的教学效果，能量化的指标一定要量化。当然这些量化应当以实验为依据，但是到目前为止，还没有看到这方面的实验报告。下面我们提到的量化指标多是依据笔者的教学经验和经历确定的，希望在今后能够通过实验加以调整和验证。

3.2 教学计划

教学对象：有志于学习速成课程的学习者，年龄在 25 岁以下为宜，学历至少达到高中毕业程度，各科学习成绩在中上以上（含中上），汉语水平从零起点到汉语水平考试的中等 C 级。

教学目标：教学目标可定在双倍于普通班的教学进度。

学制：从零起点到速成最高水平分为五级。

教学周期：每年五学期，每学期九周；一般两学期间休息一周，暑假三周，寒假两周；每周上课五天，每天正课四节，附课两节。

设课：设精读课、听力课、汉字或阅读课；以精读课为核心，采取"讲练—复练模式"；听力课、阅读课作为巩固精读课内容和强化训练的手段。

3.3 办学规模

在校生规模：总数 200 人以上，每年级 42 人为宜。

编班：每班 21 人；复练课分为三个小班，每班七人；大班、小班都按学习成绩编班，每周测验后根据成绩调整。

教师安排：大班可配备中老年教师，教讲练课；小班以年轻教师为主，教复练课。每 21 名学生配四位教师。

3.4 教学实施

教学过程：严格遵守下述教学过程并制订严格的时间表加以保证。

预习——学生在上课前一天晚上必须预习第二天要学习的内容。

答疑——在学生准备第二天课程的晚上，设教师答疑。

集中解释难点——精读课入课进行。

重点项目练习——精读课复练课进行。

复习和课外作业——下午和晚上要复习所学内容和完成本课作业。

交际运用——在课外所有场合使用汉语。

测试——每天精读课听写。

课程安排：精读课一、二节上大班课，主讲教师强调教学内容，解释语言难点，进行初步练习；三、四节上小班课，只复练语言点；听力课、阅读课在下午五、六节，每周两次（周二、周五），主要是学生自己练习，教师答疑；每周一、三下午安排个别谈话或辅导，了解学生的学习困难，解决个别的语言问题；每周四下午复习本周内容，准备第二天的考试，设教师答疑。

课堂教学：课堂教学采取大小班结合的办法（如"课程安排"所示）。课堂教学只做必须在课堂上做的事；严格掌握进度，不迁就预习不好的学生。

复练课课堂教学是速成教学成败的关键，应当严格遵守以下原则：（1）千方百计让学生多练，教师少说；（2）只管练习，不管解释；（3）只练要求的语言点，不增加其他项目；结构紧凑，保证练到、练熟要求本课掌握的语言点。

教学组织工作：（1）同年级集体备课，规定统一的练习内容（包括练习中使用的词语）和教学方法，以保证学生掌握要求的内容；（2）对教师采取轮换授课的方法，每天教授不同的班次，以使学生感受不同的语言风格。

测试：把测试作为提高学习积极性的重要杠杆。测试分三种：（1）每天早上听写预习的内容；（2）每周五一、二节笔试，三、四节口试，每周根据考试成绩重新分班，以增强竞争意识并调节班级水平以利于课堂教学的推进；（3）每学期期末考试，严格按考试成绩决定升留级和颁发证书。

3.5 教材

速成教材除符合一般语言教材要求外，还特别要求：（1）每课的语言点突出，每课有 10~20 个基本语言点（语法、词汇、功能）；（2）配套教材的内容一致，精读课、听力课、阅读课在语法、词汇、功能等方面有明显的内核，内容距离不能太大；（3）听力课和阅读课教材要适合学生自己使用；（4）教材适合学习过程要求，便于学生预习和练习；（5）配有教师手册，特别是有足够的、合适的复练内容，以便统一要求，节省教师备课时间。

3.6 学习环境

学习环境是语言速成教学成败的基本条件，也是严格意义上的速成教学区别于普通语言教学的特征之一。良好的速成教学环境可以强化学习者的学习意识，也给学习者提供良好的习得语言的条件。良好的学习环境必然是管理者、学生、教师共同努力的结果。可以从以下几方面创造学习环境：（1）建立封闭的教学生活区，充满目的语的标识和媒介；（2）强制学生在教学生活区内必须使用目的语，并配有严格的违纪惩罚规定；（3）教师和学生共同生活，以起到指导、监督、创造环境的作用。

四、结束语

上面描写的速成教学设计模式，对我们目前的条件来说，还是一个理论模式。了解这样一种模式对我们设计自己的速成教学，逐步提高办学水平应当是会有启发的。这虽然是一个理想模式，但事实上并不是一种不可实现的模式。关键的问题还是我们能不能看到并合理利用教学过程和教学管理中的潜能。速成教学如此，普通教学亦当如此。

参考文献

加　涅 . 学习的条件 [M]. 傅统先、陆有铨译 . 北京：人民教育出版社，1985.

卢晓逸、朱子仪 . 短期对外汉语教学的新趋势及我们对教学特点的再认识 [G]// 北京语言学院教务处

　　编 . 对外汉语教学论集 . 北京：北京语言学院出版社，1995.

马箭飞 . 汉语速成教学的几个问题 [J]. 语言教学与研究，1995（3）.

麦　基 . 语言教学分析 [M]. 王得杏等译 . 北京：北京语言学院出版社，1990.

（原载于《语言教学与研究》1996 年第 2 期）

关于汉语言（对外）专业的培养目标[1]
（1997）

我国对外国人的汉语本科专业教育，始于 1976 年北京语言文化大学（原北京语言学院）设立对外国人的现代汉语专业（参看李杨，1993：3）。现在，根据我国高等教育的本科专业设置的现状，我们把这个专业定名为"汉语言（对外）"专业，有的学校仍称"现代汉语"专业，有的学校则定名为"语言文化"专业。就专业的性质来说，以上三种专业都是以对外国人进行汉语教育为基础的大学本科专业。因此，下文统称"汉语言专业"。20 多年来，汉语言专业从无到有，日益发展。如北京语言文化大学 1981 年只有 25 名毕业生（参看李杨，1993：5），1997 年增加到 170 多名毕业生；专业设立之初，课程以语言教学为主，目前已形成较完善的、更为适合国际社会需要的专业课程体系（包括汉语言知识和技能、中国国情、文学、文化、商贸等课程）。现在，我国已有多所高等院校设立了此类本科专业，汉语言专业已经积累了丰富的办学经验，形成了我国高等教育的一个重要的特殊领域，为国际社会培养出了上千名高级汉语人才。

随着时代的发展，国际社会对汉语人才规格的要求发生了很大的变化。汉语言专业到底应该培养什么样的人才，即如何确定汉语言专业的培养目标，仍是一个值得探讨的问题，因为"科学地确定和表述高等学校专业培养目标，是教育、教学活动赖以顺利进行的基础"（王伟廉、邬大光，1993：216）。在汉语言专业蓬勃发展的今天，如何根据社会的发展和教育规律，进一步明确汉语言专业的培养目标，无疑是专业建设的一个重要课题。

确立一个专业的培养目标，有三个基本的依据：一是教育目的；二是社会的需求和社会所创造的条件；三是教育的内部规律。下面从这三个方面进行讨论。

一、教育目的

教育目的是教育科学中的一个根本性问题。《中国大百科全书·教育》（1985：172）把教育目的定义为："把受教育者培养成为一定社会需要的人的总要求。……它反映了一定社会对受教育者的要求，是教育工作的出发点和最终目标，也是确定教育内容、选择教育方法、检查和评价教育效果的根据。"

---

[1] 本文承刘珣、王旭东先生提出宝贵意见，特此致谢。

不同时代、不同社会制度、不同国家对教育目的的认识不同。新中国建立后，我国始终是以马克思关于人的全面发展学说作为构成我们制订社会主义教育目的的理论基础。（参看王坤庆，1996：237）具体一些说，我国始终把教育目的定位在使受教育者在德、智、体、美等方面全面发展上。事实上，把人的全面发展，或曰培养健全的人格作为教育的根本目的，已逐渐成为世界各国教育界的共识，只是内容（特别是德育的内容）不同。（参看中央教育科学研究所比较教育研究室，1989：111）

一个专业的培养目标是教育目的的具体化。毫无疑问，它应以教育目的为根本的指导原则。汉语言专业，是为外国人设立的本科专业。根据中国的国情，它在制订培养目标的原则上应当有别于为中国学生设立的各类本科专业，但是同为大学本科教育，它又与培养中国学生的本科专业的培养目标具有共性。这个共性就在于，教育是"培养人的事业"。高等教育是人生受教育的一个重要阶段，是人的人格、心理形成，以及生存、创造能力形成的至关重要的阶段。这一阶段教育的成败，将对受教育者的一生产生难以改变的影响。教育的这一性质或功能，不应因学习者的国籍和学习地点而不同。

因此，汉语言专业应当根据我国确定教育目的的基本出发点，参考世界教育目的的共性，制订专业培养目标。换句话说，汉语言专业虽然以外国学生为教育对象，但也应当跟培养中国学生一样，不仅要有智育目标，也要有德育、体育、美育目标，以促进学生的全面发展，培养其健全的人格。

基于上述考虑，对外国人的汉语言专业教育，同样要利用课堂教学、语言实践活动、参观访问和校园的文化环境等多种途径和方式，对学生进行思想品德、文化科学、身体、心理、审美、社会交往等各方面素质的教育，培养勤奋学习、工作和团结协作的精神，使他们成为能适应国际社会需要的高质量人才。

二、社会的需求和社会所创造的条件

专业培养目标的确定，还受到教育外部环境的制约。所谓教育外部环境，是指社会发展的状况。它主要从两个方面对人才培养产生影响：一是社会对人才规格的需求；一是为人才培养提供手段、环境。

"促进人的发展与促进社会的发展，是教育的两个不可分割的基本功能。"（潘懋元、王伟廉，1995：33）依据社会对人才规格的需要，培养适合社会发展的人才，是教育服务社会的主要方式。为此，高等学校必须根据社会对人才规格提出的新要求和社会给人才培养提供的新的条件、设备、手段，适时地调整相关专业的培养目标和培养手段。特别值得注意的是，教育是一种未来的事业，今天入学的本科生，要在四年后才会进入社会，接受社会的检验。因此专业培养目标必须具有前瞻性。下面从三个方面说明社会发展对汉语言专业的培养目标提出的新的要求：

第一，随着我国国际地位的提高和对外交流的日益扩大，汉语在国际交往中使用的领域大大拓宽了，国际社会对汉语人才的要求发生了很大的变化。过去的汉语人才大多只需满足语言交流（限于外交、政治领域的翻译）或为在中国境内学习其他专业做语言准备。现在随着我国跟世界各国及其各个领域的交流的不断发展，汉语的应用已不仅仅限于语言领域，而更多的是经济、文化、学术、旅游等方面。过去学生在学校得到的单纯的语言知识与技能，已不能满足国际交流的需要。现在国际社会需要的是比较全面地了解中国国情、文化和在此基础上对中国的某一领域（如经济、贸易、金融、旅游、法律等）有较深了解的汉语人才。

第二，冷战结束后，和平与发展逐渐成为国际形势发展的主流。世界上不同地区、不同社会制度国家之间的政治、经济、文化、学术交往在扩大、加深。为在交流中加深理解，提高合作的成功率，不但要求语言人才对目的语国家的国情和文化有较深的理解，同时对人才的综合素质也提出更高的要求，比如人的心理素质、审美素质、交往和协作的能力等。

第三，人们对 21 世纪世界将进入信息时代已经深信不疑。随着信息时代的临近，社会对与信息相关的知识和技能产生了特别突出的需求。汉语由于其独特的文字体系，在信息处理上需要某些特殊的技术手段。这就要求将来以汉语为工作语言的人，必须掌握一定的计算机技术和中文信息处理技术。可以预言，今天入学的汉语言专业的学生，如果毕业的时候还不会操作计算机，不会利用网络信息，恐怕很难得到理想的就业机会。国际社会的这些发展变化对汉语人才的素质和知识、能力结构提出了新的要求。汉语言专业的培养目标只有适应了这种要求，专业才可能健康发展。

三、教育的内部规律

基于以上考虑，汉语言（对外）专业的培养目标应当是：培养具有良好的思想品德素质、身体素质和审美素质，较好地掌握汉语知识和技能，对中国国情、文化以及相关领域的知识有较多的了解，能适应国际社会需要的全面发展的汉语人才。

从理论上确立了专业的培养目标，只是完成了制订目标的第一步。培养目标的真正确立，在于根据培养目标和教育规律，制订出能保证目标实现的教学计划。在教学计划中，上述培养目标可以分解为德育目标、智育目标、体育目标和美育目标。

智育永远是学校教育的主要内容。它的作用是向学生系统地传授专业知识和培养相关的专业技能。确定智力教育的内容，应以对培养目标的知识结构和能力结构进行科学的分析为前提。汉语言专业是以汉语的技能培养为主要教育目标的。其内容应当包括汉语基本的理论和知识，较高的汉语应用（听、说、读、写、译）能力。但是，依上所述，汉语言专业的智育，不应当仅仅局限于汉语的学习，还应当包括中国国情、中国文化知识、相关专业（如经济、贸易、法律、文学、历史、哲学等）的知识、计算机和中文信息处理知识及应用能力、其他外语等。

不必讳谈德育。"古今中外，任何一个国家的高等教育都包含着德育。"（潘懋元、王伟廉，1995：264）例如英国的"公民教育"、德国的"政治养成"、法国的"公民道德教育"。在美国，"道德"甚至被奉为"教育的最高目的"。（参看国家教委思想政治工作司，1995）

对外国留学生的德育（思想品德或人格的教育）确实是一个值得研究的新课题。它应当不同于对中国学生的德育。我们应当依据人的全面发展的原则，参考各国德育教育的内容，根据我国国情，对学生进行人类美德、法制方面的教育。另一方面，对外国学生的德育除开设少量的课程外，更要增强各种课程教师的德育意识，寓德育于智育、体育、美育之中。

体育、美育的内容，可以结合中国传统体育和中国文学、艺术教育进行。

特定专业的培养目标是通过课程实现的。"课程是指学校按照一定的教育目的所构建的各学科和各种教育、教学活动的系统"，"是实现教育目的的手段，居于教育事业的核心，是教育的心脏"。（潘懋元、王伟廉，1995：127-128）课程设置应当依据和反映教育目的和专业的培养目标。一方面，课程要能涵盖受教育者应当具备的知识结构、能力结构和素质要求，保证受教育者的全面发展；另一方面，一个专业的各种课程应当形成一个体系，成为一个统一的整体，使各门课程之间互相联系，互相衔接，互相促进，互相补充。汉语言专业的课程设计，应特别注意汉语课程和中国文化课程之间的互相促进，使之成为一个相得益彰的整体，使德育（如中国传统美德）、体育（如中国传统体育）、美育（如中国艺术欣赏），以至计算机课程（如中文信息处理）既借助于已学过的汉语知识、技能，又成为激励学生学习汉语的动力。

下面是根据上述思路草拟的汉语言专业的课程体系框架：

德育　中国传统美德

　　　比较德育

中国法制和法规

智育　汉语（理论、知识、技能）

中国国情（行政体制、人文地理、民俗等）

中国文化（哲学、历史、文学、文化传统等）

相关专业知识（经济、法律、旅游等）

计算机和中文信息处理基础

外语（第二、第三外语）

体育　中国传统体育

常规体育活动

美育　中国艺术欣赏

中国文学欣赏

名胜古迹欣赏

其他　汉语学习方法

心理咨询

在这种课程体系中，汉语，特别是汉语应用能力的培养仍然是汉语言专业占主导地位的课程。所不同的是，应当能体现当代国际社会对汉语人才的综合素质和知识、能力结构的要求。目前最需要解决的问题可能是：（1）各类课程的比例；（2）某些课程的建设，如德育课程、体育课程、计算机课程、外语课程、关于汉语学习方法的课程等。

四、小结

检讨以往汉语言专业的培养目标及其实施过程，可以看出，过去的培养目标一般都定位在"培养应用型汉语人才"上，教学计划和课程设置，都集中在语言教学和文化教学上。专业建设的研究被单纯的语言和文化教学研究所替代。应当明确，汉语言专业的建设跟对外汉语教学学科建设是两个不同的概念，分属于教育研究的两个不同的层次。

专业建设的研究应当在教育目的、教育规律的指导下，进行以下各方面的研究：（1）培养目标和教育、教学原则；（2）学生应具备的基础理论、基本知识、基本技能；（3）德育、体育、美育的内容和途径；（4）各种课程的设置、教材建设、师资建设、管理保证体系；等等。

对外汉语教学研究只涉及汉语言专业建设研究的一个方面。它讨论如何搞好汉语言专业智力教育的主要部分——汉语教学。尽管汉语教学是汉语言专业教育的基础和教授的主要内容，是专业建设要着重研究的方面，但是这不能用来代替专业建设的研究。

汉语言专业的建设，要把握教育的共性。语言教学有自己的特殊规律，但是作为大学本科教育，它与其他的大学本科专业也有共性。对汉语言专业的建设来说，语言教学是局部，培养全面发展的人是全局。不能以语言教学这一局部掩盖了本科教育的全局，不能只重语言、文化的教学，忽略本科教育的基本职能——全面发展的人的教育。

推而广之，在大学中进行的对外国人的汉语进修教育、汉语速成教育也都应树立"人的全面发展"的观念，提高"教育"的自觉性。这是大学教育跟语言培训的根本区别。

参考文献

巴拉诺夫等．教育学 [M]. 李子卓等译校．北京：人民教育出版社，1983.

博　克．美国高等教育 [M]. 乔佳义编译．北京：北京师范学院出版社，1991.

成有信、靳希斌．教育科学分支学科研究述略 [M]. 天津：天津教育出版社，1990.

国家教委思想政治工作司．比较思想政治教育学 [M]. 北京：高等教育出版社，1995.

李更新．关于汉语言专业建设的几个问题的思考 [J]. 世界汉语教学，1997（2）.

李　杨．中高级对外汉语教学论 [M]. 北京：北京大学出版社，1993.

李　杨．论汉语言专业设课问题 [J]. 世界汉语教学，1996（3）.

李　杨等．对外汉语教学课程研究 [M]. 北京：北京语言文化大学出版社，1997.

刘　珣等．对外汉语教学概论 [M]. 北京：北京语言文化大学出版社，1997.

柳中海等．高等学校教学概论 [M]. 济南：山东教育出版社，1995.

潘懋元、王伟廉．高等教育学 [M]. 福州：福建教育出版社，1995.

钱伯毅．大学教学论 [M]. 合肥：中国科技大学出版社，1991.

施光亨主编．对外汉语教学是一门新型的学科 [M]. 北京：北京语言学院出版社，1994.

泰　勒．课程与教学的基本原理 [M]. 施良方译．瞿葆奎校．北京：人民教育出版社，1994.

王坤庆．现代教育哲学 [M]. 武汉：华中师范大学出版社，1996.

王伟廉、邬大光．高等学校教学改革的理论研究 [M]. 昆明：云南教育出版社，1993.

中国大百科全书出版社编辑部．中国大百科全书·教育 [M]. 北京：中国大百科全书出版社，1985.

中央教育科学研究所比较教育研究室．世界教育思想发展探略 [M]. 贵阳：贵州人民出版社，1989.

佐藤正夫．教学论原理 [M]. 钟启泉译．北京：人民教育出版社，1996.

（原载于《语言教学与研究》1997 年第 4 期）

汉语教学的教学类型
（1998）

一、导言

在中国高等院校进行的对母语非汉语者的汉语教学一般称为对外汉语教学，本文简称"汉语教学"。教学类型是根据教学任务和形式区分的：根据教学任务，可以分为对汉语专业本科生的汉语教学、汉语进修生的教学；根据语言教学形式，可以分为一般的和强化的汉语教学；形式还可以根据教学周期划分，有四年制的本科生教学，有不同周期的短期语言教学。

一般把汉语教学分为七类：以汉语教育为基础的本科汉语教学、对研究生的汉语教学、汉语预备教学、计入学历的汉语进修教学、非学历的汉语进修教学、短期汉语教学、汉语速成教学。

在以上各类教学中，汉语教学并不都是教学对象所要学习的全部内容。比如对本科生的教学，还应教授德育、体育、美育的课程，在专业（智育）教学中，也包括非汉语课程，如文化课程、计算机课程等。这里主要讨论以上各类中的汉语教学。但以语言教学为主的教育活动跟学校其他课程和教育活动都有联系，所以下面的讨论有时也会涉及汉语教学以外的问题。

本文重点讨论汉语言专业教学、中国语言文化教学、短期汉语教学、汉语速成教学在教学对象、培养目标、课程设置、教学原则和方法等方面的特点，同时对其他类型语言教学的特点做概略的说明。讨论以北京语言文化大学的现状为基础，兼及笔者对各教学类型的看法。

二、本科专业的语言教学

2.1 汉语言专业和现代汉语专业

中国对外国人的汉语本科专业教育，始于 1976 年北京语言文化大学（原北京语言学院）设立对外国人的现代汉语专业。现在，这个专业定名为"汉语言（对外）"专业，有的学校仍沿用"现代汉语"的名称。为称说方便，下文把这两个不同名称的专业统称为"汉语言专业"。现在中国有多所高等院校设立了此类专业。

2.1.1 教学对象

教学对象为母语非汉语的、具有高中毕业以上学历或具有同等学力的外籍学生。学制四年。

2.1.2 培养目标

目标是培养具有良好品德、良好体质和审美素质，较好地掌握汉语知识、技能和中国国情、文化以及相关专业领域的知识，能适应国际社会需要的全面发展的汉语人才。

上述培养目标可以分解为德育目标、智育目标、体育目标和美育目标。汉语言专业的智力教育主要是进行汉语能力的培养。其内容应当包括教授汉语的基础理论和基本知识，培养较好的汉语应用能力。本专业的智育还包括中国国情，中国文化知识，相关专业（如经贸、文学、经济法）的知识，计算机知识和应用能力，第二、第三外语等。汉语言专业学生的德育（品德或人格的教育）应当依据全面发展的原则，对学生进行人类美德、法制方面的教育。体育、美育的内容，可以结合中国传统体育和中国文学、艺术教育进行。

2.1.3 课程设置

汉语言专业的课程体系应包括以下内容。

德育课程：中国传统美德、比较德育、中国法制和法规。

智育课程：（1）汉语课程。主要开设系列汉语课程，其课程有初、中、高级汉语综合课，汉语听、说、读、写分技能课以及报刊阅读课、新闻听力课、翻译课、古代汉语课等。汉语言专业根据各年级、各课程的教学实际开展实践活动，如组织学生参观、访问、观摩，举行汉语节目表演、朗诵比赛、作文比赛、翻译比赛、热门话题辩论等。在四年级还进行一周教学实习。（2）其他课程。中国国情（行政体制、人文地理、民俗）、中国文化（历史、文学、文化）、相关专业（经贸、政治、国际关系）知识、计算机和中文信息处理基础、外语（第二、第三外语）等。

体育课程：中国传统体育、常规体育活动。

美育课程：中国艺术欣赏、中国文学欣赏、名胜古迹欣赏。

其他课程：汉语学习方法、心理咨询。

汉语言专业的课程设计应当注意以下两点：（1）在这种课程体系中，汉语应用能力的培养是主要课程；（2）汉语课程和其他课程应当互相促进，成为相得益彰的整体。德育（如中华美德）、体育（如中华传统体育）、美育（如中国艺术欣赏），以至计算机课程（如中文信息处理）应既借助于已学过的汉语知识、能力，又成为激励学生学习汉语的动力。

2.1.4 教学原则

第一，本专业教学。一、二年级以汉语技能训练为中心，采取精讲多练的教学原则，努力提高学生综合运用汉语的能力；三、四年级逐步加入汉语理论、知识和其他知识性课程。

第二，技能课必须有技能训练标准。知识课的课堂教学既要传授知识，又要讲究教学方法，课堂上应有必要的提问，组织必要的课堂讨论，布置适当的课外作业，调动学生的学习积极性，使学生在接受知识的同时，促进口头、笔头表达能力的提高。

2.2 中国语言文化专业（语言文化专业）

在日益频繁的政治、经济、文化等方面的交往中，许多专家学者和国际汉语人才越来越多感到熟悉中国国情和中国文化的重要性，认为只有在掌握汉语技能的同时又对中国国情和文化有较深的理解的人才，才能较快适应不同领域的交往，提高合作的成功率。因此有的高等院校在现代汉语专业的课程中开设了有关中国国情和中国文化方面的课程，此后又有多所大学设立了"中国语言文化专业""语言文化专业"或类似的专业。为称说方便，下文统称为"语言文化专业"。

汉语言专业和语言文化专业都是以对外国人进行汉语教育为基础的专业，但是二者的侧重点有所不同。汉语言专业侧重于语言技能的培养和必要的汉语知识的学习，同时兼顾中国国情、中国文化和专业倾向（如经贸方向、文学方向）的教育；语言文化专业则在学生较好地掌握汉语技能的基础上，侧重对其进行中国国情和中国文化的教育。

2.2.1 教学对象

教学对象为在中国或境外接受过汉语技能训练，能通过汉语水平考试三级（相当于在汉语言专业受过一年基础汉语教育）或具有同等水平者。学制四年。

2.2.2 培养目标

语言文化专业的培养目标在指导原则上与汉语言专业相同，在智育方面，中国文化和中国国情课程占有较高的比例，以使学生成为德智体美全面发展的、具备良好汉语和中国文化基础的从事对华业务的实用人才，同时奠定继续攻读高级学位而成为从事与中国有关专业的专门人才的基础。

2.2.3 课程设置

本专业以中国文化和当代中国国情为课程主线，内容包括中国历史、哲学、文学、艺术、民俗、政治、经济、法律、商贸、外交等方面的内容。课程内容分为三类：（1）中国语言文学类，包括各领域名著选读、中国现当代文学、中国新闻（报刊、广播、电视）、汉语写作、文献探索、中文信息处理等；（2）中国传统文化知识类，包括中国历史、中国哲学、中国传统道德、中国思想史、中国文学史、中国艺术专题（书法、绘画、音乐）等；（3）中国国情类，包括邓小平理论、中国行政体系与运作、中国人文地理、中国经济概况、中国经济体制、中国企业管理、中国对外贸易、中国投资环境、中外合资企业、中国政法概况、中国涉外法规等。

2.2.4 教学原则

（1）一、二年级为基础教育阶段，在继续提高汉语技能的同时，进行实用性中国国情、文化知识的综合教育；（2）三、四年级集中进行专业教育，其中除约有三分之一的公共基础课要求全体必修外，其余课程以限选和任选形式开设，学生可根据自己择定的方向（如行政、外交、商务、文化交流等）来选修相应课程；（3）三、四年级教学中的有关课程，可以同实地考察、社会调查结合起来，以增强教学的生动性和实用性。

三、汉语进修教育

汉语进修教育可以分为：汉语预备教育、计入学历的汉语进修教育、非学历的汉语进修教育、短期汉语教育。由于短期汉语教育是我国汉语教学的主要形式，有必要做详细一点的说明，因此将设第四节专门讨论。其他三种教学类型，都与本科汉语教学有雷同之处，本节只做简单的说明。

3.1 汉语预备教育

3.1.1 教学对象

教学对象为准备在中国境内其他高等院校学习汉语以外专业（理、工、农、医及其他文科专业）的外国留学生。他们多为高中以上文化程度，没有学过汉语或所学甚少。

3.1.2 教学目标

目标是经过一年系统地学习，要求学生掌握《汉语水平等级标准和等级大纲（试行）》（以下简称《标准和大纲》）规定的甲、乙级汉字 1600 个，词 3028 个，语法项目 382 个；具备相关的听力和阅读能力，能就日常生活、社交进行简单交谈，能写简单的笔记和一般应用文。语言应用能力（听、说、读、写）可以基本满足在华日常生活需要，具备在中国各类文、理、工、农、医高等院校进行专业学习的基本能力。其中学习中医专业和非汉语类文科专业的留学生需要接受两年的汉语预备教育。

3.1.3 课程设置

课程包括初级汉语（综合课）、听力、阅读（第一学期为汉字读写）、口语、视听说课、初级写作。中医专业学生二年级开设中医汉语和古代汉语方面的课程。一年级主要是基础汉语基本技能的训练，二年级重点学习中医基本知识和训练与中医专业相关的汉语技能。

3.1.4 教学原则和教学方法

汉语预备教育的教学原则和教学方法原则上跟汉语言专业的基础阶段相同，特别强调把重点放在掌握基本的汉语知识和基本技能培养上，同时要通过教学使学生具有中国国情和跨文化交际的一般知识。有条件的情况下，教师可以通过阅读练习向学生介绍一些基本的专业词汇，为其今后入系学习打下基础。

3.2 计入学历的汉语进修教育

3.2.1 教学对象

教学对象为国外在学的本科生或硕士、博士研究生。经政府间交换或学校间协议，学生在华学习作为学生学历的一部分。学生的汉语水平不等。一般学习期限为一年，回到本校后汉语学习将计入学习年限和总学分。

3.2.2 教学目标

教学目标原则上与相应年级的汉语言专业或语言文化专业的本科生相同，同时参考学生原学校的要求。

3.2.3 课程设置

以汉语知识、技能和中国国情、文化知识为学习的主要内容。课程设置与相应年级的汉语言专业或语言文化专业的本科生相同。对于成班来华学习的学生，为适应原学校的教学计划，可开设部分对方要求开设的课程。

3.2.4 教学原则和教学方法

学生一般可插入相应水平的本科班学习，也可根据学生本校要求单独开班。教学原则和方法与汉语言专业或语言文化专业相应阶段相同。

3.3 非学历的汉语进修教育

3.3.1 教学对象

教学对象为具有高中以上学历、以学习汉语或提高汉语水平为目的的母语为非汉语的学习者。汉语水平不等，以居汉语言专业一、二年级水平者为多。学习周期为一年或一年以上。

3.3.2 教学目标

采取跟相应水平的汉语言专业和中国语言文化专业相应阶段相同的教学目标。以《标准和大纲》相应的等级标准为语言知识和技能的要求。

3.3.3 课程设置

相当于一年级水平的开设初级汉语综合课，听、说、读、写分技能课；相当于二年级或二年级以上水平的开设中级汉语综合课，听、说、读、写分技能课，报刊阅读、新闻听力、翻译、古代汉语，以及中国人文学科课程，如中国历史、文学、哲学、文化史、地理、经济等课程。另外还有参观、访问、汉语节目表演、朗诵比赛、热门话题辩论等教学实践活动。

3.3.4 教学原则和教学方法

与汉语言专业相应阶段的教学原则、方法相同。强调汉语应用能力的培养，教学以汉语技能训练为中心，努力提高学生综合运用汉语的能力。

3.4 对研究生的汉语教学

3.4.1 教学对象

这里讨论的研究生为已毕业于汉语言或中国语言文化本科专业并取得学士学位，或以同等学力的资格考入高等院校的母语为非汉语的研究生。由于各种原因，目前在我国攻读硕上学位的许多此类研究生并木都能真正达到在中国学习专业的相应的汉语知识和技能水平。对他们进行必要的汉语教育，是保证他们高质量地完成学业的重要措施。

3.4.2 教学目标

目标是在原有汉语知识和技能的基础上能较熟练地运用汉语进行专业学习，包括听讲、做笔记、读专业论文、用汉语进行专业写作、参加学术会议讨论等。语言知识和技能标准达到《标准和大纲》的七、八级。

3.4.3 课程设置

可考虑结合专业学习开设如下课程：专业汉语听和说、专业文献阅读（精读、泛读）、汉语修辞学和逻辑学、专业论文写作、中文信息处理等。

3.4.4 教学原则

应结合所学专业，系统提高汉语理论和知识水平，同时提高学生专业学习所需要的汉语应用能力。教学素材可以与专业学习相结合。

四、短期汉语教学

这里讨论的短期汉语教学，是指学习周期在 20 周以下的汉语进修教育。短期汉语教学虽属进修教学，但在教学对象、学生的学习目的、教学内容、教学原则、教学方法上都具有自己的特点。短期汉语教学是非学历汉语教育的一种。这是多数汉语教学机构采用的主要教学类型，估计占全部汉语教学的 50% 以上。因此，有必要特别提出说明。这里主要根据北京语言文化大学的情况加以说明。

4.1 教学对象

教学对象为参加短期学习的学生，成分比较复杂。从年龄上说，十几岁到五六十岁不等，多数在 20 到 40 岁之间；从学历上说，有高中毕业的，也有大学、研究生毕业的，也有在职的，还有退休的；从学习能力和态度来说，有的有较强的语言学习能力，有的（特别是年龄较大的）语言接受能力较差，有的有强烈的、明确的学习愿望，有的只是出于对中国的好感和兴趣。他们的学习目的也不尽相同。总的来说都是为了提高汉语水平，但具体说，目的又相去甚远：有的是为了求学，有的是把汉语学习作为本国大学或研究生汉语学习的一个阶段，有的是为了谋职，有的是受公司的派遣，准备接受重任，有的仅是为了加深对中国的了解，有的是与旅游相结合的，等等。从学习内容的要求来说，有的是为了提高汉语水平，进行对中国的研究，要求提高阅读能力；有的是为了同中国人打交道，要掌握相关专业的交际能力；有的是为了求职、晋升，要取得相应的水平证书或学习证明。

4.2 教学周期

根据学习者的要求，教学周期分为 4 周、8 周、10 周、12 周、20 周。周学时一般为 20 课时。

4.3 教学等级和各级教学目标

根据不同教学对象的汉语水平和学习目的，短期汉语教学可大体分为 A、B、C、D、E、F 六级。学生根据入学考试的水平，进入相应的级别学习。

A、B 级：A 级教学对象为从未学过汉语，B 级为所学汉语极少。B 级的教学目标是达到《汉语水平等级标准》的一级，即掌握甲级词 1033 个，甲级语法点 129 项；具备基本的汉语应用能力。

C、D 级：C 级教学对象为汉语水平和知识已达到上述 B 级教学目标的学习者。D 级的教学目标是达到《汉语水平等级标准》的二级，即掌握甲、乙级词共 3051 个，甲、乙级语法点共 252 项；具备一定的汉语应用能力。

E、F 级：E 级教学对象为汉语水平和知识已达到上述 D 级教学目标的学习者。F 级的教学目标是达到《汉语水平等级标准》的三级，即掌握甲、乙、丙级词共 5253 个，甲、乙、丙级语法点共 652 项；具备较好的汉语应用能力。

4.4 课程设置

A、B、C、D 级：必修课——汉语综合课、口语课、听力课、阅读课；选修课——汉字课、写作课。

E、F 级：必修课——口语课、读写课、听力课、视听说课、翻译课、汉语与文化、报刊阅读、中国文化常识、新闻听力；选修课——汉语正音、语法训练、应用文写作、商用口语初步、报刊语言基础、中国地理和历史、高级翻译、外贸口语、中国当代文学作品选读、古文选读、经济文选。

4.5 教学原则

短期汉语进修教学必须考虑三个方面的结合：一是根据各类学习者的共性，把教学基点定位在提高汉语的技能（听、说、读、写、译）水平，特别是提高汉语的应用能力上；二是针对学习者的不同需要，开设较大范围的选修课，或在课程内容上有较宽的覆盖面，尽量满足不同目的学生的需求；三是依据学习者的特殊要求，单独开设特殊目的班，如公司经理汉语培训、商务汉语培训、针对某大学特殊要求的课程等等。

五、汉语速成教学

5.1 汉语速成教学的性质

汉语速成教学，由于强化程度高，所以每个阶段学习的周期较短；一般都采取非学历教育的形式；集中于语言技能训练；在国内开展的历史还很短，所以人们有时把它跟短期汉语进修教学当成一回事。其实，我们这里所说的汉语速成教学跟短期汉语教学有着重要的区别。

汉语速成教学表现为学习者在相对短的时间内获得相对多的语言技能和知识，但这不是靠压缩学习时间实现的。如果简单地把一天上八节课改为四节课，或把四小时的学习内容压缩到两小时，未必能达到速成教学的效果。速成教学的原理是充分挖掘和利用教学过程的各个因素和过程本身的潜能，其中包括：学习者在学习动力和努力程度上的潜能、教授者在教学安排与教学方法方面的潜能、教学过程和学生学习顺序合理安排的潜能、课堂教学中的潜能、学习者课外时间安排的潜能、教材设计的潜能、教学管理中的潜能、学习环境中可利用的潜能。因此速成教学的设计要把遵循一般汉语教学规律和挖掘、利用各方面的潜能结合起来，发现和遵循汉语速成教学规律，建立优化的教学过程。

5.2 结合北京语言文化大学汉语速成学院的汉语速成教学情况做简要说明

5.2.1 教学对象

教学对象为年龄一般不超过 35 岁的母语为非汉语者，具有大学或大学以上文化程度，未学过汉语或未受过系统语言训练的汉语初学者，有明确的学习目的和强烈的学习愿望，愿意接受所规定的语言训练内容及方法。

5.2.2 培养目标

目标是使学生通过 20 周的强化训练，接近或达到国内基础汉语教学一学年所达到的汉语水平，即在语言知识和语言技能方面达到《标准和大纲》所规定的一级所达到的要求。

5.2.3 教学内容与教学标准

（1）教学内容：《标准和大纲》规定的甲级词 1033 个，乙级词 2018 个，合计 3051 个，要求学生至少接触 3000 个词，掌握 2500 个；掌握《标准和大纲》中甲级语法项目 129 项，乙级语法项目 123 项。

（2）语言能力：掌握粗听和细听的技能，能就日常生活、社交和学习者所从事的专业范围进行简单交谈；掌握精读和粗读的技能，能做简单的听课笔记，能写一般应用文，能听写已学的语句以及由此组成的较长语段。（以上各项技能标准从略）

（3）有关文化知识：具有语言交际所需要的文化知识，了解与中国有关的国情知识；针对社会文化差异在交际中可能遇到的困难，适当进行文化对比，介绍相关文化知识。

（4）汉语水平：学生可达到汉语水平考试（HSK）初等水平，根据学习情况，考试后可分别获取 C 级（三级）、B 级（四级）或 A 级（五级）的等级分数。

5.2.4 课程设置

（1）语言综合课：速成汉语，承担传授语言知识，全面训练听、说、读、写四项技能的任务。

（2）专项技能课：速成汉语口语、速成汉语听力、速成汉语阅读、速成汉语写作。

（3）其他课程：速成汉语与文化、速成行业汉语。

5.2.5 教学原则和教学方法（此为笔者另加）

（1）严格遵守教学程序。一般安排是：预习—答疑（学生预习时设教师答疑）—解释和初练学习难点（精读课）—重点项目练习（复练课）—复习和课外作业—交际运用（在课外所有场合使用汉语）—测试（每天听写）。

（2）每天的课程都有明确的语言教学项目，可根据具体情况确定（一般在 15~20 个语法、词汇或功能点）。

（3）贯彻精讲、少讲、多练的原则。课堂练习是否充分是速成教学成败的关键。教师要严格控制自己的教学行为，千方百计让学生多练，自己少说；教学安排要结构紧凑，保证练到、练熟本课要求掌握的语言点。

（4）对学生严格要求，不迁就，特别是要把测试作为提高学习积极性的重要杠杆。

（5）创造利于汉语习得的校园环境。学习环境是关系语言速成教学成败的基本条件，也是严格意义上的速成教学区别于普通语言教学的特征之一。良好的速成教学环境可以强化学习者的学习意识，也给学习者提供良好的习得语言的条件。

参考文献

北京语言学院外国人短期汉语进修部 . 短期对外汉语教学论文集（1978—1988）[G]. 1988.

北京语言文化大学汉语学院 . 汉语学院学生手册（1997.9—1998.7）[Z].1997.

北京语言学院教务处 . 北京语言学院教学计划汇编（试行）[G]. 1994.

崔永华 . 略论汉语速成教学的设计 [J]. 语言教学与研究，1996（2）.

崔永华 . 关于汉语言（对外）专业的培养目标 [J]. 语言教学与研究，1997（4）.

李更新 . 关于汉语言专业建设的几个问题的思考 [J]. 世界汉语教学，1997（2）.

李　杨 . 论汉语言专业设课问题 [J]. 世界汉语教学，1996（3）.

李　杨等 . 对外汉语教学课程研究 [M]. 北京：北京语言文化大学出版社，1997.

刘　珣 . 对外汉语教学概论 [M]. 北京：北京语言文化大学出版社，1997.

柳中海、林尚信 . 高等学校教学概论 [M]. 济南：山东教育出版社，1995.

钱伯毅 . 大学教学论 [M]. 北京：中国科技大学出版社，1991.

施光亨主编 . 对外汉语教学是一门新型的学科 [M]. 北京：北京语言学院出版社，1994.

（原载于《语言文字应用》1998 年第 2 期）

基础汉语教学模式的改革 [1]

（1999）

一、引言

这里说的"基础汉语教学"，相当于我国对外国留学生设立的汉语言专业一年级水平的汉语教学；"教学模式"，指课程的设置方式和教学的基本方法。如现在国内通行的基础汉语教学模式可以称作"分技能教学模式"，这种教学模式根据技能项目设置课程，教材采用结构—功能法安排，课堂教学采取交际法和听说法结合的方式。

本文拟从改革的必要性、现行模式分析（形成、特点、不足）、可借鉴的模式介绍和改革建议四个方面简单说明笔者的看法。

二、改革的必要性

当前，全国高校正在讨论和进行面向 21 世纪的教学内容和课程设置改革。对外汉语教学界对此反应甚微。这可能与对外汉语教学的教学对象和教学内容的特殊性有关。但是，面向新世纪，对外汉语教学有没有一个教学内容、课程设置、教学方法的改革问题？在笔者看来，回答应当是肯定的。理由至少有三。

理由一，目前我国广泛使用的对外汉语教学模式，是在 20 世纪 80 年代定型的。如吕必松（1993：205）所说："1980 年秋季，北京语言学院来华留学生一系开始了改革精读课、加强听力和阅读教学的实验。第一学期设精读课、听力理解和汉字读写三种课型，第二学期设精读课、听力理解、阅读理解三种课型。……这项实验中制订的课程设置计划和新编教材 [2] 后来在一部分教学班推广，一直延续至今。"从总体上看，这种模式反映的是 20 世纪 60—70 年代国际语言教学的认识水平。30 年来，国内外在语言学、第二语言教学、语言心理学、语言习得研究、语言认知研究等跟语言教学相关的领域中都取得了巨大的进步，研究和实验成果不可计数。但是由于种种原因，目前的教学模式对此吸收甚少。

理由二，30 年来，特别是近十年来，由于科学技术的飞速发展，人们的工作、学习、

---

[1] 本文在中国对外汉语教学学会第六次学术讨论会（大连，1998 年 7 月）上宣读。文中的一些看法从与陈贤纯、张朋朋等先生的讨论中得到启发。

[2] 鲁健骥主编的《初级汉语课本》系列教材。

生活环境发生了巨大的变化。处于为新世纪社会发展培养人才的高等教育领域，国内外大学都在探索适应 21 世纪的人才培养模式，进行教学内容和课程设置、教学方法改革的探索，作为高等教育一部分的对外汉语教学也应当适应社会的发展，应用社会发展所提供的新的教育思想、新技术、新手段。

理由三，迄今为止，我们对国外的第二语言教学的教学模式，特别是汉语作为第二语言的教学模式，了解太少。学界几乎难以回答下面的问题：目前国外除了我们的教学模式之外，还有没有其他的模式？有没有比我们更好的模式？如果有，是什么样的？我们的教学模式跟人家相比有什么优点，有什么缺点？我们曾经听到不少对我们的批评，但很少看到具体评价我们的教学模式（甚至教学）的不足的文章，也很少看到介绍国外汉语教学模式的文章。

从上述三方面的事实来看，我们目前使用的对外汉语教学模式在创立之初是一种进步，同时它在教学内容、课程设置、教学方法方面都经历了较长时间，积累了一定的经验。但是，另一方面，这种教学模式几乎封闭性地运行了十多年，在全球都在进行教学内容和课程设置、教学方法改革的今天，我们至少应当对它进行一次严肃的检讨。

三、现行模式分析

3.1 形成

1973 年以来[1]，我国基础汉语教学模式大致经历了下述变革过程：

（1）"讲练—复练"模式（1973—1980[2]）。这种模式可以《基础汉语课本》（李培元等，1980）的课程设置和教学方法为代表：每天四节课，前两节为讲练课，后两节为复练课。这一模式应属建立在结构主义语言学理论和行为主义心理学基础上的听说法的教学模式。

（2）"讲练—复练＋小四门"模式（1980—1986[3]）。在北京语言学院，这种模式是"讲练—复练"模式的发展，即在上述课程设置和教学方法的基础上，为应付学生刚到中国的急切需求，开设少量的实用口语课、听力课，稍后还开设了阅读课（包括文学阅读课、历史阅读课）、写作课。这一模式的产生有两个背景：一是受到国际上流行的功能法、交际法的影响；二是为了适应学生学习、生活和交际的需要。实际上这是由"讲

---

[1]　因来华留学生开始增多，北京语言学院 1973 年复校，故从此谈起。
[2]　此变化具体界限很难确定，其实是一个交叉、渐变的过程。
[3]　鲁健骥主编《初级汉语课本》系列教材于 1986 年开始出版，故以此为界。参看上文"理由一"。

练—复练"模式向"分技能教学"模式发展的中间状态。

（3）"分技能教学"模式（1986—现在[1]）。"分技能教学"模式是"讲练—复练＋小四门"模式的发展和完善。应当说，这是一种复合型模式。其构成包括听说法的遗留（精读课反映的）、功能法和交际法的影响（"小四门"反映的），以及中国对外汉语教学的实践经验（模式的构成方式）。这一模式带有一定的中国特色，与国外倾向于依赖单一的教学理论建立教学模式的做法很不相同。实践这一模式的代表性教材有两种：一是上述鲁健骥主编的《初级汉语课本》，包括精读课本、听力理解课本、汉字读写课本和阅读理解课本，授课方式为"精读＋精读＋听力＋汉字（阅读）"；二是以李德津、李更新主编的《现代汉语教程》为代表，包括读写课本、听力课本、说话课本，授课方式为"读写＋读写＋听力＋说话"。

分技能教学模式中的第一种已经运行了十多年，是目前国内各种类型的基础汉语教学中占主导地位的教学模式，各校的课程设置和授课方式大同小异。

3.2 特点

现行的分技能教学模式的具体操作特点可以概括如下：

特点一，以技能培养为教学目标。按照语言技能项目（听、说、读、写）分设课程。通行的课程设置为精读课（现在流行称综合课）、听力课、汉字课（第二学期改为阅读课）。各种课程都以技能训练为主要内容。说的训练通过精读课来解决，也有在后期开设实用口语课的。

特点二，教学单元以精读为核心。每个单元包括精读课两节、听力课一节、汉字课或阅读课一节。精读课的教学内容被假定为整个单元的共核。

特点三，在口语和书面语关系上，采取"语文并进"方式，以词汇为教学单位，词汇跟汉字同步学习。

特点四，设计这种教学模式的依据是，认为培养交际技能是语言教学的根本目的，并认为这种模式突出了语言技能的培养。

3.3 不足

在笔者看来，这种教学模式的不足至少可以从以下三点讨论：

第一，这种模式不利于学习者对语言项目的掌握。教学设计者希望每一个教学单元

---

[1] 编者注："现在"指本文写作年代，为避免误解，特此说明。

都以精读课的内容为共核，其他课程在对精读课的内容进行复练和巩固的基础上，发展到分技能的运用。但是迄今为止，还没有看到能够很好地体现共核的教材。特别是现在，除个别学校在固定使用完整的系列教材，多数学校都是多种教材搭配使用，各课型包含的内容差异越来越大，已远离了模式设计者的初衷（如"特点二"所说）。

从具体操作看，在一个教学单元中，精读课的内容包括 20 个左右的生词、2~3 个语法项目、100~200 字的课文。在打头的两节精读课中，只能对内容做一个介绍和初步的练习。学生并没有很好掌握，就要变换课型和教学内容（例如转入听力课），而第三节课的内容还没有练熟，学生又要转入第四节课的学习。频繁的转换分散了学生的注意力，使每一阶段的学习内容都没有达到应有的熟巧度。结果是学了半天，学习者经常感到没有明确的收获。

第二，按技能分课型，未必是学习语言技能的最佳途径。应当承认，课内外的专项技能训练，有助于对某些技能的掌握。但是，语言的各种技能是互相关联、协调发展的。各种技能很难截然分开培养。一个证据是，根据笔者的所见所闻，采用听说法培养出来的学生，语言技能方面未必比分技能课培养出来的学生差。另一方面，我们没有理由假设，学习者掌握语言技能的过程像课程设计的顺序那样，是由说到听，再由听到读写。

第三，从前文"理由二"所说的角度看，现行模式的一个重大的弱点是，它对近些年来语言学、教育学、心理学，包括对外汉语教学研究的新成果，反映甚微。

四、可借鉴的模式介绍

他山之石，可以攻玉。跟各领域的发展都需要了解国内外的信息、经验一样，对外汉语教学模式也应当借鉴、吸收国内外教学模式和相关领域的经验和成果。下面试举数例：

第一，美国明德暑期中文学校的教学模式[1]。这是一种强化教学的模式，适用于短期速成教学。它以听说法为基本依据，课堂教学采用"讲练—复练"模式，加上严格的操作程序和管理机制。其特点是坚持听说法教学，不赶时髦，也没有按技能分课型，但教学效率和效果得到广泛的认可。

第二，俄罗斯莫斯科大学亚非学院的汉语教学。根据笔者的理解，他们采用的是汉语言文学教育的思路。这种教学模式也不是单纯强调技能训练，而是技能和知识、理论并重，在注重开设技能训练课程的同时，还开设中国历史、哲学、文学、普通语言学、

---

[1] 笔者所熟悉的还是该校 1987 年采用的模式。据说现在还坚持着。也许他们已有所改变，不敢妄言。

汉语语言学等课程。这是一种适合于学历教育的模式。就我们见到的该校培养的学生来看，这种模式也很成功。

第三，张思中外语教学法。张思中是华东师范大学第一附属中学的外语教师。他经过几十年的实践和研究，创造了一种"简便、易学、快速、高效的外语教学法"，张思中把这种教学法概括为"适当集中、反复循环、阅读原著、因材施教"。根据《人民日报》（1996-3-22）介绍："张思中外语教学法的思路与目前通行的'听说领先''分散难点'等教学法不同。他首先教学生集中学习较多的单词，甚至学一册或两册教科书的所有词汇，粗通语法规则，再让学生阅读外文原著，教师做必要的辅导、讲解。这种大胆的、很多外语教师开始时难以接受的教学法，却产生了出人意料的效果。由于单词和语法现象的集中，外语发音、词义、构词的规律显现出来了，学习者可按规律去掌握、记忆，收到了化难为易、事半功倍的效果。这是目前通行的词汇、语法分散教学所不易取得的。""由于它的效果显著，目前全国已有上千所中小学应用，并在不断扩散。"

第四，先语后文、集中识字的实验。北京语言文化大学张朋朋老师最近应邀到瑞士苏黎世大学做汉字集中识字的教学实验。据张老师介绍，该校过去一直是采用"语文并进"的教学方式，由于汉字难认、难写，汉字的认读和书写使不少初学汉语的学生中途退学，或改学其他专业；另外，由于汉字挡道，增加了口语教学的难度，影响了初级阶段口语教学的进度。今年他们在第一学期采用"语文分开"的做法，其目的是想在教学初期，不使汉字成为口语教学的障碍，提高口语的教学效率。从效果上看，口语教学比较顺利，速度比往年快，学生口语能力也比往年强，而且学生基本上没有退学的。学生在初步掌握了汉语基本语法和1000个左右常用词，有了一定的口语基础之后，采用张老师的集中识字教学方法，仅在20天里，用20学时就学会了633个汉字，可以顺利阅读1000字左右的简单原文。实验是成功的。

第五，最近北京语言文化大学陈贤纯老师提出一个通过加快词汇教学速度，提高汉语学习效率的设想。基本想法是词汇量是制约语言应用能力的最重要因素；集中记忆生词可以有效利用记忆的心理规律和汉语词汇规律，大大加快学习生词的速度。设计者拟按每周学习250~300个生词的速度，迅速扩大学生的词汇量，大幅度提高汉语学习的速度。计划学生在两年内学习20000个生词（《汉语水平考试大纲》规定本科四年学习的总词汇量为8822个）。这种设想跟张思中外语教学法遥相呼应。

以上五种做法或设想，有的已被证明是成功的，有的正在实验，有的还仅是一种有待实验的设想，有的跟基础汉语教学直接相关，有的则有一定的距离。但是这些都应当对我们教学模式的改革有所启发。

五、改革建议

上面试图从社会发展、现行模式、国内外成功的和正在实验的教学思路三方面说明改革基础汉语教学模式的必要性和可能性。下面谈几点从中得到的启发：

第一，改革教学模式必须以转变观念为先导。当前，对外汉语教学界确实需要强化"改革开放"的观念。要改革就不能故步自封，停滞不前，排斥新思想。要跟上时代，就要开阔眼界，积极主动地学习国外的、国内的和相关学科、领域的经验、成果。

第二，要切实认识对外汉语教学学科的跨学科性质，要积极学习遵循相关学科的科学规律，吸收相关学科的新成果，特别是关注教育学、心理学和语言学相关的最新进展。改变多年来空喊跨学科，实际上不看、不吸收相邻学科理论和成果的现状。当前，人们对语言学习规律备感兴趣，认识到语言习得和认知规律对语言教学设计和教学方法至关重要，人们接受（习得）一种语言，总是遵循着某种顺序，这种顺序是不可改变的。这一现象说明，若干年来，人们没有发现这些程序，一直是在盲目地摸索。可是另一方面，对外汉语教学界对于心理学领域，包括汉语习得和汉语认知领域的研究成果基本处于漠不关心的状态。现在一些站在学科前沿的研究者在研究语言学习、语言习得问题，取得了令人振奋的成果，例如王建勤对"不"和"没"习得过程的研究、施家炜对 22 类现代汉语句式的习得顺序的研究。可惜的是，在当前的教材编写风潮中，对此还无人问津！另有汉字（习得）研究的成果、汉语认知研究的成果，也未看到被哪本新出的教材参考[1]。

第三，重视汉字教学，实行"先语后文，集中识字，先读后写"的教学程序。

汉语有很多特点。但是，对汉语教学来说，汉字是其最重要的特点。所谓汉语难学，主要是汉字难学。汉字难学，又难在写上。所以近两年，非汉字圈国家加大了对汉字教学研究的力度。

集中识字在中国人中获得成功，那么，外国人学汉语能不能也走这条路呢？有一种看法认为，不学汉字，就学不会汉语。非也。中国人都是在没学汉字的情况下，先学会说汉语的，不唯国人，任何民族都是如此。根据普遍语法的推测，第二语言学习者大致遵循着操目的语的本族人学习／习得该语言的过程。果真如此，外国人学汉语也有理由跟中国汉族人一样，先学听说（语文分开），再学认汉字（集中识字），再学写汉字（读写分开）。

这种三阶段教学的好处是：（1）便于利用汉字的规律；（2）符合汉字认知、学习的

---

[1]　也许是笔者未见到。

规律；（3）分解难点，易于取得进步，使学习者不断建立信心；（4）符合先易后难，循序渐进的教学原则。我们为什么不能试一试呢？

第四，实事求是，寻求最有效的教学方法。

明德暑期中文学校的汉语教学，启发我们考虑重新认识听说法。也许我们应当重新评价"讲练—复练＋小四门"的教学模式。这种模式的优点是每天、每课都有非常明确的目标，学习内容集中，强化训练，教师、学生都知道今天学什么，学生每天都有成就感，学得扎实；同时，又可以通过"小四门"，得到适当的技能强化和现学现卖的成就感。

莫斯科大学亚非学院的成功又启发我们，也许要重新考虑和正确处理语言知识、语言技能和语言能力的关系问题，我们的教学设计十多年来坚持的"技能至上"的原则，未必是培养语言能力的最佳选择。

六、结束语

对外汉语教学内容和课程设置的改革，应当是势在必行。本文只是在这种认识上谈一点不很成熟的粗浅看法，目的仅是为了打破在当前形势下不应有的沉寂，抛砖引玉，开阔一下思路，做些尝试，让对外汉语教学领域跟国内外其他教育领域一样，更新教育观念，改革教学内容和教学方法，以一个新的、富有时代精神的面貌，跨入 21 世纪。

参考文献

陈贤纯 . 我们能把汉语教得更好 [J]. 教学与科研（北京语言文化大学内部刊物），1998.

吕必松 . 对外汉语教学研究 [M]. 北京：北京语言学院出版社，1993.

潘仲茗、戴汝潜 . 现代小学识字教育科学化研究 [M]. 北京：北京科学技术出版社，1995.

张朋朋 . 苏黎世大学集中识字强化班教学总结（论文，待发表）[Z]. 1998.

张思中 . 张思中外语教学法 [M]. 上海：上海交通大学出版社，1996.

（原载于《世界汉语教学》1999 年第 1 期）

中英汉语本科学历教育比较
（2004）

一、两国入学汉语教学概况

中国大陆的留学生汉语本科学历教育一般称作"汉语言（对外）专业"。学制四年。按照传统的分法一年级为初级阶段，二年级为中级阶段，三、四年级为高级阶段。这从所使用的教材可以看出。[1]

英国的以汉语为主要内容的本科学历教育一般称作"中国研究专业"，英国伦敦大学亚非学院称为"BA Chinese（Modern and Classical）"，利兹大学称为"Modern Chinese Studies"，谢菲尔德大学称为"Chinese Studies（BA）"。[2]学制一般为四年，其中一年是在中国大陆或中国台湾的大学学习。从名称和课程设置来看，亚非学院的中文专业更接近于国内的汉语言专业。

在教学的具体操作，包括课程设置、课时、教材、授课方式等各方面，中英两国的各校之间也不尽相同。为便于把握，这里主要以北京语言大学的汉语言专业跟谢菲尔德大学的中国研究专业（Chinese Studies）为主做比较，兼顾其他大学的情况。

二、操作层面的比较

中英两国的大学在实施汉语学历教育的操作层面的不同可以简单归纳为表1：

表 1　中英汉语教学操作层面的比较（以北京语言大学和谢菲尔德大学为代表）

比较项目	中　国	英　国
教学大纲	各阶段均以语言项目（语音、语法、汉字、词汇、功能）为纲；三、四年级根据学生的语言水平，开设中国文化和国情知识课，包括外贸知识课	未见发表的教学大纲；基础阶段（一年级）跟国内相似，中高级阶段以中国国情、知识、文化课题为纲组织教学，适当进行语言知识讲授
课程设置	四年均以汉语课为主要教学内容，附以中国国情、文化知识内容，知识课根据学习者的汉语水平授课	语言课跟用英文讲授的中国国情、文化知识课各占一半左右，各校的中国国情、文化知识课根据在校教师专长设置，多用英文授课

---

[1] 例如一年级教材称"基础／初级汉语课本"，二年级教材称"中级汉语课本"，三、四年级教材称"高级汉语课本"。

[2] 以上三所英国大学的情况主要参考了三所学校的网页。分别为：伦敦大学亚非学院 http://www.soas.ac.uk/、利兹大学 http://www.leeds.ac.uk/、谢菲尔德大学 http://www.sheffield.ac.uk/。

续表

比较项目	中 国	英 国
语言课授课总学时	四年合计授课 2500 学时左右，其中包括 400 学时左右的中国知识课	四年合计授课 1500 学时左右，包括在中国大陆学习一年 750 学时左右；不包括用英文讲授的中国国情和文化等课程
语言课教材	各年级基本上都有固定的教材，因此，大部分教材缺少时效性	基础阶段（一年级）有固定语言教材；中高级阶段，一般无固定教材，以报刊和网上介绍中国现状和中国知识、文化的时文为教材，有较强的时效性
授课语言	以汉语为主	以英语为主
语言课授课方式	基础阶段以语法为线索，讲练结合；中高级阶段以词汇、语篇为线索，附以专题讨论、语言实践	初级阶段以语法为线索，讲练结合；中高级阶段以围绕专题学习、讨论为主，附以词汇和语法解释
技能目标	重视听说，要求听、说、读、写全面发展	强调读、听、译，也重视说、写
测试内容	各阶段均以测试语法、词汇项目为主要内容，听、说、读、写技能为测试指标，也倡导发表对事情的看法	基础阶段强调语言结构和中英对译；中高级阶段主要测试对汉语材料的理解和使用汉语表达对某事的看法，特别重视真实材料的中英对译

三、教学理念的比较

上面以两个学校为代表的操作层面所做的比较，大体上展示了两国在汉语教学理念上的一些差异。

第一，对专业的认识的差异。中国大学一般把汉语作为一个专业，比照国内的外语（如英语、日语等）专业。以学习汉语为纲，强调汉语技能的学习，文化和国情知识作为汉语学习的附庸，基本目标是培养能较流利地讲汉语的人才。其实，我们的汉语言专业跟其他外语专业有着本质的不同。中国的英语专业的全称是英国语言文学专业，从专业名称上看，就不完全是语言专业。除此之外，还设有思想教育课、体育课、第二外语、适应中国就业市场的相关英语课程等。所以，国内的外语专业，实际上已逐步转变为适应国内就业市场的外语人才培养的专业。就此而言，中国国内的英语专业跟英国的中文专业有较多的共性。英国的中文专业都不以汉语为唯一的学习内容，汉语是作为一种专业工具来学习，知识与语言并进，培养目标是能用汉语了解中国、认识（解释）中国的社会现象、能跟中国打交道或做与中国相关的研究的人才。

第二，语言教学内容的差异。国内汉语教学的传统是强调发音、语法、用词、书写的准确性，强调理解和表达的准确性，有明确的语言要素学习目标和技能、交际目标（参看国家对外汉语教学领导小组办公室，2002）。因此，从总体上说，本科毕业后，学生有较好的语言理解和表达能力。根据笔者的观察和参考的材料，英国的教学在运用语言的准确性和语法、技能方面的要求不如国内严格，本文在第四节有相关解释。英国汉语教学，注重使用汉语，要求学了就能用，特别强调用汉语做事中最重要的技能——读、听、译，即以培养理解能力为主。对说和写要求不高，把看懂、听懂作为基本的要求。这些从下面讨论的教学策略中关于教材、教学过程、测试方式的部分可以看得很清楚。

第三，语言教学策略的差异。根据笔者的体会，英国的汉语教学策略的特点是"在用中学"。特别是到了中高级阶段，更为注重在使用中学习汉语，即在运用语言做事（独立阅读文章、表述自己的真实看法）中，在学习、了解中国文化和国情知识的过程中学习语言。为了解中国而学习，在了解中国中学习，学生有求知和学习语言两个动力相互作用，相互促进，可以激发学生的探索精神，有利于培养分析事物和提高运用语言的能力。

这种思想可以从英国汉语教学操作层面的各个角度看出来。教材方面，中高级阶段的教材基本上是选自报刊和网络上的原文，材料的数量和难度都超过国内同等语言水平的学生。抛开政治立场不谈，教材有一定的思想深度。教学过程中，要求学生课前准备，学生课下需要用很多时间独立阅读、理解，这培养了他们独立阅读理解的能力；课堂讨论要学生在理解材料的基础上，自主发表自己真实的看法，学习如何表达自己的思想、观点。这是一种形成运用语言能力的教学策略，不仅涉及语言形式，也涉及了解内容、表达立场和观点的技巧和思维逻辑。测试中以听力、阅读和对译为主，主要也是考查理解能力，读书报告和毕业论文则是在独立阅读理解中、英文材料的基础上，发表自己的见解和看法。

国内的教学多年来一直强调实践性原则，不断努力缩小教材、课堂教学跟语言运用上的距离。2002 年公布的《高等学校外国留学生汉语言专业教学大纲》对本科专业明确提出了具体的要求："1.具备扎实的汉语言语能力与言语交际能力；2.掌握系统的汉语基础理论与基本知识；3.掌握基本的中国人文知识，熟悉中国国情和社会文化；4.掌握文献检索、资料查询的基本方法，具有初步的科学研究与实际工作能力。"这里既提出了语言技能和知识的要求，也提出了语言运用的要求。但是在教学的实际操作中，对于后者缺少实践——教材和课堂教学的出发点还是以语言能力培养为主，缺少运用语言做实事的训练。因此培养的学生往往是学习成绩不错，但是就业能力较低。根本的原因，就是对在运用语言中学会使用语言，这个实践性原则的根本，缺少把握的能力。简言之，实践性原则强调的语言技能的培养，还是对语言教学说的，还是局限于教语言，跟"在用中学"有着本质的差别。

四、产生上述差别的社会原因

教育的产生、发展都是跟社会环境、社会需求密切联系的。中英两国汉语教学中产生上述差别的一个基本原因是社会环境的不同。英国的汉语教学面向一个特定的社会，这个社会对汉语人才有特定的规格要求。学校培养出来的汉语人才，只有适应了这种要求，才有就业或升学的出路。

国内《高等学校外国留学生汉语言专业教学大纲》规定的培养目标是"适应现代国际社会需要，具备良好的综合素质、全面发展的汉语专门人才"。坦率地说这种人才到底是什么样的，很难说清楚。特别是不同国家，对汉语人才的要求实际上是不一样的。这也是国内汉语教学操作的难处之所在，所以只能定一个比较宽泛的目标。目标宽泛，培养途径也就不容易明确。但是抓住语言技能培养是没有错的。

两国在操作层面上的差异也跟社会环境有关。国内有良好的目的语环境，这是语言技能培养的一个优越条件。对比之下，英国的中文专业由于缺少沉浸在目的语的条件，基本用英语授课，也是社会条件所致。对培养语言能力来说，这是个难以克服的缺憾。尽管其中有一年在中国大陆或中国台湾的学习有所补益。但是另一方面用汉语授课跟用英语授课也各有优势。完全排斥外语未必是最好的教学方法。特别是用学生的母语讲授目的语的社会文化背景并进行深层次的讨论，与用结结巴巴的目的语授课相比，对学生理解目的语国家的国情和文化，不但事半功倍，而且是一种有深度的教育。比较起来，国内汉语言专业的国情和文化知识课，常常由于学生的语言水平，只能有个表层的介绍。但是限于主客观条件，又不可能采用学生的目的语授课。这对真正实现我们的培养目标来说，也是一个操作上的阻力。这也是社会条件对教育的影响和制约。

如前所说，产生上述差别不只是社会环境这一个原因，语言教育理念、教学流派的影响、教育发展水平也是产生差异的原因。尽管这些理念、思想和教育发展水平也是受社会制约的。

五、几点启发

通过上面的分析，笔者得到下面几点启发：

第一，国内的汉语教学，需要进一步明确具体的培养目标，使之尽量适合国际人才市场的需要。如前所说，这有难度，但不是没有努力的余地。特别是要纠正只强调语言教学目标，忽略实际运用语言做事（比如做调查、做研究、做市场）的训练，忽略培养理解真实的汉语材料（文字、音像），用汉语表达自己的真实思想、看法、观点的能力。如果在中国读了四年汉语专业，还看不懂《人民日报》，看不懂电视新闻，听不懂电台广播，不会就某个问题做研究，不会把自己的看法有逻辑地表达出来[1]，就不能说我们的教学是成功的。

第二，要改变教学理念，把"在用中学"作为基本的教学策略，把培养学生用汉语做事列入培养能力的目标，着力培养"用语言做事"的能力。目前我国英语教学界流行的任务型教学法，贯彻了这样一种理念，值得我们学习。"这种（任务型教学法）通过让学生做语言任务来习得语言的模式既符合语言习得规律，又极大地调动了学习积极性，并且有极强的实践操作性，因此很受教师和学生的欢迎，以至于'20世纪末、21世纪初在应用语言学上可被称为任务年代'……"（参看周淑清，2004）国内的对外汉语教学应当尽快走出二十世纪七八十年代的情景法甚至更早的结构法、直接法的阶段，关注和学习新的语言教学理论和方法，从国外汉语教学和国内外外语教学中学习，改进我们的教学。

第三，对外汉语教学特别是汉语学历教育，必须从教育的高度，而不仅仅是语言教学的角度来认识和操作语言教学。把自己局限在语言学和语言教学法的小天地里，只根据国内对外汉语教学的实践、经验和理论来设计教学，特别是学历教育，必定要限制对外汉语教学发展，限制汉语人才的培养。应当从教育即人才的培养高度来设计教学，不但强调语言技能的培养，也要重视学生的全面发展，培养学生分析问题的能力、适应就业市场的能力。有的学校本科教育忽略留学生计算机能力的培养，就落后于时代的要求。

第四，语言教学或语言教育不只是一种模式。了解国内外不同的外语、汉语教学的模式和方法有利于汉语教学、教育的发展。学历教育是这样，非学历教育也是这样。比如各类汉语进修教育、短期教学、速成教学、教师培训等各国都有不同的办学和教学模式，应当互相学习，取长补短，才能不断提高水平。

参考文献

国家对外汉语教学领导小组办公室. 高等学校外国留学生汉语言专业教学大纲 [Z]. 北京：北京语言文
　　化大学出版社，2002.
周淑清. 初中英语教学模式研究 [M]. 北京：北京语言大学出版社，2004.

（原载于《海外华文教育》2004年第2期）

---

[1] 有准备的汉语辩论会之类的表现应当排除在外。

试论语言教学的内容 [1]
（2008）

一、语言教学的内容

教学内容是语言教学的基本问题之一。

人们对语言教学内容的认识是在不断发展的。大体上说，语法翻译法强调语法规则、词汇和翻译技巧的教学；听说法强调言语技能和相关的语法、词汇、语音的教学；交际法强调交际功能项目和就相关话题进行交际的能力。20世纪80年代起，人们开始认为目的语文化和跨文化交际能力应当属于语言教学的范围。近些年，人们逐步把学习策略和情感态度也列为语言教学的内容。

汉语教学界对汉语教学内容的认识也大致遵循世界语言教学内容发展的轨迹：初创期 [2]（1950—1961）主要模仿语法翻译法，偏重语言知识的教学；巩固期（1962—1966）和恢复期（1972—1977）重视"知识＋技能"；发展期（20世纪80年代）转变为"技能＋知识"；深入发展期（20世纪90年代）提倡"技能＋知识＋功能＋文化"，特别提出了影响至今的"结构—功能—文化相结合"的教学思路；21世纪初的今天，则发展为"技能＋知识＋功能＋文化（＋学习策略 [3]）"。当然，对阶段的具体划分和内容的描述，尚需做深入的探讨，趋势如此。

为什么人们对教学内容会有不同的认识？教育学认为："教学内容是指为了实现教学目标，要求学习者系统学习的知识、技能和行为规范的总和。"（参看何克抗，2002）也就是说，教学内容是由教学目标决定的。语言教学内容的变化，也是由人们对语言教学目标认识的发展而产生的。近百年来，随着对语言能力认识的发展，人们对语言的认识，进而对语言教学目标的认识有了多次飞跃。例如，语法翻译法强调掌握外语知识和语言之间的转换能力，听说法强调熟练掌握外语的听说能力，交际法强调掌握实际交际能力。不同的教学目标，决定了教学内容的不同。

下面两表是对上述发展情况的简要归纳。

---

[1] 本文曾于2007年12月在由北京语言大学对外汉语研究中心举办的"第四届对外汉语国际学术研讨会暨《世界汉语教学》创刊20周年学术研讨会"上宣读。

[2] 这里的分期和对教学内容的描述，以及表1、表2的归纳主要参考了吕必松（1990），刘珣（2000），赵贤州、陆有仪（1996），崔永华（2005）。内容经过笔者归纳，如有偏差，属笔者归纳不当。

[3] 加括号是表示：已经开始提出，但是实际上还没有实施。

表 1　不同教学法流派的教学目标和教学内容比较

教学法流派	教学目标	教学内容
语法翻译法	教养、语言理解	知识（语法、词汇、语音）、技能（包括翻译技巧）
听说法	熟练掌握听说技能	技能（听说为主）、知识（语法、词汇、语音）
交际法	进行有效的交际	功能、话题、表达方式、知识
当代教学思想 [1]	综合语言运用能力	技能、知识、态度、学习策略、跨文化交际能力

表 2　汉语教学不同时期的教学目标和教学内容比较 [2]

大致时段	教学内容
20 世纪 50—70 年代	知识、技能
20 世纪 80 年代	技能、知识
20 世纪 90 年代	技能、知识、功能、文化
21 世纪初	技能、知识、功能、文化（、学习策略）[3]

二、国内外语言教学界对语言教学内容的新认识

　　21 世纪以来，国内外语言教学界发布了一些新的教学标准，编写出版了一些新的教材和新的教学法著述，提出对语言教学的目标的新认识，相应地，对语言教学的内容也有了新的认识和规定。

2.1 语言教学的目标

　　中国《义务教育英语课程标准》把英语教学的目标表述为："基础教育阶段英语课程的总体目标是培养学生的综合语言运用能力。"美国《21 世纪外语学习标准》（以下简称"美国标准"）认为 [4]："交际，或者说是用英语以外的语言交际是第二语言学习的核心。"《欧洲语言共同参考框架：学习、教学、评估》（以下简称"欧洲框架"）认为学习语言的目的是："能够用所学外语在目的语国家应对日常生活；能够为在自己国家居住的外国人提供生活上的帮助；能够用所学外语同目的语国家的青年人和成年人交流信息、表达思想、传递感情；能够更好地理解其他国家人民的生活方式、思维方

---

[1] "当代教学思想"指 20 世纪末、21 世纪初国内外语言教学文献和教材、著述倡导的语言教学理念，这些理念体现在中华人民共和国教育部（2001）、理查德等（2001）、理查德（2003）、美国《21 世纪外语学习标准》（1999）、欧洲理事会文化合作教育委员会《欧洲语言共同参考框架：学习、教学、评估》（2001）等文献中。对此，第二节还将提及。

[2] 这里反映的主要是北京语言大学（前身为北京语言学院）的大致情况。

[3] 括号表示已有提及，但缺乏研究和实践。

[4] 下文对"美国标准""欧洲框架"中部分内容的中文翻译，参考了别人尚未发表的译本，特此说明并致谢。

式和他们的文化传统。"著名语言教学专家理查德等编写的《剑桥国际英语教程》（第三版）说："本套教材的编写理念是多种技能综合培养，最终目标是培养语言交际能力。"

各种标准都对语言教学目标有或详或略的说明。根据我们的理解，这些不同的表述包含着一个相同的观念，这可以以《义务教育英语课程标准》的表述"培养综合语言运用能力"为代表。之所以如此，是因为它把当代语言学习和语言教学的目标跟交际法的教学目标（所谓"培养交际能力"）区分开来，比较好地概括出了当代人们对语言教学目标的认识。这从表1可以看得很清楚。

2.2 语言教学的内容

如前所说，教学内容是指为了实现教学目标，要求学习者系统学习的知识、技能和行为规范的总和。由此，各种新的教学标准也对为达到教学目标学习者应当掌握的知识、能力和行为规范等做了不同层次的说明。"美国标准"以"5C"（交际 communication、文化 cultures、贯通 connections、比较 comparisons、社区 communities）为纲，提出 11 条标准，对每条标准又做出了具体的规定，并把与之相关的内容用下面的"课程内容交织图"（the weave of curricular elements）表示出来。

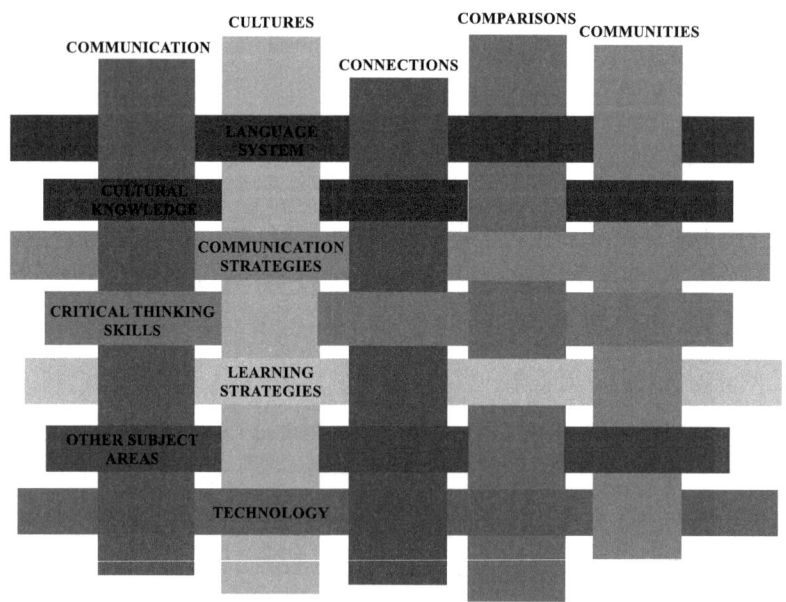

图1 "美国标准"中的"课程内容交织图"

由图1可以看到，"美国标准"认为，语言教学所涉及的内容包括：语言系统、文化知识、交际策略、批判性思维、学习策略、其他领域和科学技术。

　　"欧洲框架"认为，语言能力（the user/learner's competences）由以下因素参与构成："（1）个人的综合能力：知识、技能、精神境界、学习能力；（2）语言交际能力：语言能力、社会语言能力、语用能力；（3）语言活动：输入、输出、互动和中介（口／笔译）；（4）领域：公共领域、职场领域、教育领域和个人领域。"在列出这些内容之后，"欧洲框架"指出："假定上述强调的各个因素在任何形式的语言使用和语言学习中都是相互关联的话，那么，任何语言教学也必定以某种方式涉及这些因素，如策略、任务、文本、个人能力、语言交际能力、语言活动和领域等。"

　　《义务教育英语课程标准》认为，综合语言运用能力是由五个方面的能力构成的。其中每个能力又包含若干方面的能力。具体说明如下："基础教育阶段英语课程的总体目标是培养学生的综合语言运用能力。综合语言运用能力的形成建立在学生语言技能、语言知识、文化意识、情感态度和学习策略等素养整体发展的基础上。语言技能和语言知识是综合语言运用能力的基础，文化意识是得体运用语言的保证，情感态度是影响学生学习和发展的重要因素，学习策略是提高学习效率、发展自主学习能力的保证。这五个方面共同促进综合语言运用能力的形成。"

　　五个方面的进一步的内容图示如下：

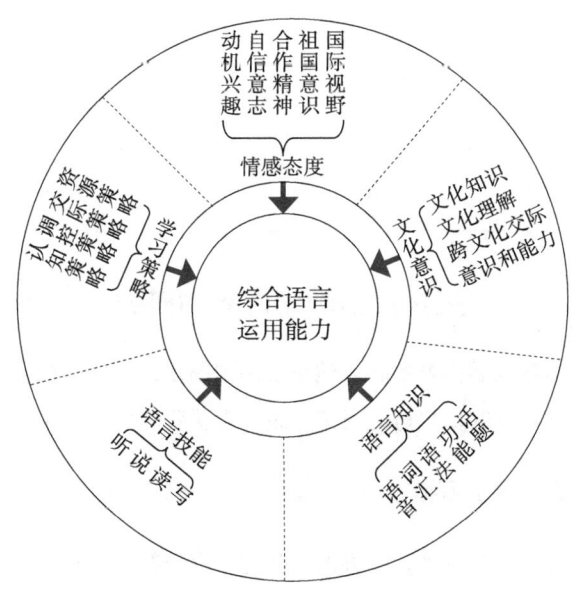

图 2　综合语言运用能力构成图

　　尽管上述三个标准对语言教学内容的具体描述的角度和分类不同，但是对教学内容的总体范围（具体教学内容的总和）的认识方向大体上是一致的。[1]

为了理解和说明的方便，我们还是把《义务教育英语课程标准》作为对当代语言教学内容规定的代表。这是因为：（1）《义务教育英语课程标准》的分类和描述更符合国人的思维方式；（2）这种描述方式也体现了教育学对教学内容描述的框架。教育学常常把美国教育心理学家加涅（R. M. Gagné）对学习结果的分类作为分析学习内容的框架。加涅把学习结果分为五大类，即言语信息（verbal information）、认知策略（cognitive strategy）、智力技能（intellectual skills）、动作技能（motor skills）、态度（attitude）。《义务教育英语课程标准》中的语言知识、文化知识大致相当于言语信息，语言技能跨智力技能和动作技能两类，学习策略和情感态度分别跟认知策略和态度大致对应。这种分类便于对教学目标的描述和教学方法的选择。表 3 说明了语言教学内容的分类跟加涅的学习结果分类、教学目标分类和教学方法分类的关系。

表 3　语言教学内容分类跟学习结果、教学目标和教学方法分类的关系

五种学习结果	语言教学内容	教学目标分类	相关的教学方法
言语信息	语言知识 文化知识	认知领域	讲授法 演示法 讨论法 练习法
认知策略	学习策略	认知领域	讲授法 演示法 讨论法 练习法
智力技能	语言技能	认知领域	讲授法 演示法 讨论法 练习法
动作技能	语言技能	技能领域	示范—模仿法 练习—反馈法
态度	态度情感	态度	直接强化法 间接强化法

三、汉语教学内容的研究

如果上面关于语言教学内容的新认识是正确的的话，那么不难看出，汉语教学领域目前通行的关于教学内容的认识与此尚有差距，需要我们从以下几个方面加以改进：

3.1 重新认识汉语教学目标

自从受到交际法的影响以来，一方面，我们一直把教学目标表述为"培养汉语交际

---

[1]《剑桥国际英语教程》（第三版）说："当今社会需要综合能力强的复合型人才，而英语水平应该是建立在听说读写综合能力基础之上的。本套教程的教学大纲将语言技能、语言知识、文化意识等要素有机地结合起来，相互促进、循序渐进，帮助学生最终实现交际目的。"录此供参考。

能力"，但是在实际操作（例如大多数基础汉语教材）中，基本上还是以听说法的技能培养为主导，特别强调听说技能的培养。学界广为提倡的"精讲多练"的教学原则，也正是为这种教学目标服务的。另一方面，随着国内外语言教学领域对语言教学内容认识的发展，结合汉语教学的实践和理论探索，国内外汉语教学界也在不断调整教学目标和内容，例如 20 世纪 80 年代后期开始提倡的"结构—功能—文化相结合"的教学思路在国内外一直有很大的影响。但是，从大多数教材和教学实践来看，仍然是以汉语知识学习支持的技能培养为重心。我们认为，如果用"培养综合语言运用能力"来概括总体目标，参考"欧洲框架"对语言教学目标的描述（见前文 2.1）来说明其内涵，可以帮助我们明确汉语教学的总体目标。在此总体目标下选择的教学内容和相应的教学策略，将会使汉语教学的学科建设和教学实践水平产生一个飞跃。

3.2 重新认识汉语教学内容

自 20 世纪 60 年代始，我们一直强调技能培养，强调语言知识学习是为技能培养服务的。在国内外语言教学理论发展的推动下，我们逐渐把文化教学、跨文化交际教学的思想吸收进教学内容中来。近些年，在国内外语言教学发展以及汉语习得和认知研究的推动下，学界也开始探讨学习策略的培养问题。值得关注的是，据笔者所知，我国相关部门正在制订的新的对外汉语教学大纲，也采用了接近《义务教育英语课程标准》的教学目标和教学内容的表述方式。但是从目前出版的汉语教材和发表的相关研究成果来看，其包含的内容仍然有较大的局限，特别是跨文化交际的内容含量不足，汉语学习策略和情感态度的内容更是罕见。因此需要我们扩大视野，进一步认识培养综合语言运用能力所需要的教学内容。

3.3 加强汉语教学内容的研究

正确认识和选择教学内容，是实现教学目标的基本保证。所以，多年来，对外汉语教学一直强调教学内容的研究，即解决"教什么"的问题。由于对语言教学目标认识的缺失，以往存在的主要问题是把汉语教学内容的研究局限于汉语知识（语法、语音、汉字、词汇）的研究，有时甚至在某种程度上以汉语本体研究代替汉语教学内容的研究，忽视教学内容的其他方面的研究。

我们认为，关于汉语教学内容，今后需要加强以下三个层次的研究：在汉语知识方面，加强跟语言教学关系密切的汉语功能和话题的系统研究；在汉语技能方面，加强听力技能、口语技能、阅读技能、写作技能的系统研究；在教学内容的其他方面，加强跨文化交际能力、学习策略、情感态度的系统研究。这里突出"系统研究",是想强调各方面的研究不应只是现在流行的举例式的"提及",而是要尽量穷尽地列举相关教学内容的条目,在相关理论的指导下加以梳理,建立相关的知识、技能、规范的体系,进而从中分析出针对不同教学对象、不同教学阶段、不同教学目的的教学内容的范围。在这一点上,上面反复提到的三个教学标准在不同方面给我们提供了启发和参考,例如《义务教育英语课程标准》提出的不同级别的"内容标准","美国标准"提供的说明汉语学习 11 条标准的具体"样例","欧洲框架"提供的"各国家社会文化与众不同之处""交际领域"和各项详尽的技能标准等等。只有对各方面的教学内容有明确的认识,像我们的语法教学那样,有成熟的教学体系和明确的教学点,培养综合语言运用能力的教材和教学实践才能有的放矢,避免内容选择的盲目性、随意性和缺失,保证教学目标的实现。

四、小结

语言教学内容是汉语教学学科的基本问题之一。因为它是语言教学目标的具体体现,也是制订教学策略、进行教学评价的基本依据。汉语教学内容的研究需要走出汉语本体研究的局限,遵循教育的普遍规律,遵循语言教学的普遍原则,在明确教学目标的前提下,全面地认识和系统地研究教学内容的各个方面。如此才能真正把汉语教得更好、更快,也才能缩小跟国际语言教学理论和实践的差距。

参考文献

崔永华 . 二十年来对外汉语教学研究热点回顾 [J]. 语言文字应用,2005(1).

国家对外汉语教学领导小组办公室 . 高等学校外国留学生汉语言专业教学大纲 [Z]. 北京:北京语言大学出版社,2002.

何克抗等 . 教学系统设计 [M]. 北京:北京师范大学出版社,2002.

加　涅 . 学习的条件和教学论 [M]. 皮连生等译 . 上海:华东师范大学出版社,1999.

加　涅等 . 教学设计原理 [M]. 皮连生、庞维国等译 . 上海:华东师范大学出版社,1999.

教育部高等教育司 . 大学英语课程教学要求 [Z]. 上海:上海外语教育出版社,2007.

理查德 . 英语教学三十年之回顾 [J/OL]. 尤菊芳译 . 百度文库,2003.

理查德等 . 剑桥国际英语教程 [M]. 北京:外语教学与研究出版社,2001.

刘　珣 . 对外汉语教育学引论 [M]. 北京:北京语言文化大学出版社,2000.

吕必松 . 对外汉语教学发展概要 [M]. 北京:北京语言学院出版社,1990.

赵贤州、陆有仪 . 对外汉语教学通论 [M]. 上海:上海外语教育出版社,1996.

中华人民共和国教育部 . 义务教育英语课程标准 [S]. 北京：北京师范大学出版社，2001.

American Council on the Teaching of Foreign Languages. *Standards for Foreign Language Learning in the 21st Century*（21 世纪外语学习标准）[S]. Yonkers, NY: American Council on the Teaching of Foreign Languages, Inc., 1999.

Council of Europe. *Common European Framework of Reference for Languages: Learning, Teaching, Assessment*（欧洲语言共同参考框架：学习、教学、评估）[S]. London: Cambridge University Press, 2001.

（原载于北京语言大学对外汉语研究中心编《走向世界的汉语教学探索：第四届对外汉语国际学术研讨会论文集》，外语教学与研究出版社，2008 年）

美国小学汉语沉浸式教学的发展、特点和问题 [1]（2017）

一、引言

沉浸式教学（immersion programs）又叫双语教学或双语教育（bilingual educa-tion），《朗文语言教学与应用语言学词典》解释为："在学校里运用第二语言或外语教学知识性科目。"（Richards & Schmidt，1992/2005：66）。柯顿等（2011）认为："沉浸式项目中，教学的重点是各科目的内容（社会学、科学、数学、语言艺术、健康、艺术、音乐），而第二语言则是教这些科目所用的工具。"[2]

本文讨论的美国小学汉语沉浸式教学[3]正是这样一种教学项目，即在小学[4]中用英语和汉语两种语言教授全部课程（包括语文、数学、科学、社会学）。在犹他州相关的沉浸式项目[5]中：（1）用汉语教授的课程和用英语教授的课程各占50%；（2）用汉语教授的课程包括数学（20%）、学科课程（15%）、汉语语文课（15%）；（3）用英语教授的课程包括英语语文课（35%）、数学和学科课程（15%）。

但是，美国不同地区、不同学校英汉两种语言的授课时间比例不尽相同。表1显示了2013年美国各沉浸式项目授课语言的时间比例（参看梁德惠，2014：122）。

表1 汉语沉浸式项目时间比例表

汉/英课时比例	学校数	百分比
90:10	34	22.97%
85:15	1	0.68%
80:20	15	10.13%
75:25	2	1.35%

[1] 本研究得到北京语言大学校级科研项目（中央高校基本科研业务费专项资金）资助，项目编号为13GH02。衷心感谢 Sandy Talbot、Myriam Met、赫德、沈茵、连鹭役、郝运等各位老师，以及犹他州、明尼苏达州、俄勒冈州的相关老师和管理者，他们的热情帮助使笔者了解了很多关于美国小学汉语沉浸项目的相关信息。衷心感谢《世界汉语教学》匿名审稿专家对本文提出宝贵的修改意见，使文章避免了不少谬误，笔者受益匪浅。

[2] 王斌华（2003）罗列了国内外学者的若干定义，可以参考。

[3] 为称说简洁，下文把"汉语作为第二语言教学"简称为"汉语教学"，把"美国小学汉语沉浸式教学/项目"简称为"汉语沉浸式教学/项目"，请注意其与"沉浸式汉语教学"的区别。请看看4.1。

[4] 很多学校包括幼儿园。

[5] 参看 http://www.utahchinesedli.org/。

续表

汉 / 英课时比例	学校数	百分比
70:30	2	1.35%
67:33	1	0.68%
65:35	1	0.68%
60:40	2	1.35%
50:50	90	60.81%
总计	148	100.00%

从表 1 可以看出，2013 年，汉语沉浸式项目中，60% 的学校采用汉英各半的授课方式，35% 的学校，汉语授课的时间在 75% 以上。限于笔者的考察范围，下文的讨论以 50% 汉语沉浸式为主要参照点。

二、汉语沉浸式教学的发展

根据有关资料，美国的第一个汉语沉浸式项目 1981 年建于旧金山的 Chinese American International School。1991 年加州爱莫利维尔市 Pacific Rim International School 开始了第二个项目。从 1981 年到 2006 年共建立了 25 个项目。2007 年后，此类项目开始了比较快的发展。表 2 显示了这种发展的情况。

表 2　汉语沉浸式项目发展情况 [1]

学　年	总　数	年增长数
2006—2007	25	5
2007—2008	38	13
2008—2009	50	12
2009—2010	67	17
2010—2011	84	17
2011—2012	104	20
2012—2013	137	33
2013—2014	161[2]	24
2014—2015	184	23

[1] 表 2 根据 http://miparentscouncil.org/full-mandarin-immersion-school-list/ 提供的美国小学汉语沉浸式项目名单统计获得。感谢储诚志老师提供的信息。

[2] 关于 2013 年沉浸式项目的数量，有各种不同版本。多种版本认为 2013 年的项目数是 148 所或 147 所。

续表

学　　年	总　　数	年增长数
2015—2016	197	13
2016—2017	213	16

从表2可以看出，从2007年开始，此类项目发展加快，2012年达到高峰，此后发展速度放缓。但从总量上看，2006年到2016年增长了七倍，成为美国汉语教学的一个亮点。

另一个参照角度是美国其他语言的沉浸式项目发展。根据柯顿等（2011）的统计，2006年美国沉浸式教学项目共310个，其中西班牙语项目132个，占总数的42.6%；法语项目90个，占29%；夏威夷语项目26个，占8.4%；日语项目22个，占7.1%；汉语普通话项目12个，占3.9%。当前汉语项目跃居为仅次于西班牙语的第二名，可见汉语项目发展确实令人瞩目。

汉语沉浸式项目为何受到如此青睐？这当然跟中国快速发展引起的汉语教学迅速发展相关。但是发展如此之快，以至在2006年至2016年翻了三番，还应当归因于这种教学途径的特有优势。

对于沉浸式教学途径的总体优势，很多著述都援引加拿大安大略教育科学院所（Ontario Institute for Studies in Education，OISE）现代语言中心（Modern Language Centre）在20世纪70年代的研究结果：（1）沉浸式双语教学是有效的学习法语的教学方式，虽然其效果不能说是十分完美，但比一般的语言教学课更有效果；（2）项目中的学生对法语和法语民族的文化比其他学生持更积极、更肯定、更友善的态度，也更喜欢接触说法语的人；（3）在学法语对母语的影响方面，实验表明早期沉浸的学生可能出现暂时落后，但不会对母语产生长期的负面影响；（4）在学科成绩方面，常规教学和沉浸式教学对学生的学科成绩具有同等的效力。（转引自袁平华、俞理明，2005：89。另见王斌华，2003：28；柯顿等，2011：323）以上四点加上汉语学习需求的快速增长，已经成为美国汉语沉浸式项目快速发展原因的共识。[1]

三、汉语教学在小学汉语沉浸式教学中的地位

柯顿等（2011）指出："他们（指老师——笔者注）备课的时候，既要把语言能力的发展作为重点，同时也要把达到学科内容目标作为重点。"作者还说："沉浸式项目的

---

[1] 笔者在美国参加过几次相关学术会议，多次听到、遇到与会人员援引此论述。

目标可以总结如下：（1）第二语言能够达到实际需要的语言能力；（2）保持和发展学生的英语语言技能，使之与英语项目的学生水平相仿，或者超过他们；（3）掌握所在学区课程大纲要求的学科知识内容；（4）跨文化的理解。"这表明，作者认为，在沉浸式项目中，第二语言具有双重身份：既是教授学科课程的工具，同时也是教学目标之一。

前面引用的安大略研究中心所说的"沉浸式双语教学是有效的学习法语的教学方式，……比一般的语言教学课更有效果"，也表明他们实际上是把第二语言能力的培养当作主要的教学目标。

Ferguson 等（1977）曾归纳出双语教育的十个不同目标，即：（1）将个体或集团同化到主流社会中；（2）使人们社会化以便全面参与社会生活；（3）统一多语社会……使人们能够同外界交际；（4）提供市场的、能帮助人们找到工作、得到好的位置的语言技能；（5）保存民族的、宗教的认同；（6）扩散殖民者语言，扩大人们殖民社会化；（7）在不同的语言和政治团体间进行斡旋和调解；（8）扩大精英团体，保持他们在社会中的地位；（9）给予在日常生活中无平等地位的语言以法律上平等的地位；（10）加深对语言和文化的理解。（参见董艳，1998：41-42）在上述十种教学目标中，"（4）提供市场的、能帮助人们找到工作、得到好的位置的语言技能"[1]和"（10）加深对语言和文化的理解"应当更接近汉语沉浸式项目的教学目标。可见，培养汉语能力应当是汉语沉浸式项目的主要内容之一。

四、汉语沉浸式教学的特点

将汉语沉浸式教学跟其他语言教学类型进行比较，可以帮助我们了解汉语沉浸式项目中汉语教学的特点。

4.1 汉语沉浸式教学跟沉浸式汉语教学比较

在汉语教学领域，至少存在两种"沉浸式"教学："沉浸式汉语教学"和"汉语沉浸式教学"。

学界熟知的美国明德暑期中文学校、普北班（普林斯顿大学暑期北京中文培训班）、哥大班（哥伦比亚大学暑期北京中文培训班）、哈佛北京书院等暑期汉语教学项目，都被称为"沉浸式汉语教学"。在这种沉浸式项目中，汉语是唯一的教学内容，学习结果是用汉语成绩来衡量的。

---

[1] 根据笔者的了解，很多家长送孩子到汉语沉浸式项目中学习，是认为孩子掌握了汉语，将来会有较好的就业前景。

汉语沉浸式项目显然与此不同，它的教学内容不仅是汉语，其主要内容是用汉英双语教授的学科课程，学习结果主要是用学科成绩来衡量的，学科考试是用母语（英语）进行的。在这种项目中，汉语也是学习内容之一，但是主要是作为学习学科课程的媒介语的途径来学习。

表 3 显示了这两类教学的基本区别。

表 3　汉语沉浸式教学和沉浸式汉语教学的比较

	汉语沉浸式教学（双语教学）	沉浸式汉语教学
教学目标	学习学科知识和目的语	高效学习目的语
学习者	多见于多元文化国家的中小学	多见于成人的强化学习
汉语地位	学习学科课程的工具和教学内容	教学内容
教学环境	在母语大环境中建立目的语环境	处于目的语环境或营建全封闭的目的语环境
时间	持续数年的双语教学	短期的强化教学
教学性质	以隐性语言教学为主	以显性语言教学为主

可见，对中小学的汉语沉浸式教学跟对成年人的沉浸式汉语教学是性质迥异的两种教学。这里理解的关键是：在"汉语沉浸式教学"中，"汉语"是沉浸的"环境"；而明德等的"沉浸式汉语教学"，"汉语"则是教学的目标和内容。

4.2 汉语沉浸式教学跟汉语儿童语文教学比较

汉语沉浸式教学，有跟汉语儿童的语文教学相近的地方，比如年龄相仿、用汉语学习学科知识，也有很多不同的地方。比较二者的异同，也有助于理解汉语沉浸式教学的性质。

Johnson & Swain（1997）列举了外语沉浸式教学的八个核心特点：（1）以第二语言为教学媒介；（2）用第二语言教授的课程平行于其他班级用第一语言教授的课程；（3）第一语言至少被作为一门课程学习；（4）项目的目标是使学习者拥有添加性双语能力；（5）对第二语言的接触通常只限于课堂中；（6）同班级的学习者第二语言水平相似；（7）教师为双语者；（8）课堂仍处于第一语言社会文化中。（转引自李丹青，2014。另见卢蓬军，2007：15）

参考上述论述，我们归纳出表 4。

表 4　中美小学生汉语学习比较

	中国小学生学习母语	美国小学生学习汉语
汉语作为第二语言	否	是

续表

	中国小学生学习母语	美国小学生学习汉语
汉语作为语文课（非外语课）	是	（否）[1]
汉语作为学科教学语言	是	（是）[2]
只在课堂上使用汉语	否	是
课堂处于汉语文化中	是	否
以隐性教学为主	是	（是）[3]

注：上表中的（是）/（否），表示"倾向于（是）/（否）"。

结合表4，可以看出，汉语沉浸式教学跟中国儿童的语文教学有相同之处，但也仍有很大的差别，前者还应属于二语或外语教学的范畴，因此，应当部分地遵循二语学习规律。

4.3 汉族儿童语文教学、沉浸式汉语教学和汉语沉浸式教学的相关因素比较

为了进一步认识汉语沉浸式教学的特点，我们再把它跟儿童母语教学和外国成人的沉浸式汉语教学中涉及的学习者相关因素做一个综合比较。结果如表5所示。

表5　汉族儿童语文教学、沉浸式汉语教学和汉语沉浸式教学的相关因素比较

	汉族儿童的语文教学	沉浸式汉语教学	汉语沉浸式教学
学习者	汉族儿童	外国成年人	外国儿童
学习目的	融合目的	工具目的为主	接近母语习得
课堂环境	母语环境	目的语环境	接近母语习得
发音器官	发音器官有可塑性	发音器官可塑性差	接近母语习得
学习心理	不怕犯错误	怕犯错误	接近母语习得
学习途径	隐性学习为主	显性学习	接近母语习得
学习年龄	从生下来就学	成年后开始学	介于二者间
学习目标	主要学习书面语	学习汉语交际能力	介于二者间
认知水平	跟认识世界同步	认知充分发展	介于二者间
语言背景	没有语言背景	已有母语背景	介于二者间
课外环境	母语环境	目的语环境	介于二者间

由表5可见，如果把成年人的二语教学作为典型的外语教学类型，那么小学汉语沉

---

[1] 跟对成人的汉语教学不同。

[2] 另一半是外语教学。

[3] 请参看第六部分。

浸式教学就是明显介于母语教学和二语教学之间的一种语言教学。

4.4 汉语沉浸式教学跟西方语言沉浸式教学的比较

在美国，小学汉语沉浸式教学的发展远远晚于加拿大和美国的西班牙语、法语沉浸式教学的发展。当前汉语沉浸式项目所遵循的基本原则，大都源于以西方语言为母语的外语教学经验，如美国英语母语小学生学习西班牙语、加拿大法语母语小学生学习英语等。印欧语系之间的双语沉浸式教学，经过半个多世纪的实践，积累了丰富的经验，发表了大量的著述，并据此制订了行之有效的教学原则和方法。但是人们渐渐发现，在汉语沉浸式教学中，这些原则和方法，并不是事事顺手。例如笔者在课堂观察和访谈中感到，学生的汉字和读写能力滞后于听说能力。这当然与汉语沉浸式起步晚，在教学方法、教师、教材方面都需要一个积累的过程有关，但是汉语与印欧语之间的巨大差别，应当也是一个重要的影响因素。表6是英语母语者学习印欧语与学习汉语时相关因素的比较。

表6　英语母语者学习印欧语与学习汉语时相关因素的比较

比较因素	印欧语作为二语	汉语作为二语
与母语的语言亲属关系	接近	无
语音、词汇、语法近似度	接近	完全不同
文字接近程度	接近	完全不同
与母语文化的距离	接近	差距大
成人学习者口语达到流利程度的学时[1]	600 小时	2200 小时

从表6可以看出，对英语母语者来说，学习汉语的难度应当远远大于学习印欧语。这种差别主要源于语言结构（语音、词汇、语法）和文字上的巨大差别，特别是汉字的学习和运用，即使对处于良好学习环境的中国儿童来说，也需要花费很多时间。汉语沉浸式项目都以汉字为学习文本，所以汉字水平又必然制约着学习者后续的汉语学习。

4.5 小结

通过上面四种比较，至少可以得到如下结论：（1）汉语沉浸式教学与中国儿童语文学习在学习目的、课堂环境、发音器官发育、学习心理、学习途径等方面有相通之处，因此教学设计要符合儿童学习的特点，包括儿童母语学习的特点；（2）汉语沉浸式教学具有第二语言教学性质，因此教学设计要考虑二语学习的一些特点，语言教学的方式应

---

[1] 请参看 6.3。

与儿童母语教学有所不同；（3）汉语沉浸式教学与印欧语的沉浸式教学有所不同，这主要体现在作为教学内容的语音、词汇、语法跟学习者的母语差距巨大，文字系统截然不同，因此在听说读写技能培养上难度大。上述三点在制订教学原则、选择教学方法上应当予以充分考虑。

五、汉语沉浸式教学中语言教学应遵循的基本原则和存在的问题

柯顿等（2011）引用了美国应用语言学中心和美国各地研究人员以及实践教师组成的专家组共同制订的"双语教学指导原则"。其中在"教学"一章列出了以下四项原则：原则一，教学方法来自于双语教育研究获得的原则以及对学生双语和双语阅读写作能力发展的研究；原则二，教学策略是提高学生双语能力、双语阅读能力与写作能力以及学业成绩；原则三，教学以学生为中心；原则四，教师创造多语言、多文化的学习环境。[1]

王斌华（2003）则比较详细地列出了沉浸式双语教育的成功教学策略：（1）充分发挥儿童习得语言的能力；（2）逐步加强语言学习；（3）学习语言宜早不宜迟；（4）初期应关注听力理解技能的掌握；（5）使用儿童能够理解的语言；（6）使用保姆式语言；（7）重温新词或相关概念；（8）倡导以学生为中心；（9）正确理解和对待学生的语言错误；（10）允许学生使用语际语（中介语）；（11）注意第一语言对第二语言的迁移作用。

林秀琴（2012）通过自己的观察归纳出明尼苏达州相关学校汉语沉浸式教学的特点：（1）由全中文向中英双语教学过渡；（2）人造中文环境；（3）没有讲解，只有游戏；（4）中文课堂具有"中国特色"。

根据笔者的观察与对教师、管理者的访谈，上述原则在汉语沉浸式教学中都得到了很好的贯彻和体现。[2] 但是，在对相关教学管理者、任课教师、教学顾问（西班牙语教学背景）的访谈中发现，大家都为一个现象所困扰，即在幼儿园和一、二年级，学生的汉语水平提高很快，幼儿园和一年级的学生尤为明显，但是到了三年级及以上，进步就大大放缓了。我们姑且称之为"高原现象"[3]。

笔者认为，缺少针对汉语沉浸式教学的外语性和汉语教学特殊性的教学设计，可能

---

[1] 参看 http://www.cal.org/resouice-center/publications-products/guiding-principles-3/。

[2] 下面的讨论，主要基于笔者 2013 年 3 月至 6 月对犹他州、俄勒冈州、明尼苏达州十余所实施汉语沉浸式教学学校的实地考察、课堂观察，跟十多位教师和教学管理者的访谈，以及同时录制的二十多小时的课堂教学录像资料。

[3] 高原现象，指在学习或技能的形成过程中，出现的暂时停顿或者下降的现象。在成长曲线上表现为保持一定水平而不上升，或者有所下降，但在突破"高原现象"之后，又可以看到曲线继续上升。在第二语言学习中，把这种现象称为"化石化 / 石化（fossilization）"现象，指外语学习者在其外语达到一定水平之后，在一段时间内可能会出现止步不前的情况。

是产生"高原现象"的主要原因。这主要表现在以下几方面：

第一，汉语教学内容大纲不明确。这里的内容大纲指对语音、词汇、语法、汉字项目及其学习进度的规定。儿童学习母语，不需要这样的大纲，即使在集中学习汉语的语文课上，有识字大纲就够了，因为儿童已经学会了汉语的发音、词汇和语法结构，主要精力是在汉语书面语能力的养成上。而在汉语沉浸式项目中的美国小学生，其汉语知识、能力都是空白。教学设计中，必须明确教哪些语音、词汇、语法和汉字以及何时教，才能实施有效教学，并在此基础上培养学生的汉语交际能力。没有教学内容大纲和合理的进程安排，难以保证学习的质量和进度。前期缺乏扎扎实实的积累，基础没打好，很容易后继乏力。

第二，缺少汉语教学的特点。比如汉字是汉语教学的重要内容，也是教学的特点和难点。汉字教学不仅涉及阅读和写作能力的培养，更是中高级阶段汉语能力培养的基础和通达途径。但是笔者基本没有看到、听到汉语沉浸式教学有系统的汉字教学方法和认真遵循汉字教学规律的汉字教学设计，感到汉语沉浸式教学对汉字教学的重视程度，远不如汉语儿童识字教学。汉字教学不力，必然影响读写能力的形成，更成为后续学习的瓶颈。因为后续学习是以汉字和汉字使用能力为基础和工具的，特别是汉语课本的课文、词汇、练习等文本都是以汉字形式呈现的，缺乏汉字能力，必然严重制约后续的汉语学习。

第三，缺少必要的显性教学。笔者观察到以下现象：（1）缺少输出，大多数课堂学生输出极少，即使有，也多是说出简单的词语，很少要求学生说出完整的句子，甚至连朗读也很少；（2）缺少对汉语句型结构的明确学习，几乎没有看到针对汉语语法结构的练习；（3）极少纠正学生的语音、词语、语法错误；（4）缺少针对汉语教学难点的应对措施；（5）上述第一、第二点，本质上也属于显性教学不足。

由于"显性教学"的讨论比较复杂，我们在下一节专门讨论。

六、汉语沉浸式教学中的显性教学因素 [1]

从对儿童学习和儿童语言学习的认识出发，汉语沉浸式项目应遵循双语沉浸式教学的一般原则，以隐性教学为主，这毋庸置疑。但是从第二语言学习，特别是从美国儿童的汉语作为第二语言学习的角度看，完全排斥显性教学，可能是不恰当的。

---

[1] "显性学习"与"隐性学习"，Schmidt 给的定义是："隐性学习"是一种随机学习活动，对学习过程中输入信息的特征不带有选择性意图，对抽象规则只进行无意识归纳，其语言的表现构成其自发语言行为的唯一基础，且这种语言表现不受讲课的影响。与此相反，"显性学习"却肯定动用对规则施以选择性的注意力，涉及对规则的显意识归纳，并由这些规则对语言行为施以潜在的影响。（Skehan，1998：54，转引自叶小广，2009：66）。在实验中确定是否是"显性教学行为"，需要准确的鉴别，本文只能粗略地把明显强调语言结构和规则的教学和练习方式归为"显性教学行为"。

6.1 前人对显性教学必要性的论述

双语沉浸式教学需要一定的显性教学活动，这早已为儿童语言教学专家所注意。叶小广（2009：68）指出："唯'隐性学习'是举的观点似乎忽略了隐性学习的一些弊端。如 Higgs 和 Clifford 指出，过于纯粹的'亲历型'方法恐会容易给学习者造成'石化'……"柯顿等（2011）引用一位老师的话说："我所见过的最大的错误，就是仅使用学区的课程大纲，同时指望孩子们通过潜移默化学会语言。……教师要记住，孩子们不管说得多么流利，毕竟还是第二语言学习者。"

双语沉浸式课堂是否需要一定的输出活动，大家的看法可能有所不同。笔者看到的现象是，多数老师在课堂上忠实执行了"输入大于输出"的原则，但是很少要求学生输出话语。这一点柯顿等（2011）也注意到了："沉浸式的研究者也发现，沉浸式项目的学生在课堂上使用这种语言的机会不足。……他们（指教师——笔者注）关注的重点是讲述课程内容，很少提供机会让学生进行口头或者笔头的创造性活动以及解决实际问题。他提出应该让语言和话语语段成为沉浸式课程的组成部分之一。"这种看法，显然与"输出假说"一致。输出假说认为，"语言输入对学习者语言习得的影响是有限的，只有语言产出才能真正促进学习者语言表达能力的发展。因为语言产出迫使学习者必须对语言表达形式进行加工，只有这样才能使第二语言学习者的语言能力得到全面的发展。"（王建勤，2009：184-185）可见，赵元任先生主张的"日见不如耳闻，耳闻不如口读"（转引自赵金铭，2010：243），也应适用于低龄学习者的汉语教学。

笔者同时认为，朗读也应当是一种重要的输出手段。伊莱亚森等（2015）引用 Cambell 的话说："朗读是学习读写的基础，也是角色扮演游戏、读者剧场、阅读分享、音乐和美术等活动的支架。"

有儿童语言教学专家认为，儿童学习外语，也需要显性的语言形式学习和显性纠错。比如伊莱亚森等（2015）认为，句子在儿童语言习得中非常重要，"因为句子是思维最小的单元，所以句子结构是逻辑思考的关键"，"与其过于强调语言的准确性，不如使用正确的语法重复这个句子"。柯顿等（2011）引用利斯特（Lyster）的话更明确地提出："应更加注意语言的形式，并指出含蓄的反馈往往不如明确的反馈有效。换句话说，必须要系统性地纠正错误，而且学生必须要主动改正自己语言输出中的错误。"

6.2 汉语沉浸式教学中的显性教学表现

事实上，在笔者观察到的汉语沉浸式课堂中，已经包含了很多显性教学的因素。比如：在汉语沉浸式项目的教室里，墙上都贴满词汇、常用语、语法规则、常用句子、拼音方案等。这显然是一种显性的教学环境设计，在母语学习中很少刻意使用。不过这种显性教学，带有隐性教学的意味，掩盖了其显性教学的本质。另外，可以看到，经验丰富、教学效果好的老师，常常采取一些显性的教学方式。比如教师 Z 用生词卡集中复习生词，教师 C 让学生以游戏的方式做句型练习，教师 S 让学生朗读、背诵课文、歌谣，教学生按笔画书写汉字，等等。[1] 这些做法与相关专家的看法也是一致的："利斯特（Lyster）引用的研究显示，课堂上采用的不同种类的活动，决定了能获得怎样的语言学习成果。学生学习第二语言效果较好的班级中，采用了以下教学方式：教师、学生互动较多；学生之间进行有意义的交流活动的机会较多；理解意义时，对非语言提示的依赖较少；纠正错误时用更为明确的方法，而不是含蓄的方法。"（柯顿等，2011：324）

6.3 小结

王斌华（2003：198）说："一般而言，两种语言的语法、句法和词法越相近，它们之间产生的迁移作用就越明显。譬如，法语对英语的迁移作用肯定大于法语对汉语的迁移作用。"美国外交学院根据英语母语者学习一种语言达到说和写的一般专业水平[2] 大致需要的时间，把目的语学习难度分为五级（见表 7）。

表 7　英语母语者外语学习难度分类[3]

级别	与英语的关系	所需学时	语言举例
1	与英语关系密切的语言	575~600	法语、意大利语、西班牙语
2	与英语接近的语言	750	德语
3	语言 / 文化上存在差异的语言	900	印尼语、马来西亚语、斯瓦希里语
4	语言 / 文化上存在显著差异的语言	1100	俄语、乌克兰语、土耳其语
5	对于英语母语者异常困难的语言	2200	汉语、日语、韩语、阿拉伯语

从表 7 的数据可知对英语母语者来说汉语学习困难之大。国外汉语教学专家对此也持相同的看法，如"美国语言教育家 A. Ronald Walton 上世纪 80 年代就说过汉语是美国学生'真正的外语'。德国顾安达（Andreas Guder）教授也认为，对欧洲人来说汉语

---

[1] 这三位老师均为美国小学沉浸式教学领域的优秀教师。没有得到本人允许，不便显示真实姓名。

[2] 说的一般专业水平：能够用足够的、准确的语言结构和词汇，有效参与正式或非正式的社交和专业话题的谈话。阅读的一般专业水平：能够基本理解正常范围内的各种陌生话题的真实文本。参看 http://www.effectivelanguagelearning.com。

[3] 根据上文列表。感谢马跃老师提供线索。

是'外语中的外语'"。（参看刘珣，2016）他们的意思可以理解为，教英语母语者汉语，跟教他们西班牙语应当有所不同，甚至可能有很大的不同。

　　但是，如前面所说，目前汉语沉浸式项目基本遵循西方语言（如美国儿童学习西班牙语）沉浸式教学的原则、方法，汉语教学的特点不够突出。这从前面引用的一般原则可以得到解释，即"原则一，教学方法来自于双语教育研究获得的原则以及对学生双语和双语阅读写作能力发展的研究"。这里所说的研究，显然主要是针对印欧语相互之间的教学进行的。目前关于汉语沉浸式项目的研究（包括阅读写作能力发展的研究）非常匮乏。（参看吕婵，2016）

　　以上做法导致的结果是：在以模仿为主的学习阶段，发挥了儿童学习语言的长处，但由于忽视教学的外语性和汉语教学的特殊性，缺乏外语教学中必要的显性教学要素，使得学生缺少扎扎实实的汉语知识和能力积累。基础不扎实，自然难以保持后续学习的质量，产生"高原现象"。这一点，柯顿等（2011：328）就已经指出过："在低年级进行语言学习的早期，这种方式（指"潜移默化"的方式——笔者注）确实效果还不错，但是随着孩子们年龄变大，却仍然不注意教给他们学习新词汇以及语法结构的方法，那么他们的语言能力将会因为缺乏准确性而大打折扣……"

　　基于以上分析，笔者认为，汉语沉浸式教学中的语言教学，无疑要以隐性教学为主，但是也需适当的显性教学，二者不可偏废。

七、余论

　　本文回顾了汉语沉浸式教学的发展和现状，认为：（1）汉语沉浸式教学近十年的快速发展，在于这种教学模式具有的特殊的第二语言教学效果；（2）汉语沉浸式教学兼有儿童母语教学和外语教学的性质，且汉语教学又有其特殊性；（3）汉语沉浸式教学，应当以隐性教学为主，同时也需要必要的显性语言教学。

　　在显性教学方面，笔者提出以下具体建议：（1）制订明确的语言内容教学大纲，特别是要规定出基本的汉字、词汇内容，以利学生按部就班、扎扎实实地掌握基本的汉字和词汇，为后续学习打好基础；（参看崔永华，2014）（2）加强汉字教学设计，吸收一些中国儿童识字的手段，如背诵韵文、歌谣、诗歌等，有大量的阅读练习，也可以利用儿童记忆能力，采取一些死记硬背等手段，以获得汉字和阅读能力，保证掌握后续学习的工具；（3）在贯彻"输入大于输出"原则的基础上，保证学生有适当的输出，以利于学生真正掌握汉语的语音、词汇、结构，形成真正的汉语表达能力；（4）适时、适当地显性纠正学生的语音、词汇、语法、汉字以及交际中的错误，应当有利于提高汉语教学的效果。

参考文献

崔永华. 小学沉浸式汉语教材词汇大纲研制思路 [J]. 国际汉语教学研究，2014（2）.

董　艳. 浅析世界双语教育类型 [J]. 民族教育研究，1998（2）.

柯　顿、达尔伯格. 语言与儿童——美国中小学外语课堂教学指南（第 4 版）[M]. 唐睿等译. 北京：
　　外语教学与研究出版社，2011.

克劳迪娅、洛亚. 美国幼儿教育课程实践指南 [M]. 李敏谊等译. 北京：机械工业出版社，2015.

李丹青. 美国明尼苏达州光明汉语学校沉浸式教学项目实践 [J]. 云南师范大学学报（对外汉语教学与
　　研究版），2014（4）.

梁德惠. 美国汉语沉浸式学校教学模式及课程评述 [J]. 课程·教材·教法，2014（11）.

林秀琴. 美国"沉浸式"中文教学的特点及面临的问题——以美国明尼苏达大学孔子课堂为例 [J]. 世
　　界汉语教学学会通讯，2012（1）.

刘　珣. 刘珣教授讲座文字版 [Z/OL]. 国际汉语教师 500 强，2016（2）.

卢蓬军. 加拿大魁北克沉浸式双语教育研究 [D/OL]. 西南大学硕士学位论文，2007.

吕　婵. 美国沉浸式小学和中文学校学生的中文阅读习得的发展研究 [J]. 世界汉语教学，2016（4）.

王斌华. 双语教育与双语教学 [M]. 上海：上海教育出版社，2003.

王建勤. 第二语言习得研究 [M]. 北京：商务印书馆，2009.

叶小广. "显性学习"与"隐性学习"的博弈留给我们的启示 [J]. 广西师范学院学报（哲学社会科学
　　版），2009（4）.

袁平华、俞理明. 加拿大沉浸式双语教育与美国淹没式双语教育 [J]. 比较教育研究，2005（8）.

赵金铭. 对外汉语教学法回视与再认识 [J]. 世界汉语教学，2010（2）.

Ferguson, C. A., Houghton, C., & Wells, M. H. Bilingual education: an international perspective [M]//
　　In: Bernard Spolsky & Robert Cooper (eds.), *Frontiers of Bilingual Education*. Rowley, MA:
　　Newbury House, 1977.

Johnson, Robert K. & Swain, Merrill. *Immersion Education: International Perspectives* [M].
　　Cambridge: Cambridge University Press, 1997.

Richards, Jack & Schmidt, Richard. *Longman Dictionary of Language Teaching and Applied
　　Linguistics* [M]. Essex: Longman, 1992.（《朗文语言教学与应用语言学词典》，管燕红、唐玉柱
　　译，北京：外语教学与研究出版社，2005.）

Skehan, Peter. *A Cognitive Approach to Language Learning* [M]. Shanghai: Shanghai Foreign Language
　　Education Press, 1998.

（原载于《世界汉语教学》2017 年第 1 期）

叁

汉语课堂教学

对外汉语语法课堂教学的一种模式[1]
（1989）

一、导言

本文试图提出一种语法教学模式，供从事对外汉语教学的教师在教基础汉语语法课时参考。

语法教学很难说有一种统一的模式，因为一个语法教学模式是由多方面的因素决定的，比如所教语法项目的类型、难易程度，学生的水平，各种教学条件（如教学设备）的制约，等等。所以，严格说来，语法教学模式是不固定的。但是，另一方面，不同的模式中存在着某些体现语法教学规律的共同的东西，包括基本的语法项目、手段、程序等。本文希望提出一种能反映这些共同规律的模式。

本文所拟定的教学模式是基于以下指导思想：语言教学的最终目的不是使学生理解语言项目，而是使学生学会在交际中使用所学的语言项目；因此，教师在课堂教学中的任务不只是让学生懂，更重要的是给学生提供充分的机会进行练习，换言之，语言课课堂教学应以学生的语言实践为主；语言教学是一个循序渐进的过程，无论从语言教学的整体来看，还是从一堂课来看，都是如此。

这一模式是参考一些国外外语教学的论著（特别是 Allen & Valette，1977），根据我国的对外汉语教学实践和本人的体会拟定的。如果硬要归进哪种理论，则大概与结构—功能法比较接近。

本文拟以一个语法点的教学模式为描写对象。所谓语法点是指一个独立的语法项目，如"把"字句、"比"字句、可能补语、"既然……，就……"等，可以是一个句型，也可以是一个词语。

语法教学的模式包括语法教学的项目和程序两部分。其中项目又包括语法点的展示、语法点的解释、语法点的练习和语法规则的归纳四部分，这四部分都需要较详细的说明，所以本文拟分以下几个方面讨论：（1）语法点的展示；（2）语法点的解释；（3）语法点的练习；（4）语法规则的归纳；（5）语法教学的程序。

笔者以为，本文所讨论的基本原则也适用于其他语种的外语教学。

---

[1] 本文承盛炎同志提出宝贵意见，谨致谢忱。

二、语法点的展示

所谓展示语法点，就是把本堂课要教的语法点介绍给学生，让学生对将要学习的语法项目（句型或词语）在形式和意义两方面都有一个初步的印象。

展示语法点的方法有很多，可以根据不同的条件选择。我们常用的如：

第一，通过听写，将应用语法点的实例、例句展示出来。这是最常见的一种方法。在课堂上利用听写检查学生复习和预习的情况时，选择两三个例句，让学生写在黑板上，在开始句型教学时使用。这是一种简单实用的方法，用起来比较容易，缺点是显得过于机械。

第二，通过师生对话引出语法点。例如一个教师在展示"除了……以外，都……"这个语法点时，是这么做的：

教师先把"除了……以外，都……"写在黑板上，以引起学生的注意，然后向学生提问题（这个班有一个加拿大学生，别的都是日本学生）。

　　师：我们班的学生都是日本学生吗？

　　生：不是，我们班还有一个加拿大学生。

　　师：谁知道用"除了……以外，都……"怎么说？

　　生：我们班除了一个加拿大学生以外，都是日本学生。

　　师：很好，现在请大家跟我说……

这种方法也很实用，特别是在学生预习情况较好，语法点又不太复杂时。比如上例就既教给了学生所学语法点的形式，又通过情景使学生理解了意义。

第三，通过实物引出语法点。比如在教表示领属的"的"时，可以直接用自己的书和学生的书作为道具，说出：

　　这是我的书。

　　这是他的书。

　　这是老师的书。

　　这是……的书。

第四，另外还可以通过道具、印刷品、地图、图片等引出。

所有例句引出后，都应当书写在黑板上，然后领学生念几遍，让学生轮流朗读，对形式和意义都有一个初步印象。一个中等难易程度的语法点大概用四五分钟即可。

在展示语法点时，有几点应当注意：（1）所选择的例句应当精当。即例句应当突出所学的语法点，避免其他因素的干扰；选择学生容易理解的例句，特别是与学生学习、生活有关的例句；例句要尽量生动活泼，能够激起学生的兴趣。（2）尽量把句子放在有意义的情景中，特别是放在与学生有关的能引起学生兴趣的情景中。（3）句子最好是从学生已经学过的句型或语法点中推演出来的。

三、语法点的解释

3.1 解释语法点应当包括形式、语义、功能三个方面

第一，在形式上主要是给学生一个明确的便于记忆的形式，并指出新知识与过去学过的知识的联系和区别。在形式的选用上，我们不反对利用符号，因为符号便于记忆，把符号书写在黑板上，也便于形式在机械练习时唤起记忆。比如最简单的"比"字句可以从形式上描写为：

A 比 B　adj.

第二，语义方面的解释是告诉学生所学语法点的语义方面的特点。比如"比"字句的语义关系可表示为：

A 比 B adj. ＝A adj.

我比他高 ＝ 我高

我们发现，由于有的教师在练习前未对这一点进行解释，导致学生发生如下的理解错误，把"我比他高"理解为"他高"。再比如结果补语的语义结构关系：

我吃饱了 ＝ 我吃，我饱了

这个字我写错了 ＝ 我写，字错了

我们也经常发现学生被这种语义关系弄糊涂的例子。

第三，在功能上主要是告诉学生所教语法点的功能和使用环境。如在教问年龄时应告诉学生"几岁"和"多大年纪"使用的对象不同；教"对不起"和"劳驾"时应区别二者使用环境的不同。当然，学生对这种功能的掌握需要经过大量的交际练习。

3.2 解释语法点的方法

第一，通过图片。比如在讲解趋向补语（动词＋下来/下去）时，利用图片就既简单又直观，效果很好。

第二，通过情景。比如讲解"比"字句时，就可以利用班上的真实情况，说"A 比 B 高""我（老师）的汉语比你们（学生）好"。

再比如讲结果补语时，教师故意写错一个字，然后说"这个字写错了"。

第三，通过表演。比如讲方位词时，教师通过表演解释"往南走，往前走"的意思。

第四，通过语义对等的语法形式。如：

我去不了→我不能去

杯子被我打坏了→我打坏了杯子

第五，通过翻译。翻译有时是一种最简便的方法，特别是对一些意义比较抽象、用直观手段难以说明的语法点。比如在解释"虽然……，但是……""既然……，就……"等语法点时，上述的四种方法都不易奏效，而简单地翻译一下，学生就可能马上理解。当然，即使如此，我们也要指出两种语言的不同，比如汉语的"虽然……，但是……"和英语的"although... (but...)"在用法上就有很大的不可比性。另一方面，我们主张尽量少用翻译，只在真正需要的时候使用这种方法。这首先是因为从理论上来说，任何翻译的本质都是两种语言的近似的对等，有些看起来对等的语法形式其实是不对等的，因此，翻译容易给学生造成一些虚假的对等的印象，从而产生一些人为的理解错误；其次，我们认为在课堂上应当把对母语的使用压缩在最小的限度，过多地使用母语，容易使学生养成依赖母语的习惯。

解释语法点不是一个独立的、一次完成的过程，而是随着练习的进程逐步进行的（见第四节）。因此，一个语法点不可能在展示之后一开始就全部解释清楚。企图一次解释清楚的做法只能是事倍功半。另外，从程序上看，展示、解释和练习有很多交叉的地方，特别是在开始阶段，展示和解释是两个邻接的过程，没有一些解释，展示就变得毫无意义。

3.3 解释语法点的注意事项

（1）解释语法点最重要的是"透"，即抓住最根本的东西，使学生真正理解。做到这一点并不是一件容易的事，这需要教师课前有充分的准备，有精当的例句和中肯的说明。（2）解释要简单、明了，尽量用例句和情景使学生理解和掌握所学语法点，不能把解释语法点当作语法理论课来上。（3）不反对在必要时使用学生的母语，对于一些难以理解的语言现象，在解释发生困难时，甚至可以请已经理解了的学生讲解，在这种时候，学生可能比教师讲得更有效、更清楚。

四、语法点的练习

语法点的练习是语法教学的最主要的环节，它的目的是通过大量的练习使学生在理解的基础上达到熟巧，最终学会在交际中使用所学习的语法点。语法点的练习可以分为三类，即机械练习、有"意义"的练习和交际练习。但是，一般来说，在正式的语法练习之前，应当对练习中将要使用的以前学过的知识进行复习，所以我们把必备知识的准备也包括在这一环节之中。

4.1 必备知识的准备

所谓准备必备知识即对在语法练习中将用到的某些已经学过的知识进行一些必要的复习。必备知识的选择和准备，对学生成功地掌握所学的外语技能有极其重要的作用。它可以起到复习巩固已学过的知识、技能，加快练习速度和提高使用语言的流利程度的作用。因此，在讲解新的语法点之前，复习一下必备知识是十分必要的。

选择必备知识是教师备课的一项非常重要的内容。理想的做法是教师手头有一份学过的语法点和词汇表格，教师在备课时可以从中选择最适于新学语法点练习的语法和词汇项目。一般来说，常用的语法点和词汇项目应当被优先和重复选择。

4.2 机械练习

机械练习是指重复、替换、扩展等不大需要理解的练习项目。

机械练习的目的是：（1）使学生了解所学语法点（在展示语法点阶段）；（2）通过反复的、高频率的练习使学生能流利地说出包含所学语法点的句子；（3）在简单情景中加深对语法点意义的理解；（4）教师利用重复练习纠正学生的语法错误（语音错误也应适当纠正）。

机械练习项目包括重复练习、替换练习、扩展练习等（下面所列出的练习项目前都标有"L"和序号，表示这些项目只是举例性的，下同）。

4.2.1 常见的重复练习

L1 逐字重复练习。在语法点的展示和机械练习阶段经常使用，属于最初的机械练习。在重复练习时，可以进行全班"合唱"，也可以要求学生单个重复。在机械练习阶段应当要求学生尽量练到流利为止。在重复练习过程中，教师应不断对学生的重复的正误给予确认或纠正。

L2 对话重复练习。可以用于机械练习的后期，也可以用于有"意义"的练习的初始阶段，以加深学生对意义的理解。练习可以是全部重复，也可以是部分重复。

4.2.2 替换练习

替换练习也是一种重复练习，一种不完全重复的练习。包括：

L3 单项替换练习。

L4 多项替换练习。

L5 对话替换练习。

在替换练习前应当注重对必备知识的复习。

4.2.3 扩展练习

扩展练习可以分为以下三类，即词语扩展练习、扩展问答练习和句子扩展练习，其中后两种接近于情景练习。

L6 词语扩展练习。如：

师：饭　　　　　　　　生：饭

师：中国　　　　　　　生：中国饭

师：吃　　　　　　　　生：吃中国饭

师：喜欢　　　　　　　生：喜欢吃中国饭

……

L7 扩展问答练习。如：

师：你去哪儿？

生：我去友谊商店。

师：你跟谁去（友谊商店）？

生：我跟同屋一起去（友谊商店）。

师：你跟同屋怎么去（友谊商店）？

生：我跟同屋一起坐汽车去（友谊商店）。

L8 句子扩展练习。即通常所说的完成句子。

在机械练习中，应当注意：（1）必须在学生对所说话语有初步理解的基础上练习，特别是所说的句子一定是有意义的，因为任何人都不需要说没有意义的句子。另外，心理学的研究表明，没有意义的学习只能是短暂的记忆。（2）选择最适合做机械练习的句型或框架。（3）不断加快练习频率，特别是教师自己不要为寻找练习词语、确定回答问题的学生的名字耽误时间。

4.3 有"意义"的练习

有"意义"的练习是那些需要经过理解才能进行的练习。如：变换、复述、翻译、回答问题等。

有"意义"的练习的目的是继续进行熟巧训练，在有"意义"的情景中使学生加深对所学语法点的理解，为下面的交际练习打下基础。所以有"意义"的练习仍然是一种练习过程，语法教学的练习不能止于此，下面的交际练习和交际活动才是语法教学的归宿。

有"意义"的练习项目包括：

4.3.1 变换练习

L9 句型变换练习。

L10 词语变换练习。即用同义或近义词语替换。

4.3.2 复述练习

L11 完全复述。

L12 缩简复述。如复述故事梗概。

L13 扩展复述。

L14 分角色复述课文。

4.3.3 翻译

L15 词语翻译。

L16 词语替换翻译。即用学生母语提示替换词语。

L17 句子翻译。

4.4 交际练习

交际练习是指教师在课堂上利用或创造交际环境，使学生把所学语法点运用于实际交际之中，根据真实情况问答、谈话和讨论的练习活动。交际练习的特点是真实，问真实的问题，给予真实的回答，说明自己的真实看法……交际练习应当被看作是语法练习的最重要的部分，因为只有通过这种练习，学生才能真正理解所学语法点的含义，准确地掌握它的用法，学会在真实的交际环境中使用。这种练习的难处是选择话题。教师需根据所学语法点安排最恰当的话题，即谈话范围，并精心选择引导词语，以便使学生用所学语法点实现交际的目的。

交际练习可以分为两种：一种是狭义的交际练习，这种练习是强调在交际中必须重复使用所学的语法点；另一种可以叫作交际活动，是一种完全的自由交谈，当然教师应当把学生引导到能够使用所学语法点的话题上去。交际练习的项目包括：

4.4.1 问答练习

这种练习一般是定向的，即教师应当选择便于使用所学语法点的话题，并向学生说明或暗示在问答时使用特定的语言点。在问答练习中还应注意的一个问题是，在练习中应当多用特指问句，少用是非问句，以增加学生回答话语的长度，使学生有更多的说话机会。

L18 简单问答。机械练习和有"意义"的练习也常使用这种方法。在交际练习中使用这种方法常常是谈及与个人有关的问题（但是要注意不要引起文化冲突）或者谈论学生比较感兴趣的问题，比如在教"比"字句时让学生比较一下他们国家跟中国的某些不同之处。

L19 理解性问答。理解性问答常使用这样的词语提问：

你为什么……？

你能给我解释一下……是什么意思吗？

如果你处在这种情况下，你会怎么办？

L20 答辩性问答。常要求学生这样回答问题：

我很想去，可是……

我同意你的看法，可是……

虽然我做得不对，但是他……

L21 自由问答。可以理解为各种问答练习的综合运用。

4.4.2 谈话

一般指学生的单独课堂发言。有以下几类：

L22 描述。如在学习量词时可以让学生描述一下他的宿舍或教室，学习主谓谓语句时，可以让学生描述另一个学生。

L23 叙述。比如让学生用"一……就……""先……，然后……""再""又"等语法点叙述他一天的活动，一次旅游、参观等。

L24 评论。如对一件事情发表看法。

L25 表达感情。具体地、形象地表达自己对一件事情的爱憎。

4.4.3 讨论

当然是发生在学生或师生之间。

L26 一般讨论。这类练习常常是运用所学语法点谈论一些学生有同感的话题，如对教学、生活管理的意见，对中国、北京，或其他国家或城市的印象等。希望教师不要怕学生批评我们，从学习语言的角度来看，表达这些切身感受最有利于学生学会使用新学的词语和句型。

L27 辩论。这是一种比较高级的技能，它既需要比较高的表达能力，又需要比较高的理解能力。运用不当，可能会浪费时间而极少受益，所以更需要精心的安排。安排得当，效果又会非常好。辩论的话题当然是能够引起争论的内容，人口政策、学校纪律、生活方式等问题是比较容易引起争论的话题。

4.5 练习项目的选择

上面我们列举了 27 种练习项目。这当然不是说每一个语法点都要用到这些练习。不同的练习项目可能适用于不同的语法点。教师的技巧在于选择最适于练习所学语法点的项目。当然，选择的范围也不止上面所列举的。但是就类别来说，对每一个语法点都应当依次进行以上三类练习，机械练习主要是为了提高学生的语速，有"意义"的练习主要是为了加深理解，交际练习则是为了真正学会使用。只有机械练习和有"意义"的练习的语言教学达不到语法教学的真正目的；缺少机械练习和有"意义"的练习这两个环节，也达不到熟练地掌握和使用所学语法点的目的。有些教师以为机械练习是浪费时间，只有直接进入交际练习才是新潮流。其实用这种方法教出来的常常是"夹生饭"，学生课堂上说得不熟练，下了课很快也就忘掉了。

五、语法规则的归纳

归纳语法点的任务是：（1）把前面零散出现的对于所学语法点的说明集中起来，使学生有一个比较系统的了解；（2）并对未提及的有关内容做必要的补充说明，以使学生对所学语法点有一个全面的了解；（3）有时还须就补充内容或学生的薄弱点做一点儿练习。

归纳一个语法点应当包含以下内容：（1）形式特点；（2）语义特点；（3）功能特点，如使用的场合；（4）与学过的相关的语法点和相近的容易混淆的语法点做比较；（5）与学生母语中相关的语法点做比较；（6）指出常见错误和避免方法。并不是每一个语法点都要把六点都说到。

归纳语法点要越简明越好。同解释语法点一样，不能把归纳语法点变成理论讲解，而要通过情景和实例说明。

六、语法教学的程序

通过以上分析，我们认为，一个完整的语法教学过程应当依据以下程序依次进行（后面所给的时间是假定教授一个语法点的时间是 50 分钟，每一项目可能占用的时间，供参考）：

（1）展示语法点，对形式和语义的初步解释（5 分钟）；

（2）必备知识的复习（5 分钟）；

（3）机械练习，在练习中加进对意义的理解性成分（10 分钟）；

（4）有"意义"的练习，加进对功能的理解性成分（10 分钟）；

（5）交际练习、交际活动，加进对功能的解释（15 分钟）；

（6）语法点的综合归纳（5 分钟）。

在文章的开头我们曾经说过，教学模式是多种多样的。我们不能要求所有的教师都遵循同一模式进行语法教学。但是语法教学的好坏无疑会受到所使用的教学模式的影响。一个理想的语法教学模式至少应当满足以下条件：（1）结构完整，环节清楚；（2）循序渐进，由易到难；（3）以学生练习为主，以交际练习为主，语法点重复率高；（4）教学效果好，即学生在最短的时间内掌握所学语法点。

笔者以为，本文提供的语法教学模式，除了"语法规则的归纳"需要使用者检验以外，都是符合这种要求的。

参考文献

黎天睦（Timothy Light）.现代外语教学法——理论与实践 [M].北京：北京语言学院出版社，1987.

亚历山大.语言教学法十讲 [M].张道一等译.北京：北京语言学院出版社，1982.

Allen, Edward D. & Valette, Rebecca M. *Classroom Techniques: Foreign Languages and English as a Second Language* [M]. New York: Harcourt Brace Jovanovich, 1977.

James, Charles J. *Foreign Language Proficiency in the Classroom and Beyond* [M]. Lincolnwood, Il: National Textbook Company, 1985.

Paulston, Christina B. & Bruder, Mary N. *Teaching English as a Second Language: Techniques and Procedures* [M]. Cambridge, MA: Winthrop Publishers, 1976.

（原载于《世界汉语教学》1989 年第 2 期）

语言课的课堂教学意识略说

（1990）

一、引言

本文所讨论的"课堂教学意识"指语言教师在外语或第二语言的课堂教学中应遵循的基本原则，或者说是指导整个语言课堂教学的基本思想。因此，"课堂教学意识"也可以叫作"课堂教学的基本原则"。我们不用"原则"这个词，首先是由于近些年来讨论外语教学的著述提出的原则太多了，反而让人不知道什么是"原则"；其次，"意识"含有"应当时刻清醒，不要忘记"的意思，这正符合我们的想法；最后，本文所提出的课堂教学意识在内涵上也的确与一般所说的"原则"有所不同。所以我们用了"课堂教学意识"这个词。

笔者以为，在外语课堂教学中，教师须建立以下三种基本的意识：（1）实践意识；（2）目的意识；（3）效率意识。这是成功的外语课堂教学应当遵循的基本原则。这三种意识不能说是笔者的独创，特别是实践意识（或称实践原则）是目前国内外外语教学界讨论的热点之一，大家都在从不同的角度进行论证、阐述，我们也采取了其中有关的看法，但是本文对以上三方面的讨论，主要集中在课堂教学上。

本文的讨论主要以对外汉语教学的精读课（有些学校称"语法课"）课堂教学为例，原则上也适用于其他课型以至其他外语的教学。

二、实践意识

所谓课堂教学的"实践意识"包括两层意思：一是语言课堂教学的目的在于培养学习者运用目的语的能力；二是教师在课堂上应当通过组织学生"实践"来使他们掌握这种能力。本节的重点是讨论后者。

培养用目的语交际的能力是课堂教学的出发点。教授一种语言的根本目的，是培养学习者用目的语进行交际的能力，这一点已为外语教学界所公认。课堂教学无疑是达到这一目的的最主要的环节之一。因此，课堂教学的目的是使学习者掌握实际的交际能力，这应当是毫无疑问的。但是这一点在某种程度上并没有受到足够的重视，有些教师或多或少地把教授语言知识作为课堂教学的目的，以为学生在课堂上理解了所教授的词汇和语法，通过了考试，就达到了目的。至于学生是不是能够使用所学的东西在实际生活中交际，似乎不是他们的事。结果产生了一种"高分低能"现象，学生的考试成绩不错，但是在实际交际中，连起码的话都说不对。可见这种只满足于对语言点的清晰解释的课堂教学，不能算是成功的课堂教学。应当强调，语言教师必须树立课堂教学的目的是培养学生语言实践能力的意识。

使学生掌握用目的语交际的能力，最有效的办法是让学生"泡"在"实践"中，"在游泳中学习游泳"。就是说，课堂教学要自始至终最大限度地与语言实践、交际活动结合起来。这种结合应当包括以下几方面：

第一，把教材和教学内容实践化。即在备课时，要在如何使课堂教学活动尽可能接近真实交际上下功夫。有些教材本身就是很交际化的，比如一些按情景和功能编写的教材。但是也有一些教材是以结构为纲编写的，这就需要教师在备课时根据所要教授的语言点设计一些情景，保证课堂上不是只有些干巴巴的理论解释、机械练习和课文诵读。即使是按情景和功能编写的教材，也常常有在课堂上不合用或离学习者的实际生活较远的地方，需要教师在备课时予以改造和补充。

第二，使学生从交际实例中理解所学内容。即在展示（或称引入）和讲解所要教授的语言点时，要尽量使用实物、道具、图片和精心设计的情景，来取代那些干巴巴的理论讲解（甚至用学生的母语讲解）。因为通过展示出现在情景中的使用范例，可以使学生比较容易地理解语言点的意义和功能。

第三，以交际练习为核心。笔者在《对外汉语语法课堂教学的一种模式》（《世界汉语教学》1989年第2期）一文提到课堂语法练习的三种类型，即机械练习、有"意义"的练习和交际练习。笔者认为语法课堂教学中的交际练习应当是最重要的环节，而机械练习的作用主要是为了达到流利、"上口"。听说法所常用的重复、替换、扩展练习是机械练习的主要形式，是行之有效的练习方法，但是，过度的机械练习，让学生模仿大量的脱离实际的句子，容易使学生失去学习兴趣，这不仅是因为它的枯燥，更因为它离实际交际太远，没有用。所以教师应当在适当的时机，及时地转入较高层次的练习类型，特别是交际练习，是不可滑过的课堂教学环节。这是因为只有在这种有情景的练习中（即使有时情景是虚构的），学习者才能比较确切地把握所学语言项目或技能的实际功能，把书本上的知识变成自己可以用的交际工具。

语法课以外的其他课型也是这样，如果仅仅是为了练习而练习，让学生听大量的从来不说、也听不到的材料，写自己毫无感受的段落，就会使学习者走很多弯路。

三、目的意识

课堂教学的目的意识可以分析为五个层次，即：（1）语言课堂教学的根本目的；（2）每种课型的目的；（3）每堂课的目的；（4）课堂上每一教学环节的目的；（5）每一教学行为的目的。下面分别说明。

3.1 明确语言课堂教学的根本目的

明确语言课堂教学所要达到的根本目的是使学生学会用所学的语言项目进行交际活动。这是课堂教学最基本的指导思想。任何偏离这一思想的语言课堂教学都不会是成功的课堂教学。这与前面讨论的"实践意识"有重合之处，是老调，但是是语言教师在课堂教学中应时时警醒的。

3.2 明确每种课型的目的

近年来，外语教学逐步向按技能分课型教学的方向发展，这是语言教学适应交际需要的一种进步。按技能分课型，要求教师在课堂教学中明确每一课型的训练目标，比如听力课的训练目标是培养学生的听力理解能力，阅读课的目标是培养学生的阅读理解能力。把听力课和阅读课都仅仅限于听懂和看懂听读材料，甚至把阅读课上成精读课，忽略技能的培养，这都是缺乏目的意识的表现。

3.3 明确每堂课的教学目的

常常发现这样的情况，有的教师在课堂上生词念了，语法讲了，课文背了，练习做了，平平稳稳，但是学生上了一节课后感到没有什么明显的收获，这是由于教师没有明确这堂课的教学目的，或者说没有抓住重点。我们认为，每一堂课，教师都应当有一个或数个明确的教学目的，我们这里所说的教学目的，指的是课堂上要学生掌握的重点语言项目或技能项目。比如说，一节精读课可能有多个要讲授的语法点和词汇点，教师在课堂上，应当选择一两个、两三个最主要的、要学生重点掌握的项目。这些项目也要让学生明白，知道自己在这堂课上应当掌握什么。因为课堂教学时间是有限的，教师不可能面面俱到，把每一个项目都讲练透彻。企图面面俱到，就只能是蜻蜓点水，突出不了重点，学生的目的也不明确。对这样的课堂教学，学生常常感到没有明显的收获，留不下什么印象。可以说，没有重点，就没有语言课堂教学。

3.4 明确课堂上每一教学环节的目的

每一堂课都可以划分为若干教学阶段，即若干教学环节。比如一节精读课常常划分为复习、检查预习情况、生词处理、语法讲练、课文讲解、交际练习、重点归纳等环节。各个教学环节不是走走过场就可以了（新教师常常出现这种情况），每个教学环节都应当有明确的教学目的，教师应清楚并使学生意识到，现在我在做什么，要达到什么目的，学生应当做什么，怎么做。比如在语法讲练阶段，应当明确在讲什么，练什么，整个环节紧紧围绕这一点，多次重复，不要冲淡，直到达到教师预期的目的为止。

有的教师有时候把握不住这一点，比如在练习一个语言点时，练习目的常常被学生的错误或所提的问题岔开，一讲就是五分钟、十分钟，浪费了宝贵的课堂时间。

3.5 明确每一教学行为的目的

一个教学环节通常是由若干教学行为构成的。比如检查学生预习生词的情况这一环节常常包括听写、改错、领读、学生个别认读四个教学行为，在解释一个语法点时，常常包括展示例句、抽象出公式、解释意义、给出相关形式（肯定式、否定式……）等教学行为。我们在设计每一个教学行为时，都要问一个为什么这样做而不那样做？因为每一行为都可以从不同的角度达到不同的目的。比如听写可以出于以下的一个或数个不同的教学目的：（1）检查学生的汉字预习情况；（2）利用听写材料纠正发音；（3）为后面的语法练习提供词汇；（4）为后面的叙述提供提示词……如果是为了（1），就要避免重复，以节约时间，比如一课中有生词：中文系、经济系、哲学系、英语系……在听写时，"系"出现一次就足够了；如果是为了（3）或（4），就必须按要求对生词进行不同的排列组合，等等。再比如让学生朗读课文，也常常有不同的目的：（1）为了纠正学生的发音；（2）为了检查学生的理解情况（常常是根据学生朗读时停顿的正确与否来判断）；（3）为了熟悉课文，为后面的复述打下基础……为了不同的目的，也要有不同的实行方法：为了（1），就要特别注意学生的发音，严格加以纠正；为了（2），则不必总是打断学生；为了（3），就要不断提醒学生注意记忆关键词语，以利于后面复述的顺利进行。

四、效率意识

简单地说，"效率意识"就是充分利用有限的课堂教学时间，即注意"收获／时间"比。课堂教学效率涉及很多方面，比如贯彻实践性原则、提高目的意识等都与课堂教学效率有关，但是，下面两个要求与提高效率的关系最为密切，即：一，教师说的一定是必须的；二，保证学生有最充分的练习机会（在一般的精读课上，不少于50%~60%）。在精读课上要达到这两个要求，要注意以下几个方面的因素：

第一，简单明了的展示和解释技巧。即针对不同的教学项目，选择最适合的教学技巧。直观地展示和解释技巧，可以节省时间，达到事半功倍的教学效果。除非必须，不采取教师口头理论解释的办法。因此利用教具、图片、情景等直观地展示和解释是最理想的办法。

第二，适当的练习形式。确定练习形式，对课堂效率的影响极大。特别是在机械练习时选择最适当的练习框架，更可以有效地提高效率。比如下面的语言项目和练习情景、教具及形式的选择，就有利于提高课堂教学效率：（1）练习方位词表示动作方向时，让学生描写教师在教室中的走动动作，或者用一些简笔画；（2）练习方位词表示位置时，可以利用教室中的实物；（3）练习存现句时，让学生描写各种场地的图片；（4）练习"把"字句、"被"字句时，用句式变换的练习方法。

第三，明确、简洁的指令。练习时的指令（或称提示方法）也是提高效率的很有潜力的地方。对此的基本要求是明确和简洁。"明确"是说在练习时总是明确地告诉学生该做什么，怎么做，对于复杂一些的指令，要有示范，不要以为自己明白了，学生也都明白。交待不清楚的指令，会浪费宝贵的课堂时间。"简洁"是说指令越简单、越短越好，教师说的话越少越好。比如在下面的比较句练习中，教师的指令方式就比较理想：

师：老师的汉语比学生好。（左手指生$_1$，右手指提示词"我们"）

生$_1$：老师的汉语比我们好。

师：（左手指生$_2$，右手指"否定式"）

生$_2$：我们的汉语没有老师好。

师：（左手指生$_3$，右手指提示词"中国、的、人口、美国、多"和"否定式"）

生$_3$：美国的人口没有中国多。

师：（左手指生$_4$，右手指"肯定式"）

生$_4$：中国的人口比美国多。

……

这种指令方式，教师说话的时间接近于零（当然有时候会有必要的纠正），通过明确、简洁的指令，给学生充分的练习时间，无疑是值得提倡的。

在指令方式上，有一种方法绝不值得提倡，这就是冗长的情景解释。我们在一些讲教学法的著作中常看到这样的例子，教师用四五十个音节描述一个情景，为了引出学生说一个词！比如下面这个例子：

　　师：如果你的朋友邀请你参加她的生日晚会，你原来答应了，但是临时有急事不能参加了，以后见到她，你说什么？（44个汉字！）

　　生：真抱歉。

在时间上，教师和学生所使用的比例是44:3。这样出情景练习，到底是练老师还是练学生呢？如果教师能根据学生的情况，设计下面这样的练习形式，可能会好一些：

　　师：XX，你今天怎么迟到了？

　　生₁：真抱歉，我起晚了。

　　师：XX，你为什么没交作业？

　　生₂：真抱歉，我今天没带来。

　　师：好，现在请你们想一个需要你的同学说"抱歉"的事，并请他回答。

　　生₃：XX，你借了我的自行车，怎么还不还给我？

　　生₄：真抱歉，我今天下午就还给你。

　　师：（看到生₅想好了问题，指他，示意提问）

　　生₅：老师，您写的字我常常看不清楚。

　　师：真抱歉，我以后一定注意。

　　……

　　当然并不是每一个语言点或技能在练习时都能找到这么合适的练习形式，但是不朝着这个方向努力，就不能有效地提高课堂教学效率。

　　第四，适当的节奏。练习的节奏快慢，也是影响效率的一个重要方面。节奏是由语速和师生说话的间隔决定的。语速与学生的水平有关，也与教师是否严格要求有关，因此要加快节奏，教师必须有明确的要求。要缩短说话的间隔，需要以下条件：（1）教师的提示和问题都提前做了充分的准备，甚至包括哪个问题由谁回答；（2）教师的指令明确、简短、紧凑；（3）一个学生不会回答时，适时地转向另一个学生；（4）师生的注意力都充分集中在练习的项目和技巧上。

　　练习的节奏与练习形式也有关，比如造句练习的节奏就太慢，这是因为造句练习需要较长的思考和构造句子的时间，又容易出错，得花费时间纠正，因此比较适用于课后的笔头练习，在课堂练习时应尽量避免，除非学生已经有了充分的准备。

　　在课堂练习上还有一种组织方法应当避免，就是有的教师为了加快节奏，让学生按固定的顺序回答问题或做练习。这样做节奏是加快了，但是学生会只专注于寻求自己的问题的答案，而不关注其他人的问题，这样，节奏快了，可是学生的收获却少了。

五、小结

本文认为，实践意识、目的意识和效率意识是诸多课堂教学原则中最核心的东西，是一切外语课堂教学都必须遵循的。因为任何脱离实践的、无目的的、低效率的课堂教学都是应当反对的。这三种教学意识是互相联系的，不可分割的。理想的外语课堂教学应当是这三种意识的完美的结合。本文只是对这三种教学意识的粗略的说明，够不上全面的论述，所以定题目为"略说"。

（原载于《世界汉语教学》1990 年第 3 期）

课堂教学技巧略说 [1]
（1991）

一、引言

我们正在编写的《对外汉语课堂教学技巧》一书，收集了同行们在长期的教学实践中创造的 300 多种各类课型的课堂教学技巧，对每一项技巧都做了简要的介绍和论述。本文主要说明编写此书的指导思想。

我们所说的课堂教学技巧是指教师在外语教学课堂上用以达到教学目的的具体行为和手段。比如在课堂检查中，听写是一种技巧；在词汇讲解中，图示是一种技巧；在课堂纠错时，重复是一种技巧。我们认为，课堂教学技巧是课堂教学的构成要素，是课堂教学的表现形式，是教学法原则的具体体现和实践。

下面拟从三个方面进行讨论：第一，课堂教学技巧是课堂教学的表现形式；第二，课堂教学技巧在课堂教学中的作用；第三，选用课堂教学技巧的原则。

本文的讨论限于学校对外汉语教学（非自学和其他学习形式）范围内。讨论的重点，在对外汉语教学的主课（有的称精读课，有的称语法课，有的称汉语课）上，也兼及其他课型，如口语课、听力课、阅读课等。

二、课堂教学技巧是课堂教学的表现形式

课堂教学是学校外语教学的主要手段。目前，在学校外语教学中，课堂教学无疑是学生学习目的语的主要手段。对外汉语教学当然也不例外。人们讨论的对外汉语教学问题，主要都是围绕课堂教学和与其相关的总体设计、教材编写、语言测试等方面进行的。有关对外汉语教学的总体设计和构想、教学的原则都要靠课堂教学去落实；各种课型的教学目的和任务要靠课堂教学去达到和完成；对外汉语教学的总目标——培养学生具有听、说、读、写诸项技能，从而达到能用汉语进行自由交际的目的，也要靠课堂教学去实现。

当然，学校组织的各种课外活动和学生自己安排的课余活动也都是学生习得汉语的手段，但是，在学生的学习过程中，只有课堂上的这一段时间才是在有指导的情况下进

---

[1] 本文与杨寄洲合写，发表于《语言教学与研究》1991 年第 2 期。

行的系统的学习。

课堂教学的效果，是由多种因素决定的，比如教师和学生的素质、所依据的教学法理论、总体教学管理的水平、教材的质量、教学设备的情况等等。但是，课堂教学技巧选择和运用得是否得当，是其中非常突出的一个因素。这是因为，课堂教学技巧是课堂教学的表现形式。

任何课堂教学，都是在运用某些课堂教学技巧。课堂教学，在形式上表现为课堂教学技巧的"链"，也就是说，所谓课堂教学过程，实际上是教师依照外语教学的规律，为实现特定的教学目的而选择，并按一定序列排列起来的技巧的组合。一般来说，一节语言课可以划分为若干个环节，比如一节精读课可以划分成检查复习和预习情况、处理生词、引进新语言点、解释新的语言点、课堂操练、归纳总结等环节。这里的每一个环节，都是由一个或数个技巧来实现的。比如练习一个语法点，可能是由领读、替换、师生问答、学生之间问答等构成的技巧序列来实现的；再如处理生词，可能通过听写、改错、领读、图示、造句构成的序列来实现。比较复杂的技巧项目，是由多个步骤构成的，比如在写作课中，缩写可以由学生阅读、归纳要点、教师提示、学生写作等步骤构成，这些步骤当然也在课堂教学技巧的研究之列，我们可以把这些步骤称作"微技巧"。

从这个角度，我们可以说，课堂教学在很大程度上是选择、编排、运用课堂教学技巧的艺术。没有课堂教学技巧，就没有课堂教学。课堂教学的成败、效果的好坏，表现在形式上，就是课堂教学技巧选择和运用的好坏。

三、课堂教学技巧在课堂教学中的作用

总起来说，课堂教学技巧可以从以下几方面对课堂教学起作用：

3.1 实现课堂教学的目的

课堂教学技巧首先是实现教学目的的手段。课堂教学的目的是多层面的。比如，课堂教学总的目的是使学习者掌握汉语听、说、读、写各方面的技能；对一堂课来说，目的可能是让学生掌握一个到数个语言点，对一个教学环节来说，目的可能是检查学生的预习情况、介绍新的语言点、解释语言点、练习语言点等等。所有这些不同层面的目的都必须通过相应的教学技巧来实现。比如为了检查学生对汉语语音系统的掌握，我们可以使用让学生朗读的技巧；为了检查学生对同义词的理解，我们可以采取选词填空的技巧；为了让学生理解某些词语的意思，我们可以采取简笔画的技巧；为了让学生掌握所学语言点的用法，我们可以采用看图说话、师生问答的技巧。

当然，一种技巧可能用来达到多种目的。比如图示可以用来看图说话，也可以用来看图写话，还可以用来讲解词义；听写可以用来检查学生复习、预习的情况，也可以用来引出新的语言点。

3.2 提高课堂效率

课堂教学一个显著的特点是时间有限。对于这一点，我们可以通过十分具体的数字来说明：一个学生在一年汉语课的主课上说话的时间不足一天半，即不足 32 小时！这似乎有点耸人听闻，令人难以置信，但却是确凿无疑的事实。

假定一个好的语言教师在课堂上给学生的说话时间是 60%（这个比例并不低），即在 50 分钟的课堂上，学生说话的时间是 30 分钟。一个班如果有 15 个学生，那么每个学生在课堂上的说话时间是 2 分钟，每天 4 节课，则每天每个学生说话的时间是 8 分钟。按每周上 6 天课，则每周每个学生在课堂上说话时间是 48 分钟。每学期一般最多有 20 周，一年 2 个学期，每年是 40 周，则一年一个学生的课堂说话时间是：

48 分钟 / 周 ×40 周 = 1920 分钟

即 32 小时！

如果再扣除教师过多的讲解、课堂上的各种停顿、学习中的其他活动（如看电影、看录像、节假日、参观）等所占去的时间，这个数字还会大大减少，可能学生课堂说话时间连一整天都不到，即在一年的外语学习中，学生实际上在课堂上说话的时间不到 1/365！

因此，课堂上的时间对学生来说是极其宝贵的，必须充分利用，不容浪费。而正确地选用技巧，可以有效地利用课堂时间，提高课堂教学效率。比如用课堂情景来讲"出来、出去、进来、进去"这样的词语，用公式来归纳语法规则，用手势、身势来纠正发音，都简单、明了、易懂，比抽象的理论讲解要省时间。

3.3 活跃课堂气氛，提高学生兴趣

有些技巧有活跃课堂气氛的作用，比如我们可以结合所学内容，进行一些课堂游戏，让学生按角色表演等活动，寓学习于娱乐之中，使枯燥、艰苦的语言学习变得饶有情趣，轻松活泼。

四、选用课堂教学技巧的原则

每种课型、每一教学环节都有一个很长的可供选择的技巧序列。那么，在具体应用中，应当依据什么原则进行选择呢？我们认为应当依据下面四条，即实践原则、交际原则、目的原则、时效原则。下面分别说明：

4.1 实践原则

即在同等条件（指学习阶段、练习难度、学生的熟练程度、练习的语言项目等相同，下同）下，优先选择可以让学生多说、多练的技巧项目。能选用由学生做的项目，决不选用由教师做的；能选用教师可以少做的项目，决不选用教师多做的。比如在解释语言项目时，可以由学生通过练习弄懂的，一定不选用由教师讲解的技巧项目；能通过提问解决的问题，决不选用由教师单独讲解的技巧项目。在练习中，能选用由学生自己做的项目，教师决不代劳，且教师的提示越短越好。这样才能给学生充分的实践机会。

4.2 交际原则

即在同等条件下，优先选用交际性强的练习。根据课文内容会话应当优先于分角色背诵课文；在写作训练中，"描写你的校园"应当优先于"看图写话"。即使在展示、解释语言项目时，也应当优先选择交际性强的情景项目。比如在解释生词时道具应当优先于图片，实物又优先于道具（因为我们认为说出实物的名称比说出图片上的东西的名称更富交际性）；在听力训练中，听对话应当优先于听单句。这样可以缩短语言学习和语言运用的距离，使学习过程跟实际运用建立直接的联系，有利于学生真正学会运用所学的语言项目。

4.3 目的原则

在同等条件下，优先选择最利于达到训练目的的技巧项目。不同的教学目的，应当用不同的技巧项目来实现。我们在 3.1 中已有所说明。这里我们要强调的是，不能用训练这种能力的练习去替代训练那种能力的练习。比如，精读课上的朗读技巧，一般不在阅读理解课上使用，因为阅读课主要是训练和提高快速阅读能力，因此，使用默读、浏览等技巧项目更合适。

4.4 时效原则

在同等条件下，优先选择节省时间的技巧项目。比如，对课文的逐句串讲应代之以学生质疑，然后由教师或学生答疑。在学生没有准备的情况下，不宜使用让学生当堂造句的方法，以免出现较长时间的停顿。前面我们说过，课堂时间是十分宝贵的，因此，我们在选择技巧时，特别要考虑到课堂时间的有效使用，不做多余的事，省下尽可能多的时间，让学生进行反复的、充分的练习。

上面提到的几个优选原则，是相互联系、相互补充的。课堂教学的可变因素很多，因此，教师在运用这些原则时，应当从教学的实际出发，综合考虑，不可偏废。比如，根据我们前面的说法，根据课文会话应当优先于背诵课文，在句型练习中，问答应当优先于教师领读，但是在学生对句型还不熟悉，还不能流利地说出来时，还得从领读开始，经过替换练习、扩展练习，再到问答练习。否则学生说得结结巴巴，反而浪费时间。

所以，教师在运用技巧时，应注意到技巧之间的衔接，要通过铺垫使这一技巧到另一技巧的转换流畅、自然，避免由于中间梗阻而浪费时间。

五、结束语

前面我们说明了课堂教学技巧在对外汉语教学中有着绝对不可忽视的重要作用。尤其是我们在国内进行对外汉语教学，基本上都排除对学生母语的使用，强调直接用汉语教学，因此，对技巧方面的要求更高。有些新教师之所以在课堂上显得手足无措，常常是因为不知道有哪些技巧可以使用，可惜的是，过去我们对这方面并没有给予足够的重视。我们编写《对外汉语课堂教学技巧》一书的目的，就是想在这方面做一点工作，也给同行们，特别是青年教师提供一些方便。但是，我们的工作还只是一种尝试，本文的看法也并不成熟，恳请批评指正。

（原载于《语言教学与研究》1991 年第 2 期）

基础汉语阶段精读课课堂教学结构分析
（1992）

一、引言

本文试图从形式上对对外汉语教学基础汉语阶段的精读课课堂教学进行分析。

关于课堂教学的概念。对外汉语教学中的课堂教学，与其他外语教学或第二语言教学中的课堂教学一样，是为培养学习者运用目的语的能力而进行的，在教学对象、教学内容和教学程序上都是有组织的一种"集体"学习方式。

第一，教学对象的组织是指处于同一学习集体（班）中的学习者具有相同的学习目的、相同的（至少是相近的）汉语水平、相同或相近的目的语接受能力，学习集体应有适当的规模。

第二，教学内容的组织是指课堂教学应当使用适合学习者需要和水平的，依据一定的教学思想筛选、组织和排列的教材。

第三，教学程序的组织是指针对学习者和教学内容、按照外语教学规律而安排的大大小小的课堂教学程序和与之相配套的课外活动程序。

木文选择基础汉语阶段的精读课作为分析样本是因为：

第一，精读课，有的地方称为"语法课"，是对外汉语教学诸课型中的主干课型。我国开始有专门的对外汉语教学事业的 40 年来，尽管教学方式上有了很多变化，但是精读课作为主干课型的地位基本上没有改变。在这漫长的过程中，我们在基础汉语教学方面积累了丰富的经验。

第二，基础汉语阶段的精读课可以说是对外汉语教学中章法比较固定的一种课型。与之相对照的是，其他课型，如听力课、口语课、阅读课、写作课，由于出现较晚，还都没有形成体系，没有一定之规，多种形式并存，教材、教法都没有定型，所以还难于做系统的、一般的分析。至于中、高级阶段的精读课，在原则上跟基础阶段精读课类似。

第三，基础汉语阶段的精读课是对外汉语教学中具有代表性的、成熟的课型。所以我们把它作为分析对象，分析起来比较容易。希望这种分析可以对其他课型的类似分析会有所启发。

二、课堂教学过程和教材的概念

所谓课堂教学结构，是对课堂教学过程和教材结构进行分析的结果。所以为了讨论课堂教学的结构，需要对"课堂教学过程"和"教材"这两个概念做一些相关的说明。

在本文中，"课堂教学过程"是指：（1）一个课型（如精读课、听力课、口语课、阅读课、写作课等）的自始至终的完整的教学过程。表现在教材上，是该课型的完整的教科书；表现在时间上，是该课型所用的全部时间。（2）一个课型依据一定的原则切分成的或大或小的教学阶段。比如下一节中讨论的课堂教学的四级单位，便是依据一定的原则切分出来的大小不同的教学阶段。

第二个概念，"教材"。通常，对外汉语教学中精读课的教材都是依据某种大纲（如语法大纲、功能大纲、情境大纲）编写的。在教材的结构中，一个最基本的单位是"课"。"课"是教材根据大纲、按照一定的顺序切分出来的教学单位。每一课包含大纲中的一个到数个项目。

每"课"内容的排列，一般是按照教材编写者所设计的教学进程排列的。比如《基础汉语课本》（李培元等，1980）每课的内容一般是这样排列的：生词—课文—语音（在语音阶段）—语法注释—练习。

在下一节我们将看到，这种排列是划分教学环节的主要依据。

三、课堂教学结构分析

课堂教学过程在结构上可以分析为以下四级单位，即教学单位、教学环节、教学步骤、教学行为。这四级单位有不同层次的构成关系，即上一级单位是下一级单位构成的。下面分别说明。

3.1 教学单位

"教学单位"是课堂教学的基本单位，它是依据教材的教学进程划分的。表现在教材形式上，一个教学单位是教材的"一课书"；表现在时间上，一个教学单位可以是一节课（45~50分钟），也可以是数节课。一般来说，在对外汉语教学的初级阶段，精读课的每一教学单位所用的时间都比较短（一般是两节课），中、高级阶段，教学单位比较长。

每一个教学单位都有依据教材的编写原则切分、排列的教学内容。以语法为纲的教材是以一个到数个语法项目为中心，以功能为纲的教材通常以一个到数个功能项目为中心。例如《现代汉语教程·读写课本》第二册中的第六十九课是以下面的语法项目为中心教学内容的：（1）倍数；（2）分数；（3）数量词组比较。

当然，每一个教学单位除了中心教学内容之外，还包括与之相应的语音和/或词汇项目。比如在上述"课"中还包括相应的词汇。

教学单位是由教学环节构成的。

3.2 教学环节

一个教学单位可以划分为若干教学环节。环节是为实现教学单位的教学目的所设计的过程，一般说来，它是依据对教材中"一课书"的语言项目（如"教材"部分所说的生词、课文、语法解释、练习等）处理顺序划分的。

比如一节精读课可以划分为检查复习和预习情况、生词处理、新语法点处理、课文处理、归纳总结、留作业六个教学环节。其中生词处理、新语法点处理、课文处理三个环节是主要环节，是依据处理的语言项目划分的。其余三个环节是辅助的环节，是用剩余的方法划分出来的，它们既不能归到后面的环节中去，也不能归到前面的环节中去。

一个比较长的教学单位，可以分成数个较小的教学单位，也可以分成若干教学环节。比如对《初级汉语课本》第三册中的第六十课，我们可以依据语言项目，把它分成下面的环节（这里略去了一些辅助环节）：生词处理、新语法点处理、课文处理、归纳总结。假定我们要用八课时完成这一教学单位，根据这种教学方法，可以用两课时处理生词，两课时处理新语法点，三课时处理课文，一课时进行归纳总结。

但是，我们也可以依据课文的进展情况，分成四个小的教学单位。每个教学单位都由检查复习和预习情况、生词处理、新语法点处理、课文处理、归纳总结、留作业等环节构成。

在多数情况下，人们是采取后面的方法，即把较长的教学单位划分为小的教学单位而不是大的教学环节。这是由于后者更符合教学规律。

教学环节是由教学步骤构成的。

3.3 教学步骤

每一个教学环节都是由一个或数个教学步骤构成的。教学步骤是依据对教学环节所处理的语言项目的处理方式划分的。比如"处理语法点"的环节是由展示语法点、解释语法点、练习语法点、归纳语法点等步骤构成的。

教学步骤的安排是为完成教学环节所要达到的目的服务的，在精读课上，一般比较固定。比如生词、语法点的处理，都分为展示、解释、练习等步骤；课文可以分成教师口述、就口述的课文内容提问、学生复述、朗读课文以纠音、提问、答疑等教学步骤。

但是，如前所说，有的课型，如听力课、口语课、阅读课、写作课的教学步骤，至少到目前为止，还没有比较固定的教学步骤。

教学步骤是由教学行为构成的。

3.4 教学行为

一个教学步骤是由一个或数个教学行为构成的。比如练习生词这一教学步骤，可能由领读、单读、就生词进行问答、用生词组句等教学行为构成。再如练习一个语法点，可以由领读例句、词语替换练习、师生问答、学生之间问答等教学行为构成。

教学行为是课堂教学过程中最基本的单位。课堂教学归根到底是由一连串的教学行为构成的。[1]教学行为是课堂教学中最活跃、最能表现教学艺术、经验、水平的地方。因此教师应当对各种教学行为心中有数，了如指掌。在课堂教学中根据学生、教学内容、教学进程，选择最合适的教学行为，加以最优的组合。有经验的教师选用的教学行为，一般都有以下特点：（1）选择学生最容易理解的行为；（2）选择使学生有最多的练习、实践机会的行为；（3）选择最接近实际交际的行为；（4）在教学行为的排列上，达到各行为之间的互相铺垫，平稳过渡。

四、余论

过去，我们对对外汉语教学的课堂教学缺乏细致的分析，因此一些概念比较模糊。比如在评价教师的课堂教学时，我们常常说"教学环节清楚"或"教学环节不清楚"，那么什么叫"教学环节"？教学环节是依据什么切分出来的？似乎没有探究。笔者在过去发表过的文章中，也曾混淆了教学环节、教学步骤、教学行为的界限，比如把精读课的一个教学单位切分成检查复习和预习情况、处理生词、展示新语法点、解释新语法点、练习新语法点、处理课文、总结归纳等"环节"。[2]这在逻辑上是不通的，因为在同一次划分中使用了多个标准。

分析课堂教学结构，不仅可以使我们对课堂教学的框架有科学的理解和描述，还可以使我们更好地遵循教学规律，选择最优的教学环节、步骤和行为的组合方式，使课堂教学的环节、步骤层次清楚，构成清晰的课堂教学模式，也可以给课堂教学评价提供比较客观的标准。

（原载于《世界汉语教学》1992 年第 3 期）

---

[1] 笔者在《课堂教学技巧略说》（杨寄洲、崔永华，《语言教学与研究》1991 年第 2 期）中把教学行为和教学技巧并称，其实二者是从不同的角度分析同一事物，此处不打算做过多的说明。

[2] 出处同前。

对外汉语课堂教学技巧·导言 [1]
（1997）

一、关于课堂教学技巧的概念

本书讨论对外教学的汉语课堂教学技巧，所以首先要说明一下"课堂教学技巧"的含义。

我们所说的"课堂教学技巧"包括两类课堂教学行为：第一类是教师在课堂教学中，为使学生理解和掌握所学语言项目或言语技能所使用的手段，比如用实物或图片介绍生词；第二类是为使学生掌握所学的语言项目和言语技能，学生在教师指导下进行的课堂操练方式，比如通过替换练习让学生掌握新学的语法项目。第一类主要是教师的行为，第二类是在教师指导下的学生的行为。

对于课堂教学技巧，近年来国内已经有了一定的讨论。但是总的来说，经验介绍较多，全面、系统的整理不够，理论上的讨论更少。理论讨论少，原因是多方面的。其中一个重要的原因是时机不成熟，或者说经验还不够，可提供研究的材料太少，不足以形成理论。这是一方面的事实。但是另一方面，我国的对外汉语教学至少有40多年的历史，目前，世界上把汉语作为外语学习的人数以万计，从事汉语教学的教师也数以千计，这里的经验、材料、实例应当是相当可观的。收集和整理经验、材料、实例正是形成理论的基础，是建立理论的预备阶段。本书想做的事，就是进行这种经验、材料、实例的整理，把我们所看到的、所做的、所想到的整理出来，一方面给从事汉语作为外语教学的同行提供一点参考，另一方面，也想做一点从实践到理论的过渡工作。

我们说本书是"把我们所看到的、所做到的、所想到的整理出来"，这是我们的材料来源。即：尽量收集讲到课堂教学的著述；编写者自己在课堂教学中所用的技巧；在本书的整理、编写过程中觉得可以补充进去的技巧，这里有些技巧是从别的课型中借鉴来的，有些是从其他方法那儿推演出来的。

对外汉语教学的课堂教学技巧当然不止本书所收集到的这些。本书所介绍的只是其中的一部分，肯定会遗漏很多好的课堂教学技巧。由于能力和经验所限，我们只希望这本小书能起到一个抛砖引玉的作用。

---

[1] 本文是笔者和杨寄洲共同主编的《对外汉语课堂教学技巧》的导言部分。该书1997年由北京语言文化大学出版社出版。

二、课堂教学结构和教学技巧在教学中的作用

课堂教学技巧是外语教学法的一个重要组成部分。为了说明它在理论和实践上的地位，需要对与课堂教学技巧相关的课堂教学结构做一个简单的介绍。

崔永华在《基础汉语阶段精读课课堂教学结构分析》一文中从结构上把课堂教学分析为四级单位，即教学单元（原文为"教学单位"）、教学环节、教学步骤、教学行为。这四级单位是一种构成关系，即高一级的单位是由下一级单位构成的。

教学单元。教学单元是依据教材的教学进程划分出来的教学过程。在内容上，一个教学单元通常是包含教学大纲中的一个到数个项目的一课书；在形式上，一个教学单元表现为一课书的整个教学过程；在时间上，一个教学单元可以是一节课，也可以是数节课。

教学环节。教学单元是由教学环节构成的，即一个教学单元可以依据课堂上特定时间里所处理语言项目的类别划分为若干教学环节。教学环节是为实现一个教学单元的教学目的所设计的过程。比如一节精读课可以划分为如下教学环节：检查复习、预习情况，生词处理，新语法点处理，课文处理，归纳总结，留作业。

教学步骤。教学环节可以依据对语言项目的处理方式划分为若干个教学步骤。比如精读课的"处理语法点"这一教学环节通常由以下四个步骤构成：展示／引进语法点、解释语法点、练习语法点、归纳语法点。

教学行为。一个教学步骤是由一个到数个为达到相同目的而实施的教学行为构成的。比如练习一个语法点，可能是由领读、替换、师生问答、学生之间问答等教学行为构成；再如处理生词，可能通过听写、改错、领读、图示、组句等教学行为构成。这两组教学行为，都是为了统一的教学目的。

教学行为是课堂教学中最基本的单位。每一个教学单元、教学环节、教学步骤都是通过一系列教学行为来实现的。[1]

下面我们举一个作文课中应用文训练的例子[2]来说明课堂教学的结构：

表 1　课堂教学结构示例

教学单元	教学环节	教学步骤	教学行为
议论文写作	范文处理	阅读范文	默读 学生提问（就不懂的问题）
		分析范文	教师提问（就格式、段落结构等） 填空练习（范围同上）

---

[1] 关于课堂教学结构的详细说明，可参看《基础汉语阶段精读课课堂教学结构分析》一文。
[2] 此例请参看《对外汉语课堂教学技巧》第八章"写作课课堂教学技巧"。

续表

教学单元	教学环节	教学步骤	教学行为
议论文写作	写作	确定内容	给出作文题目
			教师提问（就写作内容）
			学生举例（与题目相关的细节）
		列提纲	通过讨论给例子分类 确定文章结构 列出提纲
		写作	写作
	评改	教师标出错误	用符号
		学生修改	
		教师再纠正错误并指出普遍的问题	

从上面对课堂教学结构的分析中不难看出，课堂教学技巧在课堂教学中有着非常重要的作用。课堂教学技巧属于课堂教学结构中的"教学行为"这一个层次，是师生两方面的一个个具体的教与学的行为。如果我们的分析不错的话，那么课堂教学技巧和在课堂教学中的重要作用就很清楚了：课堂教学技巧是课堂教学的基本元素，课堂教学是由课堂教学技巧构成的。任何课堂教学，都是在运用某些课堂教学技巧；没有课堂教学技巧，就没有课堂教学。因此，如果说语言教学是一门科学、一种艺术，那么我们可以毫不夸张地说，这种科学、艺术，归根结底是表现在教师对教学行为的选择、排列和把握上。

三、对外汉语教学课堂教学技巧的特点

国外有一些关于外语课堂教学技巧的论著，我们在对外汉语教学中应当借鉴。但是汉语课堂教学技巧跟汉语教学一样，也有自己不容忽视的特点。

从对外汉语教学的角度来看，汉语的主要特点是声调、汉字和无形态标志。对多数外国学习者来说，汉语的这些特点在他们的母语中是没有的。当然也有例外，比如对母语为日语的学习者来说，汉字不构成学习的特点，对他们来说，汉语的韵母，特别是复合韵母，倒是他们学习汉语的一个难点。我们这里的讨论是针对大多数外国汉语学习者的情况的。

汉语的上述三个主要特点，影响到学习者学习汉语的各个方面和整个学习过程。无论是语言项目的学习（语音、词汇、语法、汉字）还是语言技能教学（听力、口语、阅

读、写作）都受到它们的制约。这些特点也导致了汉语作为外语的教学过程与其他语言作为外语的教学过程的区别。这些区别主要是：

第一，汉语课堂教学有某些独有的技巧。比如我们针对汉语的声调和汉字，创造了教授声调、汉字的一些技巧。

第二，有跟其他语言教学不同的侧重点。比如，汉语的无形态性，构成汉语语法教学不同于其他语言的语法教学的特点，即汉语教学以句法教学为主，句型教学技巧在语法教学中占有非常重要的地位，比如"被"字句、"把"字句、比较句、存现句等，而词法教学则显得不那么重要，很多课本几乎不提及。

第三，引起教学结构的变化。比如构词法在印欧语中是语法教学的范围，但是在汉语中可能在词汇教学中更有效，而且汉语的构词特点、复合词的可解性和有限的构词手段给汉语的词汇教学提供了一些易行、有效的方法。

第四，有些技巧使用的范围和作用不同。比如听写，在其他语言的外语教学中也常常使用，但是在汉语教学中，由于汉字教学的难度大，就被非常频繁地使用，而且使用的范围更广泛（不但精读课中语音、词汇、语法、汉字教学中使用，听力课、写作课也都可以使用），当然在不同的教学项目和课型中，其作用不尽相同。

我们收集的 300 多个技巧项目，说明从事对外汉语教学的教师，针对对外汉语教学的这种特点，创造了大量的汉语教学技巧。从这些技巧的总和中可以看出对外汉语课堂教学技巧的特点。

四、课堂教学技巧的分类

课堂教学技巧在数量上是无限的。随着对课堂教学的研究、教学手段的发展以及教学经验的积累，我们可以不断创造新的技巧方式。为了课堂教学技巧的研究和在课堂上的实际应用，我们需要对它进行归纳整理，归纳整理的第一步便是分类。

分类需要一个框架。我们的分类框架来自对外汉语教学的现状。目前，对外汉语教学有三种教学类型：第一种是根据语言教学项目安排教学，这种教学只设置精读课，以语音、词汇、语法、汉字为教学的纲目，在语言项目教学中训练语言运用能力，这是初级汉语教学常常使用的分类；第二种是根据语言技能训练安排教学，即分成听力课、口语课、阅读课、写作课四大类，分别培养听、说、读、写的能力，有时针对学生的学习目的做进一步的划分，比如口语课又可分为生活口语、外贸口语、旅游口语、翻译口语等，这是中高级汉语教学常用来设置课程的方法；第三种是把两种方法结合起来，现在已经成了一种比较普遍的课程设置方式，即既设置以语音、词汇、语法、汉字教学为教学内容的精读课，同时又设置以训练单项技能为目的的听力课、口语课、阅读课、写作课。

为提高本书内容的涵盖面和实用性，我们采取了第三种方法作为框架，即把我们收集到的300多项技巧分为下面八类：语音课堂教学技巧、词汇课堂教学技巧、语法课堂教学技巧、汉字课堂教学技巧、听力课堂教学技巧、口语课堂教学技巧、阅读课堂教学技巧、写作课堂教学技巧。

这样可以把目前所有的课堂教学类型都包括进来，但是也遇到了问题：因为第三种课型的设置方法是前两种方法的综合，而前两种方法在课堂教学技巧上有许多重合的地方，所以这种分类会有很多重合的地方。为了避免重复，我们在编写的时候，免去了一些不必要的重复条目，有的地方说明了参看的条目以供参考。

各类技巧的进一步分类。在实际使用和本书的编排上，以上八类技巧还可以进一步分成若干小类。对小类，我们是依照下面的原则进行再分类的。对语言项目教学技巧（前四类），根据课堂教学的一般程序再分类，比如把语法课堂教学技巧分为：展示语法点的技巧、解释语法点的技巧、语法点的练习、归纳语法点的技巧。对技能训练项目的教学技巧（后四类），则是根据技能训练的步骤，由易到难地安排，比如把听力课堂教学技巧分为：单句理解训练、对话理解训练、短文理解训练、声像材料和实际语料理解训练。

五、课堂教学技巧的选择和使用

本书介绍了300多种课堂教学技巧。实际存在的技巧项目数量肯定要大大超过本书收集的。这就是说，每一种课型和教学过程都有许多可供选择的技巧。那么在实际课堂教学中应当根据什么原则来确定要使用的技巧呢？我们认为有以下几个方面特别值得注意：

第一，根据教学目的选择教学技巧。比如阅读课主要是训练和提高快速阅读理解能力的，所以精读课上的"朗读"技巧，一般不在"阅读理解"课上使用，而选用"默读""浏览"等技巧项目更合适；再如精读课处理生词常常用听写的方法，但是在阅读课、口语课上处理生词，就不宜用这种方法。

第二，使用技巧要有明确的目的。比如在课堂上，经常使用"领读"这一技巧。而领读可以用于不同的目的，比如可以用来让学生熟悉句型，可以用来纠正学生的发音错误，也可以用来帮助学生记忆课文，以利于后面将进行的练习，等等。教师在使用这一技巧时，一定要明确自己的目的是什么。如果是为了让学生熟悉句型，则应当不断提高领读的速度；如果是为了纠正学生的发音错误，则需突出学生可能犯错误的地方；如果是为了帮助学生记忆，则可能要配以必要的重点词语板书；等等。再如写作课教学，常常用到缩写、改写、扩写等练习形式，这些都是训练汉语写作能力的方法。但是我们看到，在有些写作课上教师使用这种练习的目的有时并不明确。我们认为，教师在进行这种训练时应当明确并使学生也明确做这种练习的目的，而且目的要尽可能具体。比如是为了学习议论文的结构还是记叙文的表达方法，而不是只抽象地说是提高学生的写作能力。进行缩写、改写、扩写时提供的文章只是为学生思考、写作提供具体的背景，以保证学生有具体的写作内容，而不必用很多时间去思考写什么内容，把更多时间用于训练课程所安排的目的项目。应当特别强调，在对外汉语教学的写作课中，文体、结构、格式、特定词语、标点符号等项目是训练的主要目的，而不应当过分强调内容上的创造，在初、中级阶段尤其如此。

第三，应当优先选择交际性强的技巧。比如在解释生词时"道具"优于"图片"，"实物"又优于"道具"，因为说出实物的名称比说出图片上的东西的名称更富交际性。尤其应当注意的是，在课堂教学的过程中，应当注重针对教学内容的真实性问答。比如展示语法点时，应当优先选择"提问""对话"等交际性技巧；在口语课中更应当及时转入实际的或模拟的交际性练习。即使在作文课上，通过问答的方法来提供写作的素材和思路，也是值得优先推荐的。交际性强的技巧项目可以起到缩短语言学习和语言运用的距离，使学习过程跟实际运用建立直接的联系，有利于学生真正学会运用所学的语言项目。

第四，优先选用节省时间的技巧。课堂时间是十分宝贵的，因此，我们在选择技巧时，特别要考虑到课堂时间的有效使用。选择直观的、易解的技巧解释语言点，省下尽可能多的时间，让学生进行反复的练习，掌握要学习的项目和技能。使用实物、道具解释词汇，用图片作为练习提示等技巧都可以起到这样的作用。在运用技巧中，也要注意时效。比如在做替换练习时，教师应当尽量减少提示词语，加快节奏，不是点名发言，而是要学生看着教师或教师用手势或目光指定发言者。再如做句型变换练习时，教师可以把提示（如肯定、否定、"被"字句、"把"字句、其他关键词语等）写在黑板上，用教鞭指示要求学生变换的句子。

（原载于崔永华、杨寄洲《对外汉语课堂教学技巧》，北京语言文化大学出版社，1997）

试论对外汉语综合课课堂教学设计[1]
——教育学视角的分析
（2006）

一、引言

1.1 问题的提出

我们每天都在上课、写教案，但是大概很少想过，我的教案为什么是这样的？我写教案的依据是什么？

现代教育理论认为，备课、编写教案是一种教学设计，应当遵循教学设计的原理。对外汉语教学的教案尽管有自己的特殊性，但也是一种课堂教学设计，应当遵循教学设计的基本原理。

1.2 教学设计的理论和方法

教学设计（instructional design，ID），也叫作教学系统设计（instructional system development，ISD），是教育学的一个分支。教学设计 20 世纪中期开始受到广泛的注意，当前已发展成为教育领域一种重要的理论和方法。这种理论和方法 20 世纪 80 年代传入我国，也逐渐成为我国教育领域的一个研究和应用的热点。

教学设计以优化教学效果为目的，依据教育学、心理学、传播学和相关学科的理论，运用系统方法，分析教学系统中各个要素之间的联系，据此确定教学目标，建立不同层次的教学方案，包括人才培养计划、课程设置、课程计划、教材、多媒体课件、课堂教学计划等。

1.3 本文宗旨

学习、了解教学设计的理论和方法，把它运用到对外汉语的课堂教学和其他层次的教学设计中去，是汉语教师应当具备的理论素养。掌握和运用教学设计的原理，是保证

[1] 本文另载陆俭明主编《第八届国际汉语教学讨论会论文选》，高等教育出版社，2007 年。在收录时标题修改为《试论综合课课堂教学设计——教育学视角的分析》。

教学设计的科学性、保证高水平的课堂教学、保证教学质量的基本条件之一。

本文以对外汉语教学综合课（又称"精读课"）课堂教学的教案设计为例，探讨如何运用教学设计的理论和方法设计课堂教学、编写教案。讨论将以杨寄洲等编著的《汉语教程》第二册（下）（北京语言文化大学出版社，1999）第四十七课的教案设计为例。在每小节讨论的最后，给出基于这课书的教案参考实例。需要特别说明的是，这个实例只是一个"示例"，帮助理解教学设计的理论和方法，其中可以推敲的地方肯定还很多。

二、教学设计过程

教学设计据说有上百种不同的模式，即教学设计的过程。我国学者通用的一种教学设计过程（参看徐英俊，2001：63），如图1所示。

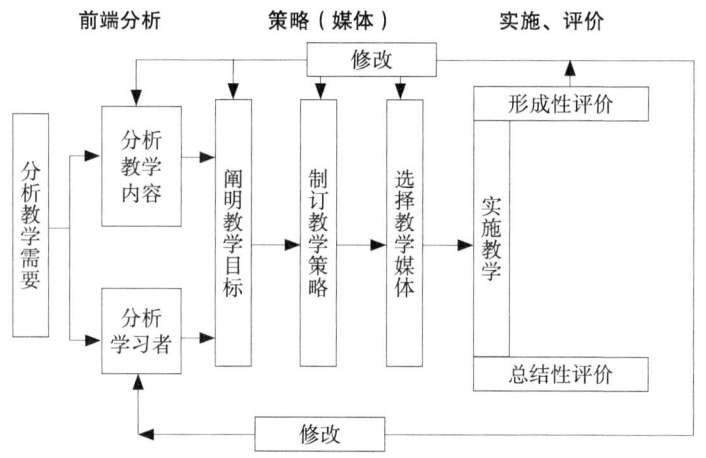

图1　教学设计的一般模式（过程）

图1所描述的教学设计过程是一个系统化的设计过程：

第一，这个过程由若干子过程（元素）组成，包括分析教学需要、分析教学内容、分析学习者、阐明教学目标、制订教学策略、选择教学媒体、实施教学、进行教学评价。

第二，这个过程是按照一个特定的方向发展的，前一子过程依次把操作结果输入下一过程，作为下一子过程进行的依据和基础。

第三，在设计过程的各个环节不断进行反馈，各个设计环节又都可以依据反馈对设计进行修正，直到达到设计的最优化为止。

我们认为，综合课的教学设计可以根据图1所描绘的过程进行。下面依次对每一子过程加以说明。

三、分析教学需要

3.1 教学需要（need）

教学需要也叫学习需求，指从学习者学习的起点到要达到的教学目标之间的差距。在课堂教学设计中，可以看作是本教学单元的教学总体目标。综合课一课书的课堂教学需要（教学总体目标）一般由教材规定，不需要做太多的分析工作，但是也要把达到新目标所需要的先决知识、能力和需要做的工作适当补充考虑进去。

3.2 教学需要分析结果

表 1 是对第四十七课的教学需要的分析结果。

表 1　第四十七课的教学需要分析结果

需求分析	教学总体目标：学会用"动词（v.）+'着'"结构描述人物、情景
	学生的先决知识：已经掌握了动宾结构和动作、行为完成的表达方法
	需要学习的是"动词（v.）+'着'"结构和表达所需要的相应词语
	交际练习需要补充一些常用的相关词语如"耳环、牛仔裤、手链"等

四、分析教学内容

4.1 教学内容（content）

教学设计理论一般依据美国教育心理学家加涅的学习结果分类讨论教学内容。他把学习结果分为五大类：言语信息（verbal information）、智力技能（intellectual skills）、认知策略（cognitive strategy）、动作技能（motor skills）、态度（attitude）。这种分类为讨论教学设计和实施提供了基础概念。

4.2 汉语课堂教学的内容

这种教育心理学视角的教学内容分析，对外汉语教学界还没有系统进行。陈贤纯（1999）从陈述性知识和程序性知识的角度对汉语教学内容的探讨说明这个角度的区分对对外汉语教学有着重要意义。本文无力详尽讨论汉语教学内容的教育心理学分类，只把汉语课堂教学的内容跟加涅的分类做一个简单的比照：言语信息大致相当于汉语语言知识、中国国情和文化知识；智力技能和动作技能跟汉语语言技能有关系，前者要求会说，后者强调熟练；认知策略是学习者获得汉语知识和技能的方法，即通常所说的学习方法；态度指影响学习者对汉语学习、中国社会、文化和学习条件（包括学校、教师、班级、同学）喜爱或厌恶的心理状态。

对外汉语教学在教学内容的规定上，往往强调相当于言语信息、智力技能和动作技能方面的教学内容，基本忽略认知策略和态度方面的内容。我们讲了多年"授之以渔"，但是在课堂教学实施中，对此考虑甚少。加涅等（1999）归纳的"认知策略对信息加工阶段的支持功能"对我们考虑如何培养学习者的认知策略，可以提供启发。

表 2　认知策略对信息加工阶段的支持功能

学习过程	支持策略
选择性知觉	集中注意、画线、先行组织者、附加问题、列提纲
复述	解释意义、做笔记、表象、列提纲、组块
语义编码	概念示图法、分类学方法、类比法、规则／产生式、图式
提取	记忆术、表象
执行控制	元认知策略

另一方面，我们希望学生持积极的学习态度，但常常是只有形式上的约束，如点名、记考勤，设法提高教学效率、兴趣，却很少把态度作为课堂教学的一项内容来对待。

4.3 教学内容分析结果

表 3 是对第四十七课的教学内容的分析结果。

表 3　第四十七课的教学内容分析结果

教学内容	词汇	重点词语、一般词语、补充词语
	语法	"动词（v.）＋'着'"表示行为持续状态，表示行为结果的持续状态，说明另一动作进行的方式
	课文	对人物着装的描述、对环境陈设的描述、对动作进行方式的描述
	策略	用结构比较的方法，给"动词（v.）＋'着'"结构分类，促进理解和记忆
	态度	通过对着装的互相描述，增进友情，活跃课堂气氛，提高学习兴趣

五、分析学习者

学习者（learner）是学习的主体，教学设计的一切活动都是为了学生的学习，因此课堂教学设计必须符合学生的知识水平、认知水平，尽可能为学生创造理想的学习条件。

为设计有效的课堂教学，我们应对学生的下述情况心中有数：跟本课书相关的学生的先决知识和能力、已掌握的知识和能力、母语和文化背景（包括经历）；学业成绩、学习动机、学习策略、爱好；对教学内容、教学方法、教师、班级、院系、学校的态度；学习班级的群体特征。特别要明确的是：对新的教学内容来说，学生已经知道了什么；如何根据学生的实际情况（母语、所在国国情、爱好、生活和学习现状等）准备和引入教学内容，进行课堂操练。

表4是对第四十七课的学习者的分析结果。

表4 第四十七课的学习者分析结果

学习者分析	先决知识和技能：曾要求学生预习生词 学习过动宾结构，没学过"着"
	学习风格方面：个别学生反应比较慢

六、阐明教学目标

6.1 教学目标和阐明教学目标

教学目标又称学习目标（learning objectives），是对于学习者通过学习后对教学内容掌握程度的确切、具体的行为表述。

阐明教学目标是把教学目标具体化、明确化的过程。明确的教学目标，可以为制订教学策略和教学评价提供依据。

6.2 教学目标的分类

教学设计理论一般把教学目标分为三类：认知领域的目标、动作技能领域的目标和情感领域的目标。每类教学目标又可以分为若干掌握水平。国内有学者把三个领域的教学目标（学习水平）分别分为五级（参看徐英俊，2001：125），归纳为表5。

表 5　三领域的五级学习水平

学习水平 领域	一级	二级	三级	四级	五级
认知领域	记忆	理解	简单应用	综合运用	创见
动作技能领域	模仿	对模仿动作的理解	动作组合协调	动作评价	新动作的创造
情感领域	接受	思考	兴趣	热爱	品格形成

　　对外汉语教学各领域的学习水平如何确定？对属于认知领域的汉语和中国国情、文化知识的学习水平，以及情感领域的学习水平，我们可以先借用一般的分类方法。但是，汉语教学的"语言技能"显然跟"动作技能"有很大的差别。如何描写汉语技能的学习水平，应当是对外汉语教学研究的一个重要课题。笔者认为，国内外广泛采用的辛普森（E. Simpson）对动作技能领域学习水平的分类（参看徐英俊，2001：122-124）跟语言技能的学习水平在表述上更为接近（见表 6）。

表 6　辛普森对动作技能领域学习水平的分类

知觉（perception）	运动感官获得信息以指导动作，主要了解有关知识、性质等
准备（set）	为适应某种动作技能的学习做好心理上、身体上的准备
反应（guided response）	能在教师的指导下表现有关行为
机械动作（mechanism）	经过一定的练习，动作已经形成技能，学习者的反应已成习惯
复杂的外显反应（complex overt response）	能精确、迅速、连贯、协调、轻松、稳定地表现全套动作技能
适应（adaptation）	动作技能能适应环境、条件及要求的变化，满足具体情境的需要
创新（origination）	形成了创造新动作技能的能力

　　参照辛普森和国内学者的分类，我们提出汉语技能领域的学习水平等级（如表 7 所示）。当然，这还只是一个很初步的想法，需要进一步论证。

表 7　汉语技能领域的学习水平等级（与辛普森和国内一般分类比较）

学习水平 领域	一级	二级	三级	四级	五级	六级	
汉语技能领域	感知	理解	模仿	熟巧	简单应用	正常应用	
辛普森的分类	知觉	准备	反应	机械动作	复杂的外显反应	适应	创新
国内的分类	模仿		对模仿动作的理解	动作组合协调	动作评价	新动作的创造	

6.3 教学目标的编写方法

对教学目标的描述方法，教学设计界有两种不同的观点：行为观强调用可观察、可测量的行为描述教学目标；认知观强调用内部心理过程描述教学目标。尽管二者有所不同，但都认为应把描述教学目标的重点放在学生行为或能力的变化上。

教学设计中有一种教学目标编写法叫"ABCD 法"。这是一种用行为术语来描述教学目标的方法。例如：

$$\underset{A}{\text{学过本课后，学生}}\ \underset{B}{\text{可以区分"着"的三种用法}}，\underset{C}{\text{在辨认课文和练习中带"着"的}}$$

$$\underset{D}{\text{句子时，准确率达 90 \%}}。$$

其中 A 表示对象（audience），指学习者；B 表示行为（behavior），即让学习者做什么；C 表示条件（condition），即在什么条件下实施行为 B；D 表示行为的标准（degree），即行为完成质量的可接受的最低衡量依据。在一个具体的教学目标中，行为的表述是基本部分，不能省略；条件和标准是两个可选的部分。

6.4 综合课的教学目标编写

对外汉语教学各级教学目标阐述常常存在不具体、不可测量的问题。比如在对课堂教学目标进行描述时常常说："掌握'把'字句的用法""可以复述课文""掌握重点词语的用法"。

近 30 年来，不少教育学家、心理学家都致力于设计、开发、分析和描述教学目标的方法。可见教学目标的阐述，不是一个简单的问题。如何描述对外汉语教学的教学目标，同样是一个需要研究的问题，本文无力承担。表 8 所列的教学目标分析结果，只是一个尝试性的描述。

6.5 教学目标分析结果

表 8 是对第四十七课的教学目标的分析结果。

表 8　第四十七课的教学目标分析结果

教学目标	词汇	可以认读全部词汇，基本没有错误（正确率 90%，下同） 能在教师指定的练习中准确使用重点词汇，基本没有错误
	语法	理解所学的句式，可以流利地描述教师指定的事物，基本没有语法错误
	课文	在没有提示的情况下，能够流利地复述课文，基本没有错误 用课文的框架进行流利、完整的同类对话，基本没有错误

续表

教学目标	交际能力	在课堂上描述同学和老师的穿着、环境、行为方式，基本没有错误
	学习策略	用比较的方法，区分教师列出的表示不同语法意义的句式，分类基本正确
	情感态度	学生能投入课堂学习，积极参与互相描述，课堂气氛活跃

七、制订教学策略

7.1 教学策略（strategy）和教学策略的制订

教学策略是对为完成特定教学目标而采用的教学活动程序、教学方法、教学媒体和教学组织形式等因素的总体考虑。教学策略是实现教学目标的途径，是教学设计的重点。

7.2 制订教学程序的依据

教学过程在对外汉语教学中通常称为"教学环节"。关于教学过程，古今中外教育家提出多种模式，语言教学的各个流派和对外汉语教学界，也都有这方面的论述。下面我们分别举例说明。

表 9　教学过程与学习过程的关系

	学习过程	教学事件	举例（学习英语专有名词规则）
1	接受各种神经冲动	引起注意	在黑板上呈现包含未予大写的专有名词的句子，提问是否有异常之处
2	刺激执行控制过程	告知学生目标	告诉学生本课学习专有名词
3	把先前的学习提取到工作记忆中	刺激回忆前提性的学习	提示学生举出专有名词的例子
4	突出有助于选择性知觉的特征	呈现刺激材料	用投影仪呈现专有名词的定义
5	语义编码，提取线索	提供学习指导	比较普通名词和专有名词
6	激活反应组织	引出作业	让学生分类列出专有名词
7	建立强化	提供作业正确性的反馈	告诉学生他们的上述作业是否正确
8	激活提取，使强化成为可能	评价作业	让学生在十个句子中的专有名词下画线
9	为提取提供线索和策略	促进保持和迁移	让学生写出五个含有专有名词的句子

7.2.1 加涅的"引导学习（learning guidance）"教学过程

按照加涅等（1999）的看法，教学是一种影响学习内部过程的外部事件，因此教学程序应该与学习内部活动过程相适应。他把一个学习行为分解成九个阶段，因此他设计的"引导学习"的教学基本过程也是九个步骤。

7.2.2 听说法（audio-lingual method）的五段教学过程 [1]

（1）认知（recognition）：即对所学句型耳听会意。主要采用与外语本身相同或不同的对比，使学生从对比中了解新句型或话语。

（2）模仿（imitation）：跟读、齐读、抽读、纠错、改正；记忆。

（3）重复（repetition），检查：学生重复模仿的材料，同时做记忆性练习；教师检查。

（4）变换（variation）：即替换操练，应按替换、转换、扩展三步逐渐加大难度。同时要注意学生的理解情况。

　　①替换（substitute）：替换分单项替换和多项替换。

　　②转换（conversion）：包括含义转换、结构转换和增减句子要素。比如，主动句转换为被动句；陈述句转换为疑问句，肯定句变换为否定句。

　　③扩展（expansion）：包括前置修饰扩展和后置修饰扩展。

（5）选择（selection）：活用所学语言材料于交际实际或模拟情景之中，即综合运用。

7.2.3 任务型教学法的教学过程 [2]

（1）任务前（pre-task）：引出话题和任务。

（2）任务环（task circle）：

　　①任务（task）：执行任务。

　　②计划（planning）：计划汇报任务完成情况。

　　③汇报（reporting）：汇报展示任务完成情况。

（3）语言聚焦（language focus）：

　　①分析（analysis）：分析任务执行情况。

　　②操练（practice）：学生在老师的指导下练习语言点。

7.2.4 对外汉语教学常用的语法点、词汇教学的过程 [3]

（1）展示。

（2）解释。

---

[1] 参看董晓波《外语教学法主要流派简介》，《英语辅导报》（大学教师版），2004—2005 学年第 1、2 期。

[2] 黄为华《对任务型教学的认识、实践与思考》，转引自英语辅导报社。

[3] 参看崔永华、杨寄洲（1997）。

（3）练习：机械练习、有"意义"的练习、交际练习。

上述三类教学程序说明，教学程序的安排是有依据的。我们在设计课堂教学程序（环节）时，应当对此有所意识。

7.3 教学方法

教学方法是课堂教学的总体思路。教育学把教学方法分为三类：教授认知类学习结果的教学方法，如讲授法、演示法、谈话法、讨论法、练习法、实验法、实习作业法等；教授动作技能类学习结果的教学方法，如示范—模仿法、练习—反馈法；教授情感、态度类学习结果的教学方法，如直接强化法、间接强化法。

对外汉语教学的研究尚缺乏教育学层次的教学方法体系，而注重课堂教学技巧的探讨。崔永华、杨寄洲等编写的《对外汉语课堂教学技巧》反映了截止到20世纪90年代初期的情况。如何对汉语教学法进行梳理，建立适合对外汉语教学的教学方法体系，也是一个值得研究的问题。

7.4 教学组织形式

一般把教学组织形式分为三类：集体授课、个别化学习、小组活动。

对外汉语的课堂教学一般采取集体授课形式。现代教育观念非常重视课堂内外的小组活动。小组活动的组织形式通过讨论、问答、交流等行为，在师生之间、学生之间分享教学信息，培养合作精神，促进对所学知识和技能的深入思考，加深理解和记忆。对语言教学来说，小组活动还可以提供更多使用目的语交际的机会，可以有效提高目的语的课堂开口率。因此在课堂教学中应当尽可能多地使用这种教学组织形式。

7.5 综合课课堂教学策略设计

教学策略设计是课堂教学设计（备课）最重要的环节。在设计中应根据教学目的、教学对象、教学条件，选择最优化的教学程序、教学方法、教学组织形式，提高课堂教学效率，争取最佳教学效果。

7.6 教学策略设计

第四十七课的教学策略设计见附表"第四十七课教学策略、心理过程、教学媒体、教学评价设计"。

八、选择教学媒体

8.1 教学媒体（media）

随着现代科学技术的发展，可供选择的教学媒体越来越丰富，媒体在教学中的运用也越来越受到重视。教学设计的理论和方法，对此有非常深入的探讨。徐英俊（2001）列举了媒体在教学中的作用：（1）展示事实；（2）创设情景；（3）提供示范；（4）展现过程，解释原理；（5）设置思辨，解决问题；（6）提供评价分析。在语言课堂教学中，教学媒体可以以生动、直观的呈现形式让学习者感受语言和语言规则，为学习提供范例，提供练习和使用语言的环境，提高其学习动机和兴趣。

8.2 可供课堂教学选择的媒体

徐英俊（2001）列出了可供选择的媒体种类。简列如表 10。

表 10　可供课堂教学选择的媒体

教学媒体	传统媒体	直观教具	仪器、实物、标本、模型、黑板、印刷品
		示意教具	图片、地图、表格
	现代媒体	视觉媒体	幻灯、投影
		听觉媒体	录音、激光唱盘、广播
		视听媒体	电影、电视、录像、光盘
		系统媒体	语音教学系统、计算机辅助教学系统

8.3 综合课教学媒体的选择

在课堂教学中，要根据教学目标、教学内容、教学对象、教学条件选择最适合的媒体，充分加以利用，以提高教学效率。如何选择合适的媒体，需要考虑的因素很多。表 11 所列加涅对各种教学媒体的功能评价（参看皮连生，2000：168），可以给我们提供启发。

表 11　各种教学媒体的功能评价

教学事件 ＼ 媒体	实物演示	口语交流	印刷媒体	静止图画	活动图画	有声电影	教学机器
呈现刺激	A	B	A	A	A	A	A
引导注意	C	A	A	C	C	A	A

续表

媒体 教学事件	实物 演示	口语 交流	印刷 媒体	静止 图画	活动 图画	有声 电影	教学 机器
提供示范	B	A	A	B	B	A	A
外部刺激	B	A	A	B	B	A	A
引导思维	C	A	A	C	C	A	A
诱导迁移	B	A	B	B	B	B	B
评定成绩	C	A	A	C	C	A	A
提供反馈	B	A	A	C	B	A	A

注：A 表示功效显著，B 表示功效一般，C 表示功效不大。

8.4 教学媒体设计

第四十七课教学媒体设计见附表"第四十七课教学策略、心理过程、教学媒体、教学评价设计"。

九、教学评价

9.1 教学评价（evaluation）

教学评价是课堂教学过程的一个重要组成部分。它可以提高学习者的动机水平、学习兴趣，增加学习者的责任感。对教师来说，更是检验教学效果的重要手段。教师借此了解学生对知识、技能、策略和态度的学习水平，及时得到反馈，对教学的不足加以改进，保证每个教学环节的教学效果和总体教学效果。

课堂教学的评价包括形成性（formative）评价和总结性（summative）评价两种方式。对于提高课堂教学质量来说，形成性评价比总结性评价更有意义，因此越来越受到重视。形成性评价能及时了解各阶段教学的结果和学生学习的进展情况、存在的问题等，以便根据反馈及时调整和改进教学。

9.2 课堂教学评价的方法

在每个教学环节完成之后，都应用适当的方法进行形成性评价。这种评价可以根据条件，选择简便、易行的办法，结合练习进行，包括在讲解和练习的过程中，从观察学生的反应中得到反馈。

当然，在完成各个设计环节之后，对教学成果进行集中的整体评价，也是必要的。正因为如此，一般教学设计模式都把评价作为设计过程的最后一个环节。

杨惠元（2004）提出一个对外汉语教学课堂评估方法的框架，值得参考：

课堂教学评估的方法

    课上评估

        学生自评（口头回答问题；各类调查问卷）

        教师记录学生课上的表现

        学生互评

        教师总结

    课下评估

        学生访谈

        调查问卷

        教师自评，写教学后记

实施课堂教学评价的关键，是教师在课堂教学设计的过程中具有评价意识，在教案中适时地加入适当的评价行为。

9.3 教学评价设计

第四十七课教学评价设计见附表"第四十七课教学策略、心理过程、教学媒体、教学评价设计"。

十、小结

本文认为，综合课的教学设计（教案的编制）应当有科学的依据，应当克服盲目性和随意性。设计的根本依据是教学设计的一般原理和语言教学的理论。当前的课堂教学设计，要特别注意教学内容中学习策略和态度的规定、教学目标的可测量性，重视小组活动和课堂上的形成性评价。在学科理论建设的层面上，应当进行汉语课堂教学设计的各个因素的研究，例如学习结果（学习内容）的分类、学习水平的描述、各类学习策略的梳理、课堂教学评价的方法等等。

对外汉语教学学科不能不研究教学。课堂教学是对外汉语教学的主要形式，所谓保证和提高教学质量，最根本的是要落实在课堂教学上。因此，应当特别强调加强课堂教学的研究。本文希望借助教育学的理论和方法，特别是教学设计的理论和方法，改善我们的知识结构，弥补课堂教学设计和其他各层次教学设计的不足，使我们的教学设计和实施建立在科学的基础上，切实提高对外汉语教学的质量。

最后必须说明，本文所介绍的只是包含了某些教学设计理论和方法的一个案例。教学设计有很多不同的流派，可以为我们提供极为丰富的教学设计思路。

参考文献

陈　琦、刘儒德 . 当代教育心理学 [M]. 北京：北京师范大学出版社，1997.

陈贤纯 . 对外汉语教学中级阶段教学改革构想：词语的集中强化教学 [J]. 世界汉语教学，1999（4）.

崔永华、杨寄洲 . 对外汉语课堂教学技巧 [M]. 北京：北京语言文化大学出版社，1997.

迪　克（Walter Dick）、凯里（Lou Carey）、凯里（James O. Carey）. 教学系统化设计（英文影印版）[M]. 北京：高等教育出版社，2002.

古　德（Thomas L. Good）、布罗菲（Jere E. Brophy）. 透视课堂 [M]. 陶志琼等译 . 北京：中国轻工业出版社，2002.

何克抗等 . 教学系统设计 [M]. 北京：北京师范大学出版社，2002.

加　涅 . 学习的条件和教学论 [M]. 皮连生等译 . 上海：华东师范大学出版社，1999.

加　涅等 . 教学设计原理 [M]. 皮连生、庞维国等译 . 上海：华东师范大学出版社，1999.

刘　珣 . 对外汉语教育学引论 [M]. 北京：北京语言文化大学出版社，2000.

潘　菽 . 教育心理学 [M]. 北京：人民教育出版社，2001.

皮连生 . 教学设计——心理学的理论与技术 [M]. 北京：高等教育出版社，2000.

盛群力、李志强 . 现代教学设计论 [M]. 杭州：浙江教育出版社，1998.

乌美娜 . 教学设计 [M]. 北京：高等教育出版社，1994.

徐英俊 . 教学设计 [M]. 北京：教育科学出版社，2001.

杨惠元 . 课堂教学评估的作用、原则和方法 [J]. 汉语学习，2004（5）.

章兼中 . 外语教育学 [M]. 杭州：浙江教育出版社，1993.

赵金铭 . 对外汉语教学概论 [M]. 北京：商务印书馆，2004.

（原载于中国人民大学对外语言文化学院编《汉语研究与应用》（第 4 辑），中国社会科学出版社，2006 年）

附表：第四十七课教学策略、心理过程、教学媒体、教学评价设计

教学过程		内容举例	教学过程 / 方法	心理过程	媒体 / 评价
1）组织教学		问候：XX，你昨天怎么没来？复习了吗？谁来听写？	组织教学	引起注意	
2）复习旧课		听写句子 纠正错误 念句子、领读、齐读、个别读	检查作业	刺激对先前学习的回忆	诊断评价：得到前课掌握信息
3）说明目标		介绍本课重点 词汇：板书词汇，标出重点词汇 语法：板书典型句式 交际点：描述 带领学生朗读上述重点 下面的进程经常回到目标	告知目标确立新旧课的联系	激发学习动机呈现刺激材料提供学习指导	媒体：板书
4）教授新课	词汇教学	事先板书词汇，标出重点词汇 学生指出学过的汉字 领读生词，初步讲解 学生集体读生词，学生个别读生词	展示	知道，理解	媒体：板书
		讲解需要理解的重点词语	解释	理解，运用	媒体：板书
		出示图片，让学生说出词语 指示学生或教师的穿戴，让学生说出词语	机械练习	运用	媒体：图片、事物、环境
		朗读词语，学生集体朗读、个别朗读	机械练习	加深记忆	媒体：板书形成性评价
		教师根据课文内容，利用图片或录像，运用上述词语，通过叙述、提问方式，自述或请学生回答，引出课文，附以板书提示	有意义的练习运用	理解，运用	媒体：图片或录像形成性评价
	教授课文	教师根据课文内容，利用图片或录像，运用上述词语，通过叙述、提问方式，自述或请学生回答，引出课文，附以板书提示	定向、参与性练习	感知，有指导的反应	媒体：图片或录像
		教师利用上述板书提示，带领学生说课文，三遍，逐渐减少板书提示，直到完全擦掉	定向、参与性练习	促进记忆和迁移	媒体：板书、图片
		学生集体说课文			
		分组分角色练习说课文	小组活动自主练习		形成性评价
		学生分组分别对全班说课文			
		打开书，教师带学生朗读课文			
		学生朗读课文（可单个学生轮流）	示范		
		让学生找出课文中带"着"的句子	练习		形成性评价
			辨别、分析		

续表

教学过程		内容举例	教学过程 /方法	心理过程	媒体 / 评价
语法学习		学生在教师指导下，给课文中带"着"的句子分类	归纳	理解促进记忆和迁移	
		归纳出重点句型"正"＋动＋"着……呢"处所＋动＋"着"＋名名＋动＋"着"＋动＋名			
		带领学生熟读上面的句子	机械练习		
		做替换练习			
		出示图片，启发学生说出新的句子	有意义的练习、交际练习		形成性评价
		教师指示下，学生运用学过的句式、词语描述教室的设施、教师的穿着、学生的穿着		迁移	
5）总结性评价		学生归纳所学词汇、语法、交际点提出未掌握的项目		促进保持和迁移	学生自主评价
6）作业		完成后面未做的练习项目学生分组准备描写装束、环境的句子，每组十个，连接成短文，第二天在全班展示，基本没有错误			小组课外活动

听力教学经验谈

（2007）

一、缘起

最近教了一些听力课，略有所得，写出来请大家批评。

很多人说听力是一门不太好教的课，表现为学生缺少积极性，注意力不集中，缺勤多。有人调查过，主要原因是学生觉得在听力课上总是处于一种被动的状态，没有意思。

为什么会出现这种状况？主要是因为目前有些听力课的设计偏离了听力课的宗旨。听力课应当有两个基本目标：第一是提供可理解输入，这是学习语言的一个基本过程，所谓"输入大于输出"，聆听是最基本的"输入"途径，处于"领先"地位；第二是学会"听"[1]，即提高聆听理解能力，包括听辨能力和聆听理解策略。当然，理想的听力课还应承担跨文化交际意识和积极的情感态度的培养任务。现在的听力课常常做得不够。

要实现听力课的宗旨，前提条件就是让学生听懂，如果听不懂，那就是无意义的聆听，达不到"可理解输入"的目的；为了听懂并不断提高聆听理解能力，就必须让学生掌握听力策略；为了让学生掌握聆听理解策略，听力课就必须注重聆听理解的过程。笔者的体会是，如果我们能做到让学生听懂、掌握聆听理解策略、积极地介入聆听理解过程，听力课就会活跃起来，目标就容易实现，就会进入一个良性循环。

二、问题

现在的问题是，一般听力课本的教学设计离这两个宗旨有一定的差距。差距表现如下：

第一，听力练习和听力考试一样。我们多数的听力课本的听力练习在题型、题目和操作上，都跟汉语水平考试差不多。谁愿意天天考两个小时的试呢？其后果可想而知。特别是在课堂操作上，有的缺乏经验的教师主要采用"听录音，对答案"的方法，学生处于被动的状态。在这种训练方式下，少数基础好的学生有所收获；基础差的学生可能两节课收获很小，不断受挫，缺少成就感，渐渐失去对听力课的兴趣。

第二，听力练习题目多是"脑筋急转弯"，违背人们聆听的基本规则。我们听人说话，总是处于一定的环境中的，听、说双方有一个共同的理解平台，说话的环境、上下

---

[1] 杨惠元教授建议表述为"聆听"，说起来顺当多了。参看杨惠元（2007：216）。

文在支持着对对方话语的理解。但是有的听力课本中的练习以孤立的单句和突兀的对话形式出现，典型的如"听句子选择正确答案""听对话选择正确答案"。各个题目之间，谁也不挨着谁，前一个句子是"张三喜欢看中国电影"，后一个句子却说"姐姐的钱包被小偷偷走了"，每道题都是一个脑筋急转弯。在真实语言生活中不会发生这种情况。听力课材料缺少情景和上下文的支持，增加了理解的难度，降低了学生理解的正确率，不但难于达到增加可理解输入的目的，也增加了学习者的焦虑，以至挫伤学习者的积极性，提高听力水平的目标必然大打折扣。

第三，练习题的训练目标不明确。听力课一般被规定为提高听力技能的课程。听力技能大致可以分为两个方面：一是听辨能力，即辨音、辨词、辨句、辨语篇的能力；二是聆听策略，即对聆听内容的预测、猜测、判断、推理等能力。

听辨能力是聆听的基础，是在目的语的听觉词典[1]的基础上进行的。培养聆听理解能力的过程，就是逐步构建听觉词典的过程。就像汉字与人的视觉词典相联系，能辨认视觉词汇，才能有阅读理解的基础。文盲只建立了听觉词典，没有建立视觉词典，所以不具备阅读理解能力的基础。听觉词典跟视觉词典是一个道理，读得懂、听不懂，不能理解听到的信息，是"音盲"，外语学习中不同程度地存在这样的现象。听觉词典是语言的听觉印象，视觉词典是语言的视觉印象。二者都指向相应的语言形式（语音、词汇、语法、功能），但是获得的途径有所不同，也不必同时建立。会说的词，你不一定认识它的文字形式；会说会写的词，你不一定能听出来，就像能听懂不一定能写出来一样。所以听、说、读、写是相互关联的不同的技能，需要通过不同的训练获得。

聆听策略是指理解过程和理解过程中涉及的方法、技巧。策略是运用方法的方法和过程。听话人运用听力策略对所听到信息主动地思维和加工，即通过运用听觉词典的知识对信息进行判断、推理，理解说话人的意图。因此聆听理解是一个过程，而不只是一个正误的判断。

从理论上说，为了培养听力技能，我们的每个练习题目都应当有明确的训练目标。这个题目是训练"辨认句型"的，那个题目是训练"预测能力"的。教师和学生都有明确的目标，这样才能更好、更快地提高聆听理解能力。这一点目前我们有的教材显然还存在不足。

第四，对听力策略缺少指导。典型的现象是，对听力基础较差的学生，我们给的建议常常是"多听，听多了就会进步"。根据笔者自己的经验，这种做法收效甚微。提高

---

[1] 这里所说的听觉词典，想指称人们对所学所用语言的听觉印象的总和，包括语音、词汇、语法形式，以及影响聆听理解的图式。

听力水平，固然可以由量变到质变，但是听力策略是影响聆听理解水平的一个重要因素。不掌握聆听理解策略，听力水平难以迅速提高。笔者现在给这些学生的指导之一就是课前预习答案，这对个别学生还是有效果的。

第五，听力材料的选择问题。主要是：（1）有些听力材料内容过时、缺少真实的交际性和知识性；（2）材料脱离学生的文化背景知识；（3）有些练习答案过长，结构复杂，读懂答案比听懂录音材料还难。这些都会给实现可理解输入带来障碍。

三、尝试

为了解决上述问题，提高听力课的教学效果，可以在课堂操作中采取一些方法，弥补现有教材的不足。这些方法的核心是：（1）千方百计让学生听懂；（2）注重聆听理解过程。

3.1 千方百计让学生听懂

基础听力课堂教学的要义是尽量让学生听懂。这是实现有效输入、构建听觉词典、培养聆听理解策略的前提。跟汉字需要一个一个学一样，聆听能力的基础——听觉词典也是逐渐积累起来的。从辨音、辨词，到辨识理解句型、篇章、功能，一步步打实基础，逐步扩大，构建、提高聆听理解水平。

怎么让学生听懂呢？

第一，训练过程要遵循聆听理解的规律和规则，详见 3.2。

第二，对听力有困难的学生采取"超常"措施。培养聆听理解能力，保证学生听懂。基础好、学习能力强的学生，比较容易听懂；基础不好、学习能力差一些的学生，会觉得困难，甚至十分困难。对后者在一定阶段可能要给予特别的照顾，如放慢速度、重复、重点分析等，必要时还要使用一些"超常措施"。所谓"超常措施"包括：（1）在学生听力十分困难的阶段，可以让学生课前预习录音文本，课堂上脱离文本，借助预习的印象聆听理解。经过一段时间的积累，有了相应的听觉词汇和聆听理解技能后，放弃预习，进入正常的听力训练。（2）如果上面的做法还不行，可以让学生课前预习，课上边看边听，借助已有的视觉渠道理解能力，帮助聆听理解。有了一定的基础之后，过渡到通过预习理解，直到脱离预习的正常训练。

使用这种"超常措施"是基于这样的想法：构建聆听理解能力的基础是听懂。总是听不懂，就无法建立听觉词典，更谈不上培养理解技能。另一方面，如果总是处在被挫败的状态，会对学生的情感态度产生消极的影响，甚至完全失去学汉语的信心。所以从一开始就要千方百计打基础，逐步达到实现可理解输入，建立、扩大听觉词典，掌握聆听理解策略的目标。退一步说，对基础差的学生，在课堂上能看懂一些、听懂一点，总比 100 分钟一无所获强。教师面对听不懂的学生无奈、沮丧的表情，心情实在沉重。

3.2 注重聆听理解过程

聆听理解是一种语言运用，语言运用是一个过程。从听觉器官感受到声波刺激，到正确的理解、反应（如回答问题），要经历一个过程[1]。这一个过程是由若干环节构成的，其中任何一个环节受阻，都会导致理解失败。所以，培养聆听理解能力的教学过程不是简单的"听录音、对答案"，而应把教学重心放在聆听理解的过程上。关注"听什么"，更要关注"如何聆听理解"，不能只给听的指令，而是要给予具体的过程指导，如如何了解情景、预测故事、概括梗概、了解观点态度、联系经验、比较信息、逻辑推理等等。这样既可帮助学生听懂，保证可理解输入的实现，又培养了聆听理解的策略，同时给了学生大量的参与机会，调动了学生的积极性，活跃了课堂气氛，避免了枯燥乏味。

根据所使用的教材，对于常见的听力题目，笔者一般采用这样的训练环节：

创设情景—预测 / 猜测—聆听—答题 / 解释—评价 / 反馈—（再听）[2]

（1）创设情景（包括必要时的文化背景介绍）。如前所说，聆听理解总是在一定的情景和上下文中进行的，听话人总是在具有相关情景知识的情况下聆听的。因此，听力训练也应当让学习者在了解相关背景的情况下聆听。脱离情景的聆听是不真实的，也增加了理解的难度。

听单句或简单会话后选择正确答案的题目，可以通过阅读供选答案了解话语情景；对较长的对话或短文，可以通过解释题目、学习生词、阅读供选答案和要求回答的问题来了解情景。有的短文或对话需要有相应的中国国情或文化知识才能理解，也需要通过相应的方式让学生有所了解。

（2）预测 / 猜测。根据对情景的了解，推测将听到的话语内容。有理论认为人们在聆听理解话语时会不断地建立和验证假设。在聆听前和聆听时，都可以引导学生预测主题、故事梗概和作者观点等。还可以让学生根据经验和逻辑进行推理，在聆听前就试着

---

[1] 安德森提出听力理解包含三个过程：感知过程（perceptual processing）、切分过程（parsing）和使用过程（utilization）。转引自刘向东、周英（2004：25）.

[2] 这里的"再听"是可选择的。

判断供选答案的正误、排除错误答案,预先回答问题等。这个环节实际上是"创设情景"的继续,有时二者是交互进行的,都是为理解打下基础。

(3)聆听。在前两步的基础上聆听。这样可以减轻由于对将要聆听的内容完全无知的焦虑,理解的成功率会大大提高。

(4)答题/解释。学生说出自己的答案。有选择地让学生说明、讨论选择答案的理由。

(5)评价/反馈。教师或学生自己对回答的正确性给予反馈。有时可以以参加上一环节讨论的方式给予评价,以表扬和启发(对于不正确的答案,启发学生自己通过思考或再听更正)为主。

(6)再听。如果听力困难较多,或学生对材料感兴趣,或觉得对学生有用,可以再听,给学生留下更深的印象。

这种注重过程的训练方式,符合聆听理解的真实过程,在整个过程中,学生不是被动地听录音,而是主动参与,提高了他们学习的积极性,有利于他们掌握听力策略。同时由于提高了理解的正确率,增强了学生的信心。

需要说明的一点是,这种训练实际上结合了"说、读、写"的活动。英语教学界提倡听、说、读、写相结合的训练,这是因为四项技能本来就是相互关联、不可分割的。即使是在一般的听力课上,也是如此:看供选答案是阅读,核对答案是说话,写答案是写作。听力技能是四项技能中比较难掌握的一种,充分借助其他技能支持听力技能培养,应当是一种好的选择。

当然,这个过程不可能适用于所有的题目,而且由于时间所限,不能一课书的每个题目都经过这样一个完整的过程,可以间隔使用。对容易的题目,也可以采取类似考试的方法,一次把十道题听下来,再核对答案,适当增加一点焦虑感,也可以让学生体会自己的进步情况。

第一,培养聆听理解策略和技巧。在聆听理解的各个环节,都有一些学习者可以利用的策略、方法,以更快更好地达到对所听信息的理解。这里介绍几种适合在听力课堂上训练的方法:

(1)建立聆听理解策略模式。推测—聆听—回答。

这是上面所说的听力过程的一个简约形式,是学生需要遵循的最基本的聆听理解操作过程。首先是根据已有的信息推测听力材料的内容,然后在对听力材料内容有所预测的情况下聆听,最后回答问题(选择答案或回答问题)。三个阶段常使用的具体推测方法将在下文讨论。基于这种思路,我常用"看—听—选"的指令给学生强化这个过程。

（2）预测／推测听力材料的技巧。预测是一种理解听力材料的策略。利用课本提供的文字信息，分析情景，预测将要听到的内容，是对相关信息加工、思考的过程。通过加工、思考，了解材料的背景和线索，有利于对听力材料的理解。预测主要是通过阅读或朗读供选题目、生词表、问题、答案，推测所听材料（单句、小对话、长对话、短文等）的内容，提高理解程度。这时老师要指导学生如何运用这些已知信息进行预测：如抓住供选答案的关键点，对答案进行比较，根据提供文字信息推断线索，根据常识和逻辑关系排除错误的答案，等等。不过，这种方法并不是对每一个题目都有效，有时也会被预测误导。

（3）聆听的技巧。聆听过程主要是分辨（语音、词语、句型、篇章关联等）、记忆（关键词语，如数字、地点、人名、事实等）的过程。要让学生学会的主要技巧，如抓住焦点、关键词语，辨别语气（如反问句、"是……的"强调句），快速做笔记（可用汉字、拼音缩写或母语、符号记录），在课本上做标记（如画下重点信息、可选或排除的答案，标上相关的数字，画上关联符号如连线），为最终的理解和输出理解信息提供方便。

（4）理解的策略。即回答问题的策略或技巧。在上述环节的基础上，对听力材料进行判断。实际上预测和聆听都包含着对听力材料的理解，预测是听前的理解，聆听是边听边理解的过程。这里讲的是最终的理解、判断，表现为输出检验对听力材料理解程度的答案。如果题目简单，容易听懂，直接确定答案即可；如果题目有一定的复杂度，就需要使用一些策略，如利用常识、逻辑推理、比较答案异同、排除明显错误等等。

需要强调一点，教师应当有强烈的培养听力策略的意识。每一个题目都要有明确的策略训练目标。课本没明确的，教师要尽量明确起来，至少是部分地明确起来：比如用这个题目练习"通过比较供选答案抓住问题要点"，用那个题目提高"边听边记"的能力等。

第二，以学生活动为中心，增加学生的参与程度。

以学生为中心，是现代教学观的核心理念。在语言课堂上，所谓以学生为中心，应当是以"学生活动"为中心。上面的设计方法，每一个步骤都必须有学生参与，教师只起指导作用。

在这种以学生活动为中心的听力训练中，必须采取听、说、读、写结合的形式，这样学生才有充分的活动空间，才能提高学生的学习兴趣，保证学生在获得可理解输入和掌握学习策略方面都有收获，让听力课进入一个良性循环。

四、佐证

在网上看到一篇《英语教学三十年之回顾》，作者是《剑桥国际英语教程》的编者理查德。文中有一段新旧听力教学观念的对比，很受启发，觉得可以从某个角度支持上面的经验之谈。整理了一下，归纳为表1，希望会对上听力课的老师、听力教材的编者有所启发。

表1　新旧听力教学观念对比

过　去	现　在
学习的目标是能够正确记住段落中的信息（听力的）理解被视为解码的过程	听力包含了"由下而上"和"由上而下"的理解程序
学习者在听力活动中扮演被动的角色	学习者在听力活动中扮演主动的角色
理解就是学习的展现	教导听力策略 理解是语言习得（acquisition）的基础 强调正式听力练习前的基模建立活动
由母语人士以标准的或被尊崇的口音录制教材 使用专为听力而写的教材 听力的教学与测验几乎没有不同	听力教材包括母语人士、非母语人士和区域性等口音 听力教材的开发以真实语料为基础，并力求具备真实语料的特质

五、余论

还想说明三个相关的问题：

第一，本文虽为经验介绍，但并不是文中所说的各点笔者自己都彻底做到了。多数做了，觉得效果不错；有的试过，未见效果或效果不明显；个别地方还是推理所得。

第二，本文绝没有批评哪部听力教材的意思。编写听力教材是件令人钦佩的事。特别是基础听力教材，就那么一点词，那么一点语法，编出两个小时的听力材料来，非九牛二虎之力不成，还费力不讨好。所以现在的教材数以百计，但是好的听力教材还是屈指可数。有缺点，在所难免；需要改进，也毫无疑问。哪本教材不是这样呢？本文想讨论的，是如何用好这些教材，达到听力课的目的。

第三，本文采取谈经验的形式，是觉得经验还是有用的，可以提倡一谈，特别是对新教师来说，经验可能更急需。现在不兴谈经验了。过去的经验交流会，现在一律改成学术研讨会。但是，研究停留在理论上，难以推动教学实践的发展，需要提倡一下"理论联系实际"的学风。毫无疑问，只有把通过了实践检验的理论发现和教学实践结合在一起，才能真正推动学科和教学实践的发展。固然不能总是经验之谈，但是被实践证明效果好的、有用的、精彩的经验，还是大有交流的必要，而且应当保留下来，传承下去。一些一线教师给研究生上的教学方法课"叫座"，说明我们需要这种经验的传承。有青年教师说笔者跟杨寄洲和其他老师编的那本《对外汉语课堂教学技巧》的小书还有点用，其实那也是基于经验，希望整理、总结当时一些有效的教学方法、技巧，希望给前人和今人的经验建立一个说明框架。尽管那是十年以前以至更远时间的经验之谈，落后于新的教学实践了，但是可能是跟实际还有点联系，所以还有人觉得有点用。

　　总之，写这篇文章部分地是有感于某些方面对经验的忽略，觉得经验还是要总结，要发表。几代人积累下来的经验还是汉语教学学科的宝贵财富。其实，要把经验和操作过程说清楚，也不是轻而易举的事，不但需要脚踏实地地实践、验证、积累，还需要不断反思、学习、梳理、写作，未必简单。

参考文献

理查德. 英语教学三十年之回顾 [J/OL]. 尤菊芳译. 百度文库，2003.

刘向东、周英. 听力理解困难的认知分析 [J]. *Sino-US English Teaching*, 2004（1）.

王笃勤. 英语教学策略论 [M]. 北京：外语教学与研究出版社，2002.

杨惠元. 汉语听力说话教学法 [M]. 北京：北京语言学院出版社，1996.

杨惠元. 课堂教学理论与实践 [M]. 北京：北京语言大学出版社，2007.

　　[原载于中国人民大学对外语言文化学院编《汉语研究与应用》(第 5 辑)，中国社会科学出版社，2007 年]

什么是好的语言课堂活动
——汉语课堂教学策略探讨
（2008）

一、引言：课堂教学策略的含义

无论在教育学还是语言教学中，课堂教学策略都是个大题目。语言课堂教学策略可以从多个角度分析：从技能培养，可以分听、说、读、写教学的策略；从教学过程，可以分为预备策略、实施策略、评价策略；从教学实施，可以分为讲授策略、操练策略、组织策略等等。本文先从教育学的一般定义开始讨论。

教育学对教学策略的定义有多种表述方式，笔者归纳为：在一定的教学思想指导下，为实现特定的教学目标所采用的教学程序、方法、组织形式和媒体的总体安排。套用上述定义，可以把语言课堂教学策略定义为：在一定教学理念指导下，为实现课堂教学目标而采用的教学程序、方法、组织形式和媒体的总体安排。这种定义涉及三个方面：（1）教学目标；（2）教学理念；（3）课堂教学操作方式（包括程序、方法、组织形式、媒体四项）。本文依次简单讨论。

二、语言教学的目标

在语言教学发展的不同时期，由于对语言、语言能力、语言教学的认识不同，人们对于语言教学的目标认识不尽相同。中国教育部发布的《义务教育英语课程标准》说："基础教育阶段英语课程的总体目标是培养学生的综合语言运用能力。"美国《21世纪外语学习标准》（以下简称"美国标准"）认为[1]："交际，或者说是用英语以外的语言交际是第二语言学习的核心。"《欧洲语言共同参考框架：学习、教学、评估》（以下简称"欧洲框架"）认为，学习语言的目的是"能够用所学外语在目的语国家应对日常生活；能够为在自己国家居住的外国人提供生活上的帮助。能够用所学外语同目的语国家的青年人和成年人交流信息、表达思想、传递感情。能够更好地理解其他国家人民的生活方式、思维方式和他们的文化传统"。根据我们的理解，这些不同的表述包含着一个相同的观念，这可以以中国《义务教育英语课程标准》的

---

[1] 下文对"美国标准""欧洲框架"的中文翻译，参考了别人尚未发表的译本，特此说明并致谢。

表述——"培养综合语言运用能力"为代表。

三、教学理念

教学理念是制订课堂教学策略的指导思想，是教学策略的灵魂。语言教学策略不胜枚举，但是如何选择、运用，是由教学理念决定的。正如由于人们对语言、语言学习、语言教学的认识（理念）不同，才产生了体系各异的语言教学流派。

20世纪末以来，各国、各地区发表了一些新的语言教学指导文件和讨论语言教学理念的著述，出版了一些新的外语教学教材[1]。这些著述体现了一些共同的教学理念。其中至少有三个基本理念与制订课堂教学策略密切相关：（1）学生是语言学习的主体；（2）语言是在用中学会的；（3）语言教学法进入"后方法时代"（post-methods era）。以下逐项简单说明。

3.1 学生是语言学习的主体

这一点在理论上早已形成共识。在课堂教学中学生的主体地位至少可以体现在三个方面：以学生活动为中心的语言课堂教学、适合学生需要的教学安排、促进学习者学习的评价方式（如自我评价和形成性评价）。其核心是"以学生活动为中心的课堂教学"。

3.2 语言是在用中学会的

"使用"是学习外语最有效的方法。"美国标准"说："现在我们知道学生并不是通过先学习语言系统的要素获得交际能力的。学习者有机会用目的语在广泛的活动中交际，是最好的语言学习方法。学习者在有意义的语境中使用目的语越多，他们的目的语能力就发展得越快。"

这里强调了两点：一是用目的语交际，对课堂教学来说，就是要创造用目的语交际的机会；二是进行有意义的交际，即课堂语言活动应以信息为焦点，主要不是针对语言形式，而是针对获取、选择、加工、传递、表达信息的能力，设计具有信息差（information gap）、推理差（reasoning gap）和观点差（opinion gap）的真实或接近真实的交际活动。

3.3 语言教学法进入"后方法时代"

20世纪，特别是70年代，人们创造了很多各不相同的语言教学方法（常被称作"教学流派"），除了传统的语法翻译法、直接法、视听法、听说法、认知法、自然教学

---

[1]　例如本文所附的一些参考文献。

法以外，人们常提到的如：（人文途径）全身反应法、社团学习法、沉默法、暗示法；（交际途径）交际型教学法、折中教学法、任务型教学法；（创新途径）内容型教学法、能力培养教学法、合作语言学习法、语言经验教学法；（其他）协商学习法、整体语言教学法、多元智能教学法、文体式教学法、结构—情境式教学法等。现在人们越来越认识到，教学方法各有各的长处，也各有各的局限。所以有人提出"后方法时代"的理念。理查德在《英语教学三十年之回顾》中说："我们现在正处于所谓的'后教学法'（post-methods）时代。"20世纪70年代的很多新方法，生命期都非常短。在对这些新方法的许多强烈质疑中，有一项质疑是这些方法大都采用"由上而下"（top-down）的教学方式。即老师们必须确实接受这些方法的理论或信念，然后把它们应用到教学上。师生的角色、在课堂中使用的活动形态和教学技巧，大体上都受到教学法的规范。"后教学法"时代倾向于注重学习与教导的过程，而不把教学成功主要归因于教学法的影响。

笔者认为，"后方法"在课堂教学的操作方面可以理解为，教师在了解各种不同的教学方法及其适用性的基础上，在课堂教学中根据具体的教学内容、教学对象、教学环境、教学条件和教师自身特点，选择、运用最恰当的教学方法。例如对于一个拗口的句型，不妨用一下听说法，让学生"上口"；为加深学生对一段精彩课文的理解和体验，不妨让他们"信、达、雅"地逐句笔头翻译一下；遇到一些动作动词或难于掌握的趋向补语，全身反应法不但可以帮助理解、记忆，还可以让课堂动起来，提高学习的兴趣；一个教学单元之后，按照任务型教学法的程序和组织方法给学生布置一项调查任务、访谈，也是一种很好的课内外结合的语言教学形式。

如果给"策略"和"方法"下定义，我们倾向于：方法是做事情的手段、途径，策略是对方法的选择和运用。从这个意义上说，"后教学法"是策略层次的方法论。

四、课堂教学策略

前两节讨论课堂教学理念，下文依次讨论如何在课堂教学中通过教学策略的四个组成部分体现这些理念。

4.1 教学过程——由"学"的活动构成

教学过程指各项教学活动的时间顺序（如"组织教学—复习旧课—教授新课—巩固新知—布置作业"的五段教学过程）。教学过程包含两个因素：教学活动和活动顺序。教学过程由教学活动构成。教育学重点讨论教学顺序安排的依据，这里重点讨论"教学活动"，谈论语言课堂教学活动的特征。

课堂教学活动包括教师"教"的活动和学生"学"的活动。根据第二节表述的理念，语言课堂教学活动应当主要由"学"的活动组成。如果一堂汉语课的主体部分由词汇教学、课文教学、语法教学三个环节构成，那么这三个环节都应当主要是学生学的活动。北京语言大学出版社 2007 年末出版的《轻松学中文》(*Easy Steps to Chinese*) 遵循了这种思路。我们以其第四册第一单元第三课为例。

这一课的开始部分是学习一段关于"性格"的课文。学习步骤是：

（1）复习前一课（职业），建立新旧课的联系。活动是同学互问家庭成员的职业和对职业的态度。（真实情况）[1]

（2）听新课文，听后回答问题。在听前先看问题。（媒体：录音）

（3）处理课文。（可安排学生互相问答）

第二部分是七个教学活动。

（4）用"虽然……，但是……"完成八个句子。（完成后可以让学生互对答案）

（5）词汇分类练习。（做后可以同桌互对答案）

（6）两人根据一个话题对话。

（7）同学互问生活情况。（真实情况）

（8）看图，根据话语框架和参考句型描述九个职业人的性格。（媒体：插图）

（9）听录音后选择正确答案。（跟职业有关的六个题目，媒体：录音）

（10）用所学的交际框架跟五个同学对话。（真实情况）

这里设计的十个活动至少有三个特点：一是都是学生的学习活动；二是有很多小组活动（如果加上括号里笔者提出的活动建议，小组活动的机会就更多了）；三是有些活动要借助媒体。

4.2 教学方法——用"用"的方法学习

上文说课堂教学过程应当由学生"学"的活动构成，这里进一步讨论这些活动应当是什么样的"学"的活动。根据 3.2 的理念，语言课堂上学生"学"的活动应当是"用语言"的活动。

这里的"用"是指尽量真实的交际活动。"尽量真实"是说课堂教学不可能都是完全真实的交际活动，但是应当追求交际的真实性，尽力创造真实的运用语言的环境，尽

---

[1] 这段引文中括号中的内容是笔者所加，目的是提示各个活动的特点或笔者增加的教学活动建议，关于媒体的提示，在本文 4.4 中还会提及。

量创造运用目的语进行真实交际的机会，而不是停留在练习，特别是机械练习的水平上。

课堂教学上"用语言"活动，一方面是指学习者用所学的语言框架尽量进行交换真实信息、交流真实思想的活动，比如介绍家庭、介绍故乡、讲述自己的经历、描述真实的人／物／事件、谈论自己的观点／感受、执行各种课内外结合的真实任务等等，都是非常好的、可以经常使用的课堂活动形式。在进行这类活动时，要把活动的焦点放在信息上，不必过于拘谨于课本规定的语法、词汇和其他内容，放手让学生自己创造，坚持下去，必有收获。这是笔者屡试不爽的经历。例如刘珣《新实用汉语课本》第一册第八课（谈论家庭）就设计了这类交际练习：（1）向你的朋友介绍你的家庭；（2）谈谈你朋友的家庭；（3）一位朋友打听你学习的系，你怎么回答？

课堂教学上"用语言"活动，还包括真实的语言输入，如听力、阅读材料的真实性、知识性、信息性、思想性，让学习者在对新知识、新信息、新思想的追求中学习语言。北京语言大学出版社出版的《发展汉语》《拾级汉语》在选材方面就突出了这方面的特点。

4.3 教学组织形式——用"交际"的形式学习

一般认为，教学组织形式有三种：集体授课、个别化教学和小组交流。语言是用来交际的，"用"语言当然要以交际活动为主，这意味着小组活动理当成为课堂教学的主要组织形式。语言课堂的小组可以进行多种活动，如两人对话、角色扮演、分组完成任务、小组讨论、辩论、编剧表演等。小组活动不但有利于培养交际能力，也扩大了学习者的活动范围，提高了课堂开口率，提高了学生交际的胆识，让他们学会了人际交往，还能不断获得新信息、新知识。还以刘珣《新实用汉语课本》第一册为例，第十一课的交际练习（角色扮演）就设计了小组活动的方式：（1）你的同学是出租车司机，你想去一个地方，那么怎么对话？（2）你的手表停了，你怎么跟过路人打听时间？（3）你跟同学谈论家庭，怎么问对方父母的年龄和对方兄弟姐妹的孩子？（4）你在一个地方旅游，怎么问所在的地方能否拍照或抽烟？

小组活动需要一些技巧，《剑桥国际英语教程》关于角色扮演（role-play）的一般操作过程，可供我们参考：

（1）根据需要把全班分成对或组，指定学生的角色；

（2）解释每个角色并讲清提示；

（3）请几个学生配合示范每个角色和如何使用提示，鼓励学生勇于创新并使用自己的语言，不要看别人的提示和材料；

（4）设定一个时限；

（5）学生进行角色表演，教师巡视教室并给予必要的帮助；

（6）如果时间允许，学生交换角色再演一次；

（7）可选方法：点名或让学生自愿向全班表演，给予指导和评价。

4.4 教学媒体——创造真实的交际环境

媒体是从信息源到受信者之间承载并传递信息的载体或工具。教学媒体是传递教学信息的载体或工具，如教科书、图片、录音、幻灯片、影视片、课件、计算机教学系统等。在语言课堂教学中，充分、恰当地利用教材上的插图和教师特别准备的图片、幻灯、录音、教具、实物，以及教室情景、学生的经验等，有利于：（1）提高课堂教学的交际化程度；（2）促进对学习项目的理解和记忆；（3）提高课堂教学的趣味性。实际上，学生课堂上的很多学习活动，都需要图片、教具、音像制品的支持。例如前面引用的《轻松学中文》的活动中，就多处利用了插图、录音。再如《剑桥国际英语教程》这样描述会话练习通常采取的方式：

（1）打开教材，让学生遮住对话，用插图介绍场景；

（2）合上教材，在听对话之前先介绍场景，如对话者是谁，在什么地方等，然后在黑板上写下几个一般性的听力理解问题，以便在听对话时抓住重点；

（3）播放或朗读对话，学生边听边寻找问题答案，然后检查他们的答案；

（4）打开教材，再次播放录音或朗读，让学生听；

（5）逐句播放对话，每句话后暂停（如果使用录音），让全班一起跟读每一句来练习语音、语调和重音，然后讲解生词和习惯用语；

（6）学生两人一组练习对话，让他们注意抬头说话；

（7）找志愿者到台上用自己的语言演出对话，对他们的表演进行指导，指出优点和需要改进之处。

五、余论

5.1 什么是好的课堂教学活动？

本文围绕课堂活动讨论课堂教学策略问题，因为我们认为，制订语言课堂教学策略主要是安排好课堂教学活动。好的课堂活动应当包含以下属性：（1）是学生的活动；（2）

是学习活动；（3）是真实的活动（交流信息、交流思想、学习新知等）；（4）是小组活动；（5）是有意思的活动。

5.2 什么是学习活动?

过去认为操练就是学习。现在我们认为，通过学生自己的活动，对学习内容进行信息加工、思考的理解、记忆、运用活动才是学习。例如：

学习生词，只有教师的讲解、领读、认读还达不到学习的效果；经过学生思考后的连线、看图说话、写作、翻译、分类、分析、讨论活动才是学习生词的方法。

学习语法，教师讲解规则、领读句子、机械地替换／问答还达不到学习的效果；学生从文本中找出要求的句子，自己归纳规则，运用所学语法看图说话、讲故事、复述等活动，才是语法学习。

学习汉字，仅是朗读、抄写、听写单字／生词还达不到学习的效果；在环境中辨认、连线、分析字义、分解结构、猜测字义／词义等引起信息加工的活动，才是汉字学习。

学习课文，只有领读、教师串讲、分角色朗读还达不到学习的效果，经过热身（在阅读前熟悉话题）、读前预测、读中思考、加深理解的过程，才是课文学习。

5.3 后方法时代

对于语言教师来说，"后方法时代"是一次思想解放。但是"后方法"不是随心所欲，置教学法、教学理论于不顾，而是对语言教师提出了更高的要求，是从以往要求掌握一两种教学思路、方法，到要求驾驭教学方法的"制订策略"。

本文的中心思想是强调语言课堂教学应当以学生的活动为中心，但决不是排斥教师的课堂活动。笔者主张教师课堂活动的立足点是设计、导演学生的活动，为学生活动提供最佳条件。

参考文献

何克抗主编 . 教学系统设计 [M]. 北京：北京师范大学出版社，2002.

教育部高等教育司 . 大学英语课程教学要求 [Z]. 上海：上海外语教育出版社，2007.

理查德 . 英语教学三十年之回顾 [J/OL]. 尤菊芳译 . 百度文库，2003.

刘　珣 . 对外汉语教育学引论 [M]. 北京：北京语言文化大学出版社，2000.

中华人民共和国教育部 . 义务教育英语课程标准 [S]. 北京：北京师范大学出版社，2001.

American Council on the Teaching of Foreign Languages. *Standards for Foreign Language Learning in the 21st Century*（21 世纪外语学习标准）[S]. Yonkers, NY: American Council on the Teaching of Foreign Languages, Inc., 1999.

Council of Europe. *Common European Framework of Reference for Languages: Learning, Teaching, Assessment*（欧洲语言共同参考框架：学习、教学、评估）[S]. London: Cambridge University Press, 2001.

引用教材

理查德等 . 剑桥国际英语教程（第三版）[M]. 北京：外语教学与研究出版社，2007.

刘　珣主编 . 新实用汉语课本（繁体版）[M]. 北京：北京语言大学出版社，2007.

马亚敏、李欣颖 . 轻松学中文（*Easy Steps to Chinese*）[M]. 北京：北京语言大学出版社，2007.

徐桂梅、牟云峰 . 发展汉语·中级汉语 [M]. 北京：北京语言大学出版社，2005.

徐晓羽、高顺全 . 拾级汉语·精读课本（第 5 级）[M]. 北京：北京语言大学出版社，2007.

（原载于《海外华文教育》2008 年第 2 期）

语言课堂教学策略说略
（2010）

本文采用教育设计理论，把教学策略定义为：为完成特定的教学目标，在一定教学理念和教学原则的指导下采用的教学过程、教学方法、教学媒体和教学组织形式等因素的总体考虑（参看乌美娜，1994）。我们认为，上述教学策略的定义也适用于第二语言的课堂教学，包括汉语作为第二语言或外语的课堂教学。

根据这个定义，语言课堂教学策略应当包括以下要素：（1）语言教学理念——人们对第二语言能力、第二语言学习、第二语言教学规律的基本认识；（2）教学原则——基于教学理念而确定的课堂教学基本指导思想；（3）教学过程——师生课堂教学活动的顺序安排；（4）教学方法——师生的课堂活动，也叫教学行为、教学技巧；（5）教学媒体——用于承载和传递教学信息的工具、手段；（6）教学组织形式——师生课堂教学的活动方式。

对外汉语教学界一般把教学策略作为教学方法的同义语使用。但是，根据上述定义，教学方法是教学策略的一个要素，教学策略是对教学方法的选择、组织和运用。运用这个框架分析语言课堂教学策略，有助于我们加深对教学策略的认识、选择和运用。

下面我们从教学策略六要素的角度，分析对外汉语课堂教学策略。

一、语言教学理念

语言教学理念是人们对语言能力、语言学习和语言教学基本规律的认识，是确立课堂教学原则的基本依据。

进入新世纪前后，国内外语言教学界通过对近百年来第二语言教学理论和实践的反思，形成了对语言能力（主要指外语能力）、语言学习和语言教学的新的认识。笔者以为，这种新的认识可以概括为三个基本的教学理念[1]。

1.1 语言教学的目标是培养综合运用语言的能力

当前人们对掌握一种外语所应包含的内容（外语能力）的新认识，可以以《义务教

---

[1] 关于三个新的语言教学理念，参看崔永华（2008）。

育英语课程标准》（中华人民共和国教育部，2001）为代表。它认为："基础教育阶段英语课程的总体目标是培养学生的综合语言运用能力。"它进而认为，综合语言运用能力由语言技能、语言知识、态度、学习策略和跨文化交际能力五个方面构成。《义务教育英语课程标准》用图1描述了这种观念。

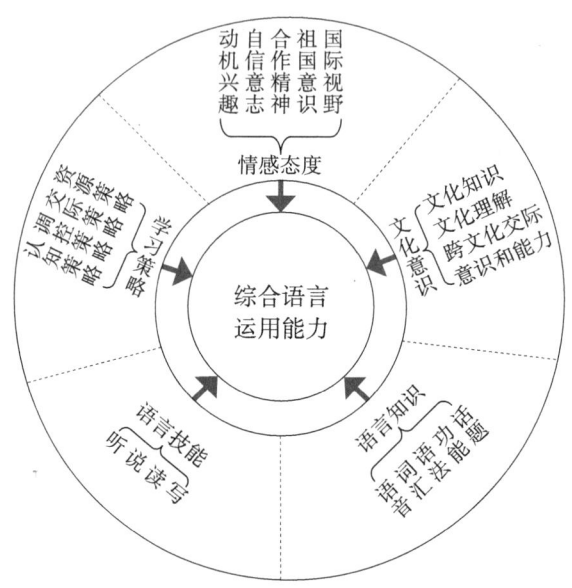

图1　《义务教育英语课程标准》的"课程目标结构图"

1.2 语言是在使用中学会的

　　近百年来，人们对学习语言的最佳途径提出多种设想和语言教学的思路，如直接法、听说法、自然法、功能法、全身反应法、任务法等等。最终人们发现，这些方法中涉及使用语言进行真实交际的那一部分，在语言学习中的作用最重要。正如《21世纪外语学习标准》所说，过去大部分的语言课堂教学都集中在如何（语法）说什么（词汇）。虽然语言的这些要素仍然很重要，不过目前语言学习的组织原则是交际，还强调为什么、对谁、什么时候。和人们过去的看法不同，我们现在知道学生并不是通过先学习语言系统的要素获得交际能力的。学习者有机会用目的语在广泛的活动中交际，是最好的学习途径。学习者在有意义的语境中用目的语用得越多，他们的语言能力就发展得越快[1]。

---

[1]　参看 American Council on the Teaching of Foreign Languages（1999）。

1.3 学习者是语言教学活动的主体

现在，人们越来越认识到，在各类教学活动中，学生是活动的主体。语言学习也是这样，教师、教材、教学只是给学习者的学习提供条件，最终决定学生获得语言能力水平的还是学生本身的知识和能力基础、学习态度、学习方法等。因此"语言教学"的本质，是为学生的学习创造条件，促进学生的学习。

二、语言课堂教学的基本原则

基于上述语言教学理念，我们认为下述三条是第二语言课堂教学最基本的指导思想，即最基本的教学原则。

2.1 全面培养学生的语言能力

语言教学的总体目标是培养综合语言运用能力，因此，我们的语言课堂教学不应只关注语言技能培养和语言知识传授，还要注意培养学生积极的学习态度，传授有效的学习方法和相关的文化知识。在教学方法上还要注重听、说、读、写能力的综合培养。

2.2 课堂教学以学生活动为主

学生是学习的主体，在语言课堂上应体现为以学生的自主学习活动为主，使学生有足够的运用语言的活动和足够的"开口率"。

2.3 创造条件让学生使用语言

积极地使用语言是学习语言的最佳途径，因此，课堂教学不仅要以学生活动为主，还要尽可能多地安排运用语言的学习活动；课堂教学要由"精讲多练"过渡到"精讲多用"。任务型语言教学途径正是在这种背景下得到提倡的。

三、语言课堂教学过程

课堂教学过程指课堂教学活动的顺序安排，即学界通常说的"教学环节、教学步骤"。严谨地说，教学过程是教师根据教学目的、教学任务和学习规律，有计划地引导学生掌握知识、技能、态度的过程。

科学、合理的教学过程是保证良好的语言课堂教学效果的决定因素，也是评价课堂教学的主要指标。

3.1 遵循科学的教学过程

课堂教学过程对学生来说，是学生在教师的引导下，主动完成学习任务的过程。因此，制订课堂教学过程的根本依据，是学习者的学习过程。课堂教学我们通常是按照教育界通行的"组织教学—复习旧课—讲授新课—巩固新课—布置作业"这种五段教学过程安排的。我们教授学生一个语言点（比如教授一个语法点）通常遵循美国教育心理学家加涅提出的"九大教学事件"所描述的教学过程（参看加涅等，1999），如表1中"语法教学过程"栏所列。

表1　加涅的九大教学事件和语法教学过程

	学习过程	教学事件（过程）	语法教学过程
1	接受各种神经冲动	引起注意	提出课文中的例句
2	刺激执行控制过程	告知学生目标	出示语言点
3	把先前学习提取到工作记忆中	刺激回忆前提性的学习	联系学过的内容，如学过的语言点
4	突出有助于选择性知觉的特征	呈现刺激材料	给出例句，让学生朗读
5	语义编码，提取线索	提供学习指导	分析例句，归纳公式
6	激活反应组织	引出作业	提出练习任务（完成句子、填空）
7	建立强化	提供作业正确性的反馈	纠正问题
8	激活提取，使强化成为可能	评价作业	齐读/单读（检查）
9	为提取提供线索和策略	促进保持和迁移	运用于课文和练习

上述提到的两种通行的教学过程都是依据学习者的学习过程设计的。例如加涅的"九段教学过程"就是基于以下假设：（1）教学的实质是为学生的学习创造条件；（2）学习者学习一个具体的内容，一般要依次经历九个活动（见表1的"学习过程"栏）；（3）为配合学习者的学习，教学就需要九个支持学习的活动，即九个教学事件（见表1的"教学事件"栏）。

了解教学过程的本质是为学生的学习提供条件，有助于我们自觉地设计、实施有效的教学过程。

3.2 关于"任务型语言教学途径"的教学过程

教学理念是选择教学过程和教学方法的指导思想。新世纪到来前后，顺应学生是学习的主体和在运用中学习语言的理念，任务型语言教学途径得到广泛的提倡。

"任务型语言教学"是一种基于任务或以任务为基础的语言教学途径。其中的"任务"是接近或模拟现实中的真实活动。任务型教学方法就是让学生在真实或模拟真实的环境中，通过运用目的语合作、交流，在完成所设定任务的过程中，达到学习语言的目的。Ellis 曾经把完成一个语言任务分成三个阶段（参看龚亚夫、罗少茜等，2006）：（1）任务前阶段（pre-task phase）。为顺利实施任务做准备。教师先给学生听或者看一个示范型的任务，然后通过介绍相关背景知识、词汇、提问等方式引导学生进行一些非任务的准备活动，最后教师给学生一段时间，让他们就如何实施任务进行简单的规划。（2）任务中阶段（during-task phase）。学生以小组为单位实施任务，具体步骤根据任务的要求来确定。（3）任务后阶段（post-task phase）。让每组学生报告执行任务的结果，教师引导学生重点学习某些语言形式。表2是一个任务型汉语教学的实例。

表 2　任务型汉语教学的实例

任务	调查和汇报两个家庭的状况
语言目标	句型："有"字句 词汇：家庭成员、职务 话题：中国的家庭（文化知识）
任务前	提问：你家有几口人？都是谁？分别做什么工作？ 布置任务：分组，成员分工（提问人、记录人、汇报人等）
任务中	实施调查：根据分工，进行调查 准备汇报：教师进行语言指导，提供新的词汇、表达方式等
任务后	各组汇报：总结汇报情况，包括口头报告、调查表格、图片说明等 总结新学会的句型、其他表达方式和词语 教师带领学生对学习的重点句型和词语进行熟巧训练

3.3 借鉴英语教学的教学过程设计

英语教学有悠久的历史，近些年来，在新的教学理念的指导下做了很多有益的探索，其中的很多方面可以作为对外汉语教学的借鉴。例如《剑桥国际英语教程》（理查德等，2001）建议会话练习可以遵循如下的过程：（1）打开书，让学生遮住对话，用插图介绍场景；（2）合上书，在听对话前介绍场景，如对话者是谁，在什么地方等；（3）在黑板上写下几个一般性听力理解问题，以便在听时抓住重点；（4）播放或朗读对话，学生边听边寻找答案，然后检查他们的答案；（5）打开教材，再次播放录音或朗读，

让学生听；（6）逐句播放对话，全班一起跟读每一句来练习语音、语调和重音；（7）
讲解生词和习惯用语；（8）学生两人一组练习对话，让他们注意抬头说话；（9）找志
愿者到台上用自己的语言表演出对话；（10）对表演进行指导，指出优点和需要改进
之处。[1]

四、语言教学方法

教学方法是教师和学生为了达到教学目标，在教学理念和教学原则指导下，借助
教学手段（工具、媒体或设备）进行的教与学的活动。简言之，在本文使用的教学策
略系统中，"教学方法"指学生和教师的课堂活动。对外汉语教学界通常把这些活动叫
作课堂教学方法和技巧。崔永华等在《对外汉语课堂教学技巧》一书中把对外汉语课
堂教学技巧分为语音、词汇、语法、汉字、听力、口语、阅读、写作八类。根据我们
对语言能力的新认识，这个体系还应当包括教授态度、学习策略和跨文化交际意识的
方法和技巧。

语言课堂教学方法数量众多，选择正确的教学方法，对教学成效至为重要。因此，
教师需要明确指导思想和掌握较多的教学方法。

4.1 用新理念指导教学活动的选择

4.1.1 选择以学生为主体的教学活动

如上所说，教学方法是师生的课堂活动。教学方法当然也包括教师的课堂活动，如
讲授、示范、纠错、评价、组织等。但是语言课堂教学活动应当以学生的学习活动为主，
教师只是这些活动的引导者、支持者，起到组织、启发、答疑等作用。因此，尽管教学
方法众多，但在语言课堂教学中，应当尽量多选择、安排学生活动，尽量减少教师活动
所占的比例。

4.1.2 选择让学生使用语言的教学活动

既然使用语言是学习语言的最佳途径，那么我们在课堂教学中除了多选择学生的活
动之外，还要多选择使用语言和模拟使用语言的活动。学习一门外语，模仿练习、机械

---

[1] 笔者按：1~2步，介绍会话环境，既是一种真实交际形式，又为理解会话打下了基础。3~5步，会话教学从听、读开始，
既便于理解对话，又有了足够的、正确的语言输入，使学生明确了会话的环境，又形成了所学会话的语音、语调范
例。第8步，在有了充分铺垫、理解、输入、模仿的基础上练习说话，无疑会有较高的成功率，大大降低学生的口
头输出错误。其中提醒学生"抬头说话"，既是要求学生遵循交际活动的体态规则，也可以促进学生对所学课文的记
忆。最后两步是对本段会话学习的评价。在上面充分练习的基础上，学生的表演会有较高的成功率，会获得较多的
积极评价和成就感，增强运用目的语交际的信心。

性练习必不可少，但是仅此还不能培养综合语言运用能力。这种能力必须在大量使用语言的过程中，才能培养出来。

4.2 以学生为主体的教学活动举例

下面罗列的英语教学中常用学生课堂活动，都可以看作运用语言的活动。[1]

聆听活动：边听边选择、填空、连线、标图、补全信息、判断情况的真伪，边听边表演、边听边说、边听边做笔记，边听边通过推理形成对整个故事发展的见解等。

说话活动：猜谜、拼故事、角色扮演，按重要性排序，交换信息、解决问题，讨论、辩论、演讲等。

阅读活动：认读、略读、跳读，根据所读内容画图、标图、连线、填表、排序、补全信息、判断情况的真伪、边读边操作，为课文选择或添加标题、根据所读内容制作图表，边读边通过推理形成对整个故事发展的见解，转述所读内容，根据所读内容进行角色扮演，讨论、续尾、写摘要等。

写作活动：填空、看图写话、提示作文、把图表转换成文字、仿写、连句成文、听写，讨论主题、搜集素材、规划文章结构、写提纲、口头作文、写初稿、检查语言、文法、逻辑、用词、润色，自我修改、相互修改、个人或小组面批、制作板报、墙报等。

五、教学媒体

教学媒体是用于从信息源（教材、教师）到学习者之间教学信息承载和传递的工具和手段。它跟一般媒体的区别是具有明确的教学目的、教学内容和教学对象。

在语言课堂教学中运用多种媒体，可以提供真实的语言和语言交际场景，创设接近真实的交际环境，辅助教师的讲解，提高学习的兴趣，提供练习材料等。随着现代科技的发展，可供选择的教学媒体越来越多，在语言教学中也使用得越来越广泛。了解教学媒体的原理，有助于提高教学媒体的使用水平。

5.1 关于教学媒体的理论

教育技术学认为，戴尔的"经验之塔"理论较简明地说明了教学媒体对教学的作用（参看徐英俊，2001）。

---

[1] 下面的方法来自中华人民共和国教育部（2001）。

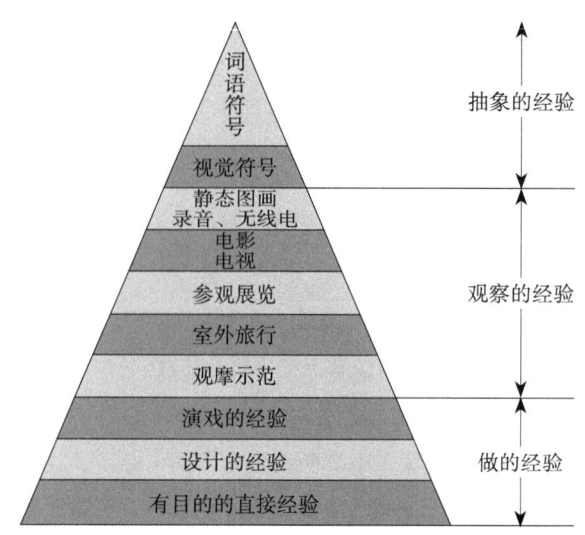

图 2 戴尔的"经验之塔"

"经验之塔"按照教学媒体所能提供的经验（即教学信息的抽象程度），将教学媒体分为十个层次。"塔"最底层所提供的直接经验最为具体，越往上越抽象。这种理论认为：教学应从具体经验入手，逐步过渡到抽象；具体经验是通往有效学习的道路；教学中使用各种教学媒体，可以使学习更为具体，也能为抽象概括创造条件；位于"塔"中部的视听教材和视听经验，比上层的言语和视觉符号具体、形象，又能突破时间和空间的限制，弥补下层各种直接经验方式之不足。了解教学媒体的这种性质，可以帮助我们根据教学目标、内容、对象、条件，较快地对教学媒体做出决策，达到最好的教学效果。

5.2 可供选择的教学媒体

为帮助认识和选择教学媒体，人们对教学媒体进行了各种不同角度的分类，如从所适合的教学对象的角度、从所适合的教学内容的角度等。一般把教学媒体分为传统媒体和现代媒体两大类，其中现代媒体又分为视听媒体和综合媒体两类。这种分类如表3所示。

表 3 教学媒体分类表

传统媒体	教科书 黑板 实物、标本、模型 报刊、图书、资料 图表、照片、挂图

续表

| 现代媒体 | 视听媒体 | 幻灯
投影
录音、录像
电影、电视
CD、VCD、DVD、MP3、MP4
摄像系统 |
| | 综合媒体 | 微格教学系统
语言实验系统
计算机辅助教学系统
多媒体计算机技术系统 |

5.3 教学媒体的选择

一般来说，选择教学媒体要依据教学目标、教学内容、教学对象、教学条件等。例如：为提高聆听能力，可能会较多地使用视听媒体；对少年儿童的语言教学，可能要使用更多具体、生动的媒体手段。选择媒体也受到经济、技术能力等条件的制约。

在语言课堂教学中使用教学媒体有两点需要注意：一是要适度使用教学媒体。使用媒体是为了帮助学生学习语言，过度使用媒体，可能会占用过多的课堂时间，分散学生的注意力等。二是选择合适的媒体。使用教学媒体，不是越现代、越贵重越好，而是为取得好的教学效果。因此使用传统媒体可以达到的，就不一定非要使用现代媒体。例如教室设施、课堂环境、周围环境、师生情况、现场演示都是非常值得发掘、利用的教学媒体。

六、教学组织形式

教学组织形式指根据教学的主客观条件，从时间、空间、人员组合等方面考虑而安排的教学活动的方式。一般认为有三种组织形式：集体授课、个别教学和小组活动。

学校语言教学通常采用集体授课的组织形式。近年来，由于人们对语言教学目标、教学途径和教学主体认识的更新，小组活动受到特别的重视。

6.1 小组活动的优势

小组活动是在集体授课的背景下，为实现特定教学目标，在教师指导下进行的学生与学生之间合作、交流、相互支持和分享教学信息的活动形式。

讨论语言课堂教学中的小组活动的著述很多。结合前人的论述，笔者认为小组活动在语言教学中至少有以下优势：第一，小组活动是实现学生成为语言教学活动主体的一种重要手段，它有利于形成语言综合运用能力，也有利于综合素质的培养；第二，小组活动为学生提供了更多运用语言的机会，有利于提高学生语言表达的流利度，在活动中逐步提高语言输出的质量；第三，在小组活动的过程中，由于学生语言水平和学习背景相似，互相之间容易理解，因此小组成员都可以获得更多的可理解输入；第四，在小组活动中，由于面对的听众少，可以降低学生目的语输出时的焦虑，学生容易获得成功的目的语输出，获得成就感，增强使用目的语的信心，激发学习动力；第五，有利于培养学生的合作意识和实践真实语言交际的规则。

6.2 小组活动的不足

当然，小组活动也有其不足之处。人们常提到的有：活动中从同伴那儿得到的语言输入不一定完全正确；学生有时会使用自己的母语参加讨论；小组讨论会加大控制课堂组织、进程的难度；有些较独立的学生不喜爱小组活动。

正视小组活动中容易产生的问题，就可以在活动前和活动中采取措施加以避免，不必因噎废食。例如在小组活动中，学生的目的语输出肯定会有语音、语法、词汇的使用错误，使其他成员得到不正确的目的语输入。对此我们不必过于担心，应当相信学生在不断运用目的语的实践中会逐渐建立起正确的目的语系统，或者说，较多地运用目的语的真实交际活动有利于学生尽快建立起正确的目的语语言系统。

6.3 小组活动的实施

要获得成功的小组活动，教师必须掌握组织小组活动的方法。下面是《剑桥国际英语教程》建议的两人对话的活动过程：（1）将学生分成两人一组。如果是单数，有一个组可为三人。（2）解释练习的内容，与一两个学生一起进行示范。（3）设定合理的时间，写在黑板上：5分钟，9:20—9:25。（4）学生两人一组练习，教师巡视并给予必要的帮助。（5）可选方法：让学生互换搭档再做一次练习。（6）可选方法：找几组学生在台前表演，给予指导和评价。笔者观察过多次语言教学的小组活动，看到一些教师在组织小组活动中忽略了一些环节，从而影响了小组活动的效果。例如有老师在布置小组活动中忽略了上述环节（2），学生由于没有理解或没有正确理解老师的意思，在开始时茫然不知所措或由于误解而做了别的事。设定和遵守时限也非常重要，学生知道了时限就会有自己的规划，抓紧时间进行练习活动。

根据笔者的体验，组织一个课堂小组活动的完整程序应当包括以下内容：（1）教师说明要完成的任务；（2）教师引导学生明确要使用的语言项目；（3）给学生分组，指导学生分工；（4）教师说明活动的结果和检查方式；（5）教师跟学生一起或指导学生做活动示范；（6）设定活动时间；（7）学生活动，教师巡视督促，提供帮助；（8）汇报结果；（9）评价（以学生自我评价、互相评价为主）。当然，不同的活动、不同的语言水平在进行小组活动时对上述内容应当有所取舍。

语言教学策略是个庞大的方法体系。人们在百年探索中提出过多种教学思路，如直接法、听说法、自然法、全身反应法、任务型教学法、内容教学法，直到近些年提出的"后方法"语言教学理论等等。其间创造的具体教学方法不可胜数。本文认为，遵从教学设计的理论，把语言课堂教学策略分析为教学过程、教学方法、教学媒体和教学组织形式四个维度来认识，有助于提纲挈领地理解语言课堂教学方法；而基于对语言能力、语言学习和语言教学基本规律认识而形成的语言教学理念，以及基于这些理念而制订的语言教学的基本原则，则是选择、组织、运用语言课堂教学策略的灵魂。

参考文献

鲍承模. 美国中小学"英语为第二语言"现代教学法简介（上、下）[J]. 中小学英语教学与研究，1999（4、5）.

崔永华. 对外汉语教学设计导论 [M]. 北京：北京语言大学出版社，2008.

崔永华、杨寄洲. 对外汉语课堂教学技巧 [M]. 北京：北京语言文化大学出版社，1997.

龚亚夫、罗少茜等. 任务型语言教学（修订版）[M]. 北京：人民教育出版社，2006.

国家汉语国际推广领导小组办公室. 国际汉语教学通用课程大纲 [Z]. 北京：外语教学与研究出版社，2008.

加 涅等. 教学设计原理 [M]. 皮连生、庞维国等译. 上海：华东师范大学出版社，1999.

乌美娜. 教学设计 [M]. 北京：高等教育出版社，1994.

徐英俊. 教学设计 [M]. 北京：教育科学出版社，2001.

中华人民共和国教育部. 义务教育英语课程标准 [S]. 北京：北京师范大学出版社，2001.

American Council on the Teaching of Foreign Languages. *Standards for Foreign Language Learning in the 21st Century*（21 世纪外语学习标准）[S]. Yonkers, NY: American Council on the Teaching of Foreign Languages, Inc., 1999.

Council of Europe. *Common European Framework of Reference for Languages: Learning, Teaching, Assessment*（欧洲语言共同参考框架：学习、教学、评估）[S]. London: Cambridge University Press, 2001.

引用教材

理查德等.剑桥国际英语教程·教师用书 [M]. 北京：外语教学与研究出版社，2001.

人民教育出版社英语室.全日制普通高级中学教科书（必修）·英语·第一册 [M]. 北京：人民教育出版社，2003.

（原载于北京市国际教育交流中心、北京市中小学对外汉语教学研究会编《中小学国际汉语教学》，商务印书馆，2010 年）

如何上好第一堂汉语课
（2012）

一、什么是"第一堂汉语课"

对教师来说，"第一堂汉语课"有多层含义，包括：（1）新教师给汉语初学者上的第一堂汉语课；（2）新教师给学过汉语的学习者上的第一堂汉语课；（3）老教师给汉语初学者上的第一堂汉语课；等等。

我们主要说第一种情况，其中的某些做法，也可以供第二、三种情况参考。

二、"第一堂汉语课"的意义

中国人说"先入为主"，是说人们对某人某事"第一次"接触所获得的印象，往往会在头脑中占有主导地位，难以改变。同样，教师在学生面前的第一次"亮相"，也会给学生留下深刻的、比较持久的印象。

"第一次"的特殊性是："第一次"只有一次，同一件事，没有第二个"第一次"。对语言教学来说，"第一堂课"尤为重要，因为第一次接触给学生留下的对教师的印象、对汉语的印象、对汉语学习（如是否有趣）的印象、产生的情绪，会对学生产生长时间的影响。这种印象会影响到一个学期、一年、几年，甚至终生。

所以，无论新老教师，都要特别重视"第一次"。汉语教师在第一堂课上，要努力给学生留下积极的印象。

三、如何准备第一堂汉语课

第一堂汉语课的备课内容，跟一般备课一样，但是有一些特殊的地方需要注意：

第一，了解上面所说的"第一堂课"的重要性，提高对"第一堂汉语课"的认识。

第二，明确第一堂课最重要的目标是让学生喜欢汉语、喜欢老师、喜欢同学、喜欢学习环境。

第三，对于新教师来说，增加对汉语课的感受很重要。所以，除了重温你的培训所学之外，最好看一看跟你的教学对象、教学内容相近的教学录像，进一步感受汉语课堂教学，知道什么是汉语教学，汉语课堂上会发生什么，尽量做到心中有数。

第四，尽量了解你的教学对象的特点，做好应对课堂管理困难的思想准备。面对的学习者年龄越低，遇到的管理困难会越多。

第五，准备好教案。最好准备两三套教学方案，准备好课堂上要说的每一句话，包括念课文、念生词、念例句，以及要发出的每一句中外文指令。教案可以请有经验的老师帮你参谋参谋。如果预先演练几遍，更可以提高你走进课堂的信心。

第六，提前准备好所有的课堂用品，包括花名册、教案、课本、录音、教具、书写笔、纸张，千万别丢三落四，在课堂上显得被动，以致乱了阵脚。

第七，准备好自己的衣着、打扮。想清楚自己想以什么样的风格出现在学生面前。这也可以请教一下有经验的老师。

第八，做好出问题的思想准备。第一次或以后上课，都有可能忘了带某件东西、说错了话、把书碰到了地上、被学生问住了等等。可以向有经验的老师请教处理的办法。即使是整堂课都没上好，也不要灰心，只要你有爱心、有责任心、有诚心，一定会通过努力，成为学生心目中最可爱的汉语老师。

四、如何第一次走进课堂

第一，早一点到教室，再熟悉一下环境，把自己的名字分别用汉字和拼音写在黑板上。

第二，微笑着等待学生，跟先到的学生聊聊天，建立融洽的师生关系，培养自己的"粉丝"。

第三，做好学生的名牌。用厚一点的 A4 复印纸，折成三折，做成三角筒状；在其中两面写上学生的名字（汉字＋拼音），摆在桌子上。这样，学生可以看到对着自己的一面，老师可以看到另一面，帮助学生记住自己的名字，也便于老师称呼学生，逐渐记住学生的名字。在跟学生交流时，叫出学生的名字比用"你"来称呼，交际效果会好得多。

第四，学生到齐后，不急于翻开书上课。先引导学生互相认识，让学生自报家门，把他们的名字写在黑板上，夸夸他们的名字。

第五，信心十足地开始上课。

五、第一堂课教什么

第一，鼓励学生说说他们对中国、对汉语的了解。让学生获得成就感。

学生说出一些内容之后，夸一下学生，比如："你们是我遇到的最好的学生。"学生会有一种满足感，可以活跃一下气氛。

如果有的学生说："老师，你是不是对所有的学生都这么说？"你可以回答："所以你们是最聪明的（因为你们居然知道老师常常这么做）。"

第二，教学生几个容易写的汉字。

学生都会听说汉字、汉语难学。可以先教几个容易写、有意思的汉字，引起他们对汉字的兴趣，减轻畏惧心理。如：

书写"一、二、三"，然后跟英语的"one、two、three"比较。问问学生哪个难写？

书写"人、大、天"，然后老师自己或请一个学生站在前面，身体形成"人"字（直立，把腿分开）、"大"字（直立，把腿分开，抬起双臂），"天"字（在"大"的基础上，在头上放一本书或一支笔）。说明汉字的形式是有道理的。

当然，根据学生的情况，也可以告诉学生，有的汉字也很难，比如英语的"I"在汉语中写成"我"。

第三，教几句显示汉语好学的话。

用汉语拼音在黑板上写：

我是中国人。

你是中国人。

他是中国人。

他们是中国人。

说明汉语动词没有人称的变化。

第四，教声调。

一般来说，声调是第一堂汉语必须教授的内容。让学生了解声调的意义，可以加深学生对声调的理解、重视和记忆。

常用的这类例子是：

妈麻马骂　一移椅亿

用"妈"和"马"说明声调对礼仪很重要；用"一"和"亿"来说明声调对经济也很重要。

六、其他要注意的事

有些行为方式对语言教师非常重要。在第一堂课和平常上课时，都需要注意：

第一，脸上总是有笑容。

第二，总是启发学生先说。

第三，经常在教室里走动。

第四，照顾到每一个学生。

第五，让学生听懂你的讲解和问题，多用身势辅助说话。

第六，确认学生听懂了你的讲解和问题。

第七，多表扬，少批评。

第八，学会幽默。

以上是编者的一点经验之谈，供新同行参考。

（原载于《新概念汉语》编写组编《新概念汉语·教师用书 1》，北京语言大学出版社，2012 年）

肆

汉语要素教学

关于对外汉语教学语法体系的思考 [1]
（1990）

一、引言

本文所说的"对外汉语教学语法体系"是指专门为学习汉语的外国人使用的汉语语法体系，其中的"语法"是在传统意义上使用的，即指"语言构词造句的规则"，不同于现代的一些广义的语法，例如转换生成语法。

拟定对外汉语教学语法体系的作用可以从两方面看：

第一，对外汉语教学的发展，需要改进现行的教学语法体系和对这种体系的描写。目前国内通行的各种对外汉语教科书的语法说明有一个通病——外国人看不懂。究其原因，除了翻译问题之外，主要是：（1）所使用的语法体系在理论基础上太陈旧；（2）体系的描写缺乏针对性，教材所使用的基本上是教中国人的体系，在根本上没有突出外国人学习汉语的特点和学习的难点。

第二，对外汉语教学语法体系的研究对汉语语法研究本身也有促进作用。检验一种语法的科学性有各种手段，对外汉语教学的效果是其中的手段之一。我们现行的语法体系对外国人讲不清楚，说明我们的语法体系设计还不够合理，对一些具体语法项目的研究还不透彻。所以探讨对外汉语教学语法体系，也会对汉语语法本身的研究有所启发。

本文拟讨论以下几个问题：（1）对外汉语教学语法体系；（2）对外汉语教学语法体系的描写；（3）对外汉语教学语法体系和体系描写中的几个具体问题。

二、关于对外汉语教学语法体系

对一个教学语法体系，可以从两方面来考察：一是体系本身；二是对体系的表述或称描写。

第一，考察体系本身，是对体系反映客观语法规律的正确性进行检验。一般来说，体系的不同源于方法论的不同。所谓传统语法、结构语法、转换生成语法、功能语法以及它们的各种变体，都是由于所依据的方法论原则不同而建立的不同的体系。

第二，所谓对语法体系的描写是指在表述一种语法体系时对语法项目的选择以及描

---

[1] 本文曾在 1988 年 11 月举行的"北京青年语言学讨论会"上宣读。

写的方法、角度等。在教学语法中，对同一个语法体系，可以根据教学对象和教学需要的不同选择不同的语法项目，从不同的角度描写。比如《暂拟汉语教学语法系统》（以下简称"暂拟系统"）和刘月华等的《实用现代汉语语法》（以下简称"刘著"）都属于汉语教学语法体系，但是它们的体系不同，对体系的描写也不同。前一个不同源于方法论，后一个不同则源于对象和需要的不同。

所以，要拟定一个对外汉语教学语法体系，必须首先解决这两个问题，即采用什么样的语法体系和根据什么决定描写的方式、角度。下面我们先讨论前者，尽管比较起来，后者可能更为重要。

目前我们要拟定的对外汉语教学语法体系不必、也不可能是一套新建立的体系，拟定一个教学语法体系也未必要完全遵循某个现成的体系，"暂拟系统"不失为一个很好的例子。但是对外汉语教学语法体系既然作为一个体系，就不应当是一些不相干的语法规则的拼凑，必须有科学的依据。我们认为，一个好的语法体系应当遵循以下原则：（1）语言构造是有层次的；（2）划分语言成分类别的根本依据是分布；（3）语言的形式和意义存在着对应关系。语法体系和体系描写应反映这些原则。

不难看出，根据上述原则拟定的语法体系目前在我国并不少见。"刘著"所使用的体系就是其中的一种。下面讨论中的一些具体问题，主要是以这本书的体系为基础提出的。这不仅是因为这部著作的语法体系与我们提出的原则比较接近，更因为它是一部在描写上从对外汉语教学角度考虑较多的、体系比较完整的现代汉语语法著作。

三、关于对外汉语教学语法体系的描写

在体系基本确定后，让我们把注意力放在对语法体系的描写上。就现状来说，这个问题可能比体系的选择更为重要。

无论采取哪一种语法体系，人们对一种自然语言的语法描写的广度和深度在理论上都是无限的，没有人可能把一种语言的语法规则都描写下来。人们在进行语法描写时都在进行取舍。另一方面，由于目的、对象的不同，对同一语法体系的描写角度、叙述方式也可能不同。那么，决定对外汉语教学的语法项目的取舍和描写的角度、方式的确定的依据是什么呢？我们认为，这主要应当依据教学对象特点和语言教学的基本原则。从教学对象看，对外汉语教学语法体系应当是为外国人做的语法描写；从教学原则上看，这种语法描写主要是为了帮助学生学会运用所学的语法形式，而不是学习语法知识。

具体地说，在对对外汉语教学语法体系进行描写时要特别考虑到以下几个方面：

第一，外国人学汉语的难点。由于受母语语法规则的影响，有一些中国人看来是天经地义的语法规则，外国人可能觉得不可思议，我们觉得没有问题的地方，学生却可能错得一塌糊涂。最近的一次考试中有一道非常简单的组句题：

> 访问 什么 代表团 了 地方

但是结果却令人大吃一惊，参加考试的已经学习了 400 多学时的 40 多个日本学生中竟有 70% 做成：

> *代表团什么地方访问了。

日本学生犯这样的错误是预料之中的事。但是在学习了 400 多个学时之后，仍然普遍地出现这样的错误，说明我们的难点没有选对（当然也包括教师课堂讲授难点的选择）。另一方面，我们常常把学生并不觉得困难的地方当作难点来处理，比如把连动句、兼语句作为难点来教，其实学生学起来并不觉得困难。

第二，外国人理解汉语和用汉语表达的思路。外国成年人学习汉语的过程与中国人习得汉语的过程很不相同。他们已经掌握了一套母语的语法规则，形成了自己民族的思维方式，所以用汉语表达时往往是从母语的意念出发，从"自己的汉语库"中寻找相应的语法、词汇形式。基于这种认识，我们认为，对外汉语教学语法的语法描写不应当仅限于从形式到意义的描写方向，也应当进行从意义到形式的描写。国外的一些教材很重视这种描写，正是由于编者了解外国人学习汉语的特点和需要。

第三，外国学生的一般语言知识背景。学生大部分不是语法专家，但是大多数又有一定的本族语的语法知识，所以我们在进行语法描写时，应当尽可能使用学生熟悉的术语，采取有助于学生理解的叙述方式进行语法描写，以便于学生将汉语与自己的母语进行比较，加深理解。同时应当注意叙述通俗易懂，不要把语法描写弄成术语的堆砌，让学生听不懂也看不懂。下面是美国汉语教学界常用的几个语法术语，学生一听就懂，直白却未必不科学：

正反问句	A-not-A question
时量补语 时段	time spent
时间状语 时点	time when

四、关于语法体系和体系描写中的几个具体问题

在前面分析的基础上，我们提出几个在拟定对外汉语教学语法体系时应当改进的实例。其中 4.3、4.4、4.5、4.6 主要是关于语法体系的问题，4.1、4.2、4.7 主要是关于体

系描写的问题。

4.1 把构词法当作一个重要的语法项目描写

汉语的构词方式很有特点，主要表现在：（1）各构词成分都有自己固定的音、形、义；（2）构词的可解性强，每一个合成词的构成都可以从意义上得到解释；（3）构词方式简单、明确，只有附加法和五种复合法[1]。

掌握了汉语的这些构词特点，对于学生辨认词类，迅速扩大词汇量，利用构词法知识猜测词义，以提高阅读理解水平无疑会有极大的帮助。

构词法描写的重点应当包括：汉语的构词方式，基本的实语素、虚语素和特殊词类（如离合词）的某些语法特点。

4.2 把词组作为汉语中最重要的语法项目来描写

词组是汉语最基本的语法单位，是汉语语法结构的核心。形成这种现象的原因是由于汉语的词本身缺乏形态标志，从而又导致了以下三种现象：（1）汉语的构词结构、词组结构、句子结构甚至某些篇章结构在意义和语法的结构方式上具有同一性；（2）汉语语言结构的层次性在词组结构中表现得最充分；（3）汉语的词组独立起来就是句子，所以所谓汉语的句型，实际上有相当一大部分是词组类型。

因此，学生了解了汉语的词组结构，就抓住了汉语语法结构中最本质的东西，就比较容易理解汉语从构词到词组、句子以至篇章的结构原理。这对于学生理解和学习汉语无疑是大有好处的。

4.3 给动词和形容词重新分类

这个问题详细讨论起来比较复杂，拟另文讨论[2]。下面只说主要的考虑。

要给动词和形容词重新分类的理由主要是两条：

第一，目前的动词和形容词分类不符合前文中提出的在语法中"划分语言成分类别的根本依据是分布"的原则。现行的动词和形容词基本上是根据意义划分的类（如"刘著"）。从分布上看，"刘著"中所说的一般形容词和非谓形容词[3]很不相同。相比起来，一般形容词与动词在分布上更为接近。表1是一个简单的说明。为了说明和制表的方便，

---

1 五种复合法：联合式、偏正式、动宾式、补充式、主谓式。详见刘月华等（1983：10）。

2 关于此问题，参看崔永华（1990）。

3 朱德熙（1980）称为"区别词"。

我们只选择三个代表词，只说明这三个词的功能。

表 1　动词、形容词功能比较

	例词	谓语	不	了	X不X	ABAB	AABB	很	定语	状语	补语
X_1	休息	+	+	+	+	+	—	—	—	—	—
X_2	漂亮	+	+	+	+	—	+	+	+	—	—
X_3	大型	—	—	—	—	—	—	—	+	—	—

注：补语只考虑带"得"的程度补语。

从表 1 可以看出：X_3（且称作"区别词"）显然和其他两类不同，而 X_1（动词）和 X_2（形容词）在分布上有足够多的共同点归为一类。

第二，目前的区分方法不适合对外汉语教学的需要。从外国学生的常见错误来看，现在的分类是诱导学生发生一些错误的原因之一。很多外国学生习惯于在充当谓语的形容词前面加一个"是"，如：

＊我是很好。

＊语言学院离北大是很远。

造成这种错误的原因当然是由于学生把汉语的"形容词"与印欧语的 adjective 等同起来，但是，如果我们能够合理地解决形容词的分类问题，这种错误是不难避免的。所以，看起来对外汉语教学更需要解决这个问题。

我们主张形容词应当重新分类，做法如下：

第一，把"刘著"的"一般形容词"归入动词。国外出版的一些教材和语法著作就是这样做的，他们把这类词称为 stative verb（状态动词）。

第二，把"刘著"的"非谓形容词"称作形容词。这样命名是考虑到：（1）在汉语中只有这一部分与印欧语的 adjective 的本义相符；（2）有利于避免母语是印欧语的学生犯上述的第二种错误。

4.4 将助词改称标记词

助词本来就是一个说不出统一的语法和语义特点的杂类，它的命名也不明确。但是从另一个角度来看，这一组词并非没有共性。它们的共同特征可以概括为"标示语言单位的语法功能或相互关系的语言成分"，可以把这类词称为"标记词"（marker）。例如把"的"叫作"定语标记"，把"地"叫作"状语标记"，把"吗"叫作"疑问标记"。根据这种定义，原来的动态助词（据"刘著"）"了、着、过"不应当属于这一类，可以称为动词词尾。

这样做的好处是使原来的助词成为一个有统一功能和名副其实的类，同时也有利于学生理解这类词的用法以指导正确使用。

4.5 将主语改称话题

这样做的理由是：（1）汉语的主语，多年来一直是一个争论不休的问题。很多学者（例如赵元任）都说，汉语的主语就是话题。（2）据哈特曼、斯托克（1981）所说，在印欧语中"subject（主语）指起句子两个主要成分之一的作用的名词性短语，……主动句的主语通常是'施事'；被动句中的主语通常是动作的'对象'或'受事'"。（3）由于讲印欧语的学生已经对"subject"有了先入为主的解释，他们对汉语"主语"的理解常常受到干扰。

可见将主语改为话题，有充分的语言学依据，也有利于对外汉语教学。当然，话题是个语用学的概念，用在这里可能有些不合适，但是在尚未找到恰当名称的时候，如果我们对它重新加以限定，也未尝不可。

4.6 增加"表达"部分

"表达"可以定义为"在语法描写中，从语义平面到形式平面的实现过程"。例如Fenn & Tewksbury（1979）中的"命令和请求方式""比较""否定""日历时间""钟表时间""询问国籍"等等。再如，讲四种疑问句时，不只讲它们的形式，同时讲它们的使用环境。吕叔湘（1982）在汉语的表达方面有系统的论述。

我们在上文中说过，外国人学习和使用汉语的思路与中国人有很大的不同，特别是在实际交际中，外国人习惯于从所需表达的意念出发，寻找适当的语言形式。可见，语法描写中的表达部分正可以适应外国人学习汉语表达的需要，应当成为对外汉语教学语法体系的一个重要内容。

4.7 加强对汉语基本句型的描写

自从句型教学法遭到非议以后，人们在第二语言教学中对句型的描写也不那么重视了。其实，句型教学在语言教学中占有不容忽视的重要地位。学过外语的人都有一种体会，要熟练地掌握一门外语，不熟记它的基本句型，是永远也不会流利地说出正确的句子来的。

我们说过，句型和词组有一定的关系，但是它们又有所不同，词组描写不能代替句型描写。句型是从更高的层次把握一种交际单位的结构。

句型描写的重点是不同类别的词与词的组合的排列顺序（词序）和句型之间的关系。因为：

第一，汉语的词序有它自己的特点，它不像日语那么死，也不像俄语那么活，即使和英语相比，也有很大的不同（比如定语和状语的位置）。我们在举例中指出的日本学生的错误，在很大程度上是由于没有对汉语的"主—谓—宾"这一基本句型给予足够的强调。母语为印欧语的学生的词序错误，也俯拾皆是。要解决这个问题，就不能不在教学中对汉语的基本句型予以足够的强调。

第二，强调句型之间的关系是由于汉语的句型之间存在着内在联系和推导关系。学生掌握了这种联系，就便于从总体上把握、记忆汉语句型。

4.8 增加对段落篇章结构的描写

我们过去编的对外汉语教学的语法教材和著作一般都不包括这一部分内容。事实上，段落篇章结构的描写不但对中国学生有益，对外国学生学习汉语也是非常重要的。这表现在两个方面：从对汉语的理解上看，外国人在阅读汉语的文章和书籍时，需要对汉语的篇章结构方式有一个大致的了解；从表达需要上看，学生要学会用汉语写文章，也必须懂得汉语篇章结构的规律。可惜的是，目前我们对这方面的研究还很薄弱。尽管如此，已有的研究中，也不乏有真知灼见的论述，可供采用。

参考文献

崔永华 . 汉语形容词分类的现状与问题 [J]. 语言教学与研究，1990（3）.

哈特曼、斯托克 . 语言与语言学词典 [M]. 黄长著等译 . 上海：上海辞书出版社，1981.

刘月华等 . 实用现代汉语语法 [M]. 北京：外语教学与研究出版社，1983.

吕叔湘 . 中国文法要略 [M]. 北京：商务印书馆，1982.

赵元任 . 汉语口语语法 [M]. 北京：商务印书馆，1979.

朱德熙 . 现代汉语语法研究 [M]. 北京：商务印书馆，1980.

Fenn, Henry C. & Tewksbury, M. Gardner. *Speak Mandarin* [M]. New Haven & London: Yale University Press, 1979.

（原载于胡盛仑主编《语言学和汉语教学》，北京语言学院出版社，1990 年）

汉字部件和对外汉字教学

（1997）

一、关于汉字部件

汉字从字形上可以分为三个级别：笔画、部件和整字。费锦昌（1996a）认为："部件是现代汉字字形中具有独立组字能力的构字单位，它大于或等于笔画，小于或等于整字。"笔者认同这个定义。下文将汉字部件简称"部件"。

构成一个汉字的部件常常是多层次的。例如：

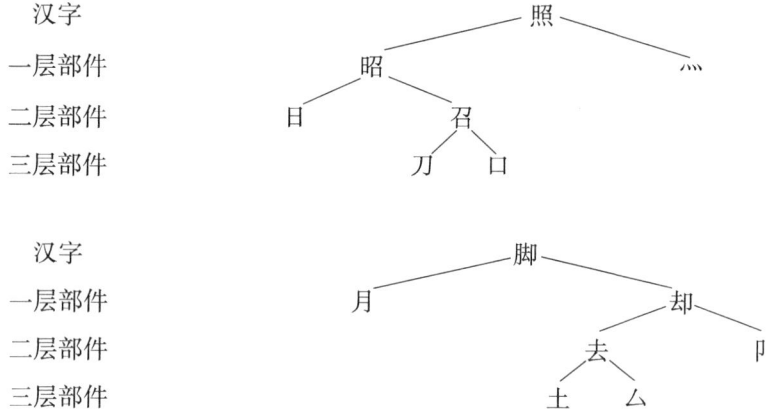

在"照"中，"昭、召"都可以是部件，"日、刀、口、灬"也是部件；在"脚"中，"却、去"是部件，"月、土、厶、卩"也是部件。本文要讨论的"汉字部件"是指不能再拆分的部件，如以上两例中的"日、刀、口、灬、月、土、厶、卩"，它们一般被称作"基础部件"或"末级部件"。

从理论上说，在对外汉语教学中，教授汉字有三种选择，即通过笔画教授，通过部件教授，直接教授整字。对大多数汉字来说，不加分析地直接教授整字，显然难度太大。通过笔画教授，又显得太零碎。因此，曾经有多人提出过在对外汉语教学中利用部件教授汉字的思路，有人将这种教学称为"字素教学"。

二、分析依据

本文对汉字和部件的分析依据以下两种文献：（1）国家语言文字工作委员会《信息

处理用 GB 13000.1 字符集汉字部件规范》(以下简称《部件规范》)的后期分析结果——578 个基础部件 [1];(2)国家对外汉语教学领导小组办公室汉语水平考试部编制的《汉语水平考试词汇等级大纲》(以下简称《词汇大纲》)中的 8822 个词,重点分析构成其中 1033 个甲级词的 801 个汉字和构成这 801 个汉字的 330 个部件。

依据第一种文献,是想找一个比较权威、相对稳定的分析参照系,同时也可以使用已有的数据库,以便于操作;依据第二种文献,是由于我们要讨论的是对外汉语教学中的汉字教学问题,而《词汇大纲》是对外汉语教学中词汇和与之相关的汉字教学的权威依据。

讨论的重点放在构成 1033 个甲级词的 801 个汉字上,由于这些词和构词使用的汉字一般出现在教学的基础阶段。这个阶段对非汉字圈国家的学习者来说,是汉字教学最困难的时期。这时如果能成功地利用汉字部件进行教学,会帮助学习者掌握汉字的构形规律,这不但可以加快学习的进度,而且可以使他们掌握识记汉字的方法,为今后的学习打下良好的基础。

三、假设

笔者以为,利用汉字部件进行汉字教学基于以下假设。

3.1 基于记忆规律的假设

假设一:汉字拆分出的记忆单位(chunk)越少,越利于识记。

心理学认为,人的短时记忆一般以 7 个记忆单位为限。因此借助笔画学习汉字,即以笔画作为识记汉字的记忆单位,不利于记忆,因为汉字的平均笔画数多超过 7 笔。以《现代汉语通用字表》的 7000 字为例,其中 9 画字最多,其次是 10 画和 11 画字,7000 字的平均笔画数为 10.75 画(参看苏培成,1994),远远超过 7 画。如果以部件为识记单位,可以使记忆单位大大低于 7 个(参看 4.2)。

假设二:汉字拆分出的记忆单位的可称谓性越高,越利于识记汉字。

心理学认为,语言要素的记忆效果与其构成因素能否发音有关,构成因素能发音则记忆成功率高(参看彭聃龄,1991)。构成常用汉字的部件有较高的可称谓性(参看 4.3),因此借助部件识记汉字,有利于对汉字构成因素的称谓,也许可以帮助识

---

[1] 本文利用了国家语委发布的《部件规范》的研究成果。由于技术上的原因,这里使用的是《部件规范》的后期分析结果,非最终结果。

记汉字。

假设三：汉字拆分出的记忆单位的含义越明确，越利于识记汉字。

心理学认为，语言要素的记忆效果与其构成因素是否有意义有关，构成因素含义明确，则成功率高（参看彭聃龄，1991）。汉字部件多有固定的含义。据笔者统计，构成《词汇大纲》甲级词的801个汉字的330个部件中226个部件有较固定的含义，占部件数的近70%（参看4.4）。汉字的笔画虽然有称谓，但多无含义（除"横"有时可以看作"一"）。利用汉字部件的表义特性，也许可以帮助识记汉字。

3.2 基于对外汉语教学实践的假设

假设四：学生识记汉字的错误，与部件识记不准确有较强的相关性。

一般来说，学习者没有掌握所学汉字的表现为：不认识，不会写，写别字，写错字。错字表面看是丢笔画、笔画错位、形体错位，但是这些错误多可以归结为部件问题。孙清顺、张朋朋（1985）指出，留学生的形错字623个，占统计总数（750个）的83%，从其举例看，至少有80%可以归结为用错部件或安错部件位置；张旺熹（1990）将留学生有关汉字部件方面的问题分为部件混乱、部件错误、结构松散、结构混乱四类；叶步青（1997）所列的"汉语书面语的中介形式"（也可以理解为外国人使用汉字的常见错误）共七种，其中"偏旁省代""形近相混""镜像错位""点撇无定""出头与否"都可以归结为部件使用错误。

上述四个假设，是本文讨论的出发点。但是，它们（特别是第一、二、三个假设）是否符合外国人的汉字认知规律，尚需要试验和调查证明。

四、分析和讨论

下面以《部件规范》为参照系，对《词汇大纲》构词所用的汉字进行统计、分析，探讨利用汉字部件进行汉字教学的可行性。

4.1《词汇大纲》使用的汉字和构字部件的统计、分析

表1统计《词汇大纲》的全部词汇，甲、乙级词和甲级词的词数，构词用字数和构字用部件数，并给出相应的百分比。

表 1　《词汇大纲》用字、构字部件统计表

统计范围	词数	百分比	用字数	百分比	用部件数	百分比
全部词汇	8822	100%	2866	100%	431	100%
甲、乙级词	3015	34.2%	1606	56%	391	90.7%
甲级词	1033	11.7%	801	27.9%	330	76.6%

从表 1 可以看出：

第一，从利用部件进行汉字教学的角度看，基础汉语教学阶段，汉字的教学任务是全部教学中最繁重的阶段。一般甲级词教学用半年时间（约 400 学时），占《汉语水平考试大纲》规定掌握 8822 个词（应为四学年）所需学习时间的八分之一。这段时间也必然是汉字教学最集中的时间，因为在此期间，学习者要识记占总数 27.9% 的汉字和76.6% 的部件。

第二，上述情况从另一个角度也可以说，这是打好汉字基础的关键阶段，学习者利用好这段时间，掌握 330 个部件和由它构成的 801 个汉字，就能为今后汉字的学习打下基础。

第三，部件教学也许可以化难为易。通过部件教学，我们把 801 个汉字归结为 330 个部件，根据《部件规范》的做法，又可以根据部件的变体关系和形似关系，将 330 个部件归纳为 273 组（参看 5.2）。这样也许可以减少学习者的记忆负担，帮助其有效地识记汉字。

4.2 构成甲级词的 801 个汉字的部件长度分析

字的部件长度，指构成一个汉字的部件数。例如："人"由部件"人"构成，其部件长度为 1；"坐"由部件"人、人、土"构成，其部件长度为 3；"避"由部件"尸、口、立、十、辶"构成，其部件长度为 5。

表 2 统计构成《词汇大纲》1033 个甲级词所使用的 801 个汉字的部件长度。本节下面各表所统计的范围也只限于这 801 个构成甲级词的汉字和构成这些汉字的部件。

表 2　《词汇大纲》甲级词构字部件统计表

部件长度	例　字	构字部件	字　数	百分比
1	白	白	101	12.6%
2	助	且、力	286	35.7%
3	倍	亻、立、口	267	33.3%
4	搬	扌、舟、几、又	107	13.4%
5	演	氵、宀、一、由、八	37	4.6%

续表

部件长度	例　字	构字部件	字　数	百分比
6	赢	亡、口、月、贝、几、丶	3	0.4%
合计			801	100%

从表 2 可以看出：

第一，由两个部件和三个部件构成的汉字最多，共占甲级词使用汉字的 69%，1~4 个部件构成的汉字共占 95%。

第二，由表 2 可以计算出，801 个汉字的合计部件长度为 2105，平均长度为 2.63；另，据笔者统计，构成《词汇大纲》全部 8822 个词所使用的 2866 个汉字的部件平均长度为 2.91；又，根据对《汉字信息字典》所收 7785 个汉字的统计，由 1 个部件构成的汉字占 4%，2 个部件构成的占 34%，3 个部件构成的占 40%，4 个部件构成的占 16%，5 个部件构成的占 4%；由 1~5 个部件构成的汉字占 7785 个汉字的 98%。（参看苏培成，1994）

第三，根据"假设一"，以部件为识记汉字的记忆单位，则记忆单位的数量在合理限度内，应当有利于汉字教学。

4.3 构成 801 个汉字的部件的可称谓情况分析

4.3.1 可称谓部件和不可称谓部件

可称谓部件指成字部件（如"女、口"本身是部件，也独立成字）或常用偏旁部首（如草字头"艹"、单立人"亻"等）。本文所限定的可称谓部件为《信息交换用汉字编码字符集·基本集》（以下简称《基本集》）的 6763 个字符中包括的成字部件和偏旁部首。

与可称谓部件相对的是不可称谓部件，指可称谓部件以外的部件，尽管其中有的部件也是可以通过各种方式称谓的。[1]

4.3.2 部件的可称谓度

部件的可称谓度指构成一个字的可称谓部件在构成此字的全部部件中所占的比例。判别方法如下例："出"字由"屮"和"凵"构成，两个部件都是不可称谓部件，因此"出"

---

[1] 必须说明，在本文的统计中，上述两个定义有"名实不符"的问题。因为有些常用偏旁部首（如卧人"⺈"、竹字头"⺮"、斜玉旁"𤣩"）没有包括在《基本集》中，本来应属于可称谓部件；另一方面，有的本文列为"不可称谓部件"的也出现在该字符集中（如"画"中的"凵"，"饱"中的"勹"）。出于计算机操作上的方便，并保持统计数字的可比性，除特别说明外，下面对可称谓部件的统计都以《基本集》的范围为依据。据粗略估计，两者数量大致可以相抵，应当不影响分析的基本结果。

的构字部件的可称谓度为 0；"弄"字由"王"和"廾"构成，其中"廾"是不可称谓部件，"王"是可称谓部件，因此"弄"的构字部件的可称谓度为 50%；"明"字由"日"和"月"构成，两个部件都是可称谓部件，因此"明"的构字部件的可称谓度为 100%。

表 3 统计构成《词汇大纲》1033 个甲级词所使用的 801 个汉字的部件的可称谓度情况。

表 3 《词汇大纲》甲级词汉字部件的可称谓度统计表

可称谓度	字 数	百分比
0~49%	45	5.6%
50%~74%	205	25.6%
75%~99%	58	7.2%
100%	493	61.5%
合计	801	99.9%（应为 100%）

从表 3 可以看出：

第一，构字部件全部可称谓的占 61.5%，加上基本可称谓的（可称谓度为 75%~99%），共占近 70%。

第二，可称谓度低的（可称谓度为 0~49%）仅占 5.6%。

第三，根据"假设二"，以部件作为汉字的识记单位，则记忆单位有较高的可称谓性，这应当有利于汉字教学。

4.4 关于部件表义情况的分析

4.4.1 表义部件和不表义部件

表义部件指有固定意义的部件，不表义部件指没有固定意义的部件。

4.4.2 部件分类

表 4、5、6 把部件分为六类，即：（1）单音词部件，指《词汇大纲》8822 个词中构成单音节词的可作为汉字的部件，这类部件都有固定的意义；（2）独体字部件，指《词汇大纲》中出现的不独立成词，但可作为汉字的部件，假定这类部件都有固定意义；（3）有义部首（部件），指包括在《基本集》中的有固定意义的部首；（4）无义部首（部件），指包括在《基本集》中的没有固定意义的部首；（5）有义部件，指前四类不包括的、《基本集》中没有给出的常用部件（如"等""每"）和其他具有固定意义的部件（如"看""眉""所"）；（6）无义部件，指以上五类以外的部件，这类部件都没有独立意义。

4.4.3 构字次数和构字数

构字次数指部件参与构成汉字的次数；构字数指部件参与构成汉字的字数。如在"品"中，部件"口"的构字次数为 3，构字数为 1。

表 4　表义部件的构字情况

部件类别	部件数	构字次数	构字数
单音词部件	121	998	959
独体字部件	45	184	180
有义部首	31	360	359
有义部件	29	102	101
合计	226	1644	1599

表 5　不表义部件的构字情况

部件类别	部件数	构字次数	构字数
无义部首	17	163	63
无义部件	87	298	296
合计	104	461	359

表 6　表义部件与不表义部件构字情况的比较

部件类别	部件数	构字次数	构字数
表义部件	226	1644	1599
不表义部件	104	461	359
合计	330	2105	1958

从表 4、表 5、表 6 可以看出：

第一，在 330 个部件中，表义部件有 226 个，占总数的 68.5%，不表义部件仅占 31.5%。

第二，从动态的角度看，表义部件的构字数是不表义部件的近 4.5 倍。

第三，根据"假设三"，以部件作为汉字的识记单位，则记忆单位的含义较明确，应当有利于汉字教学。

五、关于利用部件进行汉字教学

上面的调查从词、字、部件的比例和汉字的教学阶段说明了部件在汉字教学中的重要性；从汉字的部件长度、部件的可称谓度、部件的有义性讨论了利用部件进行汉字教学的可行性。下面讨论利用部件进行汉字教学的具体问题。

5.1 利用部件进行汉字教学的前提

在对外汉语教学中，利用部件进行汉字教学的前提是建立一个科学的、针对教学的汉字部件体系。

本文分析中使用的《部件规范》的部件体系是为中文信息处理用的。从信息处理的角度，它有较强的科学性，也可以作为对外汉字教学参考。但是它并不完全适合对外汉字教学的需要。比如从信息处理的角度，部件系统应当控制在一个合理的数量，以适应键位的分配。而汉字教学就不必有这种顾虑[1]，可以而且应当根据教学的需要，对《部件规范》的体系做适当的（也许是较大的）修改。也可以参考其他部件体系，如费锦昌（1996b）提出的《现代汉语 3500 常用字部件表》。

5.2 对外汉语教学用的汉字部件体系需要满足的条件

第一，明确限定所使用汉字的范围。比如以《词汇大纲》使用的汉字为限，从中分析、归纳出构成这 2866 个汉字的部件。

第二，从汉字拆分和归纳出的部件应当尊重字源和造字理据，同时适当考虑汉字的现状。

第三，这个体系不必完全基于基础部件，应当尽力保证所收部件便于发音，便于称谓，具备独立的意义。这样就应当尽量吸收独体字和常用部首，对"部件规范"中的某些不利于汉字教学的部件进行归并、改造，比如可以把"龶、月"合并为"青"，把"丆、贝"合并为"页"，把"厸、土"合并为"至"，使它们有独立的意义又便于称谓。

第四，建立的部件体系应当是一个体系，能够反映出部件之间的渊源关系和形体关系。具体地说，就是根据部件之间的变体关系和形似关系进行归纳。比如根据字源，将"爪、采"归为一组，将"手、扌、看、拜、承"归为一组；根据意义之间的联系可考虑将"水、永、氵、冫"归为一组；根据形似关系将"班、师、临"归为一组，将"己、巳、已、仓、顾"归为一组；等等。这种归并利用联想和对比，有利于对部件的识记，进而有利于对汉字的正确识记。

第五，部件体系的科学性包括具有合理的部件拆分规则和部件称谓体系。

---

[1] 费锦昌（1996b）说："语文界从识字教学的方便和效果考虑，在学生掌握了汉字笔画和一些基本字以后，不愿意把部件切得太碎，希望保持汉字部件的相对完整性和块状化，而计算机界受电脑键位数的限制，往往把汉字部件切分得比较细碎，所得部件形体小，部件数量少。"

5.3 利用部件进行汉字教学的原则

利用部件教授汉字，就是要充分利用汉字的可分析性和部件的音、形、义特征，提高认记汉字的效率和质量。具体说来，有以下几条原则可供参考。

第一，重视独体字的教学。在教材中，优先考虑构字率高的独体字，比如"人、口、八、木、日、月"等都属此类，应当早出现，以为后面的汉字教学做铺垫。一些构词率高但不常用的独体字也可以早些出现，以利用其便于称谓、记忆、理解的特点，为后面的汉字教学做铺垫，"曰、贝、止、虫、目、皿、示、尸、爪、戈、酉"等属此类。据笔者统计，在构成《词汇大纲》8822个词的2866个汉字中，共使用了413个部件，其中独体字部件有216个，占了50%；这216个独体字部件，参与构成了56%的汉字。这个比例应当有助于理解独体字在汉字教学中的作用。

第二，注重对比分析。对比分析有两种情况：第一种是部件之间的对比，特别是形似部件之间的对比，如"牛、午""广、厂""木、禾""几、九"等。上文说建立部件体系，进行形似归纳，也有部件对比的作用。如果只归纳，不对比，可能造成混淆，起到相反的作用。第二种是结构对比。在教学中必须进行结构对比，以加强对汉字的正确识记，如"兑、况""呆、杏""加、叻""部、陪"等。

第三，注重汉字结构教学。部件构成汉字，有两个因素：一是部件；二是字形结构，即部件的排列方式。利用部件教汉字，也必须部件和结构并行，教授一个字不但要强调由哪几个部件构成的，同时也必须强调部件的排列方式，否则就容易造成结构混淆。

第四，注重结构教学还要注意对汉字结构层次的揭示。

在教学中，对汉字部件结构的拆分应当适可而止。比如把"的"拆分为"白、勺"即可，不必再将"勺"拆分为"勹、、"，使构字成素失去可称谓性和原有的含义。这样过细的拆分失去了利用部件教学的意义。同理，把"续"拆分为"纟、卖"，再把"卖"拆分为"十、买"即可。当然，为了记忆"买"或"头"，把它们分别分析为"一、头"和"丶、大"也未尝不可。

六、附言

本文讨论部件在对外汉语教学的汉字教学中可以发挥的作用，但是有三点必须说明：

第一，部件只是汉字教学可以利用的一个特征，不是全部。笔画、笔顺、笔形等也是汉字教学应当考虑和重视的因素。

第二，本文统计分析所使用的部件依据为《部件规范》，它离对外汉语教学的汉字教学部件系统有一定的距离。但是要建立一个适合对外汉语教学使用的汉字部件系统，无疑需要一定的时间，应当是另外一个题目。

第三，由于使用了一个不十分适合对外汉字教学的部件体系，同时由于计算机汉字环境和本人水平的制约，本文的分析、统计定有不确之处，但是这些小的误差，应当对本文的结论没有大的影响。

参考文献

陈　茅、吴晓露 . 论初级阶段的汉字教学 [C]//《第四届国际汉语教学讨论会论文选》编委会编 . 第四届国际汉语教学讨论会论文选 . 北京：北京语言学院出版社，1995.

费锦昌 . 现代汉字部件探究 [J]. 语言文字应用，1996a（2）.

费锦昌 . 计算机界和语文界在汉字部件切分上如何求同 [G]// 罗振声、袁毓林主编 . 计算机时代的汉语和汉字研究 . 北京：清华大学出版社，1996b.

高家莺等 . 现代汉字学 [M]. 北京：高等教育出版社，1993.

桂诗春 . 实验心理语言学纲要——语言的感知、理解与产生[M]. 长沙：湖南教育出版社，1991.

国家标准总局 . 信息交换用汉字编码字符集·基本集（GB2312-80）[S].1981.

国家对外汉语教学领导小组办公室汉语水平考试部 . 汉语水平考试词汇大纲 [Z]. 北京：北京语言学院出版社，1990.

国家语言文字工作委员会 . 信息处理用 GB 13000.1 字符集汉字部件规范 [Z]. 1997.

柯彼德 . 关于汉字教学的一些新设想 [C]//《第四届国际汉语教学讨论会论文选》编委会编 . 第四届国际汉语教学讨论会论文选 . 北京：北京语言学院出版社，1995.

彭聃龄主编 . 语言心理学 [M]. 北京：北京师范大学出版社，1991.

上海交通大学汉字编码组、上海汉语拼音文字研究组 . 汉字信息字典 [M]. 北京：科学出版社，1988.

苏培成 . 现代汉字学纲要 [M]. 北京：北京大学出版社，1994.

孙清顺、张朋朋 . 初级阶段留学生错别字统计与分析 [C]// 北京语言学院编 . 北京语言学院第三届科学报告会论文选（内部刊印）. 1985.

王　甦、汪安圣 . 认知心理学 [M]. 北京：北京大学出版社，1992.

叶步青 . 汉语书面词语的中介形式 [J]. 世界汉语教学，1997（1）.

张静贤 . 现代汉字教程 [M]. 北京：现代出版社，1992.

张　普 . 汉字部件分析的方法和理论 [J]. 语文研究，1984（1）.

张旺熹 . 从汉字部件到汉字结构——谈对外汉字教学 [J]. 世界汉语教学，1990（2）.

（原载于《语言文字应用》1997 年第 3 期）

语法研究和对外汉语教学 [1]
（2000）

一、前言

本文所说对外汉语教学的语法研究指：（1）从事对外汉语教学和研究的学者所做的与对外汉语教学相关的语法研究；（2）从事汉语语法研究的学者所做的与对外汉语教学相关的语法研究。事实上，二者的界限很难分清，都可以称为与对外汉语教学相关的语法研究。

20世纪70年代末以来，对外汉语教学越来越受到各界的重视，特别是受到国内语法学界的重视。学界的众多前辈学者，不但对此十分关注，给予巨大的支持，而且积极参与对外汉语教学的研究和组织工作。如朱德熙先生担任三届世界汉语教学学会会长，吕叔湘先生亲自审定《基础汉语课本》（李培元等，1980）和主编以"供非汉族人学习汉语使用"为主要目的的《现代汉语八百词》，王力、吕叔湘、朱德熙、张志公、胡明扬、陆俭明、邢福义、李临定、龚千炎等前辈学者都对外汉语教学关怀备至，经常参加各种研讨、会议，给予指导。他们还慷慨地把自己的研究生推荐到对外汉语教学的岗位上来，不断地为我们输送高质量的新鲜血液。

20年来，这种不懈的支持，推动了对外汉语教学的学科建设和人才培养。对外汉语教学的语法研究也取得了一些令人瞩目的成果，这包括：（1）结合教学和学生错误，对大量语言现象进行了深入研究和详细的描写；（2）进行了较多的汉外对比研究；（3）结合对外汉语教学进行了一些语法体系的探讨；（4）出现了一批应用现代科学技术的成果，包括汉语词频统计、汉语句型统计、中介语语料库和语法研究语料库、对外汉语教学语法等级大纲等。这些成果除表现为大量的论文外，还集中地体现在对外汉语教学的教材和语法专著中，例如《汉语教科书》（北京大学外国留学生中国语文专修班，1958）、《基础汉语课本》和《实用汉语课本》（刘珣等，1981）等教材，《实用现代汉语语法》（刘月华，1983）、《外国人实用汉语语法》（李德津、程美珍，1988）、《实用汉语语法》（房玉清，1992）、《对外汉语教学语法探索》（吕文华，1994）等。

多位专家都曾指出，语法学界对对外汉语教学的支持，"不仅推动了对外汉语教学

---

[1] 本文在1998年北京大学国际语法研讨会上宣读。发表于《面临新世纪挑战的现代汉语语法研究》，山东教育出版社，2000年出版。本文在写作过程中，承蒙张旺熹先生提出宝贵意见，笔者受益良多，特致谢意。

本身，而且对汉语研究也起到很好的推动作用"。以上两方面的事实支持了这种看法。那么，对外汉语教学和语法研究缘何关系如此密切？二者到底是一种什么关系？搞清这个问题，对两个领域今后的合作和互相促进应当是有益的。本文拟就此谈一些不成熟的看法。

二、语法研究是对外汉语教学的一个"本源"

朱德熙先生说，汉语研究是对外汉语教学的"本"和"源"，一些课堂上说不清的问题，常常是因为汉语研究不足。（参看施光亨主编，1994）吕冀平（1982）说，语言研究和语言教学密不可分，后者以前者为基础，没有语言科学研究的成果就谈不上高水平的语言教学。吕叔湘（1982）也指出："如果语法研究的成果有所不足，语法教学就不得不受影响，比如我们现在对'了'字的研究，还没有达到成熟的程度，我们就不容易教会外族学生正确地使用'了'字。"

语法规则是语言中最重要、最基本的规则，是语言学习者要学习（无论是作为本族语还是作为外语学习）的最基本的内容。所以，尽管30多年来语言教学的理论发生了诸多变化，但是语法一直是对外汉语教学的核心内容。无论是传统的以结构为主的教学方法，20世纪80年代中期兴起的"结构—功能法"，以及此后的"结构—功能—文化相结合"的教学思路，都是把语法作为汉语教学的基本内容，作为内在的或外在的教学大纲。正因如此，对外汉语教学界始终在关注、吸取语法学界的研究成果，也在结合自己的教学实践，不懈地进行语法研究。

这些年来发表的相关语法研究成果，也可以说明对外汉语教学界对语法研究的依赖和自身的不懈探索。根据赵金铭（1996b）对前四届世界汉语教学讨论会论文的统计，"在前四届讨论会的论文选中，有关汉语本体研究的论文共160篇，占全部论文总数363篇的44%，而其中仅语法研究的就有90篇，又占总数160篇的56%"。根据张旺熹（1998a）对两种对外汉语教学的专业杂志和11种论文集的统计，20年来共表了语法方面的文章858篇。尽管两种统计中的论文不都是直接针对对外汉语教学的，但二者的关系还是显而易见的。

三、对外汉语教学对汉语语法研究提出了特殊的要求

陈亚川（1991）指出，对外汉语教学"在求助于语言学的同时，也向语言学提出一系列问题和要求"。对此，著名语言学家王力先生跟对外汉语教学界的老前辈王还先生

的学术交往，最有说服力。王还先生 1947 年至 1950 年在英国剑桥大学教授现代汉语，曾就遇到的语法问题写信请教王力先生，这就是王力先生 1949 年发表于《国文月刊》的《语法答问》。

在笔者看来，对外汉语教学的语法研究，就是要建立一个适用于对外汉语教学的语法体系，这个语法体系可以帮助教师和学生建立一个科学的、对教和学都有效的汉语语法观。这种体系对语法研究至少提出了以下要求：

第一，要求对汉语语法规则有全面的、系统的、本质的认识和描写，即它能反映汉语最基本的句法规则，区分出规则的主干和枝节，发掘和确定那些表现汉语语法本质，可以帮助学生尽快形成汉语应用能力的语法规则，并根据普遍语法的原则、语法体系内部的生成关系和学习者习得汉语的规律，进行科学排列和有效的描写。应当承认，尽管我们已经建立了一些对外汉语教学的语法体系，但是离一个比较完善的体系，还有较大的距离。其中的一个主要问题可能如赵金铭（1996a）所说，是"未能摆脱以汉语为母语的中国人的语法的窠臼"。

第二，要求对语法规则进行更细致的描写。吕叔湘（1983）指出："汉人教汉人汉语，往往有些彼此都知道，不成问题，就是不知道也不去深究。可教外国学生就是个问题了，就得逼着我们去研究。"很多对中国人只需轻描淡写的问题，在给外国人讲解时，就需要针对他们学习汉语的实际，对汉语语法的规律进行更深入的研究，更详细的描述，给予更准确的说明。这里举一个赵淑华（1992）关于"才"的例子加以说明。很多种教材都是这样解释的："'才'表示动作发生得晚、进行得慢或不顺利。"赵认为，对外国学生的解释，仅此一句是远远不够的，如果不介绍使用"才"的语境背景，学生很难真正掌握它的用法。她认为，对于"才"的解释至少应该包括下面五点内容：（1）与某一较早或正常时间对比，某一动作或情况发生得太晚 / 他昨天晚上十二点半才睡觉 /；（2）某一动作或情况出现得太晚，有"不满"或"埋怨"情绪 / 已经通知了两点半开会，你怎么现在才来（埋怨）/；（3）经过一番奋斗最终取得了所企望的结果，强调奋斗的时间长，结果"来之不易" / 直到 1988 年，他们才结为终身伴侣 /；（4）经过一番斗争，终于未能摆脱厄运而产生了某种不企望的结果，强调斗争时间长，来之不易 / 那只犀牛跟老虎搏斗了半个多小时，才被老虎吃掉 /；（5）介绍某一动作或情况很晚才会发生，目的在于说明此前的事件发生得过早 / 张老师十二点才下课呢（你来早了）/。

事实上，迄今为止，我们对许多语法现象的研究和描写，还都没有达到对外汉语教学的需求，特别是没有达到适合对外汉语教学要求的广度和深度。

第三，要求对语法规则进行更准确的说明。在对外汉语教学中，我们常常发现，学生根据教师或教科书描写的规律说出来的话却不合语法。根据第二语言习得研究的结果，学习者使用第二语言的错误，一般来自以下几个原因：母语规则的迁移、目的语规则的泛化和教材或教学的误导、本人使用目的语的策略等。其中目的语规则的泛化和教材或教学的误导常源于教科书和／或教师对语法项目的解释、描述不正确、不准确。换句话说，教科书或教师不正确描写语法规则，会误导学习者产生错误。郑懿德（1991）有这样一个例子：一般认为，助动词"要"是表示有做某事的意愿。据此，留学生在否定意愿时，常用这样的句子：/我不要去南方/我不要跟他一起去/我不要等你，你来不来都可以/。于是，我们又告诉学生，表示否定有做某事的意愿的意思时不用"不要"，而用"不想、不打算"。但是学生问，为什么可以说：/夏天，你不要去南方/你不要跟他一起住/你不要等我，我八点不来你就先走/。郑经研究指出，在否定句中，表示他人的限制或客观上需要，可用"不要"；表示自身的愿望时，不能用"不要"。

在对外汉语教学的过程中，我们经常可以发现这种不准确的、可能引起误导的描写。所以，语法规则的准确描写，是成功的对外汉语教学的前提之一。

第四，要求对外国人的语法习得规律加以研究。一个适合于对外汉语教学使用的汉语语法体系，必须反映和遵循汉语（语法）习得规律，以依此确定语法教学的顺序、重点和教学方法。这跟心理语言学、认知科学有关，也跟语言研究有关。从心理语言学的角度，李宇明等对儿童语言习得的研究，王建勤、施家炜对外国人汉语语法习得顺序和规律的研究，都对对外汉语教学的语法教学富有启发，但是仅这些研究还是远远不够的。从语言学的角度看，习得规律的研究还涉及汉语跟普遍语法的关系，汉语语法规则的生成、变换关系，以及汉外语言对比等方面。

四、对外汉语教学的语法研究推动了汉语语法研究

对外汉语教学对语法研究提出的上述问题和语法学界、对外汉语教学界为此而做的研究工作，推动了汉语语法的研究。这已经成为语法学界的一个共识。事实说明，结合第二语言学习的特点，针对教和学的需要，对语言事实进行发掘和描写，有利于对汉语特点和本质的发现。对外汉语的语法研究对汉语语法研究的推动表现在：

第一，提出了过去没有注意的新问题。吕叔湘（1983）说："教外国学生汉语对我们的启发比教汉族学生更大，更容易推动我们的研究工作。"如上所说，通过分析教学

中发现的问题和外国学生的错误，可以发现我们的规则描写中可以进一步深究、改进的地方，推动对语法现象的深入研究和描写。

第二，拓宽了研究角度和研究方法。有研究表明，第二语言学习者运用目的语，是从要表达的内容（意念）出发的。这就需要汉语的教学语法体系有从表达（意念）出发的规则描写（郑懿德称之为"组合语法"）。换言之，对外汉语教学的语法体系，需要从语言应用的角度进行发掘和描写，不仅要研究语法形式问题，更要深入研究语法形式跟语言表达的关系和各种用法出现的条件等问题。[1]

在对外汉语教学中，偏误分析、中介语研究、汉语习得研究，也都给汉语语法研究提供了新的研究材料和研究角度。这对于发现一般汉族人习焉不察的语法规则，发现汉语的特性，是极好的途径。例如外国人使用汉语时，经常说一些句法对但场合不对的话，这就容易显现汉语的语用规则。

另外，由于（可能是）偶然的原因，对外汉语教学领域较早地使用计算机技术、中文信息处理技术和数学方法进行语法和相关研究，比如语料库的建设、词频和句型统计等。这对语法研究的现代化和科学化应当说不无推动。

第三，推进了语言对比研究。王还教授曾经指出，从教学实践中大家逐步发现：一方面，汉语固然还有许多没有研究到家的地方；另一方面，两种语言的对比是一个有待开拓的新领域。而这两方面又是相辅相成的。心理语言学研究表明，第二语言习得过程中出现的错误，有30%左右来自学习者母语规则的干扰[2]。这些来自外国人学习过程中的错误，可以真实、准确地反映两种语言的差异，给汉外语言对比提供生动的例证。同时，分析这些错误，又形成了对外汉语教学对比研究的强烈需求和研究动力。

对外汉语教学成为语法研究结论有效的检验工具。多位学者指出：教外国人学习汉语是语法研究的试金石，通过教外国人汉语特别能发现汉语研究的欠缺，外国人、外族人学习汉语的情况可以成为我们考察汉语研究的一面镜子。的确，汉语语法研究得是否充分，某个语法现象是否研究清楚了，某条规则是否可以成立，拿来给第二语言学习者讲一讲、练一练，是一种很好的鉴别方式。如前面讲到的"才"和"要"的例子。如此，可以发现汉语研究、描写的不足、不确之处，进行更加深入的研究。

---

[1] 例如赵金铭（1996a）对朱德熙和刘月华对"这/那么、这/那样"说明的比较，很能说明问题。限于篇幅，这里略去不说。

[2] 这是根据韦德尔、刘润清编著的《外语教学与学习：理论与实践》的说法推测的。该书说："……至多有30%的外语错误可以追溯到母语根源；其他大部分错误，即70%，属发展性错误，与儿童习得母语时的错误十分相似。"当然这里指的不都是语法方面的错误。

四、结语

上面就汉语语法研究与对外汉语教学的关系提出一些粗浅的看法。笔者想着重说明的是，对外汉语教学需要语法学界的支持，同时也对汉语语法研究有一定的推动作用。二者是互相推动、共同发展的关系。但是，这种互动关系的作用还没有充分地发挥出来，在很大程度上还停留在推理阶段，大有改进合作的余地。这需要两个领域的学者共同努力，以新的、更广泛的合作，充分利用双方、对方的一切有形的和无形的资源，推动两个领域在 21 世纪的更大发展。

参考文献

陈亚川 . 语法研究座谈会纪要 [J]. 语言教学与研究，1991（3）.

崔希亮 . 现代汉语语法研究的立场和方法透视——《语言教学与研究》15 年语法研究论文评述 [J]. 语言教学与研究，1994（2）.

房玉清 . 实用汉语语法 [M]. 北京：北京语言学院出版社，1992.

李德津、程美珍 . 外国人实用汉语语法 [M]. 北京：华语教学出版社，1988.

刘　坚 . 忆吕叔湘先生指导我学习对外汉语教学的一段往事 [J]. 语言教学与研究，1998（2）.

刘月华 . 实用现代汉语语法 [M]. 北京：外语教学与研究出版社，1983.

陆俭明 . 在《语言教学与研究》创刊五周年座谈会上的发言 [J]. 语言教学与研究，1984（3）.

吕冀平 . 句法分析和句法教学 [C]// 全国语法和语法教学讨论会业务组编 . 教学语法论集——全国语法和语法教学讨论会论文汇编 . 北京：人民教育出版社，1982.

吕叔湘 . 协调、周到、简单、贴切——理想的语法体系的几个条件 [C]// 全国语法和语法教学讨论会业务组编 . 教学语法论集——全国语法和语法教学讨论会论文汇编 . 北京：人民教育出版社，1982.

吕叔湘 . 在中国教育学会对外汉语教学研究会成立大会暨第一次学术讨论会闭幕式上的讲话 [J]. 对外汉语教学，1983（1）.

吕文华 . 对外汉语教学语法探索 [M]. 北京：语文出版社，1994.

马庆株 . 走向成熟的现代汉语语法学 [G]// 刘坚、侯精一主编 . 中国语文研究四十年纪念文集 . 北京：北京语言学院出版社，1993.

施光亨主编 . 对外汉语教学是一门新型的学科 [M]. 北京语言学院出版社，1994.

《世界汉语教学》《语言教学与研究》杂志编辑部 . 80 年代与 90 年代中国现代汉语语法研究 [M]. 北京：北京语言学院出版社，1992.

王　还 . 各抒己见，取长补短 [C]// 全国语法和语法教学讨论会业务组编 . 教学语法论集——全国语法和语法教学讨论会论文汇编 . 北京：人民教育出版社，1982.

王　还 . 纪念《语言教学与研究》创刊 10 周年座谈会发言（摘登）[J]. 语言教学与研究，1989（3）.

杨庆蕙.漫谈十年来对外汉语教学界在汉语语法研究方面的收获 [G]// 鲁健骥主编.中国对外汉语教学学会成立十周年纪念论文选.北京：北京语言学院出版社，1996.

张旺熹.近20年汉语教学语法问题研究概述 [C]// 中国对外汉语教学学会第六届学术年会论文.1998a.

张旺熹.对外汉语教学语法问题研究的基本态势 [C]// 第二届全国语言文字应用学术研讨会论文.1998b.

赵金铭.近十年对外汉语教学研究述评 [J].语言教学与研究，1989（1）.

赵金铭.对外汉语语法教学的三个阶段及其教学主旨 [J].世界汉语教学,1996a（3）.

赵金铭.对外汉语教学与研究的现状与前瞻 [J].中国语文，1996b（6）.

赵淑华.句型研究和对外汉语教学 [J].语言文字应用，1992（2）.

赵贤州、陆有仪主编.对外汉语教学通论 [M].上海：上海外语教育出版社，1996.

郑懿德.对外汉语教学对语法研究的需求与推动 [J].语言教学与研究，1991（4）.

朱德熙、陆俭明.现代汉语研究的现状和发展 [G]// 朱一之、王正刚选编.现代汉语语法研究的现状和回顾.北京：语文出版社，1987.

（原载于陆俭明主编《面临新世纪挑战的现代汉语语法研究》，山东教育出版社，2000 年）

从母语儿童识字看对外汉字教学 [1]
（2008）

一、引言

赵元任（1980：221）说："在语法方面呐，中国语言在世界的语言当中，算是比较容易的。……各国语言里不同的方面各有难有易；平均说起来么，我觉得中国的语言在世界上，对于没有学过任何语言的小孩子，可以算是中等，也不特别难，也不特别容易。……至于说中国文字方面，在世界上比起来就相当难了。"

吕叔湘（1985：3。转引自李行健等，1995：433）也说："汉字难学，这是大家都知道的。这有好几个原因。第一，难认。……第二，难写。……第三，字数多。……第四，字形、字音、字义之间很多交叉关系，容易搞错：有多音多义字，有一音多义字（指几个意义联系不上的），有一义多音字。第五，难查。……有人说汉字不难学，甚至说比拼音文字容易学，这是不符合大多数人的亲身体会的。"

对外国学生的调查，说明非汉字圈的外国汉语学习者也认为汉字难学。石定果、万业馨（1999）在汉字教学调查中报告留学生回答"你觉得汉字难不难？为什么？"的情况时说："非汉字圈国家的 22 名学生，几乎一致认为'汉字难'或'很难'（其中一人用反问句回答：谁说汉字容易学啊？连你们华人也常常忘记不常用字的书写方法）。"报告还说，持"汉字难"观点者，其理由大致可归结为这几方面：其一，文字体系的根本差异；其二，字符集庞大；其三，字音障碍；其四，字形困扰。

尽管汉字在中国历史发展中起了重要的作用，有着丰厚的文化内涵，但是跟拼音文字相比，汉字难学是一个无法根本改变的事实。中外学者、同人在中国儿童识字和对外汉字教学 [2] 方面所做的努力，只能是在一定程度上化难为易。

另一方面，跟中国儿童一样，对外国汉语学习者来说，汉字学习又是一个不能回避的问题。因为：（1）汉字能力是汉语学习，特别是高级阶段汉语学习的基础条件，没有汉字能力，难于提高汉语水平；（2）词汇掌握是外语水平的一个重要标志，而汉字能力又是汉语词汇学习的关键，是扩大、积累、学习汉语词汇的基本途径；（3）

---

[1] 本文曾在 2006 年北京大学举办的首届中青年汉语教学研讨会上宣读。

[2] 下文除必须特别说明的地方外，一律把"对外国人的汉字教学"称为"对外汉字教学"或简化为"汉字教学"，教学对象主要指母语为非汉字圈的汉语学习者。

汉字学习的成败，关系到学习者汉语学习的整体成就，汉字难学，使不少外国人望而生畏，浅尝辄止，中途放弃。

因此，解决好汉字教学问题，是汉语教学设计的关键，对提高汉语教学的效率，至关重要。多年来中外学者在改进汉字教学方面做了不懈的努力，汉字教学在理论和实践上都取得了进步，但是现状仍难以令人满意。

笔者以为，分析中国儿童学习汉字的过程，借鉴中国人教汉字的方法，也许可以得到一些启发。

二、讨论的出发点

2.1 自然顺序假说

中介语理论的自然顺序假说认为，在学习语言过程中，不同年龄、不同母语背景的学习者在获得同一种语言的语法特征方面或多或少存在着固定的顺序。刘珣（2000：170）说："科德于 1967 年在其《学习者言语错误的重要意义》一文中指出，第二语言学习者在语言习得过程中有其自己的内在大纲（built-in syllabus）……不同母语背景、不同年龄的英语作为第二语言的学习者，有非常相似的英语语素习得顺序。"施家炜（1998）对外国留学生对 22 类现代汉语句式的习得顺序研究显示，自然顺序假说也适用于作为第二语言的汉语语法的习得：外国留学生现代汉语句式的习得存在一定的顺序，母语背景对习得顺序不构成显著影响，不同的语料收集手段、语料处理手段或研究方法会得出一致的习得顺序，儿童第一语言习得与留学生第二语言习得的客观顺序一致。

2.2 影响外国人学习汉字的因素跟影响中国儿童识字因素的比较

有研究表明，非汉字圈外国人学习汉字跟中国儿童识字的过程相似，特别是有很多共同的影响因素。二者在汉字认知过程中都存在频率效应、笔画效应、部件效应等，王建勤（2005）、江新（2005）、赵元任（1980）、彭聃龄（1997）、戴汝潜（1999）都有相关的报告和论述。当然这并不意味着这些因素对二者汉字学习的影响完全相同。

2.3 外国人汉字书写偏误与中国儿童错别字的比较

外国人学习汉字过程中产生的书写错误（偏误）跟中国儿童的所谓错别字也有很多类似的地方。例如：戴汝潜（1999）把中国儿童的错别字归为以下八类：错字，包括笔画错误、笔画变形[1]、增删笔画、颠倒结构；别字，包括音近形近别字、音近形异别字、音异形近别字、用字不当。石定果、万业馨（1999）把外国留学生的汉字偏误分为以下七类：笔画增损、笔形失准、结构错位、形近混淆、音同混淆、繁简转换、本国汉字写法影响。张静贤（1992）把留学生的汉字书写错误分为八类：错字，包括笔画错误（少笔、多笔）、笔形错误、部件错误、部位错误；别字，包括同音误代、声调相混、声母相混、韵母相混。

可见在汉字学习过程中，外国人的书写偏误跟中国儿童的错别字有很大的相似性。

2.4 汉字教学设计中，教授外国人跟教授中国儿童面临着类似的问题

现行的绝大多数对外汉语教材都是语文同步的。坚持语文同步面临着口语教学和汉字教学无法调和的矛盾。刘珣（2000：371-372）指出："在这一模式（语文一体、随文识字）中，没有充分地考虑汉字自身的特点和规律，汉字的出现完全决定于教材内容。……其结果，外国学习者为学汉字花了大量的时间，但效率极低，汉字读写能力很差，严重影响了汉语水平的提高。……缺点是汉字的出现由课文内容决定，随意性很大，无法按汉字本身规律和由易到难循序渐进的原则进行教学。这对初期的汉字教学尤为不利。"

这使我们想起吕叔湘（1960。转引自李行健等，1995：274-276）针对小学语文教学的安排曾经说过的一段话："小学低年级语文课的症结在于识汉字和学汉语的矛盾。……为什么会有这样的情况？就是因为一起头就要求在同一课文里进行汉语教学和汉字教学，互相牵制，课文很难编。编的人煞费苦心，还是顾了这头顾不了那头，以致两头都顾不好。这是多年来没有解决的困难问题，是一个难关。但是这个问题必须解决，这个难关必须突破。因为低年级语文教学的效果不仅影响到以后各年级的语文课，还影响到别的学科的学习。"

可见，二者在教学设计方面面临着相似的问题。

基于2.2、2.3和2.4的描述，我们有理由假设：非汉字圈汉语学习者在汉字学习过程中在一定程度上遵循着与中国儿童学习汉字相同的过程。这是本文讨论的出发点，即希望从分析中国儿童学习汉字的过程和中国人教授中国儿童汉字的方法中得到改进对外汉字教学的启发。

---

[1] 这里指的是中国儿童在书写汉字时有图案化的倾向，例如："口"写成"0"，"日"写成"B"等。根据笔者的观察，外国留学生也经常产生这类错误。

三、中国儿童学习汉字的特征

3.1 儿童在学习汉字以前已经有了一定的听说能力

戴汝潜（1999：77）这样说明中国儿童学习汉字的过程："心理学研究表明，学龄前儿童在口语中应用的词汇量达到 2000 个以上。所以，根据先学口语字词后学一般文字的原则，小学生首先应该学习会说通用的口语字词，在熟悉读音和字义的基础上，重点解决字形的掌握。"吕叔湘（1960。转引自李行健等，1995：275）说："现在儿童进小学的平均年龄是七岁半，七岁半儿童的语言已经相当丰富了，但是他不认得汉字，得一个一个学起来。"多年致力于儿童汉字教育的前辈学者张田若（2005）也有类似的论述："汉族儿童六七岁进入小学时能够说话，已经掌握了汉语口语，掌握了相当数量（数千个）常用词汇（包括汉语的基本词汇），对这些词汇的意义也已基本了解（当然是按儿童的水平来说的）。在识字课上，他们要学的主要是这些词汇的书面形式、文字形式。由于口语上已掌握了这些词，明白了它们的意义，学习汉字时要方便多了。"

可见，听说能力是儿童获得汉字能力的基础，所谓"先语后文"。可以认为，听说能力是儿童获得汉字能力的先决能力。这里所说的汉字能力是指掌握汉字音、形、义，并能正确书写[1]。

3.2 儿童认读和书写汉字的能力是分步获得的

儿童学习汉字，始自认字，先认后写。儿童识字的大过程是：先认识一些字，但是并不会写，然后会写其中一些简单的、跟自己关系密切的、自己感兴趣的字。以后逐步积累，会写越来越多的字。

即使到了正式识字阶段，儿童的读、写能力也不完全是一回事。赵元任（1980：222）说，讲到文字的难易，得分学跟认跟用，这个不完全一样。比方说笔画多的字，写起来是麻烦，可是认起来未必难认，有时候笔画多的字，因为富于个性，反而容易认。认是一回事，写又是一回事。对于儿童识字中认和写的关系，张田若（2005：183）说："对于一部分最常用的简单的字，可以在学习时同时达到'四会'[2]；但有不少由于比较难，就不能同时要求'四会'。认，比较容易，可以先做到；写和用比较难，可以放缓。

---

[1] 戴汝潜（1999）认为，识字能力的要素包括：应用拼音、分解字形、理解字义、查字典、书写。施正宇（1999）认为，所谓汉字能力，指的是用汉字进行记录、表达和交际的能力，包括写、念、认、说、查等五个要素。

[2] "四会"指：会认、会讲、会写、会用。

这样'分散难点，逐步占有'，可以不因为'四会'而拖住认字的进度……"特别值得说明的是，教育部2000年颁布的《语文课程标准》规定低年级识字，多认少写。要求：1~2年级认识常用汉字1600~1800个，其中800~1000个会写；3~4年级累计认识常用汉字2500个，其中2000个左右会写；5~6年级累计认识常用汉字3000个，其中2500个左右会写。

可见，汉字的认和写不是一回事，能认未必会写，教学中应有不同的要求，认和写不必同步进行。

3.3 儿童是分层次学到汉字的

儿童是先认识字形简单的、表示具体事物的、跟自己关系密切的汉字，然后逐步扩大到字形复杂、意义抽象、跟自己关系较远的汉字。

常宝儒（1990：148）这样报告："经过有意识地培养、训练，受试在3岁零2个月的时候，已经把《幼儿看图识字》翻得很熟，然后又认了一些单独的汉字。据他父亲在《宝宝日记》中记载，这时他已认识一、二、三、十、天、人、口、大、小、上、夏、中、土、品……有几十个之多。"张田若（2005：133）在描述儿童识字的层次时提出"儿童常用字"的概念："选字基本上以常用字为范围。非常用字尽量减少，但也难免要用一些。常用字包括儿童的常用字。"

可见，儿童掌握汉字的顺序跟汉字的难易程度及儿童的生活、兴趣有关。

儿童学习汉字的层次性，还可以从儿童词汇习得的层次性上得到佐证。

对于儿童来说，学习汉字的基础是他们所掌握的词汇，所掌握的词汇是他们学习汉字的起点。众多研究证明，儿童学习词汇是有层次的。朱曼殊（1990：332-333）说：儿童学习各种语词意义，随着各语词在使用条件上的复杂程度不同而有不同的发展顺序和层次。主要可分四个层次：（1）最简单的层次是专有名词，如"爸爸""妈妈"或最喜欢的玩具名称；（2）普通名词，如"布娃娃"或"椅子"等等；（3）较前一种更为复杂的层次是相对词的词义，如关于维度的各对形容词，"大/小、高/矮、长/短、厚/薄、深/浅"等等；（4）最复杂的层次是复杂的相对词，如具有指示意义的指示代词"这个、那个、这里、那里"，表明时间的如"昨天、今天、明天、现在、过去、将来"等等。

儿童首先掌握的词汇跟他们常接触的事物和认知水平有关。彭聃龄（1991：254）指出："在儿童的早期语言里，最常见的词类是名词。……儿童很快学会了他们经常碰到的和他们感兴趣的物体的'名字'，如他们吃的东西、喝的东西、动物、衣服、玩具和人的名字等。"李宇明（1995：102）在列出一个一岁半的儿童使用的汉语词汇后指出：

"上面列出的这些词语或名称，以及其他一些研究者的同类研究所搜集到的名词语说明：（1）儿童早期所获得的名词语都是意义具体的词语；（2）这些词语所表示的都是儿童生活中所常见的人和事物；……"

儿童学习和掌握词汇是由表示具体事物到表示抽象事物，由离自己近的事物到远的事物。由此推断，儿童学习汉字应当大体上与这个顺序平行。

3.4 儿童是在情境中学到汉字的

张田若（2005：80）说："小学生识字不仅已有良好的语言环境，而且已有相当的语言基础。良好的语言环境指：（1）在汉语社会生活中，平时应用汉语口语交际（听和说）；（2）随处都有汉字、汉文，耳濡目染。识字教学就是在这样的母语环境中进行的，这是中国儿童才有的客观的有利条件。所谓'脱离语言环境识字'，实际并不存在。"程惠滨（1995：267）更强调要创造有利于儿童学习汉字的环境："创设汉字环境，在生活、环境中识字。我们注重环境的布置，在活动室贴上相应的字卡，学校学前班还把每个孩子的名字字卡贴在课桌上，……这样，孩子们耳濡目染，先借助实物，后脱离实物，久而久之就自然认识许多字。"

所谓在情景中学习汉字，是指儿童通过各类不同形式的、大量的阅读认字，实质上是在使用汉字的过程中认字。认字是这样，写字也是这样。

3.5 儿童正式大量识字是通过特别设计的教学方法实现的

3.5.1 传统识字教学

中国儿童识字教育有着久远的传统。王宁（2001：136）说，由于我国的汉字教育起源早，因此童蒙识字课本的编纂也非常早。如：西周宣王时的《史籀篇》（该书按字的意义关系编排而成，四字为句，二句为韵，以便学童习诵），秦朝李斯等人编的《仓颉篇》《爰历篇》《博学篇》（后人称之为"秦三仓"），西汉初期的《仓颉篇》，西汉中期到东汉司马相如的《凡将篇》、李长的《滂喜篇》、史游的《急就篇》、扬雄的《训纂篇》、南朝梁周嗣成的《千字文》、宋朝王应麟等的《三字经》、宋朝佚名编的《百家姓》等。

从可以见到的传统识字教材可以看出，古人的识字教学有以下特点：（1）都采取集中识字的形式；（2）识字大都跟道德教育和自然、社会知识的学习结合在一起（有人概括为"文以载道"）；（3）识字课本多取韵文形式；（4）强调背诵。

3.5.2 现代识字教学

根据李泉（2006：58）的归纳，汉字识字教学实验，早在20世纪50年代末60年代初就已经开始，并在 60 年代初呈现出识字教学改革的高潮；70 年代末 80 年代初以来识字教学研究进入了一个新的活跃期；进入 90 年代，识字和普及信息技术结合起来，计算机辅助识字等应运而生。《人民教育》1991 年 1~6 期介绍了 21 种识字教学法：集中识字、随课文识字（分散识字）、"注音识字，提前读写"、韵语识字、字族文识字、字根识字、汉字标音识字、成群分级识字、字理识字、部件识字、猜认识字、字谜识字、趣味识字、立体结构识字、多媒体辅助识字、多媒体电脑识字、四结合识字、听读识字、科学分类识字、奇特联想识字、快速循环识字。戴汝潜（1999：120）将这些识字教学方法分为四类：汉字特征类识字法、语言环境特征类识字法、心理特征类识字法、技术特征类识字法。

现代儿童识字教学除继承传统的集中识字、韵语识字和"文以载道"的做法外，特别强调以下几点：（1）在情境中、在阅读实践中学习；（2）利用汉字规则教学；（3）利用现代科学技术手段。

归纳起来，中国儿童在识字过程中，至少有下述五点值得注意：（1）儿童在学习汉字以前已经有了一定的听说能力；（2）儿童汉字认读和书写能力是分步获得的；（3）儿童是分层次学到汉字的；（4）儿童是在情境中学到汉字的；（5）儿童大量识字是通过特别设计的教学方法实现的。

四、对外汉字教学与中国儿童识字教学过程的比较

4.1 对外汉字教学的现状

迄今为止，国内汉语教学基本上是依照语言教学的听说法或交际法的原则安排教学的，一般或根据预想的语法难易度，或根据语言功能、情景安排教学。汉语和汉字教学的关系被描述为"随文识字[1]、语文同步、语文一体"。对此，吕必松（2003：4）有如下描述："与'语文一体'和'词本位'教学相联系的是教说什么话，就教写什么字，无法按照汉字形体结构的特点由易到难地进行汉字形体结构的教学。假设第一课教的是'你好、谢谢、再见'这三句话，就要同时教'你、好、谢、再、见'这五个字。虽然这三句话很有用，也不难学，但是这五个汉字却比较复杂。"我们把这种操作方法概括为"语文同步、认写同步"。

---

[1] 这里的"随文识字"跟小学汉字教学中的"随课文识字"是完全不同的概念。作为小学识字教育方法的"随课文识字"有一套完整的操作体系，对外汉语教学中的"随文识字"就是课文里遇到什么字就学什么字。

总体来说，现行的对外汉字教学仍缺少成型的教学思路和方法，也缺少大量的阅读实践，学习者接触的只是教材中的少量汉字。

表 1 是对外汉字教学与中国儿童识字教学在一些基本方面的比较。

表 1　对外汉字教学与中国儿童识字教学对比表

	中国儿童识字	外国人学习汉字
1	先语后文	语文同步，随文识字
2	先认后写	认写同步
3	认多写少	认写同步
4	由易到难，分层次获得	随文识记，不分难易
5	有独立有效的教学过程、方法	缺乏成型的教学思路和有效的教学方法
6	在环境中学，有大量阅读材料	以接触教材为主，缺少阅读实践机会

不难看出，这种培养外国人汉字能力的途径跟母语者获得汉字能力的过程方法在这些基本方面是背道而驰的。

这种"语文同步、认写同步"的教学安排无法遵循汉字学习的规律，由易到难，循序渐进地实施汉字教学。汉语教学安排在前面的易学的、交际急需的语言项目（词汇、短语、句式、功能等项目），不可避免地需要用难写的汉字呈现。"初学汉语的外国人看到这些汉字，就认为汉字都像图画，一开始便产生了'汉字难学'的心理障碍。可见，'语文一体'和'词本位'教学模式是造成'汉字难学'的直接原因。"（吕必松，2003：4）在学习者没有任何汉字基础的情况下，对汉字的任何讲解都是"对牛弹琴"，学生无法理解，只有死记硬写，写汉字实际上是"精细"的图画临摹，"画"起来一笔一坎，不少人半途而废也就不难理解了。

4.2 现行对外汉字教学的问题所在

要提高汉字教学的效率，进而提高汉语教学的效率，需要对对外汉字教学"语文同步、认写同步"的不足之处进行进一步的分析。"语文同步、认写同步"的教学方法，主要存在以下问题：

4.2.1 汉字教学违背了汉字习得的规律

这主要表现在：

第一，语文同步，违背了语言学习总体上是"先语后文"的自然规律。

第二，语文同步，违背了汉字学习由易到难、由近及远的习得顺序。

第三，认写同步，违背了分散教学难点的原则。儿童识字，是先掌握了汉字的音、义，再与字形对应，识字阶段集中在学习字形上，分散了学习难点。认写同步的教学安排，汉字的音、形、义一起学，把汉字学习的难点集中在了一起，所以步履艰难。

4.2.2 "语文同步"难以处理好语言教学和汉字教学的关系

对外汉字教学与对外汉语教学的关系，跟小学语文教学中识汉字教学与学汉语教学的关系有类似之处。请看吕叔湘（1960。转引自李行健等，1995：274-276）的一段话："小学低年级语文课的症结在于识汉字和学汉语的矛盾。语文课……在语文方面有两个任务：一是发展儿童的语言，包括扩大词汇和组织语句；二是让儿童学会语言的书写形式，也就是认识汉字，能读能写。现在……只能以识字为先，语言的学习退居次要的地位。结果是课本的语言落后于儿童的语言，知识内容也随之贫乏，读起来淡而无味，不能鼓动学习的兴趣。……为什么会有这样的情况？就是因为一起头就要求在同一课文里进行汉语教学和汉字教学，互相牵制，课文很难编。编的人煞费苦心，还是顾了这头顾不了那头，以致两头都顾不好。"

"语文同步"的对外汉语教学也正是处于汉语教学和汉字教学"互相牵制、两头都顾不好"的状态，以致"外国来华的留学生都说，我们的学习时间小一半花在汉语上，多一半花在汉字上"（吕叔湘，1985。转引自李行健等，1995：157）。拖了整个汉语教学的后腿。

4.2.3 汉字教学缺少设计

这些年我们做了不少可贵的探索，特别是在部件教学、多媒体汉字教学方面[1]。但是在总体上多以理论探索和举例为主，大都没有全面贯彻。在教学方法方面，也存在练习方式少、方法简单、趣味性不足的问题。

4.2.4 应用训练不足

语言是在用中学会的，汉字也是在使用中学会的，但是对外汉字教学缺少阅读的实践，学习者没有机会阅读水平适合的材料。只依靠教材中的少量汉字，难于培养汉字能力。

五、改进思路

必须承认，非汉字圈成人汉语学习者跟中国儿童在汉字学习方面存在很多差异。例如汉语基础、对汉字的认识、母语音义的干扰、学习环境、认知特征（记忆能力、分析

---

[1] 对此，李泉（2006）在其第八节"汉字教学方法和教学路径的探索"中做了全面的归纳，此处恕不赘述。

能力）等。这些都是汉字教学设计必须考虑的问题。

对比母语者学习汉字的过程和方法，我们认为对外汉字教学还应注意以下问题：

5.1 遵循汉字学习的基本规律，循序渐进地进行教学

第一，语文分开，先语后文。入门阶段主要依靠拼音教学，加快口语学习速度，为汉字的学习准备先决条件。教材中汉字可以跟拼音同时出现，但是不做识记、书写要求，让学习者在口语发展的同时，伴随识记汉字，逐步建立汉字的概念。

第二，先认读，后书写。在学生对汉字有了初步印象之后，逐步要求学生认读一些简单、常用的汉字。只要求整体认知，不做分析，不做书写的要求。

第三，分层次教学。到相对集中识字的阶段，再利用汉字规则，大量教授汉字。认字和书写都遵循先易后难的原则，先认读、书写简单的、表示具体事物的、环境中经常出现的、与学习者联系密切的、课本中的高频字，对儿童尤需如此。

第四，认多写少。区分认识的汉字和要求书写的汉字。在各个阶段，都不要求学习者会书写全部认识的汉字，只规定会书写汉字的最低要求，特别注意不因书写困难拖汉字、汉语学习的后腿[1]。

在此，我们不妨回顾一下吕叔湘先生（1964。转引自李行健等，1995：29）提出的一种小学语文教育的思路："我曾经和一些同志交换过意见，觉得有一条道路可以试试。那就是在小学低年级把汉语的学习和汉字的学习暂时分两条线进行。一面先教汉语拼音字母，接着就教拼音课文，尽量满足儿童发展语言和增长知识的需要，一面根据汉字的特点，另行'排队'学习。以后利用注音的汉字读物作为过渡，最后采用全用汉字的课本。我们估计整个的进程可能会比现在的办法快些。"[2]

5.2 创造条件，使学习者在使用中学习

获得汉字能力的根本途径是通过大量接触、阅读和应用练习帮助学习，记忆规则只是辅助的手段。教学中可以通过识记字、词、常用句子提高汉字的重现率，更需要给学习者提供水平适合的阅读材料，让学生自己寻找阅读资源，提高汉字的使用频率。特别注重让学习者在阅读有意义的文字材料中，在学习新知识和新观点的过程中阅读。

---

[1] 李晓琪等编写的《快乐汉语》（人民教育出版社，2003）已经采用了这种思路。
[2] 刘珣（2000）提到有两次集中识字失败的经验，但是张朋朋的《现代千字文》（北京大学出版社，1995）实际上也是集中识字，他的语文分开的汉语教学实验是成功的。

5.3 设立单独的课程、教学阶段或教学环节，改进教学方法 [1]

要提高汉字教学的水平，必须在教学安排上给予保证，并形成科学、系统的对外汉字教学方法体系。这种教学体系应包括以下原则：（1）遵循汉字习得的基本过程；（2）吸收教授中国儿童识字的方法；（3）吸收汉字认知的研究成果；（4）注意利用现代科学技术手段；（5）适合外国人学习汉字的要求。

六、余论

本文通过考察中国儿童学习汉字的过程和方法，提出改进对外汉字教学设计的设想。这种设想是否正确，需要教学实践的检验。

多年来学界一直强调教授外国人汉语跟本族语文教学的不同，而中介语的自然顺序假设提醒我们，不应当忽略二者的共同之处。近年来学界逐渐认识到对外汉语教学的多学科性，说明我们只有走出壁垒，向教育学、心理学、小学语文教学及其他学科学习，才能进入对外汉语教学的新境界。

参考文献

常宝儒 . 汉语语言心理学 [M]. 北京：知识出版社，1990.

程惠滨 . 浅谈幼儿听读游戏识字 [C]// 潘仲茗、戴汝潜主编 . 首届小学汉字教育国际研讨会论文集 . 北京：北京科学技术出版社，1995.

戴汝潜 . 汉字教与学 [M]. 济南：山东教育出版社，1999.

桂世春 . 心理语言学 [M]. 上海：上海外语教育出版社，1985.

郝恩美、范平强 . 汉字教学的规律和方法 [M]. 杭州：浙江教育出版社，1995.

郝美玲、舒华 . 声旁语音信息在留学生汉字学习中的作用 [J]. 语言教学与研究，2005（4）.

江　新 . 词的复现率和字的复现率对非汉字圈学生双字词学习的影响 [J]. 世界汉语教学，2005（4）.

李　泉 . 汉字研究与汉字教学研究综观 [G]// 中国人民大学对外语言文化学院编 . 汉语研究与应用（第四辑）. 北京：中国社会科学出版社，2006.

李行健等 . 吕叔湘论语文教育 [M]. 郑州：河南教育出版社，1995.

李宇明 . 儿童语言的发展 [M]. 武汉：华中师范大学出版社，1995.

刘社会 . 对外汉字教学十八法 [G]// 赵金铭主编 . 汉语口语与书面教学 . 北京：北京大学出版社，2004.

---

[1] 近年来已经出版了一些专门的汉字教材，也有不少教学法的探索，如刘社会的《对外汉字教学十八法》就比较系统地总结了汉字学习的方法。

刘　珣 . 对外汉语教育学引论 [M]. 北京：北京语言文化大学出版社，2000.

吕必松 . 汉字与汉字教学研究文选 [M]. 北京：北京大学出版社，1999.

吕必松 . 汉语教学路子研究刍议 [J]. 暨南大学华文学院学报，2003（1）.

吕叔湘 . 发挥汉语拼音方案的巨大力量，在语文教学上实现多快好省 [R]. 中国人民政治协商会议第
　　三届全国委员会第二次会议 . 北京，1960.

吕叔湘 . 关于语文教学问题 [N]. 人民日报，1964-2-17.

吕叔湘 .《"注音识字，提前读写"实验报告》序 [G]// 李楠主编 ."注音识字，提前读写"实验报告——
　　小学语文教学改革的成功经验 . 北京：中国社会科学出版社，1985.

吕叔湘 . 汉语文的特点和当前的语文问题 [N]. 中国青年报，1985 年 1—2 月 .

潘仲茗、戴汝潜 . 现代小学识字教育科学化研究 [M]. 北京：北京科学技术出版社，1995.

彭聃龄主编 . 语言心理学 [M]. 北京：北京师范大学出版社，1991.

彭聃龄主编 . 汉语认知研究 [M]. 济南：山东教育出版社，1997.

施家炜 . 外国留学生 22 类现代汉语句式的习得顺序研究 [J]. 世界汉语教学，1998（4）.

施正宇 . 论汉字能力 [J]. 世界汉语教学，1999（2）.

石定果、万业馨 . 有关汉字教学的调查报告（第一号）[C]. 吕必松主编 . 汉字与汉字教学研究论文选 .
　　北京：北京大学出版社，1999.

王建勤 . 外国学生汉字构形意识发展模拟研究 [J]. 世界汉语教学，2005（4）.

王　宁 . 汉字学概要 [M]. 北京：北京师范大学出版社，2001.

肖溪强 . 外国学生汉字偏误分析 [J]. 世界汉语教学，2002（2）.

张静贤 . 现代汉字教程 [M]. 北京：现代出版社，1992.

张田若 . 集中识字 • 大量阅读 • 分步习作：张田若论小学语文教学 [M]. 北京：中国文史出版社，2005.

赵元任 . 语言问题 [M]. 北京：商务印书馆，1980.

朱曼殊 . 心理语言学 [M]. 上海：华东师范大学出版社，1990.

（本文原载于《语言教学与研究》2008 年第 2 期。刊载时修改较大，现恢复原文）

部件命名规则解读

（2009）

　　给部件命名就是给部件确定名称。规定给部件命名的原则和部件名称是《现代常用字部件及部件名称规范》（以下简称《规范》）的一个重要方面。每个部件都有确定的名称，有利于教师讲解、学生理解记忆，也有利于中文信息处理的相关工作。在制订《规范》时，制订者尽量收集各种辞书、教科书、相关著述的部件名及其相关说明，对以往的部件名称和命名方式进行了归纳、梳理。《规范》力图集各家之所长，以使《规范》确定的命名规则更为科学、系统，克服部件命名的随机性；使部件名称更为明确，便于称说、解说和理解、记忆，更有助于学习。

　　本文对《规范》的汉字部件命名思路、命名规则和跟以往命名中的不同之处做一个概括的说明。

一、《规范》给部件命名的基本思路

　　《规范》中的 514 个部件的名称原来有三种情况：

　　第一，此前没有明确的名称，例如："臼（官字底）""东（拣字边）""叀（惠字头）""厂（左字框）""匝（颐字旁）"等。

　　第二，此前有多种名称，例如："纟"称为"绞丝旁""绞丝""孪绞丝""乱绞丝"，"山"称为"山字头"（在"岁"中）、"山字底"（在"岔"中）、"山字旁"（在"岭"中），"车"称为"车字旁"（在"辆"中）、"车字底"（在"辈"中）。

　　第三，此前已有通行的名称，例如："氵"称为"三点水"，"艹"称为"草字头"，"扌"称为"提手"，"辶"称为"走之"等。

　　针对以上情况，《规范》相应地做了如下工作：（1）确定命名规则；（2）按照命名规则给原来没有明确称谓的部件命名；（3）按照命名规则给原来名称不一的部件确定一个规范的名称；（4）按照命名规则对原来有固定名称部件的名称做了个别调整，以保持命名原则的一致性。

二、《规范》给部件命名的方式

　　通过对以往部件名称的梳理和对未曾命名部件的分析，《规范》对 514 个部件的命

名方式分为四大类：（1）对独立成字的部件，按该汉字独立成字时的读音命名；（2）对单笔部件，直接按照规范的笔画名称命名；（3）对有俗称的不能独立成字的部件，选用有代表性的俗称命名；（4）对上述三类以外的其他部件，按照部位命名。

下面按这四大类分别加以说明。

2.1 按汉字读音命名

《规范》规定，对独立成字的部件，直接采用其单独成字时（下称"本字"）的读音命名。这里有三种情况：

第一，成字部件本字如果只有一个读音，就按其读音命名。如"口""木""火""革"，直接取其本字的读音作为该部件的名称。

第二，成字部件的本字如有多个读音，选取该字较常用的读音命名。如"石"称为"石（shí）"，不称为"石（dàn）"，"重"称为"zhòng"，不称为"chóng"。

第三，对于部分本字不常用的成字部件，为了便于教、学和使用，采取双重命名的方法，即一个部件给两个名称：一个是本字的读音，一个是按照该部件在"部件部位代表字"中的位置命名[1]。例如下面三个部件就都有两个名称："丩"的名称是"丩（jiū）"和"纠字边"，"聿"的名称是"聿（yù）"和"律字边"，"缶"的名称是"缶（fǒu）"和"缺字旁"。这里的部位代表字尽量选择常用和 / 或与该部件本字读音相同的字。

2.2 按笔画名称命名

《规范》中的单笔部件按照笔画名称命名。例如："一"称为"横"，"丨"称为"竖"，"丿"称为"撇"，"丶"称为"点"，"乚"称为"竖弯钩"。为称说和释义方便，成字的单笔部件，根据笔画和字音双重命名。例如："一"称为"横"和"一（yī）"，"乙"称为"横折弯钩"和"乙（yǐ）"。

2.3 按俗称命名

对已有俗称的不能单独成字的部件，一般选有用代表性的俗称命名。这里又区分为两种情况：

第一，俗称通行的非成字部件，用俗称命名。例如："辶"称为"走之"，"氵"称为"三点水"，"宀"称为"宝盖"，"扌"称为"提手"。

---

[1] 按照部件在部位代表字中的位置规定名称的方式，请参看 2.4 的说明。

第二，有多种俗称的非成字部件，采用一个含义明确、比较通行的俗称命名。例如："纟"俗称"绞丝旁""绞丝""李绞丝""乱绞丝"等，选用"绞丝旁"；"彳"俗称有"双立人""双人旁"，选用"双立人"。

2.4 按部位命名

上述三类以外的其他部件，都按照部位部件在部位代表字（以下简称"代表字"）中的位置规定名称。《规范》中多数没有名称的部件，都采取这种命名方式。根据这些部件出现在汉字中的位置，《规范》规定了"头、底、旁、边、框、心、腰、角、身"九类名称[1]。此大类还包括"某字变形形成"和"某部件省略形成"两类部件。下面分项说明。

第一，×字头。位于代表字上下、上中下结构上部的部件称"×字头"。例如："耂"称为"青字头"，"龴"称为"勇字头"。

第二，×字底。位于代表字上下、上中下结构下部的部件称"×字底"。例如："廾"称为"弄字底"，"儿"称为"荒字底"。

第三，×字旁。位于代表字左右结构左部的部件称"×字旁"。例如："叚"称为"段字旁"，"爿"称为"将字旁"。

第四，×字边。位于代表字左右结构右部的部件称"×字边"。例如："旡"称为"既字边"，"尤"称为"枕字边"。

第五，×字框。位于代表字包围结构外部的部件称"×字框"。例如："囗"称为"围字框"，"厂"称为"反字框"。

第六，×字心。位于代表字包围结构中部的部件称"×字心"。例如："㢨"称为"延字心"，"巛"称为"巡字心"。

第七，×字腰。位于代表字上中下结构或半包围结构中部的部件称"×字腰"。例如："龶"称为"寒字腰"，"龷"称为"唐字腰"。

第八，×（字）角。位于代表字四角部位的部件称"×（字）角"。这类部件分为三个小类：位于代表字左上角的部件称为"×左角"，例如"歺"称为"餐左角"；位于代表字右上角的部件称为"×右角"，例如"勿"称为"黎右角"；位于代表字右下角的部件称为"×下角"，例如"皿"称为"临下角"[2]。

第九，由某字变形而来的部件，用本字加部件常出现的部位命名。例如："龵"称

---

[1] 由于"身"类只有"尴字身"一个，《规范》中未单列条目说明。

[2] "下角"没有分左右，是因为《规范》中没有出现在代表字左下角的部件。

为"爪（zhǎo）头"，表明"爫"是由"爪"变形而来，不是"爪"字的上部；"氺"称为"水底"，表明"氺"是由"水"变形而来，不是"水"的底部。

第十，由某些部件省简而成的部件，以"×省"命名。例如："毅"中的"豕"为"豕省"，"表"中的"𧘇"为"衣省"，"岛"中的"鸟"为"鸟省"。

三、关于部件命名方式的若干说明

本节着重说明《规范》对部件命名的方式跟以往一些命名方式的不同之处。

3.1 关于成字部件的命名

跟以往一些辞书和教科书的做法不同，《规范》对成字部件采取直接用本字读音命名的方法。以往有的辞书和课本也给一些常见的成字的部件命名，命名方式多采取"成字部件 + 部件出现的位置"的称说方法。例如：把"山"称为"山字头"（岁）、"山字底"（岔）、"山字旁"（岭），把"车"称为"车字旁"（辆）、"车字底"（辈）。这种命名方法的本意可能是为了强调该部件的构字位置。但是汉字中一个部件处于多种位置的情况很多，如果这样类推，"大"需要区分"大字头"（夺）、"大字底"（尖）、"大字心"（因）、"大字腰"（摹）。这种命名方式势必造成一个部件具有多种名称，不但把部件名称复杂化，造成记忆负担，而且 514 个部件所处的所有位置几乎是无法穷尽罗列出的。《规范》采取直接用本字读音给成字部件命名的方法，可以避免上述问题。

3.2 关于按照部件位置给部件命名

以往人们也常常按部件在"相关汉字"中所处的位置给部件命名，例如："龶（青字头）""𥫗（竹字头）""山（山字头）""阝（那字旁）""钅（金字旁）""氺（水字底）""目（官字底）"，以及上面提到的"车字旁"（辆）、"车字底"（辈）等。这种命名方式的问题在于，指示位置的"头、旁、底"等在不同部件名称中的含义不同。例如："青字头"确实指的是"青"字的上半部，而"竹字头""山字头"所指的不是"竹"字和"山"字的上半部分，而是指"竹、山"作为整体出现在所构成汉字的顶部。再如"那字旁"确实是指"那"字的左半部分，但是"金字旁"所指的却不是"金"字的左边，而是指"金"出现在所构成汉字的左边。上文提到的"水字底""官字底"中的"底"，所指也有这种差别。

针对这种情况，《规范》在名称构成方式上对二者进行了区分。

把取自某字一部分的部件称为"×字头／底／旁／边／心"等，明确"头、底、旁、边、心"等指的是部件在代表字中的位置。例如："青字头（龶）""弄字底（廾）""将字旁（丬）""枕字边（尢）""巡字心（巛）"的"头、底、旁、边、心"指的确实是部件"代表字"中的"头、底、旁、边、心"，而不是代表字所处的位置。这种采取在"代表字"中的位置命名的方式，使每个部件的名称都具有唯一性。当然这并不表示这个部件只能出现在这一个部位。

把由某字变形而来的部件称为"×头／底／旁／边／心"等，明确"头、底、旁、边、心"等是由某字变形而来的，例如：把"⺮""钅""氺"分别称为"竹头""金旁""水底"，说明"⺮"由"竹"演变而来，构字时常常出现在字顶部。

3.3 关于"由某些部件省简而成的部件"

这类部件看似不属于按部位命名的部件，其实二者有密切的联系。根据按照部位命名的方法，"耂"在"者、教、拷、曙"中是独立的部件，可称为"老字头"；"衣"在"表、袁、猿"中是独立的部件，可称为"衣字底"；"几"在"凤、凰、佩"中是独立的部件，可称为"风字框"。但是这里作为命名代表字的"老、衣、风"都已列为《规范》不再拆分的基础部件，不应该再行拆分。《规范》采取"×省"的命名方式，既坚持了对基础部件不再进行拆分的原则，又能显示该部件与原部件在字形、字义上的联系，便于理解和记忆。

以上简单说明了《规范》对现代常用字部件的命名方式，与以往的部件命名方式相比，《规范》在部件命名方面的特点是：（1）规范了命名方式，提高了命名的理据性，减少了随意性；（2）为每个部件规定了具有唯一性的名称，减轻了教和学的负担；（3）名称尽量显示部件的来源、理据和关系，易于讲解、识记。

最后，由于扩大了命名的范围，且与以往的命名方式和某些具体名称有所不同，《规范》确立的部件命名规则和据此规定的部件名称，对于已经熟悉以往部件名称的使用者来说可能有一时的不适应，但是，我们相信，《规范》实施一段时间以后，上述规则和名称一定会显示出其在汉字教学和其他应用方面的优越性。

（原载于《小学语文》2009 年第 7 期）

重新认识汉字教学
（2014）

汉字教学成为对外汉语教学界讨论的一个热点，大概开始于20世纪90年代中期，现在已经过去20年了。20年来汉字教学研究、汉字习得和认知研究、汉字教材层出不穷，关于汉字难学还是好学的讨论，成为一个很有意思的话题。对于对外汉语教学中的一个话题来说，20年不是一个很短的时间，即使做不了结论，也应当有一个阶段性成果了。我看这20年，还是有忧有喜。"忧"在仍在纠结，"喜"在可以看到希望和大致的方向了。

一、汉字教与学的纠结

汉字对汉语学习和教学很重要，但是学好汉字确实不容易。

重要性。汉字学习跟语音学习相关。汉字学习跟词汇学习相关。汉字学习还跟阅读和写作技能相关。

不容易学。吕叔湘先生说："汉字难学，这是大家都知道的。这有好几个原因。第一，难认。……第二，难写。……第三，字数多。……第四，字形、字音、字义之间很多交叉关系，容易搞错：有多音多义字，有一音多义字（指几个意义联系不上的），有一义多音字。第五，难查。……有人说汉字不难学，甚至说比拼音文字容易学，这是不符合大多数人的亲身体会的。"我相信对于吕先生的话，《中国汉字听写大会》场上、场下、场外绝大多数人，都会有亲身体会。这还是对中国人说的。外国人学习汉字应该会更难。

二、当前汉字教学总体上不成功的主要原因

主要是下面两个原因造成的：

第一，我们主流的汉字教学违背了汉字学习的规律。我们绝大多数的教外国人的汉语课本，与中国人学习汉字的过程和方法完全对立。外国人，特别是成年人学习汉字的规律肯定跟中国儿童不同，但是如此彻底的背道而驰，没见谁解释过到底是为什么。

第二，汉语教学中，几乎没有汉字教学的地位。赵元任先生认为，汉语的语法跟其他语言相比并不难，但是汉字确实是相当难学了。这也是绝大多数汉语教师和学生的感

受。但是我们的教学安排，却是难易颠倒，完全摆错了位置。我们的教材基本没有汉字教学。语法不难学，倒受到倾力关注；汉字难学，却受到如此冷落。

所以，违背汉字学习规律，又基本上没有汉字教学，这样的状况只能让汉字学习难上加难。

三、汉字教学改革的方向

汉字确实有难学的地方，对多数外国人学习汉字来说，这多少有点像"天灾"，因为我们无法改变。但是违背汉字学习规律和无视汉字教学，则完全是人为的，是汉字教与学的"人祸"。我们现在还很难说几分天灾、几分人祸，但是纠正了人祸，一定会使汉字教学大大改观。吕必松、白乐桑、何文潮、赵明德四位先生的汉语、汉字教学实验，证明了这一点。

这四项实验的共同点是都把汉字教学看作是汉语教学的一部分，在汉语教学中重视汉字教学。他们也都有各自的特点：（1）吕必松先生的实验有详尽的汉字教学大纲；（2）白乐桑先生的教学包含了儿童识字的思路，靠近汉字学习的规律；（3）何文潮先生的教材提供了汉字教学的新思路、新方法；（4）赵明德先生创造了包含很多汉字教学绝招的汉字练习。他们的实验报告证明，这些探索减少了汉字学习的困难。

由此我们可以假设，如果各路"神仙"团结一致，同心同德，群策群力，取长补短，互相补充，汉字教学一定会有一个突飞猛进的跨越。

基于此，我认为，汉语国际教育中汉字教学的出路在于：（1）尊重汉字学习的规律，包括借鉴中国儿童识字的经验和汉字习得研究的成果，总体思路可以概括为"先语后文，先认后写，认多写少"；（2）基于（1），制订包括教学内容、教学过程、教学原则、教学方法在内的汉字教学大纲，教材编写至少要跟语法、词汇、功能一样，有相应的汉字教学大纲；（3）总结梳理现有的、国内外各路"神仙"创造的汉字教学方法，设计有效的汉字教学思路、方法和汉字练习方式；（4）突出在用中学，通过课本和辅助教材、阅读材料，给学生提供足够的、在有意义的条件下接触汉字的机会。

汉语作为第二语言教学需要什么样的语法研究
——一个汉语教师的视角
（2015）

　　国内对外汉语教学界开始构建"汉语作为第二语言教学的汉语语法体系"（下文简称"汉语教学语法体系"），可以从 20 世纪 50 年代初开始算起。1952—1955 年，朱德熙先生作为中国第一批派往国外任教的汉语教师，在保加利亚索菲亚大学任教期间编写的汉语教材[1] 中包含的语法点，可以看作是这个教学语法体系的一种雏形。后来的《汉语教科书》（北京大学外国留学生中国语文专修班，1958）、《基础汉语课本》（李培元等，1980）、《实用汉语课本》（刘珣等，1981）以及其他对外汉语教材，都在教学实践和研究、探讨中不断调整、完善汉语教学语法体系。王还先生主持编写的《对外汉语教学语法大纲》（1995）、国家汉办发布的《高等学校外国留学生汉语言专业教学大纲》（2001）中的语法体系是集大成者。20 世纪 80 年代开始，陆续出版了一些具体说明这个语法体系的著作，包括刘月华等的《实用现代汉语语法》（1983）、李德津和程美珍的《外国人实用汉语语法》（1988）、吕文华的《对外汉语教学语法探索》（1994）、卢福波的《对外汉语教学实用语法》（1996）、孙德金的《汉语语法教程》（2002）、施春宏的《汉语基本知识（语法篇）》（2010）等。上述成果，应当是今后汉语教学语法研究的起点。

　　笔者认为，汉语作为第二语言教学语法的研究目标，是建立这样一个教学语法体系：（1）语法点明确；（2）区分学习阶段；（3）突出教学重点、难点；（4）解释简约、明了；（5）提供好例句；（6）提供教学指导。

　　如果上述起点、目标不错，那么，从研究起点到研究目标的差距，即在起点和目标之间所缺少的，就是汉语教学语法体系研究的需求、内容。换言之，今后的汉语教学语法研究，不需要另起炉灶，而是对现有的体系加以改进、完善，弥补不足，形成一个可以更好地服务于汉语教学的教学语法体系。这种改进可以从与上面相应的六个方面着手。

一、语法点明确

　　语法点明确，就是要明确语法教学的内容。目前，大多数大纲和教材都把汉语教学

---

[1] 北京语言大学图书馆藏有该教材的手稿。该书提出的语法体系可参看沈庶英在《对外汉语教材理论与实践探索》（北京语言大学出版社，2012）一书中的整理。

语法体系中的语法点分为初、中、高三个级别。从上述大纲和现有教材来看，中、高级阶段都以词语（包括虚词和实词）教学为主。语法在中、高级阶段，特别是高级阶段，事实上已经不是教学重点。这说明，现有初级阶段的语法点已经大致反映了汉语语法结构的基本面貌。同时，这也是上述各种教学语法著作的主要内容。可见，现行初级阶段的语法点，应当是汉语教学语法体系的"核心内容"。

另一方面，我们的大纲将语法点分为初、中、高三个级别，依据的是国内汉语教学的情况，即在目的语学习环境中，学习四年，每年两学期，每学期18周左右，每周20学时，每年700学时左右。但是，国外基本没有这种教学条件。例如美国大学大部分中文专业[1]的汉语课程是每周5学时，每学年20周，合计100学时，四年总共400学时左右。所以，现有大纲语法点的三级划分，对国外汉语教学几乎没有意义。

从大纲、教材、著述和海外教学的实际情况看，现行初级阶段语法点应当是汉语作为第二语言的教学语法体系的"核心内容"，这些内容应当是汉语教学语法研究的当务之急。

当然，国内对外汉语教学的教学语法体系，根据教学需要，可以别论。

二、区分学习阶段

如果上述说法成立，即把现有初级语法体系作为"新体系"的"核心内容"，那就需要对这些语法点进行进一步的阶段划分。划分可以参考国家汉办公布的《国际汉语教学通用课程大纲（修订版）》（2014）的语法点分级，以及美国的《21世纪外语学习标准》（2008）、欧洲理事会文化合作教育委员会的《欧洲语言共同参考框架：学习、教学、评估》（2008）等相关教学文献对各级语言能力的界定。

三、突出教学重点、难点

跟一般的教学语法体系不同，汉语教学语法体系需要在汉语作为第二语言教学的重点和难点，即对外国人形成汉语能力起重要作用的语法点上多花些功夫。汉语语法教学的重点，指反映汉语基本结构的语法点（如主谓宾结构、四种谓语句、连动句、兼语句等）和表现汉语特点的语法点（如量词、形容词做谓语、补语、状语的位置等）。汉语教学语法的难点指学生不易理解运用的语法点（如各种补语、"把"字句等）和学生容

---

[1] 美国大学的中文专业大都包含在"东亚研究"专业中。

易发生错误的语法点（如"了""的"的使用、状语的位置等）。

四、解释简约、明了

这个语法体系要求对语法点的解释科学、准确自不必说。除此之外，解释的语言简约、明了，也是最基本的要求。因为国内外绝大多数汉语教师不是学汉语语法出身，绝大多数汉语学习者也不是中文专业的学生。因此，这个体系要做到：（1）解释的语句须简洁直白，容易理解，避免艰涩，少用术语；（2）解释的内容符合学生的理解水平和思路，翻译成母语后学生可以看懂；（3）教师可以直接用这些解释语句给学生讲解，直接在教材编写中引用。

这应当是汉语作为第二语言教学语法体系的特点，也是研制的真正难点，正所谓"简约不简单"。这种解释要求：（1）研究者对语法体系和语法点有真正透彻的理解、消化，而不是照搬语法著作中的现成语句；（2）了解学习者的汉语理解水平和语言知识的理解水平；（3）了解教师语法知识水平和教学思路、教学方法。

五、提供好例句

对汉语教学语法体系来说，好的解释只是语法点解释的一半，另一半是要提供好的例句，例句是语法点解释的一部分。所谓好的例句是指：（1）典型。能够准确、简明地呈现语法点。（2）易懂。学习者能看懂，即需要提供适合不同认知水平（包括不同年龄）、不同汉语水平、不同交际领域的例句。（3）有用。例句在交际中用得上，学习例句是培养汉语语感和积累汉语交际能力的过程，学习例句就是在提高汉语交际能力。（4）有趣。例句能引起学生的学习兴趣，是学生在用汉语交际中想说的话，或者能够给学生提供新的知识。

例如，"这是桌子。""我有两本中文书。"是为学习语法编写的例句；而"（说照片）这是我哥哥。""中国有十三亿人口。"是有用、有趣的例句。

这也要求研究者下一番苦功夫。

六、提供教学指导

指导教学，是教学语法体系的一项重要功能。教学语法体系特别需要对教学重点、难点提供教学建议。比如教"把"字句时，最好从表示移位教起；教可能补语时，建议从结果补语导入；教"有"字句时，进行汉英词序的比较是一个很好的途径；等等。

当然，要提供教学指导，必须吸取教、学经验，吸取汉语教学和习得研究的成果，不能靠闭门造车，不能靠推理、想象、想当然。

最后回到本文的题目。这篇短文试图从一个汉语教师的视角，观察汉语作为第二语言教学的教学语法研究。本文认为汉语教学语法不能凭主观想象确定教学内容，不能照抄已有的研究成果，特别需要对汉语作为第二语言教学有深入的了解。

有些研究者可能认为，汉语语法体系绝不是第一条那么简单，而且后五条也不是汉语语法研究的内容。这没有错。但是这些都是汉语教学语法体系需要的内容，是服务于汉语教学的教学语法体系的特点。为提高学习者汉语交际能力服务，最大限度地为教学、教材编写提供方便，教师和学生都看得懂、能接受，这正是教学语法研究跟一般语法研究的分野。

最后提一点建议，建议召开相关学者和教师参加的专门会议，集思广益，尽快形成一个暂拟的汉语教学语法体系，像当年张志公先生主持制订的《暂拟汉语教学语法系统》一样。这实在是课堂教学、教材编写、教师培养培训的当务之急。

（原载于《国际汉语教学研究》2015 年第 1 期）

伍

汉语教材和教学资源

"基础汉语精读课成绩测试自动选题系统"的设计思想 [1]

（1989）

一、引言

本文所要讨论的"基础汉语精读课成绩测试自动选题系统"（以下简称"系统"）是北京语言学院来华留学生三系和语言信息处理研究所共同研制的。目的是为了适应对外汉语教学发展的需要，改进基础汉语精读课教学的测试工作，进而为提高教学质量提供可靠的依据。这也是我们利用现代化手段，实现汉语成绩测试的科学化、标准化的一种尝试。下面我们对"系统"设计中的某些问题做一个简要的说明。

二、"系统"在理论上的基本考虑

吕必松先生曾经把对外汉语教学过程简要地概括为四个环节，即总体设计、教材编写、课堂教学和语言测试。语言测试无疑是对外汉语教学中一个十分重要的环节。

语言教学中的成绩测试，有与一般成绩测试（所有学科的成绩测试）的共性，也有它自己的特殊性。本文所说的"语言测试"专指学校对外汉语教学中的一种考试。实际上，它的含义与有些著述所说的成绩测试不完全相同，比如它同时带有诊断性测试的性质，又使用了能力测试中的一些概念。但是性质的讨论不是本文讨论的主要内容，所以不做详细论述。

我们想强调的是，在我们看来，对外汉语教学的成绩测试至少有两个应当突出的作用：一是评价作用，即考查学生掌握课堂教学中所教授的语言项目的情况，成为客观评价学生的学习情况和鼓励、督促学生努力学习的手段；二是引导作用，即为教学组织者提供各方面的反馈（包括学生对所学内容掌握的好坏及其原因、教师的教学情况、教学计划的实施情况等），作为评价教学工作、诊断教学问题、提出改进措施的依据。

测试要真正起到上述作用，其基本条件就是能够准确地反映学生掌握所学语言项目的情况。

---

[1] 本文系与景晓瑜、冯惟钢合作，写成于 1989 年，1990 年获北京语言学院科学研究报告会一等奖。参加"系统"研制的有崔永华、景晓瑜、冯惟钢、宋春菊、刘长辉、徐勇、李也洲。

我们认为，在精读课考试中，所谓"准确地反映学生掌握所学语言项目的情况"应当包括以下的内容：

第一，考试方式（这里主要指题型）应当主要是考查学生运用语言的能力，即输出能力、表达能力，而不仅仅是考查输入能力、理解能力。这是由精读课的性质和任务所决定的。

第二，考试内容（即语音、汉字、词汇、语法、功能项目）应当有足够的覆盖面，而不应当集中在少数项目上。

第三，试卷的难度分配应当有适当的比例。这关系到是否能准确反映学生的水平，同时也对学生的学习态度有重要的影响。比如，难度过小，学生成绩偏高，容易使他们滋长自满情绪；难度过大，容易挫伤学生的学习积极性。

第四，测试要真正起到上述作用，还需要重视考试的分析工作。分析的内容包括两个方面，即教学诊断和考试项目分析。

教学诊断方面包括：（1）学生中普遍存在的问题，为克服学习困难、确定教学重点提供依据；（2）学生掌握教学内容的一般情况，为评价教师工作、教学方法以及教材提供依据。当然考得不好不一定都是教师的责任。

考试项目分析方面包括：（1）试题的难度、区分度；（2）试卷的信度、效度。对考试项目的分析是为了提高考试的质量，使考试不断接近科学化。

我们的"系统"，正是在上述考虑的基础上研制的。

三、"系统"的内容

这个"系统"以三系[1]正在使用的《初级汉语课本》（北京语言学院出版社，1986）（以下简称《课本》）和《现代汉语教程》（北京语言学院出版社，1988）（以下简称《教程》）为直接对象，汉语水平是在北京语言学院学习一年的水平，相当于《汉语水平测试大纲》（以下简称《大纲》）的二级能力。考虑到对其他教材的通用性，"系统"在设计上也参考了《大纲》所规定的词汇、语法、技能项目。所有以《大纲》为依据编写的教材，只需增加有关数据，便可使用此"系统"。

"系统"以语法点为纲，总的内容涉及精读课教学的语法、词汇、功能各个部分，力求对学生的学习情况进行客观的、全面的考核，特别是学生对所学内容的掌握情况，同时也可以客观地反映教师的教学效果。"系统"将语法点分为必测点和选测点，以保

---

[1] 指当时的北京语言学院来华留学生三系。

证主要教学内容得到全面的考查。

"系统"以考查学生的表达能力为主,测试的重点放在考查学生运用所学的知识、技巧进行表达的能力上,所以所使用的题型以主观试题为主,基本上不用多项选择题。"系统"设有 18 种题型,共 2000 道题。

四、"系统"的主要功能

本系统是在 386 型微机和 FoxBASE 关系型数据库管理软件环境下实现的。

4.1 数据库的建立

(1)试题库:为了提高抽题速度和便于管理,"系统"按不同的题型建立了 18 个题目库,其中包括:听写句子、组句、综合填空等。

(2)语法点库:此库存储《大纲》甲、乙两级和两套教材所涉及的所有语法点共 400 个。该库的作用是为试题选择阶段和语法点覆盖率提供依据与保证。

(3)词频库:此库存储"系统"所生成的所有试卷库的词频统计结果累计。

(4)字频库:此库存储"系统"所生成的所有试卷库的字频统计结果累计。

(5)试卷库:此库存放抽中的试题。每卷一库,每次生成的库可以在硬盘中保存,也可以拷贝到软盘上保存;既可供测试用,也可作为资料长期积累,为科研提供方便。

(6)学生成绩库:此库存放利用指定试卷对学生进行测试的成绩及"系统"对试卷的信度、效度、难度、区分度等计算分析的结果,每卷一库。学生的测试成绩经"系统"处理后可以按班级及得分顺序打印成绩册。

4.2 "系统"的主要功能

本"系统"开发的主要指导思想是:建立优越的系统功能、友好的用户界面,实现软件结构化,确保系统易于维护、易于扩充功能。"系统"采用菜单引导方式,简单易学、易于掌握。

整个"系统"由八个功能模块组成。

(1)题目录入。此功能模块由 18 个子模块组成。该模块采用菜单方式引导用户按任意顺序对 18 个题型库中的任何一个库进行题目录入。

(2)题目修改。此功能模块由 18 个子模块组成。该模块采用菜单方式引导用户按任意顺序对 18 个题型库中的任何一个库的内容进行修改。

（3）题库整理。此功能模块由 18 个子模块组成。该模块采用菜单方式引导用户按任意顺序对 18 个题型库中任何一个库中属于错录、重录、淘汰范围的题目进行删除整理，以确保题库准确、实用、精练。

（4）辅助抽题准备。此功能模块由四个子功能模块组成。该模块采用菜单方式引导用户完成以下工作：

①抽题前对语法点库的数据进行必要的录入、修改和整理；

②抽题前对词汇库的数据进行必要的录入、修改和整理；

③抽题前对测试点库的数据进行必要的录入、修改和整理；

④根据词汇库的有关数据自动确定各题型库中各题目的课号。

（5）试卷生成。此功能模块的作用是根据用户向"系统"提出的不同要求，生成适合不同层次、不同测试对象、不同学习阶段的各类学生测试的试卷。

①"系统"由菜单引导用户进入此模块后，首先通过屏幕向用户提问：

　　A. 试卷生成的课号范围？

　　B. 题型选择及选中题型所占总分的百分比？

　　C. 语法点覆盖面的控制原则？

　　D. 词汇覆盖面的控制原则？

　　E. 难易程度的控制原则？

用户回答完以上提问，"系统"便能够根据这些要求及题库中的有关标记、词汇库和语法库中的有关数据进行抽题。

②对抽中的题要再次经过由用户给定的各项原则的检验，决定取舍。选中的题由"系统"自动存入试卷库保存。

③为了既减少各题型库的冗余又确保生成的试卷对学习《课本》教材和学习《教程》教材的学生都适用，各题型库中有相当一部分的题目既适合《课本》教材的测试，又适合《教程》教材的测试。"系统"每次生成的试卷有 70% 的试题适合两类学生共同使用，30% 仅适合《课本》教材的题目和 30% 仅适合《教程》教材的题目。

④"系统"为用户提供指定试卷的查询功能，对新生成的试卷用户如有不满意的题，"系统"提供重新抽此类题的机会。

（6）统计分析。此模块的作用如下：

①对生成试卷的字频、词频进行统计，并将统计结果分别存入与试题库相关

的字频库和词频库，然后再在总字频库和总词频库中进行累计，并记录经过统计的试卷总数；

② 为用户提供学生测试成绩录入、修改、整理的功能；

③ 根据学生的测试成绩和有关数据统计试卷的信度、效度，每道题的已测难度、区分度，并自动存入试题库和与之相对应的题型库的有关字段中；

④ 统计各语法点在试卷库中出现的频率，并存入与试题库相关的语法点库；

⑤ 为用户提供将试题库及有关统计数据拷贝入软盘保存的功能。

（7）打印。此模块功能如下：

①打印软盘或硬盘中指定的试卷库中适合《课本》教材和适合《教程》教材的试卷各一张；

②打印在软盘或硬盘中存档的试卷库；

③打印学生测试成绩报告单；

④打印统计结果。

（8）索引文件。此功能模块的作用是：在需要的时候重新建立整个"系统"的索引文件，以确保整个"系统"正常运行。

五、系统的作用

"系统"给基础汉语精读课考试提供的方便简单归纳如下：（1）对所出的题目进行检索，分析测试点（语法、词汇）的分布情况，以便进行调整和对题目进行修改；（2）为题目修改提供提示，比如某些词汇出现过多或不足，"系统"可以提供有关的替换词语；（3）可以对题目不断地修改、增删；（4）在输入必要的数据后，不同教材在不同阶段都可以得到所要求的试卷，比如它可以为教学的阶段测验、期中考试、期末考试分别抽出符合需要的试卷；（5）可以按要求控制试卷的分数比例、难度比例、保证语法点和词汇的覆盖面；（6）进行各种统计分析，为改进教学、改进考试质量提供依据，为积累教学资料提供方便；（7）采用人机对话方式操作，方便易学；（8）提高了考试的科学性，又节省了人力。

（原载于崔永华著《对外汉语教学的教学研究》，外语教学与研究出版社，2005 年）

计算机和对外汉语教学的科学化 [1]
（1991）

这个题目比较大，并不是我十分熟悉的领域，特别是计算机方面，我还是初学者，所以今天也就是谈一点体会。不足之处，还请各位指正。

一、对外汉语教学的现状

汉语作为外语的教学（一般叫作"对外汉语教学"），在我国已经有了近 40 年的历史。这些年来，教学规模在迅速扩大。目前全国已有上千名教师专门从事这项工作，每年有数以万计的外国留学生在我国学习汉语，而且人数还在不断增加。

从学科建设上看，对外汉语教学作为一个独立的学科体系已经初步建立起来。目前的学科建设基本上是围绕吕必松先生提出的对外汉语教学的四大环节（即总体设计、教材编写、课堂教学、语言测试）进行的。近年来，我们在这四个方面，都做了大量的研究工作。总的来说，课堂教学方面总结经验多一些，但是缺乏理论性，在其他方面，高水平的论述还不多。应当说各方面都还很不成熟，还处于探索期，水平和效果都不算高。最基本的问题是还没有摆脱经验的轨道，科学性不足。

一个最能说明这个问题的例子是教材内容的选择。也就是说，我们应当教什么，先教什么，后教什么。就基础汉语教学来说，我们给自己定的目标是使学习者在尽可能短的时间里掌握尽可能多的汉语交际技能。这就要求我们在教学中选择那些在交际中使用频率高、最有用、最常用的语言成分。比如最常用的汉字、最常用的词、最常用的语法结构、最常见的情景、最需要表达的思想等等。要达到这种目的，最基本的条件是选择适当的教学内容。教材是实现教学内容的最主要的手段。那么我们的现状如何呢？我们曾对中国大陆、中国台湾以及美国的六套基础汉语教材进行过一次统计。统计结果表明，在各种教材的前 1000 词中，六套教材都出现的词只有 272 个，占 27%。造成这一结果的部分原因是地域上的差别。但是国内自己编的教材，也不是没有问题。例如现在北京语言学院并行使用的两套基础汉语教材，前 2000 词中，生词重合率还是不到 50%。

这说明什么呢？这说明我们还没有明确，在基础阶段应当教给学生哪些词，或者说，我们还没有明确哪些是汉语交际中最基本的词汇。

---

[1] 本书是笔者于 1991 年 1 月在中央民族大学举行的北京青年语言学讨论会上宣读的论文。

在语音、语法以及交际情景、言语功能项目的选择上，也都存在着类似的问题，只是目前还没有见到这方面的精确统计。

造成这种现象的主要原因，除了语言本身的复杂性之外，主要是我们缺少强有力的手段，对汉语各方面的情况做真正的调查、统计，并据此对教学内容和教学过程进行有效的控制。

二、计算机可以为对外汉语教学提供哪些依据

计算机科学，特别是它的汉字信息处理的研究成果，为我们选择对外汉语教学内容和对教学过程进行有效的控制提供了依据和手段。从目前的研究成果看，计算机技术至少给我们提供了下面这些有关的信息：

第一，汉字字频统计和汉字信息统计。这为决定教哪些汉字和汉字在教学中出现的顺序提供了依据。比如说"乙"，笔画很简单，但是在字频表中排序很靠后，构词能力也很差，在基础汉语阶段，就不宜教。另一方面，像"一、人、口"这样频率高、构字能力强的字 / 词就应当早教。

第二，词频统计。现在统计范围最大的是对两千万字语料的统计。这为教材选择词汇提供了依据。排序靠前的词，无疑应当是交际中常用的词，是交际的核心词，应当先教。

第三，字频统计和词频统计可以提供字和词的构成关系，即哪些汉字构成的高频词最多，这又为汉字的选择提供了进一步的依据。

第四，句型统计。目前正在进行，这可以为我们决定教哪些句、先教哪些句型提供依据。

第五，还有言语功能项目统计、交际情景统计、文化点统计、学生习得过程描述，也就是哪些是容易学习的语言项目（音、字、词、语法点、功能）统计等等。但是这些还没有人做，或者说没有条件做。对外汉语教学领域特别需要语言学同行们在这方面的研究成果。

到这里，我们看到，计算机技术给我们提供了一些可以帮助我们决定教学内容的重要信息，使我们的教学可以变得更有效，更科学。这是我们靠手工数卡片很难做到，甚至是无法做到的。当然，还有很多需要的数据我们没有得到。这是我们在教学内容选择上还有诸多问题的一个原因。

但是，更令人遗憾的还不是可依据的信息不足，而是目前没有较好地依据这些信息来设计教学，编写教材。教学体系和教材还是以经验为主要依据，科学性明显不足。

三、计算机为对外汉语教学提供了哪些手段

从理论上说，或者从长远看，计算机应当可以为对外汉语教学的全过程（包括总体设计、教材编写、课堂教学、语言测试）提供全面的控制手段。但是，目前由于各方面的研究都很不够，我只能提供几个例子。

目前做得比较多的是教学辅助系统。也就是把教学过程编成计算机程序，学习者可以面对计算机自学汉语。这种工作目前还在初始阶段，基本上还处于"黑板搬家"的状况。这一方面固然是由于我们的设备条件和技术条件还不够完善，但其根本的原因是我们的整体教学水平，包括教学内容的选择和教学方法水平都还不高。

目前做得比较成功的有这样几个系统：

第一个是国家汉语水平考试（HSK）使用的计算机系统。这个系统已经使用了几年，它在试题筛选、等级划定、试题和试卷控制以及自动阅卷方面，都取得了很好的效果，通过了国家鉴定。作为测试外国人和母语非汉语的其他人群的汉语水平的有效手段，目前正在国内外广泛试用。

第二个是北京语言学院语言文字信息研究所研制的"对外汉语教学教材编写系统"。这一系统由吕必松先生主持研制，最近通过了国家鉴定。

教材是语言教学的基础之一。编教材是一件很麻烦、很难的事。有人说，如果你想惩罚一个人，最好的办法就是让他编教材。可见编教材的艰辛。尽管教材编写者花了很多精力，但是，往往还是顾此失彼，出现不少失误。因为语言教材和其他教材不同，对系统性、严密性的要求较高，需要随时做出精确的统计，包括语音、汉字、词汇、语法各个方面。这些靠人工是很难做得很精确的。而且在编写过程中，常常需要对前面的内容进行修改，这种修改又往往牵一发而动全身，十分繁琐。而这种工作却正是计算机的长处。对外汉语教学教材编写系统就是试图充分发挥计算机的这个优势。

教材编写系统可以对教材编写提供很多方便，并可以提高教材的科学性。具体地说：

第一，可以在编写过程中，根据教材的等级，控制教材汉字、词汇、语法点的出现范围，保证不超出、不遗漏。

第二，控制词汇的出现频率，既保证所有该出现的词都有足够的出现频率，又尽量避免不必要的重复出现。

第三，在可能的情况下，对教材出现的交际情景、言语功能项目、文化点也进行上述控制。但是由于目前还缺少这方面的研究，所以现在还不能做到。

第四，这套系统的另一个特点是可以大大提高教材的编写速度。在课文写出后，系

统可以自动分析出本课新出现的语音项目、汉字项目、词汇项目、语法项目等，并在编写者对这些项目确认后，将这些项目的解释文本导入。比如编到第十课，计算机会自动分析出本课新出现的生词，列出词汇表，然后将词库中该词的拼音和所需语种的翻译自动调出，加在后面。语音项目、语法项目也可以这样处理。这样，编教材的具体过程就成了一件很容易的事，只要确定了课文，教材的主体就出来了，而且结构是很严密的。不必像过去那样，数卡片，抄来抄去，修来补去，从而有效地避免手工操作时顾此失彼、漏洞百出的现象。

第五，这套系统还可以提供适用的练习项目供选择。生成总词汇表和各种相关信息（词频、字频、语法点、情景、功能等）。

第三个是北京语言学院语言信息处理研究所和来华留学生三系正在研制的"基础汉语精读课成绩测试自动选题系统"。这个系统是把大量的题目输入计算机，然后让计算机根据考试的阶段、题型、难度比例等要求，选出适用试题，拼成符合要求的试卷。

考试出题也是一件艰辛的工作，常常是受累不讨好。学生考好了，老师说你出的题太容易，不利于鼓励学生；学生考得不好，又说题出得太难，没反映出教师的教学水平。很难有一个客观的评价。出一份好的考卷，特别是出基础的外语考卷，的确不容易。要考虑到词汇、语法不超出学过的范围，又要考虑到有足够的词汇、语法、功能的覆盖面，还要考虑到适当的难度分布、适当的题量等等。靠人工做，不但不容易达到要求，而且随意性很强。我们曾对北京语言学院来华留学生三系的20多份考卷做过分析，能够达到上面提到的要求的几乎没有，总是存在这样那样的问题。

这个选题系统，在储存大量考题的条件下，保证要测试的语言点全部出现在试卷中，保证尽可能大的覆盖面，减少不必要的重复；并可以根据要求，确定试卷题目的难度比例。系统还可以把学生考试的结果反馈回来，对试卷的信度、效度和题目的难度、区分度做出评价，对题目中不合实际的地方自动进行修正，不断提高试题的质量。

由于时间的关系，不能说更多的例子。从这三个例子可以看出，计算机技术应用到对外汉语教学中，对提高对外汉语教学的科学性会有很大的作用。

当然计算机并不是万能的，它可以在速度和精确度上给我们很大的帮助，但是它工作的基础仍是我们的研究。我们这方面的研究可以说是刚刚起步，希望有志于从事对外汉语教学工作和民族汉语教学工作的同志共同努力，促进这项事业的发展。

（原载于崔永华著《对外汉语教学的教学研究》，外语教学与研究出版社，2005年）

"核心汉语"第一阶段选材和编写原则[1]
(1992)

一、引言

"核心汉语"（暂名）是北京语言学院与美国王方宇教授根据美国一般大、中学汉语课程四年的教学需要，合作编写的一套教材。目前编写的是第一学年两学期的教材，内容包括基本的汉语语音项目（300个音节）、语法项目（150个）、汉字（500个）、词（1200个）。下文所说"本教材"或"教材"，如没有特别说明，都是指第一学年的教材。教材在编写上特别提出"讲求效率，减少盲目性和随意性"的原则，以使学生能尽快地用最少的音节、字、词，掌握各种基本的语言结构，具备基本的表达能力。本文的重点就是讨论教材在语音、汉字、词汇、语法等语言项目的选择和编排中，是如何贯彻这一原则的。

我们这里所说的"语言项目"（有时简作"项目"）指：（1）一个独立的语言点，比如元音"a"是一个语音项目，汉字"我"是一个汉字项目，词"学习"是一个词汇项目，"被"字句是一个语法项目；（2）语言点的或大或小的集合，比如"语音项目"，可以指称本教材所涉及的所有语音问题，"语言项目"包括所有的语音、汉字、词汇、语法问题，等等。

二、语言项目选择的几个基本考虑

在语言项目的选择上，我们使用了以下几个假设：

假设一，掌握一种语言的最基本的前提之一，是掌握这种语言中语音、词汇、语法、文字诸要素的基本（核心）项目。

假设二，对外语学习者来说，目的语中构成上简单的语言项目，一般比构成上复杂的项目容易学习和掌握。

假设三，一种外语的学习，因受到学习者掌握的母语的影响，一般来说，与学习者母语类型相同的语言项目最容易学习和掌握，相似的和迥然不同的往往是学习和/或掌握的难点。

假设四，外语学习者学习和掌握目的语的语言项目的次序是由易到难。

根据上面的基本假设，我们希望教材在项目的选择和安排上具有以下特点：

---

[1] 本文系与黄政澄、郭树军、张凯合作，曾在"第三届国际汉语教学讨论会"（北京，1991年）上宣读。

特点一，针对性。即在项目选择、教学安排、讲解、注释等方面，充分考虑到以英语为母语的学生的特点。这主要是根据假设三。

特点二，优选性。即选择可以作为汉语最基本的构成部分的项目。这是依据假设一。

特点三，渐进性。语言项目在总体上遵循语言习得规律，按由易到难的顺序出现。这是依据假设四。

特点四，协调性。由于对语言项目的选择强调了优选性和渐进性，教材可使用的项目和编排顺序便受到限制。为保证选择的科学性，同时使教材行文通顺，我们通过多种比较和计算，以尽量达到各部分的协调。这在下面有详细的说明。

下面分语音、汉字、词汇、语法四方面，分别进行讨论。

三、语音项目选择

3.1 针对性

依据假设三，通过对比分析，确定美国学生的难音和非难音。

第一，辅音中的非难音，如：位于元音前的 [m] [n] [f] [s] [l]。这些音汉英两种语言都有，而且发音部位和方法都差不多。辅音中的难音包括 [tʂ] [tʂ'] [ʂ] [ʐ] 和 [tɕ] [tɕ'] [ɕ] 两系音，这两系音对美国学生难在两个方面：一是英语没有；二是英语的 [tʃ] [tʃ'] [ʃ] [ʒ] 对 [tʂ] 系音和 [tɕ] 系音的干扰。这三个系列的音发音部位是紧挨着的，而 [tʃ] 系音恰恰在 [tʂ] 和 [tɕ] 系的中间。

辅音的另一个难点是送气与不送气，这在汉语中是一个强制性的区别特征，而在英语中则是非强制性的。

第二，元音中的难音也有两类：一类是汉语中特有的元音，如 [ɿ][ʅ] [ɤ] [o]，这些音英语里没有，对美国学生无疑是难音；另一类是一部分复合元音（兼及复韵母），尤其是含有 [i] [u] [y] 等介音的复韵母。

第三，声调。英语没有声调，因此，声调及变调是美国学生的难点。这册教材将自始至终强化声调练习。

3.2 优选性

确定音节数目。汉语共有 400 多个音节[1]（不计声调），其中有常用的，有不常用的。

我们根据下面的原则，选出 300 个较常用的音节：

第一，方音不取。汉语诸方言的若干音节进入普通话，如"diǎ、dèn"。这种音节尽管已进入普通话，但其使用度仍然不高，故不取。

第二，字少的音不取。如"cèi"，只有一个"毳"字，"nüè"只有两个字"虐""疟"。所代表的字少，说明这个音节不常用，故不取。

第三，字虽少，但非常常用者取。如"rì""de"这两个音节所代表的汉字都不多，但都包含非常常用的字"日""的、得、地"，故保留。这样做也使常用音节和常用汉字保持协调。

第四，开、齐、合、撮四呼均按大致相同的比例选取。四呼中，撮口音最少，一共只有 20 个，取 13 个，去 7 个。这样做，为的是保持汉语语音系统的完整与平衡。

3.3 渐进性

音节的分级和出现顺序。

第一，分级。按对于美国学生的难易程度，我们把选定的 300 个音节分为三级：Ⅰ级最易，共 109 个，由发音较易的声母和单韵母、二合元音及鼻韵母构成；Ⅱ级较难，共 104 个，主要包括由"e、er、o"做韵母以及带 [i] [u] [y] 介音的韵母，可见，Ⅱ级音节难在韵母上；Ⅲ级最难，共 87 个，包括声母"zh、ch、sh、r、j、q、x"和韵母 [ɿ][ʅ]。把 300 个音节分为三级的依据是汉英对比和音理。

第二，出现顺序。为使学习者尽快从整体上把握汉语语音系统，也使未出现的音节不至于成为学习新词新字的障碍，我们把大部分音素和音节集中在前十课里。当然，300 个音节不一定都在前十课之内出齐。

一般的教材是按拼音表的顺序教拼音的，这固然保证了汉语语音系统内部的规律性，但可能会或多或少地忽略了第二语言学习的一般规律。一般来说，学生母语中有的，容易学，母语中没有的，难学。鉴于此，本教材的语音部分是按先易后难的原则编排的，如第一课中的四个声母（辅音）和三个韵母（单元音）全部是英语中有的音；第二课和第三课，除塞擦音的"送气"与"不送气"是难点外，其余的音素也都能在英语中找到相同或相近的音。这样安排语音教学，是出于以下考虑：（1）容易的先学，学起来容易，便容易提高学习者的兴趣；（2）先学容易发的音，可使学习者把更多的注意力放在听音、体会音感上，有利于日后的学习；（3）一种语言的语音是自成系统的，先学会好学的音作为基础，以校正后来出现的难音；（4）声调是无论如何也不能回避的难点，所以从第一课开始，声调就是重点练习的内容。

3.4 协调性

第一，音节与汉字的协调。不难理解，常用音节和常用汉字应当是一致的。由于教学的需要，我们对二者的选择稍微打破了一点这种一致关系。具体地说，在我们选出的 500 个汉字中，95% 是在 300 个音节中的；反过来，在 300 个音节中，97% 有选出的汉字。

第二，在语音出现的顺序上，我们也力图保持一种协调关系。在以教语音为主的前十课中，每课都相应出现了一些能连成有意义的常用语句的字和词；在拼读练习中出现的单音节、双音节，乃至多音节，也都是有意义的、常用的字或词。这种安排，可以避免练一些没有用的音节，提高学习效率，也可以为以后学习新词打下基础。

四、汉字项目选择

4.1 针对性

汉字和英语的文字无从比较，所以针对性只表现在汉字的编排顺序如何适应美国学生的汉字习得过程上。

4.2 优选性

根据汉字的使用频率，选择基本的汉字。我们利用近年来汉字信息处理的研究成果，综合考虑了汉字的使用频率和汉语教学的特殊需要，选择了 500 个我们认为可以称为核心的汉字。选择过程（使用计算机统计）如下：（1）取《现代汉语常用字频度统计》（国家语言文字工作委员会汉字处，1989）中的前 650 个汉字；（2）取《频率最高的前 8000 个词词表》[1] 的前 1500 个词；（3）统计所选汉字在所选词中的构词情况，得到 400 个构词能力最强的汉字；（4）在余下的 250 个汉字中，根据构词能力和教学需要，筛选出 50 个；（5）在 650 个汉字以外，比较、选择出 50 个虽不常用，但构成的都是最常用词和 / 或教材中不可避免的词语。（3）（4）（5）项相加，共 500 个汉字，累计使用频率约为 60%（根据汉字使用频度表累计）。

4.3 渐进性

汉字的分级和出现顺序。

---

[1] 本词表与下文《使用度最高的前 8000 个词词表》均出自《现代汉语频率词典》（北京语言学院语言教学研究所，1986）

第一，我们根据下面的原则将选出的汉字分为三级。一是汉字构成的复杂性，即笔画简单的先于笔画复杂的，笔画少的先于笔画多的，独体字先于合体字；二是汉字的构词能力，即构成的词，常用的先于不常用的。

分类结果如下：Ⅰ级，相对容易的，200 个；Ⅱ级，比较难的，150 个；Ⅲ级，最难的，150 个。

第二，所选择的汉字在教材中大体按以上所分的级别依次出现。这种出现顺序符合语言习得的一般规律，特别是可以使学习者在汉字习得中有机会充分利用已经学过的汉字分析新学的汉字，比如用独体字分析合体字。

4.4 协调性

与语音的协调见 3.4；与词汇的协调见 5.2。

五、词汇项目选择

5.1 针对性

根据词汇的使用频率和美国国情、学习环境确定选词范围。

第一，在词汇选择上，考虑到美国学生在美国学习的特点，在确定了基本词汇的基础上，适当选择一部分与美国社会生活和学习生活环境有关的词汇。

第二，在词汇解释上，考虑到美国英语的特点，参考美国出版的汉语教材，注意词汇比较和理解难点。

5.2 优选性

为保证教材中所选择的词汇有足够的核心性，我们通过以下程序（利用计算机）选择了 1200 个词：（1）取《现代汉语常用字频度统计》中的前 650 个汉字；（2）取《使用度最高的前 8000 个词词表》的前 1500 个词；（3）统计所选汉字在所选词汇中的构词情况；（4）得到完全由所取汉字构成的词 900 个；（5）在余下的 600 个词中，选出使用频率较高的 150 个；（6）在余下的 450 个词中，参考美国出版的汉语教材中使用频率比较高的词，选出 100 个与美国社会、生活、学习环境有关的词；（7）在 1500 词外，选择教材中非用不可的词 50 个。（4）（5）（6）（7）四项合计共 1200 个词，根据词频统计，累计使用频率为 50%。

5.3 渐进性

词汇的分级和出现顺序。

（1）综合考虑以下因素，将选择的 1200 个词分为三级。一是词的书写形式（汉字）的复杂程度，即简单的可为Ⅰ级，比如"人口"这个词可定为Ⅰ级，出现得早；二是词的使用频率，即频率高的可为Ⅰ级；三是与英语对比的理解和掌握的难度，即容易的可定为Ⅰ级。

经过综合比较，我们得到Ⅰ级词 300 个，Ⅱ级词 300 个，Ⅲ级词 600 个。

（2）所选择的词在教材中大体依据以上级别出现。

5.4 协调性

与汉字的协调见 5.2，与语法的协调见七。

六、语法项目的选择

6.1 针对性

（1）根据汉英语法对比确定语法教学的难点；（2）在基本保持汉语语法完整体系的前提下，与美国英语语法对比找出难点，确定讲解重点和编排顺序；（3）参考美国出版的汉语教材，吸收其中适合美国人理解的语法描写角度；（4）用美国学习者能理解的习惯用语解释。

6.2 优选性

选择汉语最基本的语法成分。我们认为下面的因素构成基础汉语语法的核心：（1）汉语最基本的六种结构；（2）使用频率最高的虚词；（3）汉语最基本的句型。

据此选出我们认为可以构成基础汉语语法核心的 150 个项目。在选择的范围和角度上，还参考了《汉语水平等级标准和等级大纲（试行）》，中国大陆、中国台湾出版的汉语教材，以及美国出版的汉语教材。

根据下面的考虑，将语法点分为教学重点项目和非重点项目。一是语法项目本身结构的复杂程度；二是英汉对比中的差异大小；三是以经验判断的汉语教学难点和各种教材作为参考，同时参考美国出版的汉语教材。

据此得到重点语法项目 60 个，非重点项目 90 个。区分的目的在于确定教学重点和语法点在各课中的搭配和出现顺序。

6.3 渐进性

阶段的划分。将语法点分为三个阶段，依据是：（1）结构本身的难度和结构间的生成关系，尽量先出现容易的和作为前提的语法点，后者如结果补语先于可能补语出现；（2）以经验判断的教学难度；（3）是否常用，即在教学、生活中常用的、必需的先学；（4）教学重点和非重点的搭配。

分阶段的结果如下：第一阶段的语法点 70 个，包括基本句型（如主谓句、主谓宾句、双宾语句、兼语句、连动句和它们的肯定式、否定式）、最常用的虚词、若干常用语句；第二阶段的语法点 40 个，重点是各种补语；第三阶段的语法点 40 个，重点是特殊句式，如比较句、"被"字句、"把"字句等。

语法项目大体依据上面的次序出现。

6.4 协调性

见七。

七、关于教材中语言项目的协调

上面的讨论已经涉及语言项目的协调问题。但是，我们为保证教材的科学性，对教材的教学范围、语言项目的选择和出现顺序进行了严格的限制，这无疑给我们带来了一个严重的矛盾：项目出现顺序的科学性和课文行文流畅的矛盾。因为好的语言教材必须自然、上口、有用，避免生硬、拗口、无用。而行文流畅的课文不可能完全与我们选择的语言项目的各个方面（语音、汉字、词汇、语法）和理想的出现顺序完全吻合。为在可能的范围内兼顾教材的可用性，我们必须追求一种最佳的编排，使核心的语言项目与自然的课文、会话协调起来。这一点，读者可以从我们对语音、汉字、词汇、语法项目的选择上看到一些。

我们采取的更重要的协调方法是分阶段安排语言项目，具体地说，我们将第一年的教材分为四个阶段：

第一，语音阶段（事实上并不是明显的语音阶段）。在这个阶段中，语音基本上按音素、音节的难度顺序出现，但由于考虑到语音和词汇的结合，各个阶段的界限并不是分明的。在这个阶段中，语音是以有意义的音节和音节组合的形式出现的，也就是说，会出现一些常用词（Ⅰ级）和简单的语法项目（第一阶段的）。我们还安排了一些Ⅰ级汉字。但是，并不是所有出现词语的汉字形式，而只是出现最简单的汉字。多数词只出现语音形式，不出现文字形式，所谓语文不同步。

第二，语法第一阶段。在这一阶段里出现的第一阶段的语法项目、Ⅰ级汉字和Ⅰ级词汇，在出现顺序上，三种项目都适当考虑本阶段中的难易度，但为保证行文流畅，不做严格限制。另外也允许出现个别超出本阶段的项目。

第三，语法第二阶段。在这一阶段里出现的是第二阶段的语法项目、Ⅱ级汉字和Ⅱ级词汇，出现顺序的安排同第一阶段。

第四，语法第三阶段。在这一阶段里出现的是第三阶段的语法项目、Ⅲ级汉字和Ⅲ级词汇，出现顺序的安排同第一阶段。

八、余论

教材中语言项目重复的控制。重复，是语言教学的一个极为重要的原则。教材在编写中充分注意了这个问题。我们根据具体情况，把汉字、词汇、语法项目分别分为三个重复级。下面以词汇为例，做一个简要说明。

我们将 1200 个词汇项目分为三个重复级：

一级词，100 个。主要是频率表中最靠前的词，都是教材中最常用的，比如"的、了、一、我、上、去"等。对这类词不做出现频率的限制。估计这些词的平均出现频率为 40 次，合计为 4000 词次。

二级词，400 个。属于教材中比较常用的词。比如"饭店、中国、电影、家庭"等。这类词的出现频率限制在 10 次，合计为 4000 词次。

三级词，700 个，属于教材中不太常用的词。比如"校园、计算机、出租汽车、家庭"等。这类词的出现频率限制在 7 次，合计约为 5000 词次。

三类词合计出现 13000 词次。本教材共有课文 65 篇，每篇按 200 词次计算，共13000 词次。

对汉字和语法项目，我们也做了类似的区分，以保证其有足够的出现次数。这是用计算机控制的。

本文说明的这种选择和编排语言项目的方式，对我们来说，还是在尝试过程中，我们在使用这种方式选材时，遇到了一些问题，而且在教材完全编成之前，选材的过程实际上不会完成。所以文中提到的数字，大都取整数，等教材编成之后，肯定会有些变化。

（原载于第三届国际汉语教学讨论会会务工作委员会编《第三届国际汉语教学讨论会论文选》，北京语言学院出版社，1992 年）

对外汉语教学动态资源整合、研发、应用工程描述 [1]
（2001）

一、工程要点

1.1 工程目标

本项目拟在对现有的对外汉语教学资源（物力、钱财、人才、教材、素材）进行整合，构建一个面向 21 世纪的多层次、多角度、多面向、多媒体、电子化、网络化的对外汉语教学计算机工作平台，推动对外汉语教学的科学化、现代化。

1.2 必要性

我们已经进入了以知识经济和信息社会为特征的 21 世纪。社会的进步、科学技术的发展、网络发展、现代远程教育发展、加入 WTO，都对汉语学习者和汉语教学提出了新的要求，创造了新的条件。这要求我们超越农业经济时代、工业经济时代的对外汉语教学思想、模式和手段，充分利用新的思想、技术、手段，特别是应用计算机科学、信息科学、网络技术，以提高教学的新知识和新科技含量，提高教学和管理的科学性，提高汉语教学的效率和教学水平，提高教学过程的自动化程度，加快网络和远程教学的建设，减少大量的不必要的简单重复劳动，节约教育的人力、物力资源。同时也有利于培养具有现代化教育技术的新一代对外汉语教学师资，提高中国对外汉语教学事业的效益和威望，展示汉语作为第二语言教学研究和应用的现代化能力。

1.3 可能性

20 世纪 80 年代以来，对外汉语教学在教学研究、汉语习得研究、教材编写、大纲研究、汉语水平考试研究方面积累了大量的资源，与对外汉语教学相关的语言研究、文化研究，也取得了相当的成果。特别是我国的中文信息处理研究，积累了相当多的可以

---

[1] 这个计划是一个小规模研讨会的产物，会议的时间是 2001 年 7 月，参加的老师有：张普、孙德金、王建勤、张凯、郭树军、邢红兵、隋岩、崔永华。文本由张普老师和崔永华执笔，后根据参会者意见修订。计划曾递交有关单位，但由于种种原因，未能得以实施。计划从未正式发表，收录在此是想记录探索的轨迹，也借此表达对张普老师、孙德金老师的敬意和怀念。

为对外汉语教学提供支持的研究成果，包括汉语语料库建设、词库建设、语言知识库建设，以及与这些建设相关的文献检索、自动标注等技术成果。同时，对外汉语教学界在利用计算机进行对外汉语教学研究和教材编写、语言测试、语言研究、语言习得研究等方面，也建设了一些语料库、词库、题库、语言知识库，积累了很多经验。这些都为建立对外汉语教学的计算机工作平台，提供了条件。

二、工程的研制内容

本项目将主要包括以下研制内容：

2.1 资源整合

将国家二十世纪八九十年代不同级别、不同单位的可用于对外汉语教学的分散的、独立的、电子化的资源整合在统一的、电子化、网络化的资源平台上，形成合力，优势互补，资源共建，资源共享，避免同层次、低水平、大规模的重复投资、重复劳动，集中力量，建立 21 世纪中国对外汉语教学乃至世界汉语教学的划时代平台。

2.2 资源研发

建立一批新的资源库。包括：必修课件资源、选修课件资源、电子教案资源、多媒体资源、题库资源、口语资源、相关文化资源、论文资源等。

资源应用：编制计算机系统，把上述资源运用到对外汉语教学过程中。包括：教材编写、工具书开发，教师教学、辅导、考试，学生学习、练习、复习，远程教育，科研，等等。

2.3 动态语言知识更新

建立大规模语料库，对语料库进行动态更新和分析。包括：动态流通语料库建设、动态流通语言知识自动提取、动态流通语言知识自动评价、属性标注等。

2.4 建立技术支持平台

整合方案的确定、多种操作系统的整合、多种数据库的整合、多种标记集的整合、多种应用软件的整合、多种需求层次的整合。

2.5 网络发布

面向全世界的网络发布平台，光盘出版，常规出版，教材、工具书、题库及其他资源的滚动更新，网络管理系统，等等。

三、对外汉语教学计算机工作平台功能简述

3.1 计算机辅助教材编写系统

本系统主要支持中级及中级以上水平的各类汉语教材（如汉语言、商贸、金融、国际政治等）的编写，也可为基础汉语教材的编写提供诸多方便。

使用者在回答系统提出的各种需求情况后，系统可以自动生成教材的初稿，并提供编写工具。系统可以大大提高教材的科学性和编写效率。系统主要由以下功能支持：

（1）预处理——要求提供需求信息，如汉语水平、母语、课程类型、教材范式等情况，为生成教材初稿提供基本依据；

（2）提供课文素材——从经过标记的大型语料库中筛选能够满足需求的课文素材；

（3）语音自动分析和注释——供基础汉语教材使用，可以从既定课文中分析出本课出现的新音素、音节，并从语音库中调出对切分出的音素、音节的解释，包括不同语种的译文，供选择、参考；

（4）词切分——对课文和练习的文本进行分词操作，供确定生词使用；

（5）生词确定——对切分出的生词进行分析、比较，确定本课文和练习中出现的生词；

（6）生词注释——从词汇库中调出对已确定生词的解释（包括不同语种的译文）；

（7）语法和语言项目确定——提取出新的语言文化点，供确定语法、文化和其他教学项目；

（8）语法和语言项目解释——从语法库、文化点库和其他相关知识库中调出对语法、文化和其他教学项目的解释（包括不同语种的译文）供参考；

（9）练习素材检索——从题库中提取练习，并从语料库中提取素材；

（10）教材编辑生成——根据要求的教材范式，在数分钟内生成教材初稿，对初稿进行编辑修改，并自动生成目录、语音、词汇、语言点索引和附录。

3.2 教案生成系统

本系统用于辅助生成教案。

可以吸取前人的经验，提高教案的科学性和准备的效率。在回答计算机提出的各种需求情况后，系统可以自动生成教案的初稿。系统主要由以下功能支持：

（1）预处理——要求提供本课的内容信息，如教授的词汇、语法点、功能项目等；

（2）提供不同的教案模式，供选择；

（3）根据要求，提供生词的详细注释；

（4）提供相应的练习和练习素材；

（5）根据要求，提供语法点和语法点的详细注释；

（6）提供相应的练习和练习素材；

（7）提供文化点库和其他相关知识的解释；

（8）根据以上选择，提供教案初稿；

（9）根据需要，从语料库和知识库中，提取其他素材，如汉字部件整理、语素构词整理、词汇语义分类整理等等；

（10）提供纸介质、胶片或多媒体的教学图片或其他可视用品。

3.3 学生练习生成系统

根据学生的学习要求从题库或语料库中抽取相关的题目，供学生自学和复习使用。系统主要由以下功能支持：

（1）预处理——学生提供希望练习的内容（如语法点、词汇点）和汉语水平；

（2）提供不同的教案模式，供选择；

（3）提供练习；

（4）给出正误判断；

（5）给出正确答案和错误分析；

（6）根据要求，提供适合学生水平和包含练习词语的阅读材料。

3.4 词典生成系统

根据需求，由词库提取生成适合不同水平、不同译本、不同需要的电子版和纸版学习词典初稿。

3.5 语法词典生成系统

根据需求，由语法知识库生成适合不同需要的电子版和纸版语法词典的初稿。系统主要由以下功能支持：

（1）预处理——要求提供所选择的语法项目和读者的汉语水平、母语背景；

（2）根据要求，提供语法点和语法点的详细注释；

（3）从语料库中，提取相应的素材作为供选择的例句。

3.6 试卷生成系统

根据课程或其他需要，从题库中抽取相应的题目生成试卷初稿。系统主要由以下功能支持：

（1）预处理——要求提供测试的基本信息，如使用教材、教学进度、测试点、选择题型等；

（2）从题库中提取题目，生成试卷；

（3）也可根据需要，提供考试所需要的素材；

（4）提供试题标准答案。

3.7 课外读物生成系统

根据要求，从语料库中提取阅读材料，并自动进行生词挑选，词汇、语言点注释，生成阅读教材初稿。系统主要由以下功能支持：

（1）预处理——提供阅读材料的具体要求，如：内容分类、语言水平、长度、词汇量、词汇种类、版式等；

（2）从语料库中提取相应的文章，供选择；

（3）对选定的文本进行处理，生成课外读物初稿；

（4）对初稿进行加工，生成课外读物；

（5）根据要求，提供词汇、语法、文化点的详细注释，必要时，加上译文；

（6）提供相应的练习和练习素材。

3.8 HSK 考试辅导系统

从 HSK 题库中自动生成供练习考试的试卷，并自动评测，给出答案和对错误的解释。

3.9 自适应教材生成系统

根据汉语学习者自己的情况，生成适合个别教学的教材，或通过网络自学的教材。

3.10 多媒体和网络教材编写支持系统

利用文本和多媒体素材库，为多媒体和网络教材的编写提供辅助工具和素材支持。

3.11 研究支持系统

利用语料库、语言知识库、中介语语料库、科研成果库，为本领域的科学研究提供素材、参考资料和研究手段。

3.12 平台维护系统

包括网上管理系统和语料库、知识库的扩充，知识点的修改、语料的增删、自学习、用户反馈处理等功能。

3.13 反馈系统

根据需要和研究发现，对语料库进行补充，对知识库进行修改、升级、扩充，对系统设计进行修改、维护。

附录

附录 1　平台所需语料库、知识库表

序号	库　名	现　状
1	汉字部件库（300~560 个）	已有，需要补充、整理
2	汉字知识库（3500~20902 条）	已有，需要补充、整理
3	语素知识库（17000 个，义项级）	已有，需要补充、整理
4	词汇知识库（8000~60000 个）	已有，需要补充、整理
5	汉语水平字库	已有，需要补充、整理
6	汉语水平词库	已有，需要补充、整理
7	汉语水平语法项目库	已有，需要补充、整理
8	中介语语料库	已有，需要补充、整理
9	汉语句型库	已有，需要补充、整理
10	研究成果库	已有，需要补充、整理
11	各类电子字典、词典	已有，需要补充、整理
12	题库（10000~30000 题，20 种题型）	已有 10000 题，需要补充、整理

续表

序号	库　名	现　状
13	动态语料库（一亿字以上）	已有 7600 万字，需要扩充、标注
14	语音知识库（音素、超音素、音节等）	未建，可由现有教材整理、生成
15	语法知识库（200~500 条）	未建，可由现有教材整理、生成
16	受限解释词库（20000 词规模，解释语在 1500 汉字、3000 词之内）	未建，可在已有词典基础上人工辅助生成
17	多媒体词库	未建，需研制
18	多媒体素材库	未建，需研制
19	汉语功能库（包括不同等级的实例）	未建，需研制
20	汉语交际任务库（包括不同等级的实例）	未建，需研制
21	文化点库	未建，需研制
22	教材 / 课文库	未建，需研制
23	附录库	未建，需研制

附录 2　平台需要研制的主要程序系统表

序　号	程序名
1	计算机辅助教材编写系统
2	教案生成系统
3	学生练习生成系统
4	词典生成系统
5	语法词典生成系统
6	试卷生成系统
7	课外读物生成系统
8	HSK 考试辅导系统
9	自适应教材生成系统
10	多媒体和网络教材编写支持系统
11	研究支持系统
12	平台维护系统
13	文本检索系统
14	文本属性自动标注系统
15	文本词汇、语法属性自动标注系统

小学沉浸式汉语教材词汇大纲研制思路 [1]
（2014）

一、引言

1.1 概念界定

本文讨论"小学沉浸式汉语教材词汇大纲"（以下简称"词汇大纲"）。先对相关概念界定如下：

小学沉浸式汉语教学特指美国小学的沉浸式汉语教学（immersion Chinese instruction）。美国小学沉浸式汉语教学有两种模式：一种是全部课程（包括数学、科学、社会学等）100% 使用汉语授课（total immersion Chinese instruction），如明尼苏达州的英华学校；更多的是用汉语和英语两种语言授课，大多数学校的中、英文授课的比例各为 50%，如犹他州 28 所公立小学。本文涉及的是后者。后者也被称为双语教学（dual language immersion instruction）。

小学沉浸式汉语教材指笔者正在参与编写的《小学中文》教材。这是专门为美国小学沉浸式汉语教学一至五年级编写的教材，以犹他州 28 所公立小学采用的教学安排为主要参照。

教材大纲指为编写上述教材制订的语言项目大纲。大纲的内容包括一至五年级词汇、汉字、语法、功能、话题项目及评估标准。大纲的作用是指导教材语言项目的选择和教学效果的评估。

词汇大纲是上述教材大纲的一部分。本文主要讨论词汇大纲的研制，同时延伸到其他大纲的研制。研制词汇大纲是研制教材大纲过程的第一步，也是研制整体大纲的基本参照。

1.2 研制背景

1.2.1 中小学汉语教学正在成为美国汉语教学的主流

根据美国相关机构的统计，近几年，在美国正式注册的学习汉语的学生中，大学为50000 人，中小学为 150000 人。这表明中小学汉语教学正在成为美国汉语教学的主流，应当引起学界的重视。

---

[1] 本文为北京语言大学校级科研项目，获中央高校基本科研业务费专项资金资助，项目编号为 13GH02。

1.2.2 小学沉浸式汉语教学迅速发展

在上述形势下，美国小学沉浸式汉语教学项目迅速增加，且呈持续增长的趋势。据笔者了解，目前对此类项目最保守的估计也在 150 个以上，总人数在 10000 人以上。2013 年，犹他州 28 所公立小学在校生有 7000 人左右，明尼苏达州仅英华学校的在校生就有 500 多人。

1.2.3 沉浸式汉语教学缺少适合的教材

林秀琴（2012）认为，美国适合沉浸式汉语教学的教材"奇缺"。笔者也深有同感。据了解，目前各校使用的教材主要是新加坡的《小学华文》、中国小学语文课本等，教师和教学管理机构普遍认为这些教材并不完全适合美国的教学情况。

我们经过近一年的调查、课堂考察、与美国专家研讨，着手编写一套专为美国小学一至五年级使用的沉浸式汉语教材——《小学中文》。本文讨论的"词汇大纲"就是为规范和指导编写《小学中文》设计的。

1.2.4 为什么选择犹他州

我们选择犹他州的教学安排为编写教材的参照是基于以下四点理由：（1）犹他州参与沉浸式汉语学习的学生多，占全美沉浸式汉语学生总数的一半以上；（2）犹他州多采取 50% 沉浸的教学安排，这是美国此类教学的主要形式；（3）犹他州是沉浸式汉语教学的主要倡导地区之一，在美国有较大的影响；（4）犹他州的同行愿意给我们支持并与我们达成技术上的合作。

二、词汇大纲的设计目标、依据和基本思路

2.1 设计目标

词汇大纲的设计目标是为《小学中文》一至五年级教材规定教学词汇的数量和范围，制订五个年级的学习词汇表，供教材编写参照。由于小学沉浸式汉语教材的课文以话题为纲编选，所以我们不期望教材完全覆盖且不超出词汇大纲规定的数量和范围。

2.2 设计依据

本词汇大纲的设计依据包括三个方面：一是教学需求；二是相关大纲和教材；三是其他文献等。

2.2.1 教学需求

本词汇大纲主要参考犹他州的小学汉语课教学安排：教学对象为美国小学一至五年

级汉语零起点的学生。总学时为五个学年；每学年 180 个学习日；每日 2.5 小时用汉语授课（另外 2.5 小时用英语授课）；在用汉语授课的 2.5 小时中，有 45~75 分钟为汉语课。《小学中文》是供这 45~75 分钟汉语课使用的课本。本大纲即为汉语课教材设计。

2.2.2 相关大纲和教材

本词汇大纲主要依据和参考以下大纲、标准[1] 提供的相关词汇表：（1）《新汉语水平考试大纲》；（2）《新中小学生汉语考试大纲》；（3）《国际汉语教学通用课程大纲》；（4）《汉语水平词汇与汉字等级大纲》；（5）《汉语国际教育用音节汉字词汇等级划分》。

在选择词汇时，还参考了中国《义务教育英语课程标准》、新加坡教材《小学华文》（1~12 册），中国小学教材《语文》（1~12 册）、《英语》（1~12 册），美国 *Treasures* 系列的小学英语课本和小学西班牙语课本。

2.2.3 其他文献

在选择词汇时，下列文献提供了一些有益的启发：国内的《国际汉语能力标准》《汉语水平等级标准与语法等级大纲》，以及美国和欧洲的外语和语言教学标准，包括《21 世纪外语学习标准》《ACTFL 语文能力大纲》《英语语言艺术与历史 / 社会、科学、技术学科读写共同核心标准》《欧洲语言共同参考框架：学习、教学、评估》等。上述大纲、标准也为语法大纲、功能大纲、话题大纲和测试标准的研制提供了重要的参考依据。设计者的听课体验及对 20 小时课堂教学录像的分析，也是笔者选择各类语言项目的参考因素。

2.2.4 制订词汇大纲的重点依据

词汇大纲的研制以《新汉语水平考试大纲》《新中小学生汉语考试大纲》作为重点依据。主要基于以下考虑：一是这两个考试汇集了多年汉语教学和考试实践的经验，所提供的词汇表、语法表、功能和话题表等都比较成熟、可靠；二是这两个考试跟目前汉语国际教育通行的《国际汉语能力标准》和《国际汉语教学通用课程大纲》关系密切，便于在制订各种大纲时关联相应等级的语言项目；三是经过反复计算，这两个大纲的等级划分在词汇量上跟小学五个年级的词汇量大致对应，可以比较直接地为选择词汇和汉字、语法、功能项目提供参考。

2.3 设计思路

2.3.1 基本思路

设计此大纲的最大困难在于，美国小学沉浸式汉语教学是一种新的教学现象，在教

---

[1] 本文涉及的大纲、标准、教材相关信息均在"参考文献"中列明。

学对象、教学条件、教学时间、教学内容、教学方法上都找不到跟以往大纲的对应关系和选择教学内容的依据。在制订词汇大纲时，找不到各年级应学习词汇的数量和范围的现成资料。汉字、语法等其他项目也是如此。

经反复尝试，我们选择从制订词汇大纲开始。理由如下：（1）掌握词汇的数量跟教学时间相关。以往教学大纲和考试大纲普遍显示教学时长和教学词汇量之间具有正相关的关系[1]。（2）因此可以尝试根据汉语教学的总学时和学年学时，推算出相应的学习词汇量，在此基础上，利用已有的大纲，确定学习词汇的范围（数量和词目），然后析出各阶段应当学习的汉字。（3）根据各年级的学习词汇量，可以尝试建立学习词汇量跟各大纲语言能力等级的关系，进而按与学习词汇量相对应的语言能力等级，参考相应的大纲，推算出各年级应当掌握的语法、功能、话题项目和评估标准。

2.3.2 操作过程

基于以上思路，我们采取以下步骤制订词汇大纲：（1）根据犹他州的教学安排，推定总学时，详见 3.1；（2）根据已有的大纲，推定每课时可以学习的词汇数量，即课时学习词汇量，详见 3.2；（3）根据总学时和课时学习词汇量，推定五年总学习词汇量，详见 3.3；（4）根据总学习词汇量、各年级学时，参考学生学习能力，推定各年级学习词汇量，详见 4.1；（5）根据各年级学习词汇量，参照相应的汉语词汇大纲和其他参考材料，确定各年级学习词汇的类别，包括核心词汇、学科词汇、其他词汇[2]，详见 4.2、4.3；（6）根据各年级学习词汇量和各年级学习词汇的类别，参照相关词汇大纲，确定各年级学习词汇中的核心词汇表，详见五。

三、确定总教学时间和总学习词汇量

3.1 确定总教学时间

我们以犹他州的教学安排为计算总学时量的依据。犹他州小学沉浸式语言教学计划的时间分配如图 1、图 2 所示。

---

[1] 《新汉语水平考试大纲》《新中小学生汉语考试大纲》《高等学校外国留学生汉语言专业教学大纲》等都说明，制订者认为教学时间、词汇量和语言水平之间存在显著的相关性。详见 3.2。

[2] 详见四。

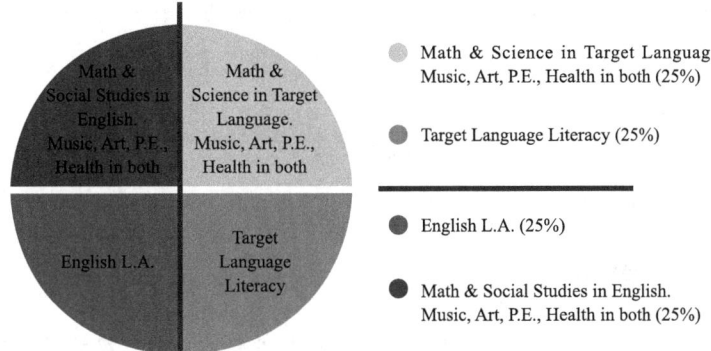

图 1　犹他州小学沉浸式语言教学计划时间分配图（四至五年级）

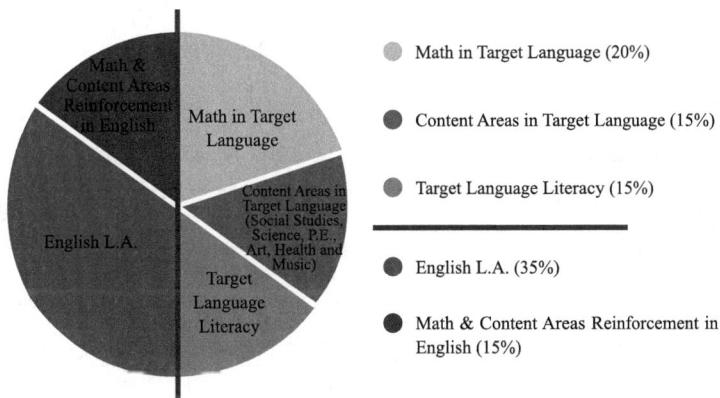

图 2　犹他州小学沉浸式语言教学计划时间分配图（一至三年级）

据图 1、图 2 可知：小学沉浸式汉语教学时间共五年，每年 180 天，五年共 900 天；每天用汉语授课总课时为 2.5 小时，900 天为 2250 小时。在用汉语授课的 2.5 小时中，"汉语课（Target Language Literacy）"一至三年级为每天 45 分钟（0.75 小时），三年合计为 405 小时；四至五年级为每天 75 分钟（1.25 小时），两年合计为 450 小时；一至五年级合计为 855 小时。

这里我们得到两个跟汉语学习相关的时间："用汉语授课"总课时 2250 小时，"汉语课"总课时 855 小时［405 + 450 = 855（小时）］。

用哪个时间作为"汉语学习总学时"是颇需斟酌的问题。（1）基于内容教学法的原则，每天 2.5 小时的"用汉语授课"都可算作学习汉语的时间；（2）我们编写的教材是供"汉语课"使用的；（3）两者在汉语学习方面确实可互相促进，但"用汉语授课"，即用汉语学习数学、科学、社会学等课程的过程，有可能减少教师和学生对汉语学习的关注，分散语言学习的精力，如学生在学习其他课的课堂上，一般听得多，说得少。根据我们观察课堂、分析教材和与任课教师交流，我们采取如下折中方案，计算大致的"汉语学习总学时"。

$$855 + (2250-855) \div 2^1 = 1552.5 (小时)$$

为便于统计，我们把"汉语学习总学时"定为 1600 小时 [2]。

3.2 推算课时学习词汇量

我们假设：学习者在单位时间内可以掌握词汇的平均数量（简称"课时学习词汇量"），可以根据学习词汇总量和汉语学习总学时推定。以下三个大纲，可以为推定课时学习词汇量提供参考。

第一，《新中小学生汉语考试大纲》。此考试大纲规定的等级、适应学时和学习词汇量对应关系如表 1。

表 1　新中小学生汉语考试（YCT）等级、学习和词汇量对应表

等　　级	适应学时	学习词数
YCT（四级）	240 学时	600
YCT（三级）	120 学时	300
YCT（二级）	60 学时	150
YCT（一级）	30 学时	80

可以看出，此考试大纲假定学习者 240 学时掌握 600 个词，相当于每学时学习 2.5 个词［600÷240 = 2.5（词/学时）］[3]。

第二，《新汉语水平考试大纲》。HSK（二级）考试大纲规定："HSK（二级）主要面向按每周 2~3 课时进度学习汉语两个学期（一学年），掌握 300 个最常用词语和相关语法知识的考生。"按照欧美大学每学年 24 周来计算，相当于每课时学习 4 个词［300÷（3×24）≈4.17（词/课时）］。

第三，《高等学校外国留学生汉语言专业教学大纲》。此大纲一年级教学目标规定，学生经过一年的学习，"熟练掌握一年级所学汉字（1491 个）和生词（2704 个）的绝大部分"。国内大学汉语言专业一般教学安排为每年学习 32 周左右，每周学习 24 小时。

---

[1] "（2250-855）÷2"意思是取"汉语课"以外的"用汉语授课"时间的一半。
[2] 这是一个大可推敲的数字，但是目前我们还没有找到更好的解决办法。
[3] 这里，我们没有详细区分"小时、课时、学时"这三个概念，换言之，我们把它们当作一个单位对待。这是一个可以推敲的地方。

这相当于平均每学时学习 3.5 个词 ［2704 ÷（24 × 32）≈ 3.52（词 / 小时）］。

考虑到美国小学生的认知水平和学习条件，我们认为《新中小学生汉语考试大纲》的词汇学习进度——每学时学习 2.5 个汉语词——可能更接近于犹他州小学沉浸式汉语教学的词汇学习进度，因此把课时学习词汇量定为每学时学习 2.5 个汉语词。

3.3 推定总词汇量

根据 3.1 推定的小学沉浸式五年学习总课时 1600 小时和 3.2 推定的每学时学习 2.5 个汉语词，则五年学习词汇的总量为 4000 词 ［2.5 × 1600 = 4000（词）］。

四、学习词汇的分级、分类

4.1 学习词汇的分级

为了明确各年级教材的学习内容，还需要把 4000 词分为五个年级。根据各年级的教学时间、新中小学生汉语考试的等级划分，以及征询任课教师意见和课堂教学观察，我们把一至五年级学习词汇量分别规定为 350、500、700、1100、1350。

4.2 学习词汇的分类

学习词汇的量规定后，还需要质的规定。根据美国小学沉浸式汉语教学的情况，可把 4000 词分为三类：核心词汇、学科词汇和其他词汇。大致定义如下：

核心词汇——培养一般语言能力需要学习的词汇。

学科词汇——数学、科学、社会学等学科中的常用词汇。

其他词汇——包括三小类，即教学管理、学习、生活词汇（如：起立、坐下、上厕所、洗手、排队、点名、值日生、白板）；美国教学环境的特有词汇（如：美国、圣诞节、母亲节、校车、火警）；教材编写时临时出现的词汇。

根据观察教学情况和编写教材的经验，我们把三类词的比例定为 6 : 2 : 2，即核心词汇 2400 个，学科词汇和其他词汇各 800 个。

4.3 学习词汇的年级和类别分布

归纳 4.1、4.2，得出学习词汇的年级、类别分布表（见表 2）。

表 2 学习词汇的年级、类别分布表

年级	学习词汇	核心词汇	学科词汇	其他词汇	累计词汇	累计核心词汇
一	350	250	50	50	350	250
二	500	350	75	75	850	600
三	700	500	100	100	1550	1100
四	1100	600	250	250	2650	1700
五	1350	700	325	325	4000	2400
合计	4000	2400	800	800		

说明：表中"学习词汇"指该年级学习词汇的总量。"累计词汇"指本年级跟以前学习词汇的累计数。"累计核心词汇"指本年级跟以前核心词汇的累计数。

五、制订 2400 词核心词汇表

在 4000 个学习词汇中，学科词汇将由各学科提出词汇表；其他词汇中教材编写临时出现的词汇将在教材编写中掌握，余下部分将另行操作产生。本大纲目前只规定2400 个核心词汇的范围和年级划分。

5.1 确定核心词汇所依据的词表

确定核心词汇表主要依据下列汉语教学大纲、考试大纲和教材的词汇表：（1）词表1，《新汉语水平考试大纲》词汇表（一至五级词汇，2500 词）；（2）词表 2，《新中小学生汉语考试大纲》词汇表（一至四级词汇，600 词）；（3）词表 3，《汉语水平词汇与汉字等级大纲》（甲、乙级词汇，3051 词）；（4）词表 4，《国际汉语教学通用课程大纲》词汇表（一至四级词汇表，1200 词）；（5）词表 5，《汉语国际教育用音节汉字词汇等级划分》（普及化等级，2245 词）；（6）词表 6，《小学华文》（1~12 册）（参考词汇 2758[1] 词）；（7）词表 7，《义务教育英语课程标准》词汇表析出的汉语词 1793[2] 个。

同时参考了中国小学英语课本和美国小学英语课本出现的词汇。

5.2 选择理由

选择上述词表和教材词汇的主要考虑是：

---

[1] 操作方法是，将《小学华文》六年级下册所附的《识读字总表》（578 个）和《识写字总表》（1089 个）合计得出的1667 个汉字，与《新汉语水平考试大纲》5000 词表比对，得到完全由 1667 字构成的词 2758 个。当然，这也不是一个完美的办法，但似乎聊胜于无。

[2] 操作方法是，将《义务教育英语课程标准》中的 3300 个英文词译为汉语，从译文中析出 5737 个汉语词，从中吸收1793 个词。这也不是一个完美的办法，但似乎聊胜于无。

第一，词表 1 和词表 2 的词汇选择和等级与我们的期望有较好的对应关系。表 3 比较直观地表现出了这种对应关系。

表 3　词汇数量对应表

年级	累计核心词汇数	YCT 等级和词汇量	HSK 等级和词汇量
			六级 5000 以上
五	2400		五级 2500
四	1700		四级 1200
三	1100		四级 1200
二	600	四级 600	三级 600
一	300	三级 300	二级 300

根据表 3，一、二年级学习的词汇可以 YCT 三级、四级词汇为基础，三、四、五年级学习的词汇，可着重参考 HSK 四级、五级词汇进行选择。

第二，对比多个词表，可以看出汉语教学专家选择学习词汇的倾向，在这些词表中出现频率高的词，说明专家认为它们在构成汉语和外语能力中有重要作用。

第三，选择《新中小学生汉语考试大纲》词汇表，同时参考中国为中小学制订的《义务教育英语课程标准》词汇表及新加坡《小学华文》、中国小学英语课本、美国小学英语课本中出现的词汇，可以使制订的词表更贴近美国小学生的汉语学习需求。

5.3 建立数据库

根据所选择的词表，我们建立了一个用于选择核心词汇的数据库（以下简称"词库"）。词库经以下过程建立：（1）收入新汉语水平考试（词表 1）五级词汇 2500 词；（2）将词表 2~7 中各词出现情况标注在已有的 2500 词词库中；（3）将词表 2~7 中未包括在 2500 词中的词加入词库。由此建成合计 4275 词的词库。对 4275 词在七个词表中出现频率的统计结果如表 4。

表 4　4275 个词在七个词表中的出现频率统计表

出现频率	出现词数	出现频率	出现词数
7	256	3	1085
6	432	2	584
5	492	1	666

续表

出现频率	出现词数	出现频率	出现词数
4	760		

说明：表中的"出现频率"指一个词在七个词表中出现的次数，如"的"在七个词表中都出现了，其出现频率为7，"当"出现在六个词表中，其出现频率为6，以此类推。表中的"出现词数"指对应该出现频率的出现词的个数，如在七个词表中都出现的词一共有256个。

各词的出现频率是选词的重要依据之一。高频词应当是选词的重点。

5.4 确定各年级核心词汇表

根据：（1）5.2表3表现的对应关系；（2）上述词库中出现的频率；（3）犹他州教学情况；（4）相关小学英语教材，我们对词库进行以下操作，得到一至五年级的核心词汇表。

第一，把《新中小学生汉语考试大纲》三级词汇（300词）作为一年级核心词汇的基础，减去50个左右词，再参考（2）（3）（4）做适当调整，得到一年级核心词汇260个。

第二，把《新中小学生汉语考试大纲》四级词汇（600词）减去一年级词汇，作为二年级核心词汇的基础，再参考（2）（3）（4）做适当调整，得到二年级核心词汇342个。

第三，把《新汉语水平考试大纲》四级词汇（1200词）减去一、二年级词汇，作为三年级核心词汇的基础，再参考（2）（3）（4）做适当调整，得到三年级核心词汇504个。

第四，把《汉语国际教育用音节汉字词汇等级划分》中"普及化等级词汇"[1]的第一档最常用词1342个，减去一、二、三年级词汇，作为四年级核心词汇的基础，再参考（2）（3）（4）做适当调整，得到四年级核心词汇599个。

第五，把《新汉语水平考试大纲》五级词汇（2500词）减去一、二、三、四年级词汇，作为五年级核心词汇的基础，再参考（2）（3）（4）做适当调整，得到五年级核心词汇715个。

至此，我们完成了词汇大纲中核心词汇的选择。最终得到各年级核心词汇数，如表5所示。

表5　各年级核心词汇数目表

年级	名词	动词	形容词	数词	量词	代词	副词	介词	连词	助词	其他	合计
1	99	75	30	14	5	17	10	2	4	4	0	260

---

[1] 《汉语国际教育用音节汉字词汇等级划分》中的"普及化等级词汇"分为两个档次、三个小层次：第一档最常用词1342个，分为两个小层次，即最低入门等级词汇（一①）505个和其他最常用词（一②）837个；第二档常用词（一③）903个。共计2245个。

年级	名词	动词	形容词	数词	量词	代词	副词	介词	连词	助词	其他	合计
2	134	81	48	3	17	6	24	8	11	9	1	342
3	200	145	79	2	16	3	35	9	12	3	0	504
4	251	168	45	0	25	15	41	7	19	13	15	599
5	380	264	45	2	8	2	8	1	5	0	0	715
合计	1064	733	247	21	71	43	118	27	51	29	16	2420

（限于篇幅，词汇表略）

六、汉字、语法、功能、话题和评估标准的研制思路简说

6.1 研制汉字大纲的思路

制订汉字大纲主要包括两个步骤：从 2420 个核心词中析出学习汉字；区分认读汉字和认写汉字。

6.1.1 析出学习汉字

从上述 2420 个学习核心词汇中，析出 1453 个学习汉字，即这 2420 个词由 1453 个汉字构成。

6.1.2 区分认读汉字和认写汉字

将 1453 个汉字分为两类：认读汉字和认写汉字。前者为只要求能够认读、理解，不要求一定会书写的汉字，共 533 个；后者为既要求能认读，也要求会书写的汉字，共 920 个。

确定认写汉字的主要依据如下：

第一，参考基础教学用字和汉字基本信息的相关文献。包括：（1）《国际汉语教学通用课程大纲》的 800 汉字表；（2）《汉语水平词汇与汉字等级大纲》的甲级 800 字；（3）《汉语国际教育用音节汉字词汇等级划分》的一级 900 字；（4）《汉字信息词典》中的汉字笔画、部件、使用频率信息。

第二，体现汉字的内部规则。例如：（1）基本汉字。指汉语书面语中常用的独体字和常用于构成其他汉字的汉字，如"日、月、木、山、大"等。（2）反映汉字的造字和结构规律的汉字。汉字结构是汉字的重要特征，也是可以帮助学习者理解和记忆汉字的重要线索。书写汉字的一个重要作用是通过书写了解、体验汉字的造字规律、结构方式。（3）常见的容易混淆、读错、写错的字，如"土、士、干、千、我、找"等。

第三，参照有关规定和经验（如中国《义务教育语文课程标准》、中国儿童识字的

经验、有关汉语教材和汉字教学经验），确定大致的汉字读写比例。

第四，在教学、教材中出现频率高的汉字。[1]

第五，尽量避免笔画多、部件多、书写难度大的汉字。

6.1.3 学习汉字的分析结果

对 2420 个核心词汇包含的 1453 个汉字进行分析后，得到如下结果：

表 6　学习汉字数量总表

年　级	总字数	认读汉字[2]	认写汉字
一	310	160	150
二	302	206	170
三	352	258	180
四	171	115	200
五	318	247	220
合计	1453	986	920

（限于篇幅，汉字表略）

6.2 语法大纲、功能大纲、话题大纲和评估标准的制订思路

制订语法大纲、功能大纲、话题大纲和评估标准主要参考年级、核心词汇与相关大纲、标准的对应关系。

6.2.1 各年级词汇量与相关大纲、标准的对应关系

表 7 体现了小学沉浸式汉语教学的年级、核心词汇量与相关大纲、标准的对应关系。

表 7　年级、核心词汇量与相关大纲、标准的对应关系表

1	2	3	4	5	6	7	8	9[3]	10[4]
序号	年级	累计学习词汇	累计核心词汇	YCT 水平和词汇	HSK 水平和词汇	通用课程大纲	国际汉语能力标准	欧洲语言共同参考框架	ACTFL
1					六级 5000				
2	五	4000	2400		五级 2500	五级	五级	C1	中级高
3	四	2650	1700		四级 1200	四级	四级		中级高

1　理论上应当包括学科词汇和其他词汇中包含的汉字，但是这里显然会有遗漏。

2　较低年级的认读汉字，可能在较高年级成为认写汉字。

3　第 8 栏和第 9 栏的对应关系，依据新 HSK 各等级与《国际汉语能力标准》《欧洲语言共同参考框架：学习、教学、评估》的对应关系表确定。准确与否可存疑，聊做参考。参看 http://www.hanban.edu.cn/tests/node_7486.htm。

4　这一栏是笔者的推测。

续表

1	2	3	4	5	6	7	8	9³	10⁴
序号	年级	累计学习词汇	累计核心词汇	YCT 水平和词汇	HSK 水平和词汇	通用课程大纲	国际汉语能力标准	欧洲语言共同参考框架	ACTFL
4	三	1550	1100		四级 1200	四级	四级	B2	中低中
5	二	850	600	四级 600	三级 600	三级	三级	B1	中级低
6	一	350	250	三级 300	二级 300	二级	二级	A2	低级高

说明："年级"指小学年级；"累计学习词汇"指本词汇大纲规定的该年级应掌握的学习词汇数；"累计核心词汇"指本词汇大纲规定的该年级应掌握的核心词汇数；"YCT 水平和词汇"指《新中小学生汉语考试大纲》的等级及要求掌握的词汇量；"HSK 水平和词汇"指《新汉语水平考试大纲》的等级及要求掌握的词汇量；"通用课程大纲"指《国际汉语教学通用课程大纲》的等级；"国际汉语能力标准"指《国际汉语能力标准》的等级；"欧洲语言共同参考框架"指《欧洲语言共同参考框架：学习、教学、评估》的等级；"ACTFL"指《ACTFL 语文能力大纲》的等级。

6.2.2 制订大纲的思路

表 7 显示，各年级核心词汇跟各等级要求掌握的词汇有较好的对应关系[1]。学生学完二年级后应当掌握的核心词汇累计为 600 词，这相当于 YCT 四级和 HSK 三级要求的词汇数，学生的汉语能力水平相当于《国际汉语能力标准》和《国际汉语教学通用课程大纲》的三级水平，大致相当于《欧洲语言共同参考框架：学习、教学、评估》的 B1 级和《ACTFL 语文能力大纲》的"中级低"水平。

这样，我们就可以参考 YCT 四级、HSK 三级和《国际汉语教学通用课程大纲》三级的语法项目，制订二年级的语法大纲；参考 YCT 四级、HSK 三级、《国际汉语能力标准》和《国际汉语教学通用课程大纲》三级、《欧洲语言共同参考框架：学习、教学、评估》的 B1 级和《ACTFL 语文能力大纲》的"中级低"水平来制订二年级的功能、话题大纲和评估标准。

七、余论

本文主要说明美国小学沉浸式汉语教材词汇大纲的研制过程，兼及汉字大纲和语法大纲、功能大纲、话题大纲和评估标准的研制思路。

本文呈现的研制过程是一种尝试，因为此前没有此教学类型的大纲，各年级学习的词汇、汉字、语法、功能、话题的范围和能达到的汉语能力水平的描述也都无前例可循。

---

[1] 这里采用"核心词汇"而未采用"学习词汇"跟各大纲的对应关系，也是一个值得怀疑的选择。但是考虑到第 8、9、10 栏对语言能力的要求和目前可以观察到的学习效果，觉得采取"核心词汇量"更贴近实际教学情况。

但为了使教材编写者心里有数，保证教材的适用性和较好的教学效果，又必须有一个大纲作为导向。因此，虽然这个过程包含了很多不确定因素，但我们还得做下去，因为我们觉得"有"毕竟聊胜于"无"。

这里我们把制订词汇大纲的整个过程和我们自己困惑而又无法回避的不确定因素一一在注释中列出，就是想抛砖引玉，求得同行的批评、指导，使我们可以把事情做得更好。

这个大纲只是一个简陋的平台，需要在教材编写的过程中，在教材使用的过程中，在教材使用后的检验中，在教师和学生的反馈中，逐步贴近教学需求。

关于这个大纲，可能还会有更多、更严重的疑问，如编写这种教材是否真的需要这样的一个大纲？为什么我们没采取现在流行的"逆式设计"的思路？等等。这些我们也曾有过考虑，也许可以在其他场合进行探讨。

总之，丑媳妇难免见公婆，我们要编教材，需要但又找不到一个指导此类教材编写的大纲，被逼上梁山，只好冒着风险，勉为其难。在此不揣浅陋，求教大家。

参考文献

国家对外汉语教学领导小组办公室汉语水平考试部 . 汉语水平等级标准与语法等级大纲 [Z]. 北京：高等教育出版社，1996.

国家汉办 / 孔子学院总部 . 新汉语水平考试大纲 [Z]. 北京：商务印书馆，2009.

国家汉办 / 孔子学院总部 . 新中小学生汉语考试大纲 [Z]. 北京：商务印书馆，2009.

国家汉办 / 孔子学院总部 . 国际汉语教学通用课程大纲（修订版）[Z]. 北京：北京语言大学出版社，2014.

国家汉语国际推广领导小组办公室 . 国际汉语能力标准 [S]. 北京：外语教学与研究出版社，2007.

国家汉语水平考试委员会办公室考试中心 . 汉语水平词汇与汉字等级大纲 [Z]. 北京：经济科学出版社，2001.

教育部高等教育司 . 大学英语课程教学要求 [Z]. 上海：上海外语教育出版社，2007.

教育部、国家语言文字工作委员会 . 汉语国际教育用音节汉字词汇等级划分 [Z]. 北京：北京语言大学出版社，2010.

柯　顿、达尔伯格 . 语言与儿童：美国中小学外语课堂教学指南（第四版）[M]. 北京：外语教学与研究出版社，2011.

课程教材研究所 . 义务教育课程标准实验教科书·英语（1~12 册）[M]. 北京：人民教育出版社，2003.

课程教材研究所小学语文课程教材研究开发中心 . 义务教育课程标准实验教科书·语文（1~12 册）

[M]. 北京：人民教育出版社，2001.

林秀琴 . 美国"沉浸式"中文教学的特点及面临的问题 [J]. 世界汉语教学学会通讯，2012（1）。

欧洲理事会文化合作教育委员会 . 欧洲语言共同参考框架：学习、教学、评估 [S]. 刘骏、傅荣主译 .
　　北京：外语教学与研究出版社，2008.

新加坡教育部课程规划与发展司、人民教育出版社 . 小学华文（1~12 册)[M]. 北京：人民教育出版社，
　　2007.

中华人民共和国教育部 . 义务教育英语课程标准 [S]. 北京：北京师范大学出版社，2001.

中华人民共和国教育部 . 义务教育语文课程标准 [S]. 北京：北京师范大学出版社，2011.

American Council on the Teaching of Foreign Languages. *Standards for Foreign Language Learning*
　　in the 21st Century（21 世纪外语学习标准）[S]. Yonkers, NY: American Council on the Teaching
　　of Foreign Languages, Inc., 1999.

American Council on the Teaching of Foreign Languages. *ACTFL Proficiency Guidelines 2012*
　　（ACTFL 语文能力大纲）[Z]. https://www.actfl.org/publications/guidelines-and-manuals/actfl-
　　proficiency-guidelines-2012/chinese.

Bear, Donald R. et al. *Treasures* [M]. New York: Macmillan/McGraw-Hill, 2007.

NGA, CCSSO. *Common Core State Standards for English Language Arts & Literacy in History/Social*
　　Studies, Science, and Technical Subjects（英语语言艺术与历史 / 社会、科学、技术学科读写共同
　　核心标准）[S]. http://www.corestandards.org/ELA-Literacy. 2010.

（原载于《国际汉语教学研究》2014 年第 2 期）

试论后方法时代的汉语教学资源建设 [1]
（2015）

一、题解

本文讨论汉语作为第二语言的教学资源建设问题。这里讲的"教学资源"，以北京语言大学出版社（以下简称"北语社"）2012 年和 2014 年举办的两届"国际汉语教学资源大赛"的参赛作品（"教案＋课件"）为参照物。但下文讨论的教学资源的范围不限于此，原则上也适用于现存于网上的各类教案、课件，以及网上、网下的各类汉语教学资源。"建设"则指由具体的教案、课件编制到对这些课件和其他教学资源的整合和利用。本文的讨论以上述资源大赛的作品为具体参照，以使讨论不致空泛。

本文重点探讨在当前所谓语言教学的"后方法时代"中汉语教学资源建设的指导思想问题，所以讨论从对"后方法时代"的理解开始。

二、理解"后方法时代"

近些年来，国内外第二语言教学专家纷纷宣称，第二语言教学正处在"后方法时代"（亦称"后教学法时代"）。如理查德（2003）说，"我们现在正处于所谓的'后教学法'（post-methods）时代"，"'后教学法'时代倾向于注重学习与教导的过程，而不把教学成功归因于教学法的主要影响"，"语言教学不再追寻所谓'完美的教学法'"。

笔者认为，理解后方法时代的语言教学理论、理念，需要区分三个概念："后方法时代""后方法时代的语言教学理论"和"库玛的后方法语言教学理论"。

2.1 后方法时代

语言教学的后方法时代是指自 20 世纪 90 年代（或许更早一些）以来，国内外第二语言教学（外语教学）进入了这样一个新的时代：教学不再遵循某一特定语言学流派或语言教学流派所提出的某一特定的语言教学操作方法。因此，"后方法时代"指当前遵循这种教学理念的第二语言教学的实践，是一个"时间段"的概念。国内外第二语言教

---

[1] 本文在北京语言大学出版社 2014 年举办的"'国际汉语课堂教学资源建设'研讨会暨第二届'北语社杯'国际汉语教学资源大赛颁奖礼"上的发言稿的基础上修改而成。

学处于后方法时代，这一思想得到了国内外专家、教师的广泛认同。

2.2 后方法时代的语言教学理论

后方法时代的语言教学理论是指进入后方法时代以后，特别是 20 世纪 90 年代后期以来，各国语言教学专家和机构提出的语言教学理论。例如后方法时代语言教学理论的代表人物 Kumaravadivelu（2006a）认为，Stern 的三维框架（three-dimensional framework）、Allwright 的探索实践框架（exploratory practice framework）和他自己的宏观策略框架（macrostrategic framework）都是"体现后方法视角的代表，尽管 Stern 和 Allwright 并没有使用'后方法'这一术语"，"三者的共同点是都对'方法'这一概念持否定的态度，并试图突破'方法'的局限"。

依据库玛的这一"标准"，笔者认为，这一时期的以下论著都具有后方法时代语言教学理论的特征（见 2.4）：（1）Brown（2007）所说的"开明教学途径"（enlightened, eclectic approach）的 12 项原则；（2）理查德在《英语教学三十年之回顾》中对八个问题的新认识；（3）美国《21 世纪外语学习标准》的"5C"（即交际、文化、贯通、比较、社区）；（4）中国《义务教育英语课程标准》提出的五个基本的教学理念和对教学目标内容的描述；（5）中国《国际汉语教师标准》提出的汉语教师素质的五个模块；（6）中国《国际汉语教学通用课程大纲》对汉语教学目标和内容的描述。当然，后方法时代语言教学理论的表现肯定远不止于此。（参看陈力，2009）

2.3 库玛的后方法语言教学理论

国内围绕后方法语言教学理论的评介大都集中在库玛提出的三种身份的重新定义、三个基本参量（parameters）和十个宏观教学策略（macrostrategies）上。笔者认为，库玛自 1994 年提出"后方法"的概念后，确实对后方法时代的语言教学理论做了富有代表性的探讨，是后方法时代语言教学理论的集大成者、杰出代表。尽管如此，库玛的理论还只是后方法时代语言教学理论的一种，并没有也不可能涵盖后方法时代的语言教学理论的全部内容。笔者坚持认为，探讨后方法时代的语言教学理论，不应废黜百家、独尊一枝，否则就落入新的"方法"窠臼，违背了"后方法时代"这一理念的初衷。

因此，下文对后方法时代语言教学理论、理念的讨论，是在 2.2 所说的范围里的，不局限于库玛的论述。

2.4 后方法时代语言教学理论的基本特征

2.4.1 否定"方法"，即对"方法"这一概念持否定态度

持后方法语言教学观的专家学者的一个共同认识，即如 Kumaravadivelu（2006a）所说，多种新的教学理论框架都"对方法这一概念持否定的态度，并试图突破方法的局限"。库玛（2013）在讲到"方法概念的局限性"时说，"首先，方法是在理想化的环境中，以理想化的概念为基础的。因为语言教育学的需求和环境千差万别，任何一种理想化的教学方法都无法事先预想到所有的变化。……教学方法的另一大缺点在于它数量不足，方法有限，无法针对全世界纷繁复杂的语言教学一一做出满意的解释。……方法的局限性慢慢令人们意识到，'方法'这个词只是一个内容空泛的标签而已"，它"不仅无助于提高，反而有损于我们对语言教学的理解"。

2.4.2 原则指导，即只提出指导原则，不规定具体方法

持后方法语言教学观的学者的另一个共同点是，只讲语言教学的指导原则，不规定具体的操作方法。比如库玛提出的十项宏观策略、Brown 提出的 12 条原则，不是像以往的语法翻译法、听说法、全身反应法那样规定教师必须用特定的方法操作，而只是提出一些建议、样例（如库玛的"微观策略"）来说明如何贯彻这些原则。这提示我们，后方法时代的语言教学理论是第二语言教学理论发展的一个新的阶段。它不是提倡"无法无天"，而是仍然要遵循一定的教学理念、原则。因此，在后方法时代，我们仍需要学习、理解语言教学理论的基础及其倡导的教学原则，并广泛了解、学习以往的教学方法，以实践这些原则。

2.4.3 继承性，即继承了以往教学理论和实践的成果

后方法时代语言教学理论的第三个基本特征是其继承性，即这些指导原则是在总结以往教学理论和实践中得出的。比如 Kumaravadivelu（2006a）说自己的十项宏观策略是从与第二语言教学有关领域的研究成果综合而来的，Brown（2007）说自己提出的 12 条教学原则"是公认的，已被广为接受的"。

正因如此，有学者认为，在后方法时代，教师应接受不同语言教学方法的训练（理查德，2003），这样才有能力将各项原则落实到自己的实践中。

2.4.4 注重教师发展

重视教师发展，是后方法时代语言教学专家的又一共同思想。诸多文献都主张把教师从被动地接受某种教学理念、教学法的身份，转变为语言教学策略（理论、教学法）的思考者、探索者和实践者；主张教师应通过"行动研究"等方法，实现自我教学理

论的建构；主张教师应注重参与、合作、反思，拓展自身知识和技能。关于这一点的具体论述，请参看 4.1。

三、后方法时代语言教学理念指导下的教学资源建设

3.1 后方法时代语言教学理论的基本理念

从 2.2 所列后方法时代语言教学理论的多种表现可以看出，各家对后方法时代语言教学的具体理念、原则、标准在语言表述上存在不小的差异。但是仔细研读后，可以分析发现其中包含着一些共同的基本理念。笔者认为以下三个理念，可以看作是诸家的共识：

3.1.1 外语教学的目标是培养综合语言运用能力

这是对第二语言教学目标的一种新的认识。以下各家论述可以说明：中国《义务教育英语课程标准》和《国际汉语教学通用课程大纲》规定教学目标为"培养综合语言运用能力"；《21 世纪外语学习标准》认为语言学习内容包括语言系统、文化知识、交际策略、批判性思维能力、学习策略、其他学科领域和技术；《欧洲语言共同参考框架：学习、教学、评估》认为外语能力包括个人综合能力、语言交际能力、语言活动能力、不同领域的交际能力；库玛十项宏观策略中也包括"语言技能综合化"。

3.1.2 学习者是学习的中心

上述所有文献都特别强调学习者是语言教学活动的主体。库玛十项宏观策略中的"最大化学习机会，最小化感知失配，提高学习者自主性，激活直观启发"，都体现着这种理念。

3.1.3 语言是在使用中学会的

使用是最重要的语言学习途径，这也是各种文献的共识。《21 世纪外语学习标准》中的一段话说得十分透彻：语言教学的方法是为了培养学习者与他人进行真实交际的能力。学习语言系统本身可能对有些学习者有用，但这不会自动培养出在真实语境中理解语言和以得体方式做出有意义回应的能力。学习者有在广泛交际活动中使用目的语的机会，才能学得语言。积极地使用语言是学习过程中最重要的方面。库玛十项宏观策略中的"促进协商互动，语境化语言输入，确保社会关联，增强外语语感，提高文化意识"，也体现着这个理念。

3.2 教学资源设计的原则

上述后方法时代语言教学的基本理念涉及教学目标、教学活动的主体和最有效的教学途径，这显然与教学资源设计密切相关，应当成为教学资源建设的理论基础和基本原则。

3.2.1 教学资源建设应以培养综合语言运用能力为目标

跟语言教学的其他方面一样，教学资源建设也是要明确教学目标。这意味着：（1）课堂教学的目标首先要指向语言运用能力；（2）教学内容、教学过程要与目标相联系，为实现教学目标服务；（3）要有评估教学目标是否实现的环节和手段；（4）教师和学生都需要明确教学目标。

从两届资源大赛的作品来看，大家对教学目标都很重视，对教学目标的描述也越来越规范。但是仍存在两个问题：一是有些作品的教学内容、教学过程跟目标联系不明显，教学目标有些形同虚设；二是缺少检验教学目标是否实现的环节和手段，也使教学目标落空。

要克服这种偏差，有一种"逆式教学设计"的方法可以供我们参考。语言教学的逆式教学设计的一种思路是，在课堂教学设计（编写教案）时，先"确定想要取得的学习成果"（确定教学目标），然后"选择一些可以接受的学习证据，确定学生们已经达到了预期目标"（设计评估手段），最后"规划学生的学习进程和指导性活动"（设计教学过程和方法）。（参见柯顿等，2011）

3.2.2 课堂教学以学生的活动为主

学习者是学习的中心，在语言课堂的一个体现是，学生是课堂活动的中心，教师讲授不是课堂活动的中心。因此，我们设计的教案、课件，不仅要呈现知识和教师讲解的内容，更多的、更重要的是诱发学生的活动。当然，不同的课程、课型比例应有不同，但在语言技能课上，包括在我们的综合课、精读课上，都必须遵循这个原则。牢记学生是课堂活动的中心，在教学过程中遵循这个原则，教师就会把自己的活动压缩到最少，尽量把时间留给学生活动。"精讲多练"的传统，也是这个意思。

3.2.3 努力创设使用语言的环境

既然使用是学习语言最有效的途径，那么我们在教学活动中就要努力给学生创造使用语言的环境和机会。因此，设计多媒体课件不只是呈现、解释语言规则和各种知识，更要用生动的媒体呈现语法、词汇的使用环境，给学生提供交际的情境，激发学生表达的欲望，诱发真实或接近真实的交际活动。

在以上几个方面，我们的很多参赛作品也还有比较大的潜力可以挖掘。

四、后方法时代的资源建设和教师发展

4.1 后方法时代的教师发展观

如 2.4.4 所说，后方法时代的语言教学理论主张把教师从被动地接受某种教学理念、教学法的身份，转变为语言教学策略（理论、教学法）的思考者、探索者和实践者。

Kumaravadivelu（2006b）认为，目前二语教师培训模式偏重传授语言学、语言学习和语言教学的相关理论，把教师当作被动的接受者，没有鼓励教师基于自身经验建构自己的教学理论。库玛的理论试图将教师变成策略型教师和策略型研究者。作为策略型教师，他们应该不断反思教学过程，拓展自己的知识和技能，探索宏观策略并使之适应不断变化的教学环境，充分发挥课堂潜能。作为策略型的研究者，教师应该利用这个宏观策略框架来培养自己探索课堂的能力。（转引自华维芬，2008）库玛（2014）认为教师教育者应当"帮助实习教师成为策略思考者和行动者"，"帮助他们发展对课堂情况的整体理解，最终，他们会建立自己的行动理论"。

理查德（2003）在比较"方法时代"和"后方法时代"的语言教师培训时说："过去：训练老师只使用一种教学法。强调'训练'。教学能力被视为技巧的熟练。强调教学的技术面。师资培训课程仅限于有限的理论知识基础。老师向专家学习。现在：教师接受不同教学法或教学观的训练。同时重视'训练'和'发展'。'教师成长'的建构哲学。教师被鼓励发展个人的教学方式。在语言教学方面有宽广的知识基础。教师可以经由合作及反思来学习。"

如果把编写教案和编制课件看作是一种教学资源建设的话，那么这是我们的教师每天都在做的事。我们认为这种教学资源建设和教师发展密切相关。因为教师发展、提高的途径不是坐而论道，而是教学实践，以及在教学实践中通过反思和参与"行动研究""叙事研究"一类的教学研究获得自我发展。积极、自觉地投入教学资源建设，正是这种途径的主要方面之一。

4.2 教学资源建设为教师发展创造了条件

我们仍以北语社搭建的这个平台为例来说明为什么参与教学资源建设可以促进教师发展。北语社组织的教学资源大赛的目标是，促进汉语教学资源的整合和提高，服务于国际汉语教学。从一定意义上说，这也是为教师发展搭建了一个平台。其作用可以简单归结如下：（1）提高教师的教学水平。大赛为教师提供了了解、学习同行教学情况的机会，打开教学思路，无疑会促进参赛和观摩教师教学水平的提高。（2）促进教师理论水平的提高。在准备参赛作品时，教师要不断思考、改进、学习、反思自己的教学，学习相应的教学理论及相关理论，吸取同行的优点，发挥创造性。（3）为推动教师发展提供平台。让教师在学习、比较、选择、参与、合作、实践、反思中，提高理论水平，实现自我发展，分享自己的思考和成果。

值得欣慰的是，两届大赛的确取得了一定的成效。这一届的教案和课件与上一届相比，在形式、内容、规范性等方面都有了很大的提高。当然这种提高肯定与其他因素有关，但是大赛提出的评价标准和交流、学习的机会，应当是一个重要的因素。

4.3 大数据时代为教学资源建设和教师发展提供了新的途径和动力

当下，我们正处于"大数据时代"。迈尔-舍恩伯格等（2013）认为，大数据正在改变着世界、思维和行为方式。教学资源建设是一种数据建设，教师参与教学资源建设就是在参与数据建设，大数据时代的理念、方法论也与教学资源建设和教师发展密切相关。

4.3.1 树立大数据时代的理念

迈尔-舍恩伯格等（2013）说，大数据时代开启了一次重大的时代转型。就像望远镜让我们能感受到宇宙，显微镜能让我们观测微生物一样，大数据正在改变我们的生活以及理解世界的方式，成为新发明和新服务的源泉，而更多的改变正蓄势待发。他们还指出，大数据时代处理数据的理念上有三个转变：要全体不要抽样，要效率不要绝对精确，要相关不要因果。这些理念还需要我们慢慢学习、体会、消化。我们相信，理解了这些理念，再思考语言教学的问题，再做教学资源的事情，一定会有不同的效果。

4.3.2 大数据时代为教学资源建设提供了手段

我们要学会利用大数据时代的理念、思路、手段，获取、建设、利用教学资源，提高教学质量。北语社推出的教学资源网站"国际汉语教学资源中心"、《发展汉语》教材专区、教材 QQ 交流群等，已经对教师的教学、研究、交流等产生了一定的影响。

4.3.3 大数据时代为教师发展提供了条件

学习大数据时代的理念、思路、方法是提高教师素质的一个重要途径，学会从大数据时代中获取教学和研究资源，不但可以提高教学水平，也可以提高研究水平，大大拓宽教师发展的空间。

五、结语

当前从事汉语国际教育的同人很幸运，我们遇上了两个"时代"——后方法时代和大数据时代。前者为教师发展解放了思想，开辟了更为广阔的发展空间；后者为事业和教师发展提供了新的思路和途径。

能不能利用好这两个时代赐予我们的"厚爱"，关键在于我们是不是主动地更新我们的知识、技能、理念，尤其是树立新的语言教学理念。

理念是语言教师的灵魂。后方法时代和大数据时代也可以理解为我们面对的两个新的重大理念。它们内涵丰富，它们与我们的语言教学息息相关，它们就在我们身边。我们要努力将其化为教学资源和教师发展的条件和动力。不要视而不见！不要与其擦肩而过！

参考文献

陈　力.外语教学法的"后方法"时代 [J].山东师范大学外国语学院学报（基础英语教育），2009（3）.

国家汉语国际推广领导小组办公室.国际汉语教师标准 [S].北京：外语教学与研究出版社，2007.

华维芬.外语教学方法研究新趋势——《理解语言教学：从方法到后方法》述评 [J].外语界，2008（5）.

柯　顿、达尔伯格.语言与儿童：美国中小学外语课堂教学指南（第四版）[M].北京：外语教学与研究出版社，2011.

孔子学院总部 / 国家汉办.国际汉语教学通用课程大纲（修订版）[Z].北京：北京语言大学出版社，2014.

库　玛.超越教学法：语言教学的宏观策略 [M].陶建敏译.北京：北京大学出版社，2013.

库　玛.全球化社会中的语言教师教育 [M].赵杨、付玲毓译.北京：北京大学出版社，2014.

理查德.英语教学三十年之回顾 [J/OL].尤菊芳译.百度文库，2003.

迈尔 - 舍恩伯格、库克耶著.大数据时代：生活、工作与思维的大变革 [M].盛杨燕、周涛译.杭州：浙江人民出版社，2013.

欧洲理事会文化合作教育委员会.欧洲语言共同参考框架：学习、教学、评估 [S].刘骏、傅荣主译.北京：外语教学与研究出版社，2008.

中华人民共和国教育部.义务教育英语课程标准（2011 年版）[S].北京：北京师范大学出版社，2012.

American Council on the Teaching of Foreign Languages. *Standards for Foreign Language Learning in the 21st Century*（21 世纪外语学习标准）[S]. Yonkers, NY: American Council on the Teaching of Foreign Languages, Inc., 1999.

Brown, H. D. *Teaching by Principles: An Interactive Approach to Language Pedagogy* [M]. Englewood Cliffs, NJ: Prentice Hall, 2007.

Kumaravadivelu, B. TESOL methods: changing tracks, challenging trends [J]. *TESOL Quarterly*, 2006a (40.1): 59-81.

Kumaravadivelu, B. *Understanding Language Teaching: From Method to Postmethod* [M]. Mahwah, NJ: Lawrence Erlbaum Associates, 2006b.

（原载于《国际汉语教学研究》2015 年第 2 期）

陆

当代对外汉语教学史

中国语言学年鉴（1995—1998）·对外汉语教学（2000）

一、总论

1994—1997 年是我国对外汉语教学事业和对外汉语教育学科建设取得重大进展的四年。自 1978 年提出对外汉语教学是一门专门的学科以来，20 年中对外汉语教育学科建设大体上经历了两个阶段：20 世纪 80 年代开始探索学科体系特别是学科理论体系的框架，初步展开了对总体设计、教材编写、课堂教学和测试评估的研究工作，并取得了一批为指导教学实践所急需的成果；20 世纪 90 年代在语言学习理论研究的带动下，各方面的研究工作全面展开，并在前十年研究成果的基础上，继续向纵深发展。学科体系得到进一步的充实和丰富，学科建设在许多方面取得了较大的进展。1994—1997 年正处在第二阶段中的一段极其重要的时期。这一时期，在教学理论研究、教学内容和教学方法的探索等各方面，都取得了许多重大的成就。

1.1 重大学术活动

这四年中，对外汉语教学界举行了不少重大的学术会议和学术活动，把本领域的学术研究不断向前推进。

1994 年初召开了"中国对外汉语教学学会成立十周年学术纪念会"。会上，学者们总结了十年中学科理论研究各方面的进展情况，比较全面地分析、勾勒出对外汉语教学这门新兴学科的状况，为推动学科在理论和实践上的进一步发展提供了依据。

1994 年底召开的"对外汉语教学的定性、定位、定量问题座谈会"，重申了对外汉语教学作为第二语言教学和外语教学的学科性质。在学科性质、学科名称、学科研究对象，特别是语言教学与文化教学的关系等问题上，澄清了一些模糊看法，对引导我国对外汉语教学事业和学科建设继续沿着正确的方向发展起了重要的作用。

1995 年和 1996 年先后召开的"中国对外汉语教学学会第五次学术讨论会（深圳）"和"第五届国际汉语教学讨论会（北京）"，分别作为本学科国内教师学者和国内外教师学者三年一次的最重大的学术活动，提供了交流研究成果、切磋学术问题、探讨研究方向的最好的机会。两次会议上都出现了一批颇有创意的论文。

除了全国性会议外，1996 年以来，随着北京、华北、西南和华南等地区学会分会的建立，很多地区性学术会议也相继举行。这一时期专题性的学术会议也很活跃。1995年6月举行的"全国对外汉语教学基础汉语推荐教材问题讨论会"和1997年6月举行的"汉字与汉字教学研讨会"，分别就亟待解决的教材问题和汉字教学问题进行了探讨。1997年底举行的"语言教育问题座谈会"，是对外汉语教学界专家学者首次与少数民族汉语教学界、外语教学界及中小学语文教学界的专家学者们在一起讨论我国语言教育问题。会上所提出的加强不同门类语言教育的对比研究和综合研究，建立具有中国特色的语言教育学科的建议，将会对对外汉语教学和整个语言教育学科的发展产生深远的影响。

1.2 重要理论著述

这四年，是我国对外汉语教学界在前一阶段充分积累的基础上，科研成果大量涌现的时期。本领域中的专著、文集、论文、教材和工具书，无论在数量、门类还是质量方面都超过了以前的任何阶段。出版了一批重要的理论著作。

吕必松的《对外汉语教学概论（讲义）》在《世界汉语教学》杂志上连载了五年后，于1996年汇集成册内部发行。这是我国第一部系统阐述对外汉语教学学科理论的专著，它在总结40年来对外汉语教学的实践经验和研究成果的基础上，创造性地提出了本学科的理论架构，并密切结合教学实际，是一部带有明显的中国特色的第二语言教学理论著作。综合性的理论著作还有赵贤洲、陆有仪主编的《对外汉语教学通论》（上海外语教育出版社，1996），周小兵的《第二语言教学论》（河北教育出版社，1996）和王魁京的《第二语言学习理论研究》（北京师范大学出版社，1998）等。这些专著各有特色，都从不同的侧重点探讨本学科的理论问题。施光亨主编的《对外汉语教学是一门新型的学科》（北京语言学院出版社，1994）一书则对对外汉语教学的学科地位、学科的历史和现状做了集中、概括的介绍，有利于人们对这一新兴学科的了解。第二语言学习理论的第一本论文集《语言学习理论研究》（北京语言学院出版社，1994）对推动汉语作为第二语言学习理论的研究起了很大的作用。

在对外汉语教学法研究方面，本学科曾发表过大量的论文，但专著极少。首批以专著形式发表的成果，也出现于这四年之中。有杨惠元的《汉语听力说话教学法》（北京语言学院出版社，1996），陈贤纯的《外语阅读教学与心理学》（北京语言文化大学出版社，1998），崔永华、杨寄洲主编的《对外汉语课堂教学技巧》（北京语言文化大学出版社，1997），郝恩美、范平强的《汉字教学的规律和方法》（浙江教育出版社，1995）等。

汉外语言对比研究是对外汉语教学的基础之一，也一直是本学科理论研究的薄弱环节。这四年中，在汉英对比研究的专著方面，出版了赵永新的《语言对比研究与对外汉语教学》（华语教学出版社，1995）、熊文华的《汉英应用对比概论》（北京语言文化大学出版社，1997）和潘文国的《汉英语对比纲要》（北京语言文化大学出版社，1997）等。

特别需要提起的是 1997 年北京语言文化大学出版社出版的"对外汉语教学研究丛书"，包括《对外汉语教学概论》（刘珣主编）、《对外汉语教学课程研究》（李杨主编）、《对外汉语教学与文化》（周思源主编）、《汉语作为第二语言的习得研究》（王建勤主编）、《汉外语言文化对比与对外汉语教学》（赵永新主编）、《汉语水平测试研究》（刘镰力主编）、《语音研究与对外汉语教学》（赵金铭主编）、《词汇、文字研究与对外汉语教学》（崔永华主编）和《新视角汉语语法研究》（赵金铭主编）等九本书。这套丛书比较系统地总结了（主要是）北京语言文化大学的教师学者们近几十年来在上述各领域中的研究成果，也从一个侧面反映了目前学科的研究水平。

除了学术论著以外，这四年中本学科还完成了一些重大的科研项目，出现了一批重要的研究成果，具体介绍可参看本章各专论部分。

1.3 理论研究热点

这四年中，对外汉语学科理论研究的重点，主要有以下几方面：

1.3.1 学科性质、任务的进一步明确

对外汉语教学是一种第二语言教学或者说是外语教学，这一学科的性质在 20 世纪 80 年代初就已明确提出。但在 20 世纪 80 年代末、90 年代初，由于对外汉语教学事业在发展过程中出现了一些新的情况，同时也由于文化、文化语言学研究热潮的影响，在对外汉语教学学科性质、内涵和任务等问题上产生了某些不同的看法，甚至认为"对外汉语教学学科"应改为"对外汉语文化教学学科"。从理论到实践方面所存在的分歧已经影响到本学科的专业建设、课程建设和教师队伍的建设，引起了对外汉语教学界的普遍关注。1994 年召开的"对外汉语教学的定性、定位、定量问题座谈会"，通过切磋和研讨，在学科名称、学科性质、学科研究对象等重大问题上取得了一定的共识。这些都反映在座谈会纪要及杨庆华、吕必松在座谈会上的发言等文章中[1]。

明确学科的性质，除了弄清语言教学与文化教学的关系外，还要进一步弄清语言教学与语言学、应用语言学的关系。正如国外的很多学者所主张的那样，我国语言教育界

---

[1] 参看《世界汉语教学》1995 年第 1 期刊载的《对外汉语教学的定性、定位、定量问题座谈会纪要》、吕必松《在对外汉语教学的定性、定位、定量问题座谈会上的发言》、杨庆华《在对外汉语教学的定性、定位、定量问题座谈会上的发言》等文章。

也有不少学者认为，语言教学应突破纯语言学的研究方法，在更为广阔的学术背景和更多基础学科理论支持下，特别是汲取心理学、教育学的研究方法，沿着更能体现本学科性质和学科特征的路子发展。这一问题的提出及由此而可能引起的争论表明对学科性质和发展方向的认识在进一步深化。这方面的观点反映在刘珣的《语言教育学是一门重要的独立学科》（《世界汉语教学》，1998 年第 2 期）和陈光磊的《关于建设具有中国特色的语言教育学的献议》（《语言文字应用》，1997 年增刊）中。

1.3.2 从偏误分析到汉语习得过程的研究

20 世纪 90 年代，特别是 1992 年"语言学习理论研究座谈会"以来，汉语作为第二语言习得的研究引起对外汉语教学界广泛的重视。这四年中有关语言习得的研究无论从深度和广度方面都有很大的进展。20 世纪 80 年代开始的在中介语理论指导下的偏误分析，吸引了愈来愈多的教师、学者，已成为语言习得研究的热点。分析的内容涉及语音、词汇、语法、语用、语篇等各个方面，完成的论文占学习理论论文中的大部分。四年中语言习得研究的重大变化是一些年轻的学者已开始转向汉语习得过程的研究，发表了一批数量虽不算太多但却极有开创意义的论文（参看"四、汉语习得研究"）。与此相应的利用心理学、认知科学的方法和手段，从学的角度对汉语学习的研究，也已被认为是本学科的前沿课题，逐渐成为本学科的研究热点。

1.3.3 教学法研究以科学化和规范化为主要特点

这四年中有关教学理论和教学法的研究，不论在教学设计方面或具体课程方面，都体现了科学化和规范化的特点，即一方面从语言学特别是认知心理学的高度，对课程与教学法进行深入的探讨，或从理论上总结对外汉语教学和具体课程教学的特点和规律；同时在多年积累的教学经验和理论研究的基础上，对教学活动进行规范化。

从理论上阐述对外汉语教学规律或对具体课程或教学活动的特点进行深入研究的文章，如刘珣的《试论汉语作为第二语言教学的基本原则——兼论海内外汉语教学的学科建设》（《世界汉语教学》，1997 年第 1 期）、郑懿德的《外国留学生汉语专业高年级语法教学的实践与思考》（《语言教学与研究》，1995 年第 4 期）、吕必松的《汉语教学中技能训练的系统性问题》（《语言文字应用》，1997 年第 3 期）、林国立的《构建对外汉语教学的文化因素体系——研制文化大纲之我见》（《语言教学与研究》，1997 年第 1 期）。

在多年实践的基础上，对教学活动进行必要的规范，既是教学第一线的需要，也是学科理论建设的需要。随着《汉语水平等级标准与等级大纲》及对外汉语教学等级大纲的公布，出现了一批论述等级标准、教学大纲及教学规范的文章。如李杨的《论汉语言专业设课问题》（《世界汉语教学》，1996 年第 3 期）和《略论教学大纲》（《中国对外汉语教学学会第五次学术讨论会论文选》，北京语言学院出版社，1996）、刘英林的《关于"汉语水平等级标准"的几个问题》（《语言文字应用》，1995 年第 4 期）、王钟华的《试论对外汉语教学课程规范》（《语言文化教学研究集刊　第一辑》，华语教学出版社，1997）等。同时，由王还主持制订的《对外汉语教学语法大纲》（北京语言学院出版社，1995），以及《汉语水平等级标准与语法等级大纲》（国家对外汉语教学领导小组办公室汉语水平考试部编，高等教育出版社，1996）和孙瑞珍主编的《中高级对外汉语教学等级大纲（词汇·语法）》（北京大学出版社，1995）等在这一阶段相继问世，对本学科教学内容的规范化起了很大的作用。

二、课程及课堂教学研究

2.1 课程研究

课程建设是对外汉语教学研究的一个重要组成部分。近些年来，对外汉语教学设置的课程种类不断增加，呈现出明显的多样化的局面。仅以培养语言能力为主要任务的课程为例，就包括以下各类：（1）培养综合技能的课程，如初级汉语（基础汉语）、中级汉语、高级汉语；（2）培养专项或多项技能的课程，如口语（会话、说话）、外贸口语、听说、视听说、听力、新闻听力、广播听力、阅读、报刊阅读、写作、外贸写作、翻译；（3）其他课程，如病句分析。同时，对外汉语教学领域的文化课教学也逐渐得到重视。

2.1.1 各类课程研究

综合技能课。综合技能课以培养学生全面的言语技能和言语交际技能为教学目标，在各个教学阶段均作为主干课，习惯称作"精读课"。这方面的研究多侧重在某一能力的培养上，如王世生《中级汉语课的口头成段表达训练》（《语言教学与研究》，1997年第 2 期）对"说"的能力的关注；李绍林《中级汉语教学的思考与探索》（《语言教学与研究》，1994 年第 2 期）对"读"的能力的重视；张宝林的《整体性教学刍议》（《语言文化教学论文集　第一辑》，北京语言学院出版社，1995）特别注意到综合技能课的"综合"性，他引入"整体性"概念，探讨提高高级汉语课教学效果的有效途径。目前，对于综合技能课的性质还存在着不同看法，比如李绍林就认为中级汉语课的性质应当是以培养学生阅读能力为主的"精读课"，而李忆民的《课堂教学的内向和外向——试论中级汉语精读课课堂教学交际化》（《北京语言学院第六届科学报告会论文选》，北京语言学院出版社，1995）则强调中级汉语课要实现"课堂教学交际化"。

口语课。口语课以培养口头交际能力为主要任务。史有为的《会话教学的要素及其相关实践》（《语言教学与研究》，1997年第3期）介绍了日本汉语课程设置中对"会话课"和"口语课"的区分，前者强调交际功能的实现，后者则含有相对于书面语的语体色彩。文章把会话课的要素概括表述为三对、六个要素（话语能力和学生心理/引导能力和引导话语/参与人数和课程时数），并认为教师的引导能力是"会话教学的关键要素"。申修言的《应该重视作为口语体的口语教学》（《汉语学习》，1996年第3期）也对口语教学中的语体问题给了关注。近几年，口语教学研究多偏重中高级阶段口语教学，如吴晓露的《论语段表达的系统训练》（《世界汉语教学》，1994年第1期）重点讨论中高级阶段口头表达中句与句的组合训练问题，提出了"框架+方法+新词语"这一系统训练语段表达的模式，具有较强的可操作性；章纪孝的《关于高年级口语教学的思考和构想》（《世界汉语教学》，1994年第1期）分析了高年级口语教学的现状，明确提出高级口语教学的目的是"培养学生运用汉语口语进行高层次口头交际的能力"，把教学方法概括表述为"话题交际法"，并据此编写教材。此外，彭瑞情的《高级口语的自我表达训练》（《语言教学与研究》，1995年第4期）、张晓慧的《对外汉语教学的复述训练》（《世界汉语教学》，1997年第4期）等从不同角度对中高级口语教学进行了研究。岳维善的《提问式口语教学探讨》（《语言文化教学论文集　第一辑》，北京语言学院出版社，1995）对基础阶段的口语教学方法做了很有启发性的探讨，提出"提问式口语教学"的方法，强调应对学生强化"问"的技能训练，此法可操作性强，在基础汉语教学中如运用得当，容易调动学生说话的积极性。马燕华的《一年制零起点留学生会话课教学环节的设置及其科学性》（《中国对外汉语教学学会成立十周年纪念论文选》，北京语言学院出版社，1996）对会话课教学环节的设置问题进行了讨论。田原的《试论汉语交际性操练》（《对外汉语教学法研究》，北京大学出版社，1996）对交际性操练问题做了全面、深入的探讨。

听力课。以培养学生"听"汉语的能力为主要任务的听力课，近些年的研究表现出两个主要倾向，一是对专项听力技能培养的关注。金天相、李泉的《广播新闻听力课教学论略》（《汉语学习》，1994年第3期）讨论了"广播新闻听力课"的作用、特点和目的、任务、方法，把这门课定位在"培养留学生收听广播新闻的听力技能"的"高级汉语听力课"。刘濂的《浅谈电视新闻教学及听力理解》（《第五届国际汉语教学讨论会论文选》，北京大学出版社，1997）介绍了"电视新闻课"教学。二是注重相关技能的结合训练，听和说的结合比较普遍，王新文的《汉语新闻听读教学的原则和方法》（《汉

学论丛　第一辑》，汉语大词典出版社，1997）探讨了把听和读结合起来进行教学的原则和方法，认为"把同属语言交际中接收理解型能力的听与读结合起来，开设新闻听读课，比单独的听或读更能体现课型特点，发挥教学潜力"。在听力教学方法方面，也有一些有益的探索。刘颂浩的《听力练习的一种尝试——对比听写》（《北京大学学报·对外汉语教学中心成立十周年纪念专刊》，1994）提出了"对比听写"这一听力练习方法。齐燕荣的《话语分析理论与语段听力教学》（《语言教学与研究》，1996年第4期）运用话语分析理论探讨了语段听力的训练方法。浮根成的《有声作业与听力教学》（《语言教学与研究》，1997年第3期）强调了听力课课后作业的重要性，对"有声作业"的方法做了介绍。

在听力和说话教学方面的一项重要成果是杨惠元的《汉语听力说话教学法》（北京语言学院出版社，1996），这是目前国内唯一一部全面系统论述汉语听力说话教学法的理论著作。该书在论述了分技能教学的必要性、听和说的关系等基本理论问题的同时，重点提出了一整套科学系统的听说技能的训练方法。

视听说课。这是近些年来发展起来的一门课，强调多种感知器官并用对语言学习的积极作用。人们在课程的性质，视、听、说三者的关系等问题上认识不尽相同。罗庆铭的《视听说课的教材与课堂教学》（《汉语学习》，1996年第6期）认为"'视'是手段，看懂、听懂、会说是目的"；吴丽君的《关于高年级的视听说课教学》（《世界汉语教学》，1996年第2期）则认为，"视""听"是手段，是为"说"服务的；赵立江的《中高级汉语视听说课有关问题的调查分析与构想》（《世界汉语教学》，1997年第3期）通过对学生的调查认为"视听说课应充分利用视听这种现代化的教学手段，加强对学生听力技能的培养和训练"，并认为提高"说"的能力是视听说课的另一重要目的。

阅读课。阅读课以培养学生"读"的能力为教学目标。刘颂浩的《怎样训练阅读理解中的概括能力》（《中国对外汉语教学学会第五次学术讨论会论文选》，北京语言学院出版社，1996）和他与林欢合写的《阅读教学中的若干问题》（《语言教学与研究》，1996年第1期）分别探讨了阅读理解中概括能力的培养问题和阅读材料类型、阅读练习方式等问题。在阅读课的教学目的和教学重点上，意见并不一致。如李世之的《关于阅读教学的几点思考》（《世界汉语教学》，1997年第1期）反对把训练阅读方法作为主要的教学目的，认为在初级阶段应该把教学重点放在语言知识的教学上。这代表了一派的意见。阅读教学中的一个分支是报刊阅读教学，刘谦功的《论文化背景对留学生学习报刊课的影响》（《语言文化教学论文集　第一辑》，北京语言学院出版社，1995）、侯敏和王秀清的《报刊课的教学设想与安排》（《语言教学与研究》，1996年第2期）

从不同角度对这门课做了探讨。

写作课。在各单项技能课研究中，写作课的研究比较薄弱，文章不多。但有一个共同的特点是，均强调语段在写作技能训练中的地位。如祝秉耀的《汉语写作教学中的两个问题》(《北京语言学院第六届科学报告会论文选》，北京语言学院出版社，1995) 否定了句子、篇章在写作训练中的基础地位，认为语段才是写作训练的基础，指出"写作课的语段教学应该包括两个方面：一是从语段入手，将语段训练作为篇章训练的基础；二是讲评课分析语病时也要着眼于语段"。金天相的《语段写作谭要》(《汉语言文化研究》，广西师范大学出版社，1996) 也强调了语段写作的重要意义，林欢的《对外汉语基础写作教学探索》(《对外汉语教学法研究》，北京大学出版社，1996) 则具体探讨了语段写作的训练方法。

翻译课。翻译课的研究在各主要课程中也较薄弱。熊文华的《中高级阶段翻译课教学中的文化对比问题》(《语言文化教学论文集　第一辑》，北京语言学院出版社，1995) 讨论了中高级阶段翻译课教学中的文化对比问题。他首先对中高级阶段翻译课做了定位，"目的是通过两种语言的对比和对译，加深他们对中国语言和文化的了解，帮助他们较系统地学习翻译的原则、方法和技巧，扩大汉语词汇量，进一步掌握所学过的汉语词法、句法和修辞知识，从总体上提高他们的汉语书面和口语的表达能力"，认为文化对比的着眼点"主要集中在影响语言理解和表达的因素"。蔡振生的《十年翻译课的再思考》(《世界汉语教学》，1995 年第 4 期)、曾富珍的《关于翻译课初级阶段教学的几个问题》(《语言文化教学论文集　第一辑》，北京语言学院出版社，1995) 分别结合各自的日汉翻译课、泰汉翻译课讨论了翻译课教学的有关问题。对外汉语教学中的翻译课在教学目的、原则等问题上人们的认识并不一致，需要深入地研究。

病句分析课。病句分析课是其他课程中语法教学的有益补充。李大忠于多年前率先在中国人民大学开设此类课程（称"错误分析课"），并在教案基础上编写出版了《外国人学汉语语法偏误分析》(北京语言文化大学出版社，1996) 一书。周小兵的《病句分析课的教学》(《中国对外汉语教学学会第五次学术讨论会论文选》，北京语言学院出版社，1996) 对病句分析课的重要性、教学方法等问题也进行了讨论。可见这一课程逐渐受到重视。

文化类课程。对外汉语教学中的文化教学主要包括两种类型：一是语言课中的文化教学；二是为专业教育需要开设的文化课的教学。前一种类型的教学在性质、目的等方面基本已经有共识。赵贤州的《对外汉语文化课教学刍议——关于教学导向与教学原则》(《汉语学习》，1994 年第 1 期)认为"对外汉语的文化课紧紧围绕四个重要前提，

即汉语的、教学的、对外的、交际的四个基本出发点"。张英的《论对外汉语文化教学》
(《汉语学习》，1994 年第 5 期)也认为"无论是初级阶段还是高级阶段，对外汉语文
化教学的首要目的还是帮助学习者更好地掌握汉语这一交际工具"。孙欣欣的《对外汉
语教学基础阶段文化导入的方法》(《世界汉语教学》，1997 年第 1 期)和前两人持基
本相同的看法，并总结了基础阶段文化教学的五种方法。

对后一种课程的研究，有陈清的《对外国留学生讲授中华文化课的思考》(《语言
文化教学论文集　第一辑》，北京语言学院出版社，1995)和李国强的《论中高级阶段
专业知识课教学》(《语言文化教学论文集　第一辑》，北京语言学院出版社，1995)。

2.1.2 课程研究的特点

近年来课程研究的主要特点是借鉴相关学科理论的意识不断增强。

对心理学和认知科学的借鉴。如在阅读教学研究中，普遍借鉴了图式理论。储诚志
的《知识图式、篇章构造与汉语阅读教学》(《世界汉语教学》，1994 年第 2 期)认为
"汉语阅读教学的任务是用较少的时间较快地提高学生的汉语阅读能力，其核心问题在
于有效地改变和充实学生头脑中与汉语阅读有关的认知图式，发展和完善与汉语阅读有
关的理解策略和认知能力"。另外，王碧霞等的《从留学生识记汉字的心理过程探讨基
础阶段汉字教学》(《语言教学与研究》，1994 年第 3 期)，佟乐泉、张一清的《外国留
学生在快速显示条件下阅读汉语句子的实验报告》(《世界汉语教学》，1994 年第 3 期)，
刘威的《外国留学生在短时记忆中理解汉语句子的实验报告》(《世界汉语教学》，1995
年第 3 期)，毛悦的《从听力测试谈留学生听力理解方面的障碍》(《中国对外汉语教学
学会第五次学术讨论会论文选》，北京语言学院出版社，1996)，王珊的《日本留学生汉
语学习的感知结构分析》(《语言教学与研究》，1997 年第 1 期)都借助心理学和认知
科学的方法，分析教学中的实际问题。

对教育学的借鉴。如朱子仪的《课程研究与短期汉语教学的教学系统》(《汉语速
成教学研究　第一辑》，北京大学出版社，1997)在对汉语短期教学中的口语课教学系
统的探讨中，自觉运用了教育学中的课程理论，尝试建立对外短期汉语的教学系统。

对语用学、篇章语言学、话语语言学的借鉴。如杨翼的《语用分析在高级汉语教学
中的运用》(《世界汉语教学》，1995 年第 3 期)和《高级汉语学习者的失误分布及其
教学策略》(《中国对外汉语教学学会第五次学术讨论会论文选》，北京语言学院出版社，
1996)在高级汉语教学研究中有意识地运用语用学原理分析教学中的问题并提出相应的
策略；张犁的《预测原理在听力教学中的应用》(《语言教学与研究》，1994 年第 1 期)
运用预设原理探讨听力教学的途径；刘颂浩的《预设与阅读理解》(《语言教学与研究》，

1995 年第 3 期）探讨了预设与阅读理解的关系。

对自然科学的借鉴。如彭志平和万志敏的《集合概念在对外汉语教学中的应用》（《语言教学与研究》，1997 年第 4 期）把数学中的集合概念应用于基础汉语教学。

2.2 课堂教学活动研究

一切教学思想、原则、方法最终都要落实到具体的课堂教学活动之中。课堂教学活动本身应该成为对外汉语教学研究的一个重要内容。这方面的研究已开始受到重视，并有一些成果面世。崔永华和杨寄洲主编的《对外汉语课堂教学技巧》（北京语言文化大学出版社，1997）是这一研究领域的一项重要成果。该书首先明确了"课堂教学技巧"的含义，并指出"课堂教学技巧属于课堂教学结构中'教学行为'这一个层次，课堂教学技巧就是师生两方面的一个个具体的教学行为"，这就从理论上为课堂教学技巧的研究做了明确的定位。以此为基础，全书分课程全面介绍了各种具体可行的教学技巧。这一成果在成为广大教师的重要参考的同时，也会为课堂教学的深入研究奠定良好的基础。此外，一些文章从不同方面对课堂教学活动进行了研究。王永场的《语程及其计算》（《世界汉语教学》，1997 年第 1 期）用计算方法对课堂教学活动中的师生话语活动进行了定量分析；金兰的《学生情感与课堂教学》（《对外汉语教学法研究》，北京大学出版社，1996）讨论了学生的情感因素和课堂教学的关系；周翠琳的《课堂提问刍议》（《汉语速成教学研究　第一辑》，北京大学出版社，1997）对课堂提问问题做了探讨。

三、汉语各要素及汉字教学研究

3.1 语音教学

在此期间发表的语音教学的研究论文有一个共同的主题，即摸索语音教学的进一步科学化。这在语音教学的指导思想、语音研究手段和语音教学方法方面都有明显的表现。

就语音教学的指导思想来说，林焘的《语音研究和对外汉语教学》（《世界汉语教学》，1996 年第 3 期）很值得重视。该文在分析外国学生洋腔洋调形成原因的基础上，认为应该在更高的语音层次上下功夫。陈申、傅敏跃的《汉语教学的两个难点与电脑的辅助作用》（《世界汉语教学》，1996 年第 3 期）认为，英语背景的学习者学习汉语时在声调和汉字方面的困难，是由于汉语本身语言特点所决定的，而且与学习汉语的人及其母语、文化背景紧密相关。这两篇文章深化了对语音教学的理论认识，对教学实践有一定的指导意义。

重视和运用实验语音学的研究手段，是近年语音教学研究的一个突出进展。韩祝祥的《试谈实验语音学与语言教学研究的关系》（《语言教学与研究》，1994 年第 4 期）提出用语图仪对各国留学生的母语发音和学习汉语的发音进行采样，以便做语音对比分析的建议。而高明明的《美国学生说汉语轻重音词组的语音特点浅析》（《第四届国际汉语教学讨论会论文选》，北京语言学院出版社，1995）、王韫佳的两篇声调学习的文章（参看"四、汉语习得研究"）相继发表，表明结合汉语教学的实验语音研究取得了实际成果。柯传仁的《汉语语音递增输出实验》（《语言教学与研究》，1995 年第 2 期）介绍了一个以逐渐增加语音信号量为方法的实验，旨在测定在理解汉语方面所需的语音信号量。

探讨针对日本人学汉语语音难点的教学方法，是此间语音要素教学研究的一个热点。杜君燕、宫本幸子、奥山望、何平等都有成果发表。而邢公畹在《对外汉语［ɚ］［ɿ］两音位的教学及［ɚ］音史研究——评李思敬〈汉语"儿"［ɚ］音史研究〉》（《语言教学与研究》，1995 年第 3 期）提出了把 ｛ɚ｝ 的音位变体分为七组的教学准则；董玉国的《如何进行声调训练》（《汉语学习》，1996 年第 2 期）主张对声调教学进行专门的研究和训练。这些都体现出在教学方法上进一步科学化的探索精神。

3.2 词汇教学

对外汉语教学领域的许多学者有感于词汇教学长期处于随意、零散的状态，在此期间纷纷撰文，表达追求词汇教学系统化的愿望。

胡明扬的《对外汉语教学中语汇教学的若干问题》（《语言文字应用》，1997 年第 1 期）深刻指出，语汇教学是对外汉语教学的一个薄弱环节。改进语汇教学，首先必须破除不同语言词语之间存在简单对应关系这种观点。作者提出了系统进行初级、中级和高级阶段语汇教学的基本设想。田卫平的《对外汉语词汇教学的多维性》（《世界汉语教学》，1997 年第 4 期）从语法、语义、语用、语音、文化五个维度，对词汇教学的多维性做了系统描述。徐子亮的《论词语的积累》（《汉语学习》，1997 年第 4 期）详细讨论了词语积累过程中的记忆、保持和再认识的心理过程及其规律。这些认识本质上都是对现实词汇教学状况的反思。更多的学者正就如何丰富词汇教学体系进行探讨，如崔希亮的《现代汉语称谓系统与对外汉语教学》（《语言教学与研究》，1996 年第 2 期）就称谓系统，徐家桢的《语言教学中的"禁忌现象"》（《第四届国际汉语教学讨论会论文选》，北京语言学院出版社，1995）就"禁忌词语"，赵永新的《新词新语与对外汉语教学》(《中国对外汉语教学学会成立十周年纪念论文选》,北京语言学院出版社,1996)就新词新语,王国安的《论汉语文化词和文化意义》(《中国对外汉语教学学会第五次学术讨论会论文选》,北京语言学院出版社,1996)就汉语文化词和文化意义等进行教学发表了意见,旨在探讨如何使词汇教学更有侧重、更有层次地系统化。

在词汇统计方面,使词汇教学系统化的愿望表现得更加明确。张凯的《汉语构词基本字的统计分析》(《语言教学与研究》,1997年第1期)在对构词基本字统计分析的基础上,讨论了构词等级、对外汉语教学词汇量等问题;陈灼的《制订〈中级汉语课程词汇大纲〉的原则及理论思考》(《语言教学与研究》,1995年第4期)从中级汉语与基础汉语、高级汉语阶段相互衔接的角度探讨词汇教学的系统化。

从词汇教学方法来讲,陈绂的《谈对欧美留学生的字词教学》(《语言教学与研究》,1996年第4期)和罗青松的《英语国家学生高级汉语词汇学习过程的心理特征与教学策略》(《第五届国际汉语教学讨论会论文选》,北京大学出版社,1997)都在对欧美学生学习汉语词汇的特点和错误进行分析的基础上,提出了具有针对性的词汇教学策略。万艺玲的《对外汉语词义教学中的两个问题》(《语言教学与研究》,1997年第3期)着重阐述了对义项在词义教学中的重要性的认识,并就词义教学中的释义原则和方法做了深入的讨论。黄振英的《初级阶段汉语词汇教学的几种方法》(《世界汉语教学》,1994年第3期)对初级阶段汉语词汇教学的方法进行了归纳和总结。这些论文都在不同的侧面寻求词汇教学的系统化目标。

3.3 语法教学

相对于语音、词汇和汉字教学而言,语法教学是发展得较快且较为成熟的一个领域,但其在理论和实践方面的不足也是明显的。进入20世纪90年代,人们开始了对语法教学改革之路的探索。这期间的语法教学研究论文突出体现了这一特点。

语法教学改革的思潮,首先源于从语言教学的角度深化对语法及语法教学本质的认识。邢公畹的《论语言的深层结构和对外汉语教学》(《语言文字应用》,1996年第2期)就是这方面的典型代表。该文在细致讨论语义的表层结构和语义的深层结构基础上指出,在对外汉语教学中,不少课程所进行的基本上只是有关汉语的"语言"教学;可是我们的目的却是要求学生能把汉语作为"言语"来使用。从语义学来讲,"语言"教学所触及的只是语义的表层结构;而"言语"使用所触及的却是语义的深层结构。这一认识触动了语法教学改革的思想基础。胡炳忠的《从对外汉语教学角度看汉语的结构模式》(《语言教学与研究》,1994年第1期)认为偏正体系反映了汉语结构的本质,偏正关系是汉语结构的基本模式。范开泰的《对外汉语教学与汉语语法的经济性特点》(《第五届国际汉语教学讨论会论文选》，北京大学出版社，1997)结合汉语名词谓语句，通过繁简两种句式的对比，对汉语经济性特点进行了分析。这两篇论文都应对语法教学的改革大有启发。

促使语法教学改革的另一动力来自于语法理论对语法教学的指导。许多学者把不同的语法理论运用于语法教学实践。比如陆俭明的《配价语法理论和对外汉语教学》(《世界汉语教学》，1997年第1期)、刘虹的《会话研究与对外汉语教学》(《第四届国际汉语教学讨论会论文选》，北京语言学院出版社，1995)、周明朗的《语言迁移、句型结构重复现象与对外汉语教学》(《语言教学与研究》，1997年第4期)等，都是在这方面努力的代表。不同语法理论的引入，不断推动着人们对汉语语法教学认识的深化。

探求语法教学改革新路最为直接的是有关汉语语法教学理论的一组文章。其中赵金铭的《教外国人汉语语法的一些原则问题》(《语言教学与研究》，1994年第2期)和《对外汉语语法教学的三个阶段及其教学主旨》(《世界汉语教学》，1996年第3期)两篇文章就教外国人汉语语法的一些原则问题进行了归纳和讨论，标志着学界对对外汉语语法教学理论已形成了较系统的认识。同时，作者关于初级区分正误、中级区别异同、高级辨别高下的语法教学主旨的阐述，有助于探求语法教学改革的新方向。吕文华的《对外汉语教学语法探索》(语文出版社，1994)也提出了很多语法教学体系改革的新思想。肖奚强的《关于义句教学的思考》(《第四届国际汉语教学讨论会论文选》，北京语言学院出版社，1995)就义句教学，吴勇毅的《语义在对外汉语句型、句式教学中的重要性：兼谈从语义范畴建立教学用句子类型系统的可能性》(《汉语学习》，1994年第5期)就语义在对外汉语句型和句式教学中的重要性，李珠的《建立三维语法教学体系——初级阶段对外汉语语法教学研究的回顾与展望》(《世界汉语教学》，1997年第2期)就三维语法教学体系等方面的论述，都在探讨语法教学改革的新思路方面，提出了颇有见地的主张。

在此期间，卢福波出版了《对外汉语教学实用语法》(北京语言学院出版社，1996)一书。一批教学语法的基础研究成果，如赵淑华等的《北京语言学院现代汉语精读教材主课文句型统计报告》(《语言教学与研究》，1995年第2期)和《单句句型统计与分析》(《语言教学与研究》，1997年第2期)、孙瑞珍的《中高级汉语教学语法等级大纲的研制与思考》(《语言教学与研究》，1995年第2期)和刘英林与李明的《〈语法等级大纲〉的编制与定位》(《语言教学与研究》，1997年第4期)相继发表。这些基础工作为语法教学的改革打下了扎实的基础。

语法教学方法的探索也同样朝着改革的方向努力着。张宁、刘明臣的《试论运用功能法教"把"字句》(《语言教学与研究》,1994年第1期)提出了运用功能法进行"把"字句教学的具体建议。

就具体语法教学问题所进行的讨论,也处于反思之中。吕文华的《关于对外汉语教学中的补语系统》(《语言教学与研究》,1995年第4期)对补语系统,杨庆蕙的《对外汉语教学中"离合词"的处理问题》(《第四届国际汉语教学讨论会论文选》,北京语言学院出版社,1995)对"离合词"的处理问题,李晓琪的《〈HSK词汇等级大纲〉中形容词和副词的词类标注问题》(《汉语学习》,1997年第4期;《中国对外汉语教学学会成立十周年纪念论文选》,北京语言学院出版社,1996)就《HSK词汇等级大纲》中的词性标注问题等进行了认真的讨论。这些都有助于语法教学的改革。

3.4 汉字教学

汉字教学长期附丽于语法、词汇教学,没有自己独立的地位。进入20世纪90年代,人们越来越认识到汉字教学在整个汉语教学体系中具有独特而重要的价值。谋求汉字教学的独立地位成为这一时期汉字教学研究的主旋律。

柯彼德的《关于汉字教学的一些新设想》(《第四届国际汉语教学讨论会论文选》,北京语言学院出版社,1995)和《汉字文化和汉语教学》(《第五届国际汉语教学讨论会论文选》,北京大学出版社,1997)认为,汉字教学是汉语教学目前所面临的最大挑战之一。汉字教学是汉语作为母语教学和汉语作为外语教学最大的区别之一。主张初级汉字教学有必要完全根据自己的规律性建立起一个由浅入深、循序渐进的教学系统。还主张在外国学生初学汉语时开设听说和读写两种课程隔离的"双轨制"。这两篇文章可以看作是一个西方学者以他独有的眼光看待汉字,呼吁确立汉字教学独立地位的最为强烈的声音。佟乐泉的《对外汉语教学中的几个语言学习问题》(《语言文字应用》,1997年第1期)认为,在对外汉语教学中,学习汉字有时可以成为学汉语的重要依托,在某些情况下甚至可以"以文带语"。肖奚强的《汉字教学及其教材编写问题》(《世界汉语教学》,1994年第4期)主张开设专门的汉字课,编写专门的汉字教材。这些意见应当引起重视。《汉字与汉字教学研讨会侧记》(《世界汉语教学》,1997年第4期)记述了1997年6月召开的对外汉语教学界就汉字议题召开的第一次专题研讨会——"汉字与汉字教学研讨会"的情况,对于我们了解汉字研究及汉字教学的现状很有帮助。

在汉字教学基础研究方面,崔永华的《汉字部件和对外汉字教学》(《语言文字应用》,1997年第3期)是一项重要的成果。文章讨论在基础教学阶段利用汉字部件进行汉字教学的心理学依据和可行性，分析统计构成 1033 个甲级词的 801 个汉字的各种信息，给汉字部件教学提供了一些比较可靠的数据和理论假设。石定果的《汉字研究与对外汉语教学》（《第五届国际汉语教学讨论会论文选》，北京大学出版社，1997）对汉字教学诸论做了多角度的归纳，讨论了对汉字、现代汉字性质的再认识问题和汉字部件的切分、形声字在汉字教学中的地位等问题，对汉字教学和教材编写提供了有力的理论根据。

在汉字教学方法的探讨方面，陈茅和吴晓露的《论初级阶段的汉字教学》（《第四届国际汉语教学讨论会论文选》，北京语言学院出版社，1995）、程朝晖的《汉字的学与教》（《世界汉语教学》，1997 年第 3 期）都能立足于学生汉字学习状况的调查分析，提出汉字教学的具体策略。这种把学习规律和教学规律结合起来的研究思路，有益于建立科学的汉字教学体系，因而值得肯定和提倡。

四、汉语习得研究

在我国，汉语作为第二语言的习得研究作为一个新的领域，其历史不足 20 年。这期间，先后有许多论文和专著发表。概括起来主要有三类研究：第一类是国外第二语言习得理论的引进与评介；第二类是所谓定性研究为主的研究报告；第三类是以理论为导向的实验研究。这三类研究主要集中在以下几个研究领域：（1）留学生在汉语各层面的偏误分析；（2）汉语中介语研究；（3）汉语作为第二语言的习得过程研究；（4）第二语言能力结构研究。1994—1997 年这四年间，汉语作为第二语言的习得研究在这四个领域都取得了新的进展。现分述如下：

4.1 偏误分析

这四年间，外国人学汉语的偏误分析研究与此前相比，涉及的范围更为广泛，分析更加详细、深入。鲁健骥的《外国人学汉语的语法偏误分析》（《语言教学与研究》，1994 年第 1 期）在此前发表的有关外国人学汉语的语音偏误和词汇偏误分析的研究报告的基础上，又发表了外国人学汉语的语法偏误分析的报告。这篇研究报告将外国人学汉语的语法偏误分为四类：遗漏偏误、误加偏误、误代偏误、错序偏误。作者认为，从学习者的学习策略来看，产生这些语法偏误的来源主要有两大类，即母语干扰和已经掌握的不完全的汉语知识对新的语法知识的干扰。从教学方面看，讲解与训练的失误也是造成语法偏误的主要原因，主要表现在教师对学习者在习得过程中会遇到哪些问题心中无数，教学安排不周造成的教学中的疏漏；其次是难易判断失误，难点过于集中等。

继鲁健骥的研究之后，《世界汉语教学》在 1996 年连续发表了几篇留学生语法偏误分析的文章。这几篇文章的特点是集中分析留学生在某一语法点上产生的偏误，不是空泛的议论。陈小荷的《跟副词"也"有关的偏误分析》(《世界汉语教学》，1996 年第 2 期) 利用"汉语中介语语料库系统"系统地统计了留学生习得汉语副词"也"的误代和滥用的偏误。统计表明，留学生在运用副词"也"的过程中出现误代、滥用的错误较多，其中一个主要原因是以"还""就""和"代替"也"。在分析产生偏误的原因时，文章指出，语境分析表明，留学生"也"的使用率与偏误率和留学生的母语背景以及语料类型有较密切的关系；学时等级对"也"的使用率也有显著影响，但对"也"的偏误率没有显著影响。李大忠的《"使"字兼语句偏误分析》(《世界汉语教学》，1996 年第 1 期) 集中分析了留学生在运用"使"字兼语句过程中出现的偏误。该文主要分析了三类偏误，比如表"致使"意义的"使"与表"使令"意义的"叫、让"等动词相混淆。这篇文章主要是通过对比，从汉语语法规则的角度分析和说明各类偏误不成立的原因。对语法教学具有实用价值。

高宁慧的《留学生的代词偏误与代词在篇章中的使用原则》(《世界汉语教学》，1996 年第 2 期) 在分析留学生在篇章层面运用代词的偏误方面，是一篇比较有分量的研究报告。作者将这种偏误分为三种类型：一是不该用代词的用了代词，这种类型包括两种情况，即代词多余和该用名词而用了代词的偏误现象；二是该用代词的没用代词，主要表现是代词缺失和该用代词而用了名词；三是错用代词，一种是代词的词序问题，另一种是违背代词使用的平行性原则。该文通过偏误分析总结出代词在篇章中的使用原则。比如，关于篇章接应的形式，文章提出，段落与段落的接应趋向于用名词性成分；话题链之间趋向于用代词接应；同一话题链内部的小句趋向于零形式接应的方式。这就是作者所说的"宏观原则"。此外，文章还提出了代词接应中的微观原则。在对外汉语教学领域，像这种针对中高级汉语教学，有理有据，具有可操作性的汉语篇章研究是很少见的。王绍新《超单句偏误引发的几点思考》(《语言教学与研究》，1996 年第 4 期) 也是从篇章的角度，对偏误加以分析，认为中高级汉语教学如果没有建立在习得过程研究基础上的篇章理论研究的支持，是难以有所作为的。

对于外国人汉语学习的语音偏误分析也取得了一定的研究成果。这几年，语音偏误分析的研究文章涉及的语种较多。这些研究基本上都是建立在学习者母语与目的语对比的基础上。李红印的《泰国学生汉语学习的语音偏误》(《世界汉语教学》，1995 年第 2 期) 通过对比，比较系统地分析了泰国学生学习汉语在语音层面上出现的偏误。泰语无卷舌音，学生在学习汉语卷舌音时，势必要出现声母偏误；韵母的偏误主要是由于汉语中具有区别意义的音节，如 ua/uo，ia/ie，在泰语中是具有互补关系的变体，无区别意义的作用。因此，这种偏误的产生基本上是可预测的。泰语虽是有声调的语言，但是发汉语声调也有困难。作者的调查表明，泰国学生的声调偏误主要是调域上的偏误，最困难的是一声和四声。王秀珍的《韩国人学汉语的语音难点和偏误分析》（《世界汉语教学》，1996 年第 4 期）着重分析了韩国人学汉语的语音难点和韩国人在发汉语声母、韵母时出现的偏误，但没有对产生偏误的原因进行分析。

在关于留学生汉语声调习得的研究报告中，王韫佳的两篇文章受到了更多的关注。汉语声调教学一直是对外汉语教学的难题。一方面，汉语声调习得研究需要实验语音学的支持，没有科学的手段，声调教学研究水平难有提高；另一方面，汉语声调习得研究方法的差异，使得相关的研究难以达成共识。王韫佳的《也谈美国人学习汉语声调》（《语言教学与研究》，1995 年第 3 期）在前人研究的基础上，通过实验研究提出了自己的观点。作者认为，美国被试在四声的习得顺序上，阴平和去声掌握的程度好于阳平和上声。这与余蔼芹、沈晓楠的结果大相径庭。文章还分析了美国被试习得汉语声调的错误类型。调查结果表明，六名被试在习得阴平和去声上出现的偏误主要是调型错误；在阳平和上声上出现的偏误既包括调型错误也包括调域错误。另一篇文章是《阳平的协同发音与外国人学习阳平》（《语言教学与研究》，1997 年第 4 期）。王韫佳的研究为汉语声调教学提出了可供参考的依据。从第二语言习得研究的角度看，王韫佳的研究是属于横向的共时研究。这种研究，正如作者指出的那样，相关的研究结果之所以不一致，一方面是调查的对象不同，另一方面是缺少纵向的历时研究。在这种情况下，描写"一个恒定的声调难易顺序"目前还为时过早。

4.2 汉语中介语研究

汉语中介语研究自中介语的理论引进以来，并未取得人们预期的那么多成果。原因是目前汉语中介语的研究还处在理论引进和介绍阶段。我们对外汉语教学界对中介语的理论和研究方法了解还不多。王建勤的《中介语产生的诸因素及相互关系》（《语言教学与研究》，1994 年第 4 期）比较系统地介绍了国外中介语研究的一些理论模式。文章介绍了国外学者对中介语系统的不同观点，特别是概括地介绍了 Selinker、Adjemian、White 的理论观点，目的在于澄清目前存在的一些理论上的模糊认识。目前，名副其实的汉语中介语研究并不多见。这四年期间发表的有关文章也寥寥无几。李晓琪的《中介语与汉语虚词教学》（《世界汉语教学》，1995 年第 4 期）在汉语虚词教学中注意到，学习者在初级阶段学过的内容，如虚词，到了中高级阶段出现了明显的化石化现象。其表现为：（1）不分已然、未然，最明显的代表是"又"和"再"，"不"和"没"；（2）不分句子类型，错用连词；（3）不注意搭配；（4）摆错位置。文章根据中介语产生的根源，将这些化石化现象归结为母语负迁移、语内迁移以及由于教学不当产生的误导。文章根据调查的结论提出了虚词教学应注意的问题。

在汉语中介语的研究成果中，"汉语中介语语料库系统"研制成功引起国内外对外汉语教学界的普遍关注。它的建立，为大规模的抽样统计研究提供了可能。目前，已有一些建立在此语料库基础上的研究报告发表。关于此语料库的介绍，可参看"七、计算机和对外汉语教学"一节。

中介语理论作为一种习得理论在第二语言习得理论发展的历程中具有里程碑的意义。它第一次将学习者的语言系统（中介语）作为一个独立的、动态的系统来研究。它的理论价值还在于，它标志着第二语言习得理论由"语言作品"的研究为主（product-oriented）到习得过程研究为主（process-oriented）的根本转变。但是，中介语理论本身也存在着理论方法上的局限。吕文华、鲁健骥的《外国人学汉语的语用失误》（《汉语学习》，1993 年第 1 期）指出，中介语理论基本上没有超出语言形式的分析，在解释学习者语用上的不得体显得无能为力。陈宏的《第二语言能力结构研究回顾》（《世界汉语教学》，1996 年第 2 期）在分析 Bachman 的语言能力结构模型时指出，中介语的研究将自己局限于一个历时和单维的过程中，因而，语言习得仅仅被理解为语言学意义上的能力。事实上，语言能力首先是共时和多维的体系。基于这样一种认识，王建勤的《跨文化研究的新维度——学习者的中介文化行为系统》（《世界汉语教学》，1995 年第 3 期）从目的文化习得的角度探讨了学习者中介文化行为系统。文章着重分析了中介文化产生的心理过程，即学习者母语文化的迁移过程；理解目的语文化的"过滤"过程；目的语文化的泛化过程；目的语文化的适应过程。这项研究提出了跨文化研究的新维度，拓宽了中介语研究的领域。

关于中介语的研究有许多模式。袁博平的 Variability and Systematicity in the Performance of the Four Chinese Tones by English SLA Learners of Chinese（《世界汉语教学》，1995 年第 1 期）根据 Tarone 的 On the Variability of Interlanguage Systems［*Applied Linguistics*，1983（4.2）］关于中介语的风格变异的理论模式对英国学习者学习汉语四声的系统变异进行了实验研究。通过实验检验，第一个假设得到证实，即在不同情况下，学生随着注意力的不同运用四声的正误形成一个变化的连续统；第二个假设未得到证实，即高年级学生掌握声调比低年级好，但在不同场合的变化规律和低年级相同。实际情况是，一年级学生标写声调比实际发音正确的比例大，三、四年级学生标调情况和实际发音没有明显差别。袁博平的研究报告是对外汉语教学领域第一篇关于中介语风格变异的实验研究，使汉语中介语研究更加深入。

4.3 汉语习得过程研究

汉语习得过程的研究近几年主要有两篇研究报告。一篇是王建勤的《汉语"不"和"没"否定结构的习得过程》（《汉语作为第二语言的习得研究》，北京语言文化大学出版社，1997）关于汉语"不"和"没"否定结构的习得过程研究，另一篇是赵立江的《留学生"了"的习得过程考察与分析》（《语言教学与研究》，1997年第2期）关于汉语"了"习得过程的研究。

王建勤的研究报告是在"汉语中介语语料库系统"的数据统计的基础上进行的。文章详细地描述了留学生习得副词"不"和"没"的过程。这项研究的价值在于，它揭示了汉语否定结构习得过程的有序性，同时指出了否定结构习得所经历的发生、高涨、稳定的三个阶段。文章通过分析谓词和助动词否定结构习得的爆发过程，描述了在词汇层面否定结构习得由聚合到爆发的全过程。特别是"不"和"没"的扩散过程的描述，揭示了学习者如何掌握否定结构的学习策略和内在过程。否定结构的习得过程研究为汉语教学提供了可靠的参考依据。

赵立江的研究是在孙德坤的《外国学生现代汉语"了·le"的习得过程初步分析》（《语言教学与研究》，1993年第2期）关于"了"习得过程基础上进行的。这项研究的特点是将个案调查与规模研究相结合，调查"了"的使用情况。研究表明，留学生在使用"了"时，主要有以下几类错误类型：（1）不该用"了"而用了"了"；（2）可用可不用的用了"了"；（3）"了$_1$""了$_2$"错位；（4）跟与"了"相关的语法结构混淆；（5）该用"了"时不用。作者在调查后认为，"了"难掌握，主要是语际干扰与语内干扰造成的。应该说这篇文章的立意不错，但由于研究方法的局限，未能得出实质性的结论。

4.4 第二语言能力结构研究

第二语言能力结构的研究在对外汉语教学界刚刚起步，可供参考的文献并不多见。目前，我们见到的主要有四篇，即陈宏的《第二语言能力结构研究回顾》（《世界汉语教学》，1996年第2期）、《汉语能力结构差异的检验与分析》（《汉语作为第二语言的习得研究》，北京语言文化大学出版社，1997）；另两篇是张凯的《语言能力与外语能力的同质性》（《汉语作为第二语言的习得研究》，北京语言文化大学出版社，1997）和《语言能力模型和语言能力测试》（《第四届国际汉语教学讨论会论文选》，北京语言学院出版社，1995）。

张凯在《语言能力模型和语言能力测试》一文中率先介绍了 Bachman 和 Sang 等人的语言能力模型。之后，陈宏在《第二语言能力结构研究回顾》中比较详细地分析了 Bachman 关于语言能力结构的模型，并将语言能力结构的研究与学习者的中介语能力连续体的研究联系在一起，指出中介语能力连续体的研究把自己局限于历时和单维的研究领域，必然失之片面。他认为语言能力首先是一种共时、多维的体系。在理论探讨的基础上，陈宏在《汉语能力结构差异的检验与分析》中以 HSK 作为语言能力比较研究的手段，通过回归分析对第二语言学习者和以汉语为母语的使用者的汉语能力结构差异进行检验和分析，证明了二者之间的汉语能力在结构上的差异是非常显著的。此外，分析还表明，二者在阅读理解能力方面差异不大，而在汉字书写能力、词汇知识、语法结构知识、听力理解与语境判断能力方面显著不同。这说明，如果将二者放在中介语能力连续体的两端来考察，以汉语作为第二语言的学习者与等分段的汉语为母语的使用者之间在汉语能力结构上存在相当大的差距。由此可见，语言能力结构的研究必将推进第二语言习得研究的深入发展。

五、教材编写理论及实践

20 世纪 70 年代，随着我国改革开放形势的发展，世界上掀起了学习汉语的热潮，国内对外汉语教学事业也从复苏阶段迅速进入蓬勃发展时期。由于教学的需要，更新原有教材、编写新教材成为迫在眉睫的任务。这就造成了二十世纪七八十年代对外汉语教材编写的活跃、繁荣的景象。全国在这一时期编写、出版的各种教材达 300 余种，保证了对外汉语教学的顺利进行。进入 20 世纪 90 年代中后期，教材供需紧张的矛盾逐步得以缓解，摆在人们面前的任务是深入进行理论研究，探索新路，编写出质量更高的新一代教材。

5.1 教材理论探讨

在教材编写的热潮中，人们也在深入地探讨教材建设的理论。四年中，有关教科书理论的文章，从内容上大体可归纳为总结过去、探析难点、创新与展望三个方面。

刘珣的《新一代对外汉语教材的展望——再谈汉语教材的编写原则》（《世界汉语教学》，1994 年第 1 期）回顾了教材编写的"漫长的探索之路"。20 世纪 50 年代初到 70 年代末，是以语法为纲的纯结构法教材时期。作者认为："经过这 30 年的探索，我们在编写纯结构法教材方面积累了较为丰富的经验，并且达到了相当的水平。《基础汉语》（商务印书馆，1972）及《基础汉语课本》（外文出版社，1980）不仅当时在国内被广泛采用，而且在国外也产生了很大的影响，成为我国第一批走向世界的对外汉语教材。"作者提到，20世纪70年代中期，功能法传入我国，引起了对外汉语教学界的重视，产生了结构与功能相结合的编教思路。他强调，我们采用的是把功能法的长处与结构法所取得的经验相结合的方式，"是一种具有中国特色的教材编写路子"。在评介了20世纪80年代至90年代初期一些成功教材的之后，作者指出了教材编写工作所反映出的问题：（1）在确定结构与功能相结合的原则下，仍较拘泥于以结构为主；（2）就结构教学本身而论，也缺乏发展和创新；（3）对功能系统的研究为时尚短，认识也是初步的，还没有比较成熟的功能—意念大纲；（4）汉语教材对文化的揭示是远远不够的。

杨庆华的《新一代对外汉语教材的初步构想——在全国对外汉语教学基础汉语推荐教材问题讨论会上的发言》（《语言教学与研究》，1995年第4期）在肯定了20世纪80年代以来的教材不可低估的历史性功绩以后，也指出了编教理论和教学实践方面存在的问题，如语法结构的教学设计基本上仍限于词、句等基本单位的训练，缺乏语段、篇章表达能力的培养力度；汉语教学中的难点有待进一步妥善解决；他认为缺乏针对性，是大多数教材的弱点。

徐家祯的《从海外使用者的角度评论人陆编写的初级汉语课本》（《第五届国际汉语教学讨论会论文选》，北京大学出版社，1997）谈到了课本安排的教学量与海外教学时数不适应的问题，指出了课文内容上"中国化""地方化"以及不适合成年人的简单化、幼稚化现象，还对教材中语法、词法的注释以及语言能力的训练，乃至课本装帧等方面提出了细致而中肯的意见。李晓亮的《对外汉语教材的几个问题》（《世界汉语教学》，1996年第4期）认为很多课本所选题材枯燥乏味，认为"语法讲解的方式是目前中文教科书的一大弊端……津津乐道于语法术语的讲解，再给每个术语下定义……忽视了实用性和可接受性"。

5.2 教材的规范化

在这一阶段中，教材规范化问题也是大家关注的一个主要问题。20世纪80年代以前，由于缺少基础研究的成果，教材的各要素找不到统一、公认的准绳，规范化难以实现。20世纪80年代以来相继出版了《汉语水平等级标准和等级大纲》（北京语言学院出版社，1988）、《汉语水平词汇与汉字等级大纲》（北京语言学院出版社，1992）、《中高级对外汉语教学等级大纲（词汇·语法）》（北京大学出版社，1995）、《中级汉语课程词汇大纲》等，这些成果为教材进一步规范化提供了条件。新出的不少教材在选词和确定语言讲练重点时都以上述大纲为参照，加强了教材的科学性、系统性。杨德峰的《试论对外汉语教材的规范化》（《语言教学与研究》，1997 年第 3 期）对这一问题做了较详细的调查和认真的思考。他认为教材的规范化应包括选文的规范化、生词及语言点确定的规范化和语言的规范化。

5.3 教材的创新

在对外汉语教学事业蓬勃发展的今天，在来华留学人员数量上大幅增加、层次上逐渐提高的形势下，人们对教材建设提出了更高的要求，期待着新一代教材的问世。赵金铭的《对外汉语教材创新略论》（《世界汉语教学》，1997 年第 2 期）对教材理论的创新探索具有一定的代表意义。文章首先提出应重视对外汉语教材宏观结构的设计，并试图构架对外汉语教材的宏观体系。在对教材的微观结构思考方面，他认为结构—功能—文化三结合，是教材编写的一种理想模式，是我们追求的目标。但在编写的实际操作中还有一些尚需解决的问题，如目前还没有成熟的功能大纲和文化大纲，结构、功能、文化三者如何更好地结合还需做基础性的研究。他特别强调，不管以结构、功能、文化哪个系统为主，语言结构永远是教材编写的根本脉络，结构永远是语言教材的骨架。另外，他把教材的创新分为总体创新和局部创新，提出一些关于课文、练习、语法注释等方面创新的思路。

几年来，对外汉语教学界为新一代教材的建设付出极大的努力。除了上面提到的学者外，还有不少学者发表了观点。孙德坤的《组合式——教材编写的另一种思路》（《世界汉语教学》，1996 年第 1 期）提出编写组合式教材的设想。此外，编写者也从不同角度谈及他们在探索中取得的新认识。任远的《新一代基础汉语教材编写理论与编写实践》（《语言教学与研究》，1995 年第 2 期）、李泉等的《〈新编汉语教程〉的设计、实施及特点》（《语言教学与研究》，1996 年第 2 期）、杨惠元的《论〈速成汉语初级教程〉的练习设计》（《语言教学与研究》，1997 年第 3 期）等文章均结合教材编写实际讨论了相关的理论和实践问题，对于对外汉语教材编写理论的逐步完善起到了积极的作用。

5.4 代表性教材简析

几年来无论是在汉语本体研究，还是在语言教学理论、语言学习理论的研究方面都取得了丰富的成果，促使对外汉语教学界产生了一些新的认识：（1）进一步明确把培养交际能力作为教学的基本目标；（2）转变教学观念，从重视"教"，拘泥于研究教什么、怎样教，转化为重视"学"，关心学生需要什么，探索学习过程和规律；（3）提出了"结构—功能—文化相结合"的教学法路子，并确定了三结合的编教原则；（4）对语言结构的阐释更注重用法的说明和条件的限制，使其在教材中的地位更加合理。正是在这些理论认识的基础上，人们对以往的教材进行反思，并开始新教材的建设。现举例介绍几种1994—1997年出版的教材：

5.4.1 《新编汉语教程》

黄政澄主编的《新编汉语教程》（上、下）（商务印书馆国际有限公司，1996—1997）是供海外学生使用的基础阶段教材。此教程上册有五个话题单元，下册有五个主题范围，都作为明线由几个固定人物将话题或主题联系起来；按照《汉语水平等级标准和等级大纲》选择语言点，甲级语言点覆盖率不少于90%，乙级不少于80%。本书的重要特色在于其设立的汉语功能系统。作者在编写教材前对功能和功能项目进行了深入的研究，提出了一个比较周密的功能体系。在"结构—功能—文化相结合"方面，作者进行了实事求是的分析，进行了大胆尝试。这部教材被称为"带有开拓性的教材创新"。

5.4.2 《速成汉语初级教程·综合课本》

郭志良主编的《速成汉语初级教程·综合课本》（1~4）（北京语言文化大学出版社，1996）是为速成教学编写的初级教材。作者认为速成教学的实质是最优化的教学。只有采取"强化＋科学化"的方法才能达到高效率。"本教材的总体构想是：以话题为中心，以语法、功能为暗线，以全方位的练习项目为练习主体。"课文编写的总原则是"以话题为明线、主线，以语法点为暗线、副线，重在实用，力求有趣，旨在为教学对象提供规范、常用的言语交际模式，培养并强化他们的汉语口头交际能力"。作者在筛选话题方面独具匠心，他们将话题的使用程度分为最常用、常用、次常用三个档次，依档按比例安排课文。这套教材的练习从练习语言要素入手，进而培养语言技能和交际能力，形成了独特的"一条龙练习法"。

5.4.3 《新汉语教程：情景·功能·结构》

李晓琪、戴桂芙、郭振华编著的《新汉语教程：情景·功能·结构》（Ⅰ～Ⅲ）（北京大学出版社，1995）设计了一些既生动活泼又有实用价值的情景，寓功能、结构于情景之中，使三者有机地结合起来。该书采用循环式教学，Ⅰ、Ⅱ册共60课分为十个专题。十课为一循环，下一个循环是对上一循环的同一主题的深化和扩展，语言点也随之循环。这样精妙的设计，不仅能使主题步步深入，而且有利于提高语言点和词语的重现率，有利于循序渐进。

5.4.4《速成汉语》

何慕编著的《速成汉语》(1~3)(北京大学出版社，1997)与上述教材具有相同、相似之处。全书共设计 15 个话题，第一次出现的话题为基本内容，以后每一次循环都是对原来话题的扩展丰富和深化。

5.4.5《桥梁——实用汉语中级教程》

陈灼主编的《桥梁——实用汉语中级教程》(上、下)(北京语言文化大学出版社，1996)注意汲取最新的科研成果，以近年出版的各种等级大纲为依据，对词语和语法讲练重点进行筛选，克服了以往中高级教材"随文出词"，语法点和生词的确定无据可依的现象，保证了教材的规范化和科学性。教材的另一特色是摆脱了多年来文学路子的桎梏，没有走"名家名篇"的老路，120 篇主副课文，大多都贴近现实生活，涉及中国社会的方方面面。课文的趣味性和科学性及语言教学的目的都得到自然结合。练习设计坚持培养交际能力的目标，也是教材的一个优点。

5.4.6《国际商务汉语》

李忆民主编的《国际商务汉语》(上、下)(北京语言文化大学出版社，1997)是一套文字本、录音带、录像带三位一体的立体化教材。教学对象是学过基础汉语的从事对外贸易的外国人。全书共 20 集，核心课文采用连续剧的形式，由固定人物串接起来。内容涉及了商贸活动的诸多方面，又较好地兼顾了语言和语言教学的内在规律。

5.4.7《生活在中国——中国人常常这样说》

在中级汉语教材中，吴仁甫、吴勇毅等的《生活在中国——中国人常常这样说》(中国广播电视出版社，1996)也是一部颇具特色的教材。它非常注重语言教学的文化因素导入，对汉语日常口语中的问候语、称呼语、谦语、忌语等等都从背景知识和表达方式上做了介绍。

六、汉语测试研究

6.1 汉语水平考试开发的简要过程

考试在中国有 2000 多年的历史，西方的考试也是从我们中国学去的，但在现代语言测验方面，我们起步较晚。为在语言测验领域赶上世界先进水平，1984 年北京语言学院成立了"汉语水平考试设计小组"，1989 年又正式成立了"汉语水平考试中心"。14 年来，中心已经开发出三个不同等级的汉语水平考试。1990 年 2 月，汉语水平考试 HSK（初、中等）通过了专家鉴定，并向海内外推出；1993 年 7 月，汉语水平考试 HSK（高等）通过了专家审定；1997 年 11 月，汉语水平考试 HSK（基础）通过了专家鉴定。到 1997 年，汉语水平考试已在 17 个国家建立了考点，考生总数已超过十万。

6.2 汉语水平考试的基本内容和质量指标

汉语水平考试是为测试母语非汉语者的汉语水平而设立的标准化考试，它以现代语言学理论、语言习得和语言教学理论及语言测验理论为基础。HSK（初、中等）共有 170 题，分为听力理解、语法结构、阅读理解和综合填空四部分。HSK（高等）由三套相对独立的试卷构成：（1）120 题客观性试卷；（2）作文试卷；（3）口试试卷。120 题客观试卷由听力理解、阅读理解、综合表达三部分组成。HSK（基础）共 140 题，分三大部分：听力理解、语法结构、阅读理解。HSK 的基础，初、中等和高等在难度上相互衔接，形成一个合理的梯度，以适应不同程度考生的需要。

汉语水平考试自起步之日起，就一直追求质量上的高标准。作为标准化考试，HSK 的各项统计指标都达到了很高的水准，下表是 HSK（初、中等）一份试卷的主要技术指标。

	听 力	语 法	阅 读	综 合	总 分
题　　数	50	30	50	40	170
样 本 数	646	646	646	646	646
平 均 数	29.9334	17.0588	27.0573	20.8019	94.8514
方　　差	82.2448	29.8355	79.8589	61.6542	750.0801
标 准 差	9.0689	5.4622	8.9364	7.8520	27.3876
偏 态 值	−0.1960	0.0009	0.1012	−0.1411	−0.0759
峰 态 值	−0.6390	−0.4621	−0.6717	−0.7125	−0.4159
Alpha 系数	0.8891	0.8049	0.8783	0.8850	0.9545
标 准 误	3.0203	2.4127	3.1179	2.6623	5.8442
平均难度	0.5987	0.5686	0.5411	0.5201	0.5580
平均点双列	0.4029	0.3972	0.3857	0.4365	0.4020
平均双列	0.5403	0.5222	0.5054	0.5878	0.5354

6.3 理论探索

语言测验是一个理论和实践并重的学科。在 HSK 的发展过程中，理论探索也取得了长足的进展。最近几年，汉语水平考试理论研究的焦点是结构效度和信度问题。张凯的《汉语水平考试结构效度初探》(《首届汉语考试国际学术讨论会论文选》,北京语言学院出版社,1995)提出了 HSK 的结构效度问题,郭树军的《汉语水平考试(HSK)项目内部结构效度检验》(《汉语水平考试研究论文选》,现代出版社,1995)从另一角度提出了这个问题。陈宏的《在语言能力测验中如何建立结构效度》(《语言教学与研究》,1997 年第 2 期)和《结构效度与汉语能力测验——概念和理论》(《世界汉语教学》,1997 年第 3 期)就测验结构效度从理论到操作进行了深入的探讨。在理论探索的基础上,研制人员进行了一系列意在改进 HSK 结构效度的实验。在 1997 年新研制的试卷中,HSK 的结构效度有了比较明显的改善。下表为改进后的因素负荷矩阵:

	因素 1	因素 2	因素 3
听力 1	−.04665	.86962*	.11119
听力 2	−.05536	.96088*	−.00885
听力 3	.30892	.67915*	−.02782
语法 1	.00992	.00722	.97783*
语法 2	.41535*	.34095	.27870
阅读 1	.89038*	−.12532	.09880
阅读 2	.83863*	.14021	−.02769
综合 1	.72878*	.16893	.09315
综合 2	.94307*	−.04304	−.05048

在信度研究方面,何芳的《汉语水平考试(HSK)信度、效度分析报告》(《首届汉语考试国际学术讨论会论文选》,北京语言学院出版社,1995)用被试的学业成绩做效标,证明 HSK 具有很高的同质性信度。谢小庆的《关于 HSK 信度的进一步研究》(《汉语水平考试研究论文选》,现代出版社,1995)和《信度估计的 γ 系数》(《心理学报》,1998 年第 2 期)提出一种新的信度计算方法,则是对信度理论的贡献了。

6.4 发展方向

随着计算机和网络技术的发展,语言测验也将进入一个新的时代,为赶上信息时代的浪潮,HSK 的研究人员正在加紧计算机辅助自适应性测验的研制。自适应性的 HSK 考试将以更先进的统计技术为基础,其自身理论将更加完备,而汉语水平考试所能提供的服务也将更方便、更快捷。

七、计算机和对外汉语教学

这一时期，随着中文信息处理研究和技术的深入发展，一些逐步研究成熟或走向市场的成果越来越多地被引入对外汉语教学领域，推动着对外汉语教学与研究手段的现代化。这主要表现在两个方面：一是计算机辅助对外汉语基础理论研究；一是计算机辅助对外汉语教学，包括 CAI、多媒体技术、光盘技术、超文本技术和网络技术的引入。下面我们分别介绍：

7.1 计算机辅助对外汉语基础理论研究

7.1.1 汉语中介语语料库建设

1995 年《世界汉语教学》第 4 期本刊记者文章报道"汉语中介语语料库系统"研制成功。1996 年北京语言文化大学陈小荷在第五届世界汉语教学讨论会做《"汉语中介语语料库系统"介绍》的报告（《第五届国际汉语教学讨论会论文选》，北京大学出版社，1997）。该语料库由储诚志、陈小荷等开发，聘请胡明扬、陆俭明、吕必松、邓守信、郑锦全等国内外 11 名著名学者作为学术顾问，从北京和外地的九所高等院校收集了 96 个国家和地区的 1635 位外国留学生的成篇成段的汉语作文或练习材料 5774 篇，共计 3528988 字，从中抽取了 740 人的 1731 篇语料，共 44218 句、1041274 字，进行了分词、词性标注及一些特殊的语言学标注。全部语料均登录有作者姓名、性别、年龄、国别、是否华裔、第一语言、文化程度、所学主要教材、语料类别、写作时间、提供者等 23 项属性。"汉语中介语语料库系统"对抽样语料按照字、词、句、篇等不同层次进行了加工和标记，对语料样本中的非规范形式（例如：错字、别字、繁体字、拼音字、非规范词等）做出索引标记，登录其相应的规范形式。系统有语篇属性登录、文本过滤、文字预处理信息登录、语料抽样、断句、分词、词性辅助标注、自动标注以及语料的主题检索、全文检索和数据浏览等各种功能，以及分别面向库建设、库管理和面向用户的库浏览、库应用。已有多篇文章运用本语料库进行研究。

7.1.2 现代汉语句型语料库与精读教材主课文句型统计

赵淑华等的《北京语言学院现代汉语精读教材主课文句型统计报告》（《语言教学与研究》，1995 年第 2 期）发表了国家教委博士基金项目"现代汉语句型统计与分析"的研究成果。该项目主要对我国中小学教科书、北京语言学院的对外汉语教材共计 400 万字语料的句子进行分析和归类，然后统计出各类句型的使用频率，从而为对外汉语教材的编写、测试标准的制订，以及汉语研究、汉外对比研究、中文信息处理等提供可靠的科学数据。对其中 28 万字的小学语文课本和 34 万字的北京语言学院初、中、高级汉语精读教材主课文做了深加工，构成了两个现代汉语句型语料库。该统计报告公布了 34 万字的精读教材语料库的研究工作及相关成果。赵淑华等的《句型统计与句法分析——介绍一个〈现代汉语句型语料库〉》（《第五届国际汉语教学讨论会论文选》，北京大学出版社，1997）发表了容量达 28 万字的小学语文课本语料库的研究成果。

7.1.3《信息处理用 GB13000.1 字符集汉字部件规范》

1996 年 11 月由北京语言文化大学、北京信息工程学院、上海交通大学等研制的《信息处理用 GB13000.1 字符集汉字部件规范》（以下简称《部件规范》）通过了国家语委组织的审定，1997 年 12 月 1 日发布，1998 年 5 月 1 日实施。《部件规范》是根据汉字的构形规律、现行汉字的发展现实和汉字的历史承袭性，采用"从形出发、尊重理据、立足现代、参考历史"的原则制订的。《部件规范》给出了 GB13000.1 字符集的《汉字基础部件表》（560 个）及其使用规则。《部件规范》还明确说明"也可供汉字教学参考"，所以，在此规范及其数据库的基础上，崔永华等对对外汉语教学中的汉字部件进行了再分析。1997 年 8 月邢红兵、崔永华、张普在"第二届术语学、标准化与技术传播国际学术会议"发表论文《GB13000.1 字符集汉字部件分析及其国家规范》，对上述研究工作和国家规范进行了介绍。

7.1.4 其他有关论述

张普的《近年来汉语信息处理技术在对外汉语教学领域中的应用》（《中国对外汉语教学学会成立十周年纪念论文选》，北京语言学院出版社，1996）对我国汉语信息处理技术"在汉语基础理论研究方面的应用""在计算机辅助汉语教学（CCAI）方面的应用"，以及"在计算机应用能力培养方面的应用"等三个方面的情况进行了综述。陆汝占、靳光瑾的《寻求对外汉语教学和计算机共同适用的语义解释方法》（《第五届国际汉语教学讨论会论文选》，北京大学出版社，1997）从形式化的角度出发，探讨了对外汉语教学和计算机自然语言理解共同适用的语义解释方法，认为对于语言理论和数理逻辑基础都有了解的成年留学生，可能接受这种方法。这是一篇从新的角度立意的探索性文章。

7.2 计算机辅助汉语、汉字教学系统研究

7.2.1 计算机辅助汉语教学（CCAI）理论研究与综述

谢谋的《日本运用计算机辅助语言教学的发展概况》（《语言教学与研究》，1994 年第 4 期）主要介绍 CAI 在日本的语言教学方面的发展与运用，最后对我国的 CAI 在对外汉语教学方面的发展提出三点建议。冯志伟的《计算机辅助教学系统》（《语文建

设》，1994 年第 11 期）介绍了计算机辅助语言教学的主要类型，多媒体技术的应用以及 CAI 在我国对外汉语教学领域的进展。郑艳群的《汉语计算机辅助教学的基本类型》（《第四届国际汉语教学讨论会论文选》，北京语言学院出版社，1995）结合对外汉语教学的实例，较为详细地介绍了"操练与练习型""指导型""咨询型""教学模拟型""游戏型"等五种主要 CAI 基本类型。

7.2.2 多媒体汉语汉字教学

陈文芷、郑锦全的《〈学习中文〉：从录像带到计算机辅助教学课件》（《第五届国际汉语教学讨论会论文选》，北京大学出版社，1997）介绍了他们将日本大学的《学习中文》的录像带改造成为计算机辅助教学课件，并制作成多媒体教学光盘的情况。该文着重介绍了利用已有的录像带改编这套教学课件的原则。作者对隐性衔接与显性衔接的使用，人机之间的互动和测试，全书词汇的超文本链接，以多隔教学替代重复练习，自动化学习辅导等均进行了有益的探讨。郑艳群的《从〈多媒体汉字教学字典〉看多媒体汉语教学的特点》（《第五届国际汉语教学讨论会论文选》，北京大学出版社，1997）从设计《多媒体汉字教学字典》的体验出发，介绍了该字典的体例和主要功能特色，探讨了多媒体电脑的技术特征，分析了多媒体计算机辅助汉语教学系统（MCCAI）的四大特点，最后对可能在国际互联网上出现的全球性的汉语教学系统做了一些大胆的预测。马静恒的《电脑多媒体对外汉语教材的编制及应用》（《第五届国际汉语教学讨论义选》，北京大学出版社，1997）从自己参与编制的多媒体汉语教学软件"声像中文文法及练习""声像汉语发音练习及测验"出发，对电脑多媒体汉语教材的编制以及使用这种教材的建议进行了论述。高豫的《孔夫子华语文多媒体软体的"资讯内容"介绍》（《华文世界》，1997 年第 86 期）逐一介绍了台湾的 17 家电子图书开发公司的 22 种多媒体光盘，涉及华语文教学、中华文化、艺术等领域，可以作为世界各地爱好中国文化者利用电脑科技学习汉语和汉字的参考。

7.2.3 基于因特网的远程对外汉语教学

徐娟、张普的《Internet 远程汉语教学构想》（《语言文字应用》，1997 年增刊）简述了面向 21 世纪开展基于因特网的远程对外汉语教学研究的重要意义和深远影响，介绍了北京语言文化大学在这方面的基本构想。《华文世界》1997 年第 83 期特设专题研讨华语文远距教学问题，集中发表了六篇有关文章，有信世昌的《远距教学与华语文电脑网路教材之发展》、汤传斌的《中文教育革新与国际网应用》、邹景平的《网际网路上的新华文教育机会》、高豫的《华语文教学应用网路技术之探讨》、蔡明达的《全球资讯网上教学教材编制例》、江立立的《谈目前 Internet 上的中文学习网站》等。文中许多意见和宝贵经验都可供开展因特网上的远程对外汉语教学参考。尤其是王韵龄、游美月的《华语文教学的电脑资源》（《华文世界》，1997 年第 86 期）为广大的海内外华文教师和学习中文的学生提供了大量方便的电脑资源。这些资源由华语文教学研究所的师生共同搜集，并由王韵龄、游美月两位研究生加以整理。资料包括"一是全球资讯网（WWW）上，与华语文教学相关的网站名称及网址，以台湾网站为主，并包括部分海外的网址；二是台湾的电脑光碟资源。由于台湾近来所发展的光碟节目（CD-ROM）逐渐增多，有不少光碟与语文教学、中国文化有关，可供华文教师作为补充辅助的教材，亦可供欲学习中文的学生作为自我学习的资源"。

7.3 有关的学术会议

《第四届国际汉语教学讨论会论文选》（北京语言学院出版社，1995）和《第五届国际汉语教学讨论会论文选》（北京大学出版社，1997）分别有"计算机辅助汉语教学"和"计算机和对外汉语教学"的专栏，收录了一批有关的研究论文。随着现代化教学手段在对外汉语教学与研究领域的越来越广泛的应用，1995 年 4 月 28—30 日在美国旧金山召开了首届"中文电化教学国际研讨会"。会议研讨的主要议题是：音像、电脑、多媒体和光盘技术在中文教学中的研究与应用。来自世界各地的 250 多位从事中文教学的教师、专家、学者与会，会上交流了近 90 篇学术论文，有近半数的论文与电脑、多媒体光盘有关。报告者边演示边报告。著名学者王士元教授致开幕词，北京大学教授潘兆明致闭幕词。《世界汉语教学》1995 年第 3 期同时刊登了《中文电化教学国际研讨会论文目录》。

（北京语言文化大学科研处组稿，刘珣、孙德金、张旺熹、王建勤、邓恩明、张凯、张普撰稿，崔永华、孙德金、王弘宇统稿、定稿。）

（原载于林连通、顾士熙主编《中国语言学年鉴（1995—1998）》，语文出版社，2000 年）

20年来对外汉语教学研究热点回顾
（2005）

一、导言

对外汉语教学系统的理论建设始于20世纪80年代初。20多年来，学界同人筚路蓝缕，辛苦耕耘，使学科从无到有，成长壮大，走向成熟。

对外汉语教学史研究的倡导者之一鲁健骥教授（1998：34）说："我们还应该加强现代对外汉语教学的历史的研究，包括解放后对外汉语教学大发展的历史的研究。因为这个时期是对外汉语教学形成学科的最重要的时期，不管从哪个方面看，这短短的几十年都超过了历史上的任何时期。"回顾20多年学科建设的路程，特别是其中对学科建设产生过重大影响的热点问题，探索其中的规律，应当会对今后的学科建设有所启发。

二、关于"热点"

2.1 本文讨论的热点的范围

本文讨论的热点是指一定时期内学界特别关注并比较集中地发表了较多相关论文的问题。

多数热点都有孕育期（前期的相关讨论、介绍）、高峰期（第一次讨论高潮）、持续期（高峰期后的持续讨论，有时还会形成新的高峰期）。上文说的"一定时期"指的是热点的高峰期。各热点的高峰期长短不一，可能一两年，也可能持续四五年。持续时间长的一个重要原因是有些研究需要一定的科研周期和发表周期。近年来，随着研究题目难度的增大和文章数量的增加，这个周期有延长的趋势。

2.2 热点的确定

确定热点，主要参考了《世界汉语教学》《语言教学与研究》《语言文字应用》《汉语学习》四种刊物的论文目录，第一届至第六届国际汉语教学研讨会论文集，第一届至第六届中国对外汉语教学学会年会论文集，中国对外汉语教学学会北京地区分会第一、二届年会论文集中的论文，还有一些会议资料和对外汉语教学单位编辑出版的论文集。

由于本人的学识、见解有限，确定的热点肯定有值得商榷的地方。就是说，还存在别的热点，比如语言对比研究、词汇教学研究、课堂教学研究等；有的热点还可以再细分，比如汉语习得研究、汉语中介语研究、偏误分析、交际文化研究、知识文化研究、跨文化交际研究等。从学科发展史的角度，应当对重要事件逐一研究，但本文无力胜任。

另外，还有一些本学科持续的讨论热点，如汉语本体研究、教材编写、汉语水平考试研究等，这里也不做讨论。

2.3 对热点的描述方法

下文对每个热点的说明一般包括以下内容：（1）热点名称，即根据比较通行的说法，给热点定一个名称；（2）首次高峰潮，即第一次集中讨论这个问题的大致时间；（3）热点的内涵，即主要讨论了什么问题；（4）收获，即围绕热点的讨论对学科建设产生了什么积极影响；（5）其他，如讨论中出现的问题，值得特别关注的人物、会议、著述等。

对各个热点的讨论，有话则长，无话则短，不强求形式上的统一。

三、热点简述

以下简要说明讨论 20 年来对外汉语教学研究的八个热点，讨论大致依据首次高峰期出现的时间顺序进行。

3.1 构建学科理论框架

根据一些文献，探讨构建对外汉语教学学科理论框架的首次高峰期应当始于 1984 年。其重要标志是当时几位著名语言学家就对外汉语教学的学术地位发表的意见。王力 1984 年 6 月题词："对外汉语教学是一门科学。"朱德熙 1984 年 11 月说："实际上这是一门学问。在国外已经变成一门学问，这需要研究。"林焘 1984 年指出："研究对外汉语教学是门学问，是具有理论性的一门学问。"另外，1984 年 12 月，当时的教育部部长何东昌明确指出："多年的事实证明，对外汉语教学已发展成为一门新的学科。"（转引自施光亨主编，1994：34；刘珣，2000：48）

吕必松（1990：115-124）认为，这一时期"研究的内容和成果可以归结为以下几点：（1）论述了对外汉语教学的性质和特点。……（2）提出了学科建设的任务。……（3）提出了总体设计的理论"。

盛炎（1990）认为："（20 世纪）70 年代末以前，汉语教学理论研究多注意教学法方面的问题，主要是教学方法、技巧。80 年代初以来，冲破了'方法'概念的束缚，从不同领域、不同角度，全面地探索汉语教学问题，力图建立一个对外汉语教学的理论体系。"

笔者以为，这一时期的主要收获有两点：

第一是确立了对外汉语教学作为一门学科的地位。老一辈语言学家把对外汉语教学定位为"一门专门的学问"，表现出他们作为科学家的远见卓识，在当时已经认识到，对外汉语教学有它不同于汉语语言学的特殊研究对象和研究方法，具有其不可替代性。

第二是确立了吕必松提出的"四大教学环节"的学科建设框架。四大教学环节的框架，是从我国以往对外汉语教学的实践中归纳、梳理出来的对外汉语教学的"学科教学论"。教育学中教学论、课程论、教学设计所探讨的问题，大都在这个框架下得到了体现。20多年来，它一直作为对外汉语教学学科理论建设的纲领。这个框架的缺陷是，限于当时的历史条件和认识水平，没有主动取得教育学的指导。因此经验的成分偏多，理论基础显得薄弱。但是这个框架在20年来的教学实践和理论探讨中不断丰富、充实，围绕这个框架进行的各项研究、建设和讨论所取得的丰厚成果，仍然是今后学科建设的坚实基础。

3.2 国外语言教学流派介绍

我国外语教学界对国外语言教学流派的介绍始于20世纪70年代末期，对外汉语教学界的介绍始于20世纪80年代初期，盛于20世纪80年代中期。这一阶段的标志性成果应当是美国学者黎天睦在中国的讲演稿《现代外语教学法——理论与实践》（北京语言学院出版社，1987）和盛炎的《语言教学原理》（重庆出版社，1990）。

20世纪80年代初，刚刚打开国门的国内语言教学界面临着一大批令人眼花缭乱的国外语言教学流派。介绍和了解这些流派，对刚刚起步的对外汉语教学的学科建设无异于一次语言教学理论的"扫盲"运动。它提高了从业者队伍对语言教学本质的认识，特别是对当时建立新的、符合语言教学规律的教学模式起了指导作用，为沿用至今的课程体系奠定了基础。在国内外流行不衰的《初级汉语课本》（北京语言学院出版社，1986）、《实用汉语课本》（商务印书馆，1981），以及国内现行的分技能教学的模式，都是在这个背景下产生的。

3.3 文化与文化教学研究

张德鑫（2000）说："对外汉语教学中的文化研究……成规模的研究大致始于80年代，盛于90年代，……比较突出的是张占一发表了《谈交际文化因素》（1989）、《试论交际文化和知识文化》（1990）、《交际文化琐论》（1992）等一系列关于如何正确认识和处理语言教学与文化教学的关系的论文，引起了广泛兴趣的讨论。"

卢伟（1996）说："1992 年中国对外汉语教学学会第四次学术讨论会结束以后至 1995 年第五次学术讨论会召开以前的三年多时间内，我国对外汉语教学界不断地探讨对外汉语教学中的语言与文化问题，发表了大量研究论文，而且在深度和广度上都有长足的进展。"

20 世纪 80 年代后期、90 年代初期，探讨语言教学中的文化问题是一股世界潮流。国内对外汉语教学界也进行了颇为激烈的讨论。这次讨论对我国的汉语教学产生了深远的影响。这种影响表现在三个方面：一是开始注重汉语中的文化因素（所谓"交际文化"）教学；二是加强了文化对比（所谓"跨文化交际"）研究；三是确立了文化（所谓"传统文化""知识文化"）教学在汉语教学中的地位。这三方面的成果，一直影响至今。

3.4 多媒体和网络教学研究

对外汉语教学的多媒体课件研究始于 20 世纪 80 年代末、90 年代初。第一次成批出成果则是到了 20 世纪 90 年代后半期。在近十年的时间里，相关的呼吁和理论探讨不少，也投入了不少人力、物力，研制出了一些课件，主要是汉字教学的课件；21 世纪初也建立了个别教学网站，但是真正投入使用的多媒体和网络课件并不多。利用多媒体和网络教学是一个具有广泛前景的领域。实际进展缓慢有多方面的原因，比如网络传输速度、资金投入等。但是实质性的障碍有两个，一是多媒体和网络教学的研制、运行、管理需要语言学、教育学、心理学、计算机技术、管理学人才的结合，而对外汉语教学界缺少这种综合人才。另一方面，这种教学不是现成的课本搬家或者把课堂录像传到计算机上。开展多媒体和网络教学，需要建立与一般课堂教学完全不同的教育理念和一整套专门的运行机制。而目前我们对此似乎还没有做好准备。教育部 2004 年公布的《大学英语课程教学要求（试行）》，对我们认识这个问题应当有很大的启发。

尽管进展不尽如人意，但是改进教学媒体，开展网络教学，这种追求已经深入人心，局部的教学媒体改进也蔚然成风。这种尝试不但提高了教师建立现代教育理念和利用现代化手段的意识，也提高了教师的业务素质和教学、科研能力，为今后的发展积蓄着条件。

3.5 语言习得研究

张德鑫（2000）说："1984 年，鲁健骥《中介语理论与外国人学习汉语的语音偏误分析》一文，首次将'中介语'理论引进我国语言教学界……1992 年，《世界汉语教学》《语言教学与研究》《语言文字应用》三刊联合邀请了语言学界、心理学界、语言教育界的一些专家学者，召开了语言学习理论研究专题座谈会……由此使这一领域的研究在 90 年代呈现出活跃的局面并取得了长足的进展。"刘珣（2000：204）说："中国学者在 80 年代大量进行偏误分析的基础上，90 年代初也开始了运用分析的研究，研究汉语的习得过程。"从发表的文献看，这方面的大量研究成果出现在 20 世纪 90 年代中后期。

国内对外汉语教学界进行偏误分析、中介语研究、习得过程研究几乎是跟国际同类研究同步进行的。这种研究借助了心理学、统计学、测量学、数据库的方法。尽管限于教师和其他研究者知识结构和研究水平，研究的深度和广度仍然有限，但是也确实取得了一些受到国内外关注的高水平研究成果。如北京语言大学研制的"汉语中介语语料库"就得到广泛的关注和使用。北语研制的"汉语中介语语料库系统"得到"中介语之父"塞林格教授的高度评价，"是他所见到的最大的中介语语料库"。（参看李立诚，2002）

这种研究更重要的成果是开始了教学理念的一个根本转变，即突破了以往只注重教学内容和教学方法研究的局限，开始注重对学习者的研究。就此，吕必松（1992）特别纠正了关于对外汉语教学研究对象的传统的通俗提法，把研究"教什么，怎么教"修正为研究"学／教什么，怎样教，怎样学"。

3.6 汉字教学研究

佟乐泉（1997）说："近年来，对外汉语教学的汉字教学越来越受到重视，这是外国人对学习汉语的要求不断提高的表现，促使我们加强对汉字教学的研究。"如佟所说，20 世纪 90 年代后期，汉字教学突然成为一个世界范围的研究热点。几年间，研讨汉字教学的论文、会议陡然增多。重要的会议有 1997 年 6 月在宜昌举行的"汉字与汉字教学研讨会"、1998 年在巴黎举行的"国际汉字教学研讨会"、1999 年 6 月在北京清华大学举行的"汉字应用与传播国际学术研讨会"。在各种有关会议和刊物上，研讨汉字教学的论文数量大增，汉字教学实验报告也时有发表。

汉字一直是非汉字圈学习者学习汉语的一个难点。随着这类学习者的增加，汉字教学问题特别引起西方汉语教学专家的重视。改进汉字教学涉及文字学、语言学习理论、教育学（包括识字教学研究）、心理学、认知心理学、教学实践经验，还有计算机和多媒体技术等各个方面。当时确有各路人马参与，对汉字教学进行了全方位的探讨。讨论的收获除了推动了汉字教学的理论研究和研制出数种汉字教学软件之外，跨学科的研究思想，也给学界留下了深刻的印象，学界同人利用跨学科方法的研究风气日盛。

3.7 汉语认知研究

语言认知研究是当前语言研究和语言教学研究的一个国际潮流。对外汉语教学的汉语认知研究是对把汉语作为第二语言的学习者的汉语认知研究（或简称"非母语者的汉语认知研究"）。国内此类研究始于 20 世纪 90 年代后期，20 世纪 90 年代末和 21 世纪初是一个成果比较多的时期。

非母语者的汉语认知研究，跟汉语习得研究既有重合，又有所区别。其主要差别是在基础理论、研究内容和研究方法上，语言认知研究依据信息加工理论，研究影响学习的因素和学习策略等问题，使用严格的心理实验方法。

通过几年来接触汉语认知研究的成果，学界逐渐认识到，运用认知科学的方法，探索影响外国人学习汉语的因素和学习策略，对于认识汉语学习的规律，改进教学，有着重要的作用，是学科发展的一个重要的支柱。这从"国家对外汉语教学领导小组办公室'十五'（2001—2005）科研规划课题指南"[1]中包含的选题可略见一斑。"指南"中的选题范围包括：学习策略的研究、认知语言学基本理论的研究、汉语隐喻现象的研究、认知域的研究、认知图式的研究、语境与语言理解的研究等。由此可见，这个热点还在持续之中，参与研究的教师也越来越多。这对认识语言学习的本质，改善教师的知识、能力结构，提高科学研究水平有着重要的促进作用。

当然，汉语认知研究是一个对专业理论、知识、技能要求较高的研究领域，所得到的结论对非专业人士来说，理解起来有一定的难度。因此虽然这几年有一些很好的研究成果，但是运用到教学实际（包括教材、课堂教学等）中的不多。这应当是需要改进的地方。

3.8 研制教学大纲

刘珣（2000：302）对 2000 年之前对外汉语教学界制订的教学大纲做了一个概括的说明。表 1 包括了刘珣提及的大纲和 2002 年国家汉办公布的三个大纲。

表 1　20 年来研制的教学大纲举要

年份	大纲名称	制订者
1975	北京语言学院现代汉语专业教学试行方案	北京语言学院
1982	二年制文科班课程设置计划及有关问题（讨论稿）	北京语言学院
1988	汉语水平等级标准和等级大纲（试行）	中国对外汉语教学学会
1992	汉语水平词汇与汉字等级大纲	国家汉办组织修订
1995	对外汉语教学语法大纲	国家汉办组织修订
1995	中高级对外汉语教学等级大纲（语法·词汇）	孙瑞珍主编

---

[1]　参看 http://old.pep.com.cn/xqjy/hyjx/dwhyjx/zxdt/201009/t201009_853065.htm。

续表

年份	大纲名称	制订者
1996	汉语水平等级标准与语法等级大纲	国家汉办组织修订
1999	对外汉语教学初级阶段教学大纲	杨寄洲主编
2002	高等学校外国留学生汉语教学大纲（长期进修）	国家汉办编
2002	高等学校外国留学生汉语教学大纲（短期强化）	国家汉办编
2002	高等学校外国留学生汉语言专业教学大纲	国家汉办编

　　从表1可以看出，20世纪90年代末到21世纪初，是研制大纲比较集中的时期。这些大纲在研制过程中，不断总结教学经验和研究成果，起到了明确教学目标和规范教学活动的作用。

　　我们还注意到，恰恰在此时，我国外语教学界也在研制外语教学大纲。教育部公布的《义务教育英语课程标准》（2001）和《大学英语课程教学要求（试行）》（2004）的确让人耳目一新。比较起来，2002年公布的对外汉语教学的三个大纲，似乎还是显得沉闷。原因是对多年来各方面的研究成果吸收不足，对新的教育思想和语言教学理念关注不够，特别是在基本的指导思想上依然没有摆脱"教"语言理念的束缚。

四、从热点中看到的规律

　　回顾和评价历史，是为了总结经验，发现不足，服务发展，而不是用今天的标准、眼光苛求历史。研究学科建设史的重要任务之一，是找出在发展过程的各个事件中反复出现的现象，即带有规律性的现象。从上述的热点中，我们至少可以看到下面几点带有规律性的现象：

　　第一，各时期的研究热点，大都与国外语言教学理论发展同步。比如我们对国外语言教学流派的介绍、语言与文化教学问题的讨论、语言习得和认知研究、网络和多媒体教学研究等。这说明对外汉语教学学科起步虽晚，但是理论研究一直在跟踪着国际语言教学的前沿。

　　第二，这些热点都与当时对外汉语教学实践提出的理论和实践问题密切相关，围绕热点的讨论丰富了学科理论，促进了教学水平和教师业务水平的提高。

　　第三，很多热点在研究中使用的不是单纯的语言学方法，研究成果也常常不是以语言学的形式表述，而是心理学的实验报告、计算机软件、数据库（包括题库）、计算机课件、统计或测量分析等。跨学科的方法在这些热点中起着重要的作用。从热点的发展过程可以看到一个趋势，即在对外汉语教学的研究中，数学方法（统计学、测量学）、试验的方法（心理学和认知心理学）、计算机方法（程序、数据库、课件）使用得越来越多。这跟语言研究方法的发展趋势平行。

第四，从总体看，热点过后，研究成果转化为教学实践（包括运用到教学设计、教材编写、课堂教学、成绩和水平测试等）的比例不足。这一条似乎不成其为规律，但确实也是一个反复出现的现象。我们对语言习得研究的成果、认知研究的成果、汉字教学的新思想、新的教学思想的介绍，都不同程度地存在这个问题。

五、启示

从上述规律中我们可以得到一些启示：

第一，还是要追踪和关注国内外语言教学理论和实践的新发展。回顾学科建设的历程，我们不难看到，推动我们学科建设的一个动力，就是关注和追踪国内外语言教学理论的发展，由此形成了一个个推进理论建设的热点。这曾经是我们学科建设的一个优良传统和优势。但现在我们对国内外相关领域的新动向的关注似乎不足，因此也就缺少了新的热点。

当前世界语言教学界有哪些热点呢？刘珣（2000：396）说，近十年来，国外第二语言教学研究的热点包括：语言学习环境、语言学习的动态性质、语言学习的社会文化因素（特别表现在跨文化语用研究和中介语语用研究方面）、学习者个体因素（比较集中于学习策略和学习者心理因素的研究）、语言测试、语言水平的界定、计算机辅助语言学习、语言学习和教学中的话语分析等。再如，目前国内外外语教学都在提倡和推广任务型语言教学法。"这种通过让学生做语言任务来习得语言的模式既符合语言习得规律，又极大地调动了学习积极性，并且有极强的实践操作性，因此很受教师和学生的欢迎，以至于'20世纪末、21世纪初在应用语言学上可被称为任务年代'。"（周淑清，2004：352）教育部2001年公布的《义务教育英语课程标准》明确提倡应用任务型教学法，而对外汉语教学界对"任务年代"几乎无动于衷[1]，是不是有些太迟钝了呢？

第二，应当关注理论和实践中存在的问题，特别是在当前大发展的形势下，要发现、正视并研究、解决在学科建设和教学实践中存在的问题[2]，不为数字所迷惑。

---

[1]　李晓琪等编写的《快乐汉语》（人民教育出版社，2003）运用了任务型教学法的思想，另有刘丹《任务型外语教学法：理论与应用》（广州华苑，2003年第1期）、张笑难《任务型教学模式在对外汉语写作课中的应用》（见于北京地区第三次对外汉语教学学术研讨会论文提要）。

[2]　现在这方面的文章几乎看不到。李泉2003年发表的《对外汉语教学理论和实践的若干问题》是一篇难得看见的此类文章，值得一读。

　　第三，对外汉语教学的问题常常是综合性问题，一些重大的问题，常常需要具备多学科的知识和能力才能解决。这要求我们建立跨学科的问题意识，主动改善队伍的学科结构和从业人员的知识和能力结构。比如一个起码的要求是，我们的教师和研究生应当能够看懂本领域运用不同学科方法撰写的讨论对外汉语教学问题的论著。

　　第四，缩小研究跟教学实践的距离，加强成果转化的研究，把我们已有的来之不易的研究成果运用到教学大纲的研制、教材编写、各类教学、语言测试、教学管理中去。这应当是我们研究工作的当务之急。当前国内外教育界普遍提倡的"教育行动研究"的方法[1]，可以帮助我们把相关的研究成果放在实验中检验，也可以帮助一线教师发现和解决教学实践中存在的问题。实践证明，这种研究方法，对提高教学质量和教师的业务水平都是十分有效的。

六、余论

　　在一批有识之士的倡导下，对外汉语教学史研究终于起步了。对于任何一个学科来说，学科发展史研究都是学科理论建设的一个重要组成部分。对外汉语教学史研究的起步，表示本学科正在走向成熟。诚如鲁健骥教授所说，我们要重视现代学科史的研究。现在我们这方面的研究还十分薄弱，关心的人还很少，还没有充分认识到科学史的镜鉴作用。认识历史，尊重历史，不但是一种科学的学风，更可以使我们少走弯路。

　　比如很长时间以来，我们都在说教育学是对外汉语教学学科的一个重要的理论支柱或基础。但是时至今日，我们在跟教育学息息相关的教学大纲设计、课程设置、教材编写、课堂教学、网络教学、成绩测试、教学管理各个方面，依然对相关的教育学理论和方法缺少足够的学习和运用（参看宋若云，2003）。这实际上在拖教学实践和相关理论研究的后腿。一个鲜明的例子就是对外汉语教学界在教育观念的转变和新课程的建设上，远远落后于国内英语教学界和其他学科。据说现在又在酝酿重新修订对外汉语教学的教学大纲。大纲作为全国遵循的教学纲领，应当遵循教育学规定的研制程序，应当体现新的教育理念（包括普通教育学的新理念和语言教学的新理念）。着手修订之前，我们应当明确修订的原因，需要看看我们研究过什么，前面的大纲有什么不足，可以吸取什么教训。应当吸收语言习得和认知研究、汉字教学研究、网络和多媒体教学研究、文化教学研究、语言本体研究等各方面的研究成果。还应当参考国内外语教学的教学指导文件，如教育部公布的《义务教育英语课程标准》和《大学英语课程教学要求（试行）》

---

[1] "行动研究……的起点是对自身实践的不满和反思，研究的对象是现实中出现的具体问题，研究的目的是为了解决现实问题，研究的过程是为了改善新的实践，研究的结果则是切实改变了现状。"（Arhar, Holly & Kasten, 2002: 1）

等，避免仍然重复前面大纲研制中的不足。

　　最后，学界应当珍视我们这份来之不易的家底，它不是很大，但是融入了这支队伍50 多年的心血和智慧。开路先贤，功不可没。承前启后，是学科健康发展的正确道路。

参考文献

程　棠 . 对外汉语教学目的原则方法 [M]. 北京：华语教学出版社，2000.

戴桂芙、刘德联 . 对外汉语教学法研究 [M]. 北京：北京大学出版社，1996.

教育部高教司 . 大学英语课程教学要求（试行）[OL]. 中国教育和科研计算机网，2004.

李立诚 . 北京语言大学的研究生教育与学科建设 [N]. 人民日报（海外版），2002-08-29.

李　泉 . 对外汉语教学理论和实践的若干问题 [C]// 赵金铭主编 . 对外汉语研究的跨学科探索——汉语学习与认知国际学术研讨会论文集 . 北京：北京语言大学出版社，2003.

刘　珣 . 对外汉语教育学引论 [M]. 北京：北京语言文化大学出版社，2000.

卢　伟 . 对外汉语教学中的文化因素研究述评 [J]. 世界汉语教学，1996（2）.

鲁健骥 . 谈对外汉语教学历史的研究 [J]. 语言文字应用，1998（4）.

吕必松 . 对外汉语教学发展概要 [M]. 北京：北京语言学院出版社，1990.

吕必松 . 对外汉语教学的理论研究问题刍议 [J]. 语言文字应用，1992（1）.

吕必松 . 对外汉语教学研究 [M]. 北京：北京语言学院出版社，1993.

吕必松 . 对外汉语教学学科理论建设的现状和面临的问题 [J]. 语言文字应用，1999（4）.

盛　炎 . 对外汉语教学理论研究中几个热门问题的思考 [C]// 中国对外汉语教学学会编 . 中国对外汉语教学学会第三次学术讨论会论文选 . 北京：北京语言学院出版社，1990.

施光亨主编 . 对外汉语教学是一门新型的学科 [M]. 北京：北京语言学院出版社，1994.

宋若云 . 1987—2001 年《世界汉语教学》引文分析 [J]. 世界汉语教学，2003（4）.

佟乐泉 . 对外汉语教学中的几个语言学习问题 [J]. 语言文字应用，1997（1）.

王　蔷 . 英语教师行动研究——从理论到实践 [M]. 北京：外语教学与研究出版社，2002.

王　维 . 科学基础论 [M]. 北京：中国社会科学出版社，1996.

张德鑫 . 对外汉语教学 50 年——世纪之交的回眸与思考 [C]//《第六届国际汉语教学讨论会论文选》编辑委员会编 . 第六届国际汉语教学讨论会论文选 . 北京：北京大学出版社，2000.

中华人民共和国教育部 . 义务教育英语课程标准 [S]. 北京：北京师范大学出版社，2001.

周淑清 . 初中英语教学模式研究 [M]. 北京：北京语言大学出版社，2004.

Arhar, Joanne M., Holly, Mary L., & Kasten, Wendy C. 著 . 黄宇等译 . 教师行动研究——教师发现之旅 [M]. 北京：中国轻工业出版社，2002.

（原载于《语言文字应用》2005 年第 1 期）

对外汉语教学学科 30 年发展报告
（2008）

一、学术发展概览

1.1 对外汉语教学学科发展概要

一般把 1978 年"北京地区语言学规划会议"提出的"要把对外国人的汉语教学作为一门专门的学科来研究"视为对外汉语教学学科创立的开端。如此，今年是学科的"而立之年"了。

新中国的对外汉语教学事业开始于清华大学 1950 年奉政务院指示筹备"东欧交换生中国语文专修班"，1951 年 1 月有 33 名学生的专修班正式开课。此后到 1977 年改革开放前，全国高校共接收来华留学生 13000 多名（参看张德鑫，2000）。总体规模不算大，但是所积累的教学经验、形成的教学思想、确立的语法教学体系、建立的优良传统，为此后的事业发展和学科建设打下了很好的基础，特别是当时培养的一批师资成为改革开放后对外汉语教学事业的骨干、学科的创始人和中坚力量，至今仍发挥着重要的作用。

自 1978 年开始学科建设的 30 年来，对外汉语教学学科在国家的发展和重视下，在老一辈语言学家的参与、扶持下，在语言学界、心理学界、中文信息处理界的支持和关注下，学界同人辛勤耕耘，初步形成了学科的理论框架，发表了六七千篇学术论文，出版了上百种专著；建立了稳定的研究基地、学术组织、专业杂志、专业出版社，主导着国内外的学术研究；由 30 年前的两三百人发展到近万人的专兼职队伍（参看赵金铭，2006）；编写出版了上千种教材；学科日趋成熟，由 30 年前人们眼中的"小儿科"变成如今学界和学子竞相参与的一门"显学"。

30 年来本学科对国家的主要贡献是：（1）通过学术组织和学术活动，联络了世界各地的汉语教师和研究者，推动了世界汉语教学的发展和教学质量的提高；（2）通过学术研究和实践，为国内外提供了广为采用的汉语教学和学习理论、教学模式、教材、教法、测试手段；（3）为国内外培养和培训了数以万计的汉语教学工作者；（4）通过教材、教学方法、语言测试，向全世界推广了普通话、汉语拼音方案和简化字，为国家语文政策得到国际认可创造了条件；（5）通过教材、教学和各种相关活动，加深了国际社会对中国国情、文化的了解和理解；（6）推动了对外汉语教学事业广泛、深入发展，为国家建立和平发展的国际环境做出了贡献；（7）带动了汉语语言学、心理学、文化学、中文信息处理、教育技术学等学科中一些领域研究的发展，特别是为国内应用语言学的发展和人才培养打开了一条宽阔的出路。

1.2 对外汉语教学研究的情况

下面分 12 个专题归纳 30 年对外汉语教学研究的情况。

1.2.1 学科理论研究

学科理论是学界对对外汉语教学学科的基本认识，是学科建设的指导思想。作为一个新兴的学科，学界对学科的性质、研究对象、理论框架和研究方法进行了多年的探索，并随着教学实践和学科建设的发展不断深入。30 年来主要形成了以下基本共识。

1.2.1.1 学科性质、研究对象和内容

（1）学科性质

对外汉语教学是一种第二语言教学，是一种外语教学，是一种汉语教学。

（2）研究目标

目标是揭示作为第二语言或外语的汉语学习和教学的内在规律，以指导教学实践。

（3）研究对象

研究对象是作为第二语言或外语的汉语学习和教学，即研究外国人学习和习得汉语的规律及相应的教学规律。

（4）研究内容

主要研究学习者从开始学习到达到接近汉语母语者水平的过程，以及教学设计、教材编写、课堂教学和测试等全部教学活动。（参看中国对外汉语教学学会等，1995）

最近有学者具体归纳为以下方面：（1）运用到课堂教学且能获得预期教学效果的汉语教学的汉语要素及其教学之研究；（2）教学模式及其理论的研究；（3）教学方法、教学技能及其理论的研究；（4）各种系列汉语教材编写的理论研究；（5）汉语测试及评估机制以及相关的理论研究；（6）汉语学习者的习得与认知研究；（7）汉语教师培训的研究；（8）利用现代科技手段服务于汉语教学的理论与实践研究；（9）跨文化交际的研究；（10）汉语作为第二语言教学的学科建设的理论研究。

1.2.1.2 学科理论体系

对外汉语教学已经初步形成一个学界大致认同的学科理论体系。有学者把学科体系分为三个层次：理论基础（语言学、心理学、教育学、文化学、社会学、横断科学及哲学）、学科理论（基础理论和应用研究，前者包括对外汉语语言学、对外汉语教学理论、

汉语习得理论和学科研究方法学，后者包括总体设计、教材编写、课堂教学、测试评估、教育管理和师资培养等）、教育实践（对汉语学习者的教育和对外汉语师资的教育）。

1.2.1.3 学科方法论

对外汉语教学是一门跨学科的学问，需要借鉴和使用心理学、教育学、信息技术等学科的方法，学界对此已经取得了广泛的共识。有学者认为，本学科的方法包括四个层次：哲学层次、一般科学方法层次（如系统方法和数学、逻辑方法）、通用方法层次（如实验法、观察法、调查法、历史法、文献法等）、学科方法层次（如语言学、语言习得和认知）。有学者认为定量方法是本学科的基本研究方法。

1.2.1.4 对外汉语教学史研究

20世纪末有学者提出应该进行学科史的发掘与研究。十年来主要研究了三个方面的问题：（1）通史研究；（2）历史上教材、辞书、专书的研究；（3）国别汉语教学史研究。

有学者认为世界汉语教学史的研究对象包括：对外汉语教育史、少数民族汉语教育史、国外华文教育史、国别汉语教育史、国外汉学史。其研究方法涉及语言习得理论、中国语言学史、汉学史、对比语言学等领域的研究方法。

1.2.2 教学理论研究

教学理论是依据语言教学的普遍原理和汉语、汉语教学的特点，在汉语教学实践中创造、形成的对外汉语教学实施的指导思想，是对外汉语教学事业发展学术基础的核心内容。这方面的成果主要体现在教学设计理论、教学模式研究、教学原则研究、课堂教学研究和教学大纲研制中。

1.2.2.1 总体设计的理论

20世纪80年代，吕必松根据对外汉语教学的理论和实践，提出对外汉语教学总体设计的理论。其大致框架是：语言教学的全过程和全部教学活动可以归结为总体设计、教材编写、课堂教学和语言测试四大环节。

总体设计的任务是根据语言、语言学习和语言教学的一般规律，结合汉语和汉语教学的特点，提出全面的教学方案。

总体设计的内容和工作程序是：根据教学对象的学习目的确定培养目标和教学要求；根据培养目标和教学要求确定教学内容；根据学生的自然状况、教学要求和教学内容确定教学原则；根据教学要求、教学内容和教学原则确定教学途径。（参看吕必松，2007：20）

这一理论在很长时间里作为对外汉语教学学科建设的理论框架发挥着作用，并在教学实践和理论探讨中不断得到充实。

1.2.2.2 教学模式研究

对外汉语教学的教学模式，是从汉语的特点出发，结合第二语言教学的普遍理论和对外汉语教学理论，在汉语教学中形成或提出的教学范式。它是基于一定教学理论而设计和形成的教学操作过程和方法，体现着实际的教学水平。30 年来学界设计和实践的主要教学模式包括：（1）学科建设初期的基于听说法理论的"句型教学模式"；（2）20世纪 80 年代中期延续至今的综合听说法、交际法思想的"分技能教学模式"；（3）20世纪 90 年代产生的"语文分开、集中识字"教学模式；（4）20 世纪 90 年代末实验的"词语集中强化教学模式"；（5）20 世纪末设计并实施的用于短期汉语教学和"长城汉语"的"交际任务教学模式"；（6）"对外汉语短期速成强化教学体系"（参看 2.2）；（7）学界综合听说法、功能法和交际法长处创建的"结构—功能—文化相结合"的教学模式（参看 2.3）。

1.2.2.3 教学原则研究

教学原则是教学工作和教学活动应当遵循的基本要求，是理论进入实践的中介。人们对教学原则的认识是不断发展的。

20 世纪 80 年代，有学者在分析各种影响教学全局的因素之后提出七条原则：（1）以教师为主导，学生为中心；（2）教学内容决定教学方法；（3）语言教学与文化教学相结合；（4）形式结构教学与语义教学相统一；（5）以言语技能和言语交际技能训练为中心；（6）精讲多练；（7）适度使用媒介语。

20 世纪 90 年代，有学者在总结以往教学实践和研究成果的基础上，概括出十条基本的教学原则：（1）培养运用汉语进行交际的能力；（2）以学生为中心，教师为主导；（3）"结构—功能—文化相结合"；（4）强化汉语学习环境，扩大学生对汉语的接触面；（5）精讲多练，以言语技能和交际技能训练为中心；（6）以句子和话语为重点，语音、语法、词汇、汉字综合教学；（7）听、说、读、写全面要求，分阶段侧重；（8）利用但控制使用母语或媒介语；（9）循序渐进，螺旋式提高，提高重现率；（10）充分利用现代化教学技术手段。

21 世纪，有学者构拟了包含四个层面的教学原则体系：（1）常规教学原则（如因材施教、循序渐进、精讲多练）；（2）上位教学原则（如目前流行的"以学生为主体，教师为主导"的原则）；（3）中位教学原则（如课堂教学原则、课型教学原则、教材编写原则）；（4）下位教学原则（如技能训练机会均等原则、搞活课堂的意识）。

1.2.2.4 课堂教学研究

有学者主张，在第二语言教学的四大环节中，课堂教学是中心环节，在全部教学活动中处于中心地位，其他环节都必须为它服务。教学原则的制订、教学方法的选择、教学内容的选择和安排、成绩测试的内容和方法等，都要适应课堂教学的需要。

课堂教学的以下研究比较成系统。

第一，课堂教学的结构。有学者把课堂教学的结构由大到小分为四级单位：教学过程、教学单位、教学环节、教学步骤。这四级单位由小到大是构成关系。

第二，课堂教学技巧。有学者从两个维度把课堂教学技巧分为八类：语音教学技巧、词汇教学技巧、语法教学技巧、汉字教学技巧、听力教学技巧、说话教学技巧、阅读教学技巧、写作教学技巧。当然这不是唯一的区分维度选择。

第三，课堂教学意识。有学者提出汉语课堂教学的 11 种意识：学生意识、交际意识、语言意识、课型意识、目的意识、敬业意识、搞活课堂的意识、跨文化教学意识、语用指导意识、引导学生掌握正确的学习策略的意识、时效意识。

近年来课堂教学研究讨论较多的问题包括：任务型课堂教学，网络和多媒体、信息技术在课堂教学中的运用，课堂教学评估，学生的课堂学习动机和焦虑，教师在课堂教学中的角色，等等。有些研究采用调查、实验的方法，表现出在研究内容和方法上的进步。

1.2.2.5 教学大纲研制

教学大纲是基于对语言教学的理论和实践的认识，对教学内容、教学途径的规定。对外汉语教学的大纲可以分为两类：一类是汉语水平大纲，规定不同阶段的教学内容和等级标准；一类是教学大纲，规定教学的内容和教学途径。教学大纲凝聚了当时的教学经验和研究成果，代表当时教学理念和教学方法的水平，对对外汉语教学的实施和发展起到了重要的作用。

30 年来研制的主要教学大纲包括：《二年制文科班课程设置计划及有关问题（讨论稿）》（北京语言学院，1982）、《汉语水平等级标准和等级大纲（试行）》（中国对外汉语教学学会，1988）、《汉语水平词汇与汉字等级大纲》（国家汉办组织修订，1992）、《对外汉语教学语法大纲》（国家汉办组织修订，1995）、《中高级对外汉语教学等级大纲》（语法·词汇）（孙瑞珍主编，1995）、《汉语水平等级标准与语法等级大纲》（国家汉办组织修订，1996）、《对外汉语教学初级阶段教学大纲》（杨寄洲主编，1999）、《高等学校外国留学生汉语教学大纲（长期进修）》（国家汉办编，2002）、《高等学校外国留学生汉语教学大纲（短期强化）》（国家汉办编，2002）、《高等学校外国留学生汉语言专业教学大纲》（国家汉办编，2002）。

2007 年和 2008 年国家汉办先后公布了《国际汉语能力标准》和《国际汉语教学通用课程大纲》。两个大纲以交际语言能力理论为指导，借鉴了多种外语和第二语言教学大纲的经验和成果，吸收了现阶段国内外汉语教学的经验和成果，对通用性的汉语言知识、文化知识等教学内容进行了梳理，并提供了可操作性的示例建议。《国际汉语教学通用课程大纲》规定汉语教学的总目标是"培养语言综合运用能力"，语言综合运用能力由语言技能、语言知识、态度与策略、文化意识四方面内容组成，体现了当前国际上流行的语言教学理念。

1.2.3 汉语作为第二语言的习得与认知研究

语言习得和认知研究的目的是了解语言学习的心理过程，为语言教学设计提供依据和思路，是语言教学的基本依据之一。对外汉语教学界自 20 世纪 80 年代开始介绍中介语和语言偏误分析的理论和方法，并开始将其运用于对外国人产出的汉语的分析。这方面的大量研究出现在 1992 年 5 月由《世界汉语教学》编辑部、《语言文字应用》编辑部、《语言教学与研究》编辑部联合发起主办的"语言学习理论研究座谈会"（参看 2.1）之后。学界取得的成果受到国内外关注，如北京语言大学研制的"汉语中介语语料库"就得到广泛的关注和使用，得到"中介语之父"塞林格（Larry Selinker）教授的高度评价，被认为是他所见到的最大的中介语语料库。（参看李立诚，2002）

1.2.3.1 语音习得研究

汉语语音习得研究虽然起步比较晚，但研究的起点比较高——大部分研究都是基于某种理论的实证研究，表现在三个方面：一是注重实验语音学研究；二是注重学习者语音系统的中介音类型研究；三是注重以理论为导向的实证研究。

多位学者对初、中级学生在音节水平上对声调的辨认和朗读进行了研究，主要发现是：学生的错误几乎都发生在任何一种调型及协同发音和连读变调上，其中学生对第二声和第三声的声调比其他的声调更易混淆。

有学者通过语图、音高实验和精确度、清晰度、可懂度实验，分别考察了欧美、日本、韩国、新加坡等不同母语背景的汉语学习者习得汉语语音的难点，以及出现的中介音类型。

1.2.3.2 汉语词汇习得研究

汉语词汇习得研究近几年逐渐活跃。研究主要集中在汉语词汇知识与学习者语言能力的关系、汉语词汇习得策略和方法、汉语词汇习得与词汇教学的关系。

有学者通过实验考察汉语学习者掌握认知词汇与活用词汇的关系，以及正字法距离与学习者综合语言能力的相互关系。研究表明，学习者的相关活用词汇与语言技能随着学习时间的增加而增加，正字法距离是影响语言技能发展的重要因素，但这种距离是可以改变的。

1.2.3.3 语法习得研究

汉语语法习得研究是汉语习得研究中成果相对丰厚的研究领域。研究的主要问题包括：

第一，语法偏误研究。如有学者运用偏误分析的理论对偏误例句进行了分类研究和成因分析。将偏误分为四大类型：遗漏偏误、误加偏误、误代偏误、错序偏误。将偏误的主要来源归结为：母语干扰和掌握不完全的汉语知识对学习新语法现象的干扰。讲解与训练的失误也是造成语法偏误的原因。

第二，汉语中介语语法分析。如有学者借鉴"最小差异对"的观点，将目的语句子与中介语句子在语法上组成一个个"最小差异对"，并从六个方面进行分析识别。

第三，汉语句式习得研究。如有学者通过分析语料库的语料、测试及问卷调查、个案跟踪的方法考察了不同汉语学习者对汉语 22 类句式的习得过程。研究表明，各句式不仅体现出一定的习得顺序，还显示出一定的等级差别；认知难易程度、语言输入、语言结构、语言教学等对习得顺序都有影响。有学者从情状类型的角度考察了母语背景为英语的学习者习得"把"字句的过程。针对句式研究还有"话题句""差比句"等的习得过程研究。

第四，汉语句法成分的习得研究。如有学者从正反两个方面对母语为英语的汉语习得者习得"不"和"没"否定结构的过程，进行了多侧面的描述。其重要发现是"不"和"没"否定规则习得的扩散过程揭示了学习者学习新规则所经历的内在过程包括四个过渡时期：单一否定期、混用期、泛化为主的偏执期、分化 / 整合期。另有许多针对教学中有关难点的研究，如对体态助词"了"、特殊动词、语气助词、"得"字补语、零代词。

1.2.3.4 汉字认知研究

汉字认知是近年来研究成果比较集中的问题之一。

有学者用人工神经网络方法对外国学生汉字构形意识发展进行模拟研究。研究发现：外国学生汉字构形意识的确立需要两年时间；汉字构形意识的发展与学习者的语言水平和学习者的识字量有关，其构形意识萌发的识字量应该在 2200 字左右；汉字结构类型对汉字构形规则认知的影响是由特征分布频次造成的；汉字构形规则认知发展受结构类型特征分布和任务频次两个因素的影响。

有学者借助中介语语料库的数据，用实验方法对外国留学生读音规则形声字和读音不规则形声字产生的错误进行了对比分析。结果显示，母语和汉语水平与留学生形声字的掌握有密切的关系；外国留学生对规则字和不规则字的加工都依赖字形信息；外国留学生在形声字的认知加工中主要依赖字形信息。

这方面的研究还有：日本学生书写汉字的讹误及其产生的原因、认知"图式"理论对留学生的汉字学习的作用、记忆原理在汉字听写训练中的运用、用行为实验与脑神经功能成像技术的研究成果分析影响留学生汉字形音识别的因素、外国学生识别形声字的实验研究、外国学生形声字表音线索意识的实验研究等。

1.2.3.5 学习策略研究

有学者研究留学生阅读中复合词词义猜测能力的获得途径。结论为语素义是词义认知的基础；复合词的猜测需要调动大脑中储存的有关汉字、词汇、语言和文化百科知识的整个网络系统。因此提高词义猜测水平，要同时加强自下而上和自上而下的加工技能的训练。

有学者通过实验研究考察了日本学生以阅读为目标的伴随性词汇学习过程，探讨影响学习者伴随性词汇习得的因素。研究表明，学习者词汇量越大，通过阅读附带学会的词语就越多；词汇重现率并非影响词汇习得的唯一因素。

1.2.4 语言要素教学研究

掌握语言要素是掌握语言能力的基础，语言要素教学是汉语教学研究的核心内容之一。研究基本集中在语音、词汇、语法、汉字四个方面，也有少量语用方面的研究。

1.2.4.1 语音教学研究

有学者认为，语言学习的开始阶段的主要矛盾是语音学习，集中进行语音训练很有必要。对语音单项练习应避免急功近利，要考虑长远利益。技能训练的初级阶段往往带有强制性，这个阶段不能跨越。

有学者认为"洋腔洋调"形成的关键并不在于声母和韵母，而在声调和比声调更高的语音层次。语音学习其实就是一种模仿活动，不只是模仿"字"音，还要模仿音节之上的轻重高低和语调模式，而且这种模仿活动应该贯穿整个学习过程。

1.2.4.2 词汇教学研究

第一，词汇教学的重要性。有学者认为，词汇教学的重要性是怎么强调都不会过分的。有学者认为，在整个对外汉语教学中，词语教学自始至终都应该放在语言要素教学的中心位置，因此应"强化词语教学，淡化句法教学"。有学者从认知语言学角度阐述词汇教学在语言学习中的作用，认为结构假说、隐喻理论、完形心理学理论证明，词汇教学有助于在学生头脑中形成语义的整体化、网络化，有利于语言项目的识记、编码、贮存和提取。

第二，词汇教学的思路。有学者认为，对外汉语教学中的词语辨析不宜固守"同义""近义"这类汉语本体研究提供的标尺，应当转换视角，基于中介语词语偏误的现实更有针对性地进行"易混淆词"辨析。易混淆词包括以下六类：狭义的近义词、有相同语素的词、语音相同或相近的词、母语一词多义对应的汉语词、母语汉字词与对应的汉语词、方言词与对应的普通话词。

第三，词汇教学的内容。有学者提出"最低量基础词汇"的概念，认为最低量基础词汇是一种可满足最小语言平台需要的词汇，包括封闭性的基本功能词和最常用的日常交际用词，最小语言平台是可以满足最低交际需要的语言系统；据此研制出具有可操作性的以 16 个"话题—功能"为中心的多方位词汇表，包括 562 单位（含词、词组、语缀、固定语句），补充推荐词汇 137 单位。

1.2.4.3 语法教学研究

迄今为止，语法一直是现代对外汉语教学的基本内容，因此也是对外汉语教学研究的一个核心问题。有学者认为，对外汉语教学的语法研究可分为三个层面：教学语法研究，即为教外国人汉语进行的语法研究；教学语法体系研究，即为教外国人汉语制订的语法体系；语法教学研究，即研究教授外国人汉语语法的策略、原则、方法。

第一，教学语法研究。对外汉语教学的语法研究跟一般的汉语本体研究有很大的不同，它的研究的目的、内容、重点、方法都有自己的特点。有学者把对外汉语教学语法点归纳为以下基本类型：体系型语法点，如补语系统、表示比较的句式、"把"字句、动态助词"了"；自立型语法点，如量词；格式型语法点，如"跟……一样""是……的"等。其中，体系型语法点是教材编写和教学的重点，应该自始至终地加以安排，并反复重现。

句型研究是教学语法研究的一个重要的方面。原北京语言学院句型研究小组的现代汉语基本句型研究，按照句子谓语的性质，从教学需要出发，一共整理了 219 个句型。考虑到补语是外国人学汉语的难点，也是汉语的一个特点，把补语在谓语中的格式进行了比较细致的分析，很有参考价值。

第二，教学语法体系研究。1958 年时代出版社出版的《汉语教科书》所体现的教学语法体系被认为是对外汉语教学语法体系的奠基之作。刘月华等编著的《实用现代汉语语法》（外语教学与研究出版社，1983）是对外汉语教学语法体系的代表作之一。以后的研究也一直持续不断。

有学者认为，对外汉语教学语法体系，应当建立在学习者学习汉语语法的规律、汉外语法的异同点、汉语语法本身的特点和规律三个方面之上。有学者提出建立三维教学语法体系：语音、语法、词汇语言三要素；语义、结构、语用三结合；听说读写技能综合训练。

第三，语法教学研究。有学者提出语法教学的三个阶段及其侧重点，认为初级阶段只需教最基本的语法形式，使习得者具备区分正误的能力；中级阶段侧重语义语法的教学，使习得者具备区别语言形式异同的能力；高级阶段侧重语用功能语法的教学，使习得者具备区别语言形式高下的能力。有学者认为，语法教学应该走"语法词汇化"的路子，语法现象、语法结构要通过词汇的教学方式进行，以词汇教学替代语法教学（语法说明），以词汇教学带动语法教学。有学者主张建立以虚词为核心的"词汇—语法"教学模式，以避免语法和词汇分家的现象。

由于语法教学一直是汉语教学的重中之重，所以研究语法教学的文章众多。除讨论语法教学的指导思想、教学原则之外，多集中在如何教授汉语语法教学的难点上，如"把"字句、"了"、"的"、趋向补语等。

1.2.4.4 汉字教学研究

第一，对汉字教学的认识。学界普遍认为，汉字教学是汉语作为第二语言教学不同于其他第二语言教学的最大区别之一。在世界汉语教学中，汉字教学是面临的最大的问题，也是最大的挑战之一。汉语教学只有突破汉字教学的瓶颈，创建具有特色的教学法，才能全面提高教学水平。

第二，汉字教学的思路。汉语教学由于受西方语言教学理论的影响，汉字教学长期依附于词汇教学。最近十多年来，学界开始依据汉字和汉字教学的规律，探索汉字教学的途径。目前较流行的汉字教学法有：先独体、后合体；汉字部件教学；偏旁部首教学等。在总体教学思路上，有学者主张，在汉语学习的初始阶段，对汉字要采取整字认读，整字识记。有学者在分析儿童母语识字教学之后提出"语文分开，先语后文；先认读，后书写；由易到难，分层次教学；认多写少"的教学思路。多位学者提出集中识字的主张，并进行了教学实验；有学者探索通过智力教具进行汉字教学；有学者讨论汉字的电脑输入与汉字教学的关系；有学者探讨利用现代信息工具辅助对外汉字教学。

1.2.4.5 文化教学和跨文化交际教学研究

第一，跨文化交际教学的地位。跨文化交际是对外汉语教学理论研究的重要组成部分，研究的目的是指导以培养交际能力为目标的教学实践，研究的重点是揭示跨文化交际中的文化差异和文化冲突，以提高学习者对文化差异的敏感性，增强对目的语文化的适应能力，从而更好地培养跨文化交际能力。

第二，"交际文化"理论。1984 年，有学者从功能角度把语言教学中涉及的文化划分为"知识文化"和"交际文化"两种。"知识文化"主要指非语言标志的、对两种不同文化背景的人进行交际时不直接产生严重影响的文化知识。"交际文化"指两个文化

背景不同的人进行交际时，直接影响信息准确传递的语言和非语言的文化因素。（参看 2.3）

第三，影响跨文化交际的因素研究。这里讨论的"因素"可以理解为语言教学中涉及的文化内容。学者们对文化因素进行了大量的研究，例如把交际文化进一步分为"语言交际文化"和"非语言交际文化"；把语言交际文化和非语言交际文化各分成四大类及其所属的诸多子项目；把文化内容划分为文化行为项目和文化心理项目以及所属的 114 个子项目；把文化因素分为语言文化和超语言文化两大类；等等。

在这些大同小异的框架下，学者们开展了很多交际文化因素的研究。有学者著书对跨文化交际现象进行了系统的论述；有学者借鉴跨文化交际语用失误理论，分析外国留学生跨文化交际中的"社交—语用"失误；有学者论述了中介文化行为系统的理据和过程，并阐释其描写与分析方法；有学者研究不同文化背景的留学生在汉语学习和个人交往中的跨文化理解和交际问题。

有学者专门讨论词语中的文化因素对语言的学习和使用的影响，归纳的主要因素包括以下六类：受特定的自然地理环境制约的语汇、受特定的物质生活条件制约的语汇、受特定的社会和经济制度制约的语汇、受特定的精神文化生活制约的语汇、受特定的风俗和社会心态制约的表达方式、受特定的认识方式影响的语言习惯。

第四，文化教学方法研究。如何使"文化"进入对外汉语教学的课堂也是学者们颇为关注的问题之一。有学者认为，对外汉语教学的最佳模式就是语言、文化一体化教学，将文化教学渗透、融化在语言教学之中。有学者提出从文化差异的角度"导入"影响交际的文化因素（后被命名为"文化导入说"），其含义是，在对外汉语教学的总体设计、教材编写和课堂教学三个环节中，有目的、分层次、系统地传授与汉语学习和使用密切相关的中华文化背景知识，以帮助留学生增强跨文化意识，更加得体有效地进行跨文化言语交际。

1.2.5 语言技能教学研究

语言技能教学是汉语教学的首要内容。这方面的研究成果对于提高教学质量至关重要。经过 60 年，特别是近 30 年实践和理论的积累，学界对听、说、读、写各方面的技能教学研究都取得了众多的成果，形成了成熟的教学思想和方法。

1.2.5.1 听力教学研究

本学科第一篇专门讨论听力教学的文章发表于 1977 年。1986 年北京语言学院出版社出版的与《初级汉语课本》配套的《听力练习》是我国编写的最早的真正具有专项技能特色的汉语听力教材。经过 30 多年的努力，学界对汉语听力能力和听力能力的培养方式有了深入的认识，形成了一套比较成熟的认识和教学方法。

第一，影响听力的因素。有学者通过对 90 名留学生的听力实验证明：近似的调比近似的音更难区别；不熟悉的音调比熟悉的音调更难区别；听句子时，未学过的生词是理解的最大障碍。有学者认为：影响科技汉语听力理解的语言因素有词汇量、对科技语言的了解、对语音的适应能力等；非语言因素有学生的文化知识水平和接受新知识的能力、心理和身体状况（情绪、紧张和疲劳程度等）、环境等。

第二，听力微技能。有学者提出汉语听力理解能力的六方面的分技能：对听力材料的筛选能力、预测和更正预测的能力、跳跃障碍的能力、识别重述或变换措辞的能力、利用连接词和语法关系提供信息的能力、"一心二用"的能力（听的同时要能做笔记、画图等）。有学者认为，听力教学中要重点训练的能力包括：辨别分析能力、记忆储存能力、联想猜测能力、概括总结能力、快速反应能力、边听边记能力、听后模仿能力、检索监听能力。

第三，听力训练方法。有学者撰写的专著《听力训练 81 法》（杨惠元，现代出版社，1988）总结了听力教学方法的研究成果，受到高度评价，被认为代表了对外汉语教学研究向纵深发展的一种趋向（参看吕必松，1990）。有学者创意并坚持"实况听力"教学实践和研究，编写和使用了相应的教材。

1.2.5.2 口语教学研究

对外汉语教学普遍开设口语课（有称"说话课"）始于 20 世纪 80 年代中期产生的分技能教学模式。此后，口语能力的培养途径研究逐步受到重视，其中值得关注的问题包括：

第一，口语和书面语教学的关系。有学者在 1997 年就建议分别建立书面语言和口头语言两种不同的教学系统。近年又有新的探讨，如有学者认为，汉语口语与书面语是两种不同的语言形式，各自具有自身的特点，是在不同的教学阶段所获得的不同的语言技能；应据此编写不同形式的教材，实施不同的教学方法，使学习者既具有口头语言表达的能力，也能阅读书报、杂志，能进行书面语表达。

第二，口语教学的目标。学者们分别讨论了初级、中级、高级阶段的口语教学目标、内容、任务。

第三，口语教学的原则和方法。有学者就口语教学的单项训练归纳出六类教学（语音训练、词语训练、句子训练、成段表达、独白性训练、会话性训练），合计 39 种教学方法、150 多种训练方式举例。多位学者报告了在各种理论指导下的口语教学途径的实验，如提问式口语教学、语段 / 语篇口语教学、基于交际任务的口语教学、辩论在高级口语教学中的应用等。

1.2.5.3 阅读教学研究

第一，阅读教学的目标和任务。有学者认为，汉语阅读教学的任务包括：汉语学习功能、专门用途阅读、阅读能力培养、阅读习惯形成、教育本质功能。可分为初级、中级、高级和超高级四个阶段，不同阶段有不同的教学目标和内容。有学者对汉语独特的阅读微技能进行了探讨。

第二，阅读课教学途径。有学者在回顾对外汉语教学中"精读课"发展轨迹的基础上，提出"精读"和"泛读"是两种不同的教学模式，它们相辅相成，应该在阅读教学中并举，从整体上提高汉语学习者的阅读水平。有学者认为，阅读课词汇训练的重点应该是实词而不是虚词，词汇训练是阅读教学的核心。有学者考察了18种阅读教材的练习项目，18种教材共使用了18种练习项目，其中最多的四种依次是选择答案、判断正误、填空、回答问题。

1.2.5.4 写作教学研究

在对外汉语教学中，写作是最难掌握的技能，也很少有专门的写作教材和相应的课程。现有的讨论汉语写作能力和写作教学的专著和文章主要涉及以下三个方面：

第一，写作教学的目标。有学者认为，对外汉语写作教学的课程规划应该以语段表达为起点，以语篇表达为目标；单项练习和综合表达相结合；阶段重点和总体目标相结合。

第二，写作教学的途径。有学者把篇章语言学的理论方法运用于写作教学，认为汉语写作教学应从篇章的角度进行教学指导：重视语段的写作训练；重视衔接与连贯的写作训练；强调读写结合，以读促写。有学者借鉴任务型教学法的思想，设计了汉语写作的任务型教学模式。有学者借鉴过程写作理论设计写作课教学。有学者探讨了中文电脑写作课问题。

第三，写作教材的内容设置及结构安排。有学者认为，写作教材的编写，在内容设置、结构安排等方面，应该协调好几对基本关系，即语言运用和表达形式训练的关系、语言水平和训练项目的交际价值的关系，以及教材内容的限定性和教学内容的针对性的关系。

1.2.5.5 商务汉语教学研究

20世纪90年代以来，特别是我国加入WTO后，商务汉语教学（也称"经贸汉语""商贸汉语"）发展迅速，开设相关专业方向和相关课程的学校越来越多，出版了多种教材，多个教学机构召开国内外商务汉语教学研讨会，国家社科基金和国家汉办都设立过相关的重要研究项目。这方面的研究主要集中在以下几个方面：

第一，商务汉语教学的性质。如商务汉语与基础性对外汉语的教学比较，商务汉语教学课程的定性、定位、定量，商务汉语教学需求分析等。如有学者认为经贸汉语综合课既具有普通汉语课的共性，又具有经贸语体的个性，并从六个方面进行了考察：性质和功能定位、教学对象定位、在课程体系中的定位、内部语言知识和经贸知识的定位、内容选取定位、各部分内容比例定位。有学者分析了商务汉语的学习需求五个方面的差异：学历教育与非学历教育、全日制与非全日制学习、集中学习与分散学习、入门学习与提高学习、单项语言技能学习与综合语言技能学习。

第二，商务汉语的语言特点。如外贸口语的特点、外贸口语中的委婉表达、商贸汉语中洽谈语言的特性、经贸汉语专用语等。如有学者探讨商务汉语口语的特点，认为商务汉语是商务专业用语与交际汉语紧密结合的专用汉语，商务汉语中渗透了大量中国传统文化因素，其口语具有庄重文雅的语体风格。

第三，教材编写。如商贸类汉语教材的分析、视听说汉语教材编制等。

第四，教学方法。如商贸汉语口语的词汇教学、商务人员汉语教学中的文化渗透、多媒体在商务汉语教学中的应用等。

1.2.5.6 中小学汉语教学研究

近年来，汉语学习对象低龄化趋势明显。学界开始关注对中小学汉语教学的研究，出版了多部中小学汉语教材，也有一些研究成果发表。目前见到多个考察世界各国的中小学汉语教学情况的调查报告，以及针对海外华裔子弟汉语教学的各方面研究（参看1.2.11）。面向少儿的汉语教学研究也很引人注目，目前见到的研究主要集中在：少儿汉语的教学理念和教学模式、少儿汉语的教学技巧、少儿汉语的汉字教学、少儿汉语的教材编写等。

1.2.6 教材研究

教材规定教学的内容、途径、方法，是教学理念、教学研究成果的固化形式，是教学的基本依据。编写高水平的教材，需要有对语言学、学习理论、教学理论、教学方法、教学实践和教材编写理论方法的全面理解，是一种高水平的学术研究。这些年来在国内外持久、广泛采用的教材，都是名家"十年一剑"的成果。所以，有学者指出，"教材在任何学科发展和建设中都起着至关重要的标志性的作用"（李泉，2002：100），应该充分肯定建国50多年来教材研究和编写的成果，"这是编写新时代汉语教材的重要财富和参考"（李晓琪，2007：12）。总体来说，现有教材不仅基本上满足了国内对外汉语教学的需要，也在不断走向世界，对世界汉语教学产生了巨大的影响。

1.2.6.1 教材编写概况

有学者从以下几方面归纳了学界教材编写和研究所取得的成果：（1）迄今仅中国大陆编写的教材就有上千种之多；（2）教材的种类不断丰富，已经初步形成多种层次、多种类型的教材体系，可以基本满足多种教学需求；（3）教材编写的理论研究和经验总结不断加强和深入，目前应该有 400 余篇有关教材编写的经验总结和理论研究的论文，另有几十部专著涉及教材编写和研究。（李泉，2006）

除此之外，对外汉语教材在向世界介绍和推广汉语拼音方案、简化字，使之得到国际社会的承认，以及向世界传播中国文化、让世界了解中国，确立国内汉语教学在世界汉语教学中的主导地位等方面发挥了其他渠道无法代替的广泛影响。

1.2.6.2 教材编写原则

1993 年，有学者认为各种类型教材普遍适用的六条原则是：实用性原则、交际性原则、知识性原则、趣味性原则、科学性原则、针对性原则。2000 年，有学者把教材的编写原则概括为"五性"：针对性、实用性、科学性、趣味性、系统性。2004 年，有学者归纳出教材编写的十项原则：定向原则、目标原则、特色原则、认知原则、时代原则、语体原则、文化原则、趣味原则、实用原则、立体原则。

学者们还对具体的教学原则如趣味性、针对性、实用性进行了深入的考察分析。如有学者通过调查学生对具体文章的看法，考察学生的趣味取向，结果表明，在阅读趣味上，学生之间有共同点，也存在着明显差异；语言难度对趣味性有直接影响；具有文化特色的文章并不必然具有趣味性。

1.2.6.3 教材内容研究

有学者讨论了课文与语音教学、词汇教学、语法教学以及与功能项目、文化项目教学的关系，强调应注意课文语言的口语化、规范化、多样化，注意课文话题的实用性、广泛性和连续性，课文人物应性格多样、积极向上、贴近生活。有学者探讨教材语法项目排序的原则和策略问题，认为语法项目的编排要受到总体设计、教学法理论、认知规律、语言自身规律、语言习得规律等多种因素的制约，其中遵循认知规律是编排语法项目的根本性原则。有学者考察了 50 种汉语教材练习设计与编排的情况。

1.2.6.4 教材创新研究

有学者认为，"经过这 30 年的探索，我们在编写纯结构法教材方面积累了较为丰富的经验，并且达到了相当的水平。……70 年代中期功能法从国外传入……我们所遵循的结构与功能相结合的方法，是在基本上保留语法体系完整性的情况下结构与功能的结合。应该说这是把功能法的长处与我们长期采用的纯结构法所取得的经验相结合的产物，是一种具有中国特色的教材编写路子。"（刘珣，1994：59）有学者提出"组合式教材编写"的理念，认为要提高教材的针对性，必须走组合式教材编写的新路子。这种教材由"原料"（候选课文库）和"菜谱"（教师用书）两部分组成，这两部分内容都储存在计算机里，由教师根据需要进行组合。

1.2.6.5 教材评价研究

20 世纪 80 年代末，有学者在回顾新中国成立以来到 20 世纪 80 年代中期对外汉语教材编写理论和实践的基础上，探讨了教学法理论、总体设计与教材的关系，以及教材中语言与文化的关系、教材编写的原则等，被认为是当时讨论教材编写研究最为全面、总结最为深入、理论色彩最为浓厚的经典性文献，具有很高的学术价值、史料价值和应用价值；所总结出的教材编写的针对性、实践性、趣味性和科学性原则已为对外汉语教学界所普遍接受。（参看赵贤州，1988）

有学者制订了一份涉及九个方面、包括 55 项评估指标的教材评估体系，后来被进行教材评估和研究者广泛参考。（参看赵金铭，1998）有学者借鉴国外相关研究成果，从语料的平均句长等角度探讨了确定汉语语料难度的方法，为确定教材语料的难度提供了一个有较好操作性的工具。（参看张宁志，2000）

1.2.6.6 优秀教材举例（参看李泉，2002）

20 世纪 80 年代以来使用较广、影响较大的对外汉语教材主要有（其他教材请参看 2.2）：

（1）《基础汉语课本》（李培元等编写，外文出版社，1980）

吕必松（1990：46）认为这"是到那时为止按照结构法的路子编写的一部最成熟的教材。……其科学性、针对性都是以前的教材所无法相比的"。刘珣（1994）说它是"我国第一批走向世界的对外汉语教材"之一。

（2）《实用汉语课本》（刘珣等编写，商务印书馆，1981）

这是我国出版的第一部被国外广泛使用的基础汉语教材。教材在继承我国以语言结构教学为主的教学传统的基础上，最早吸收了功能法的长处，探索了结构、功能和情景相结合的编写路子。教材出版后在国内外受到好评，出版过英、法、德、俄等注释本，仅英文版在 20 年间就印行了 17 次，行销五大洲，成为世界上使用地区最广的初级汉语教材。吕必松（1990：62）认为这套教材"不但代表了到那时为止的综合教材的最高水平，而且为探索新的教学路子做出了贡献"。邓守信（2004）说，该教材在 20 世纪 80 年代到 90 年代"被全美超过四分之三的大专院校华语课程所采用"。1987 年该教材第一、二册成为我国首部获奖的对外汉语教材。

该教材的"新世纪版"《新实用汉语课本》（北京语言大学出版社，2002—2005）

出版以来，发行了 50 多万册，仍为世界各地所广泛使用。美国 200 多所大学，英国、加拿大、意大利、比利时、澳大利亚等国的一些教育机构，以及联合国中文培训中心都在使用这套教材；法国、德国、韩国、越南等国家的出版社还购买了版权。

（3）《初级汉语课本》（鲁健骥等编写，北京语言学院出版社、华语教学出版社，1986）

这是我国最早的对外汉语分技能系列教材，其《听力练习》是我国编写的最早的真正具有专项技能特色的汉语听力教材之一。该教材长期被国内外广泛采用。

（4）《桥梁——实用汉语中级教程》（陈灼主编，北京语言文化大学出版社，1996）

这部教材走出了以往中级汉语教材"名家名篇"的文学路子，课文大多都贴近现实生活。课文的趣味性、科学性、语言教学的目的得到自然结合。在体例、语言点的解释和练习方式的设计上，继承和发扬了以往中级汉语教材的经验和传统，又有所创新，成为中高级汉语教材争相效法的经典，也是国内外使用最多的中级汉语教材。

另外中美合作编写的《话说中国》（杜荣等主编，华语教学出版社，1985）、《开明初级汉语》（孙晖主编，天津教育出版社，1989）、《汉语会话 301 句》（康玉华、来思平，北京语言学院出版社，1990）、《中国家常》（杨贺松，北京大学出版社，1991）、《汉语口语速成》系列（马箭飞主编，北京语言文化大学出版社，2000）、《博雅汉语》（李晓琪主编，北京大学出版社，2004）、《发展汉语》系列（北京语言大学出版社，2004—2006）等教材都各有特色，得到国内外广泛使用和好评。

1.2.7 语言测试研究

1.2.7.1 汉语水平考试研究

汉语水平考试简称 HSK，是北京语言大学 1984 年开始设计研制的一个标准化汉语考试，用于测试母语非汉语者的汉语水平。自 1990 年至 2007 年底，累计考生人数已超过 130 万（含国内少数民族考生），已成为国内外著名的语言测试品牌。近 20 年的使用效果和大量研究表明，HSK 是一个科学化、标准化程度很高的考试，也是一个可靠的、有效的考试。

汉语水平考试实施以来，关于 HSK 的研讨主要集中在以下几个方面：（1）理论基础；（2）等值研究；（3）信度、效度研究；（4）公平性研究。

随着国内外语言测试理论的发展和对外汉语教学的需求，人们也一直在探讨 HSK 的改进问题。有学者在 1999 年提出将 HSK 分为相互衔接、没有重复的初、中、高三个等级，并且制订不同等级的汉语水平统一量表。最近有学者根据对外汉语教学发展的新的形势，对考试的定位、标准、内容、形式、研发模式、考务等工作提出一些改革设想。

1.2.7.2 其他汉语能力考试的研制

根据对外汉语教学事业的发展，近年来又有一些新的语言能力考试推出，其中包括：（1）HSK 改进版，由北京语言大学汉语水平考试中心研制，2007 年通过专家鉴定；（2）汉语能力考试（C.TEST），由北京语言大学汉语水平考试中心研制，2007 年推出；（3）商务汉语考试（BCT），国家汉办委托北京大学研制，2006 年 10 月 7 日在新加坡首次开考，2007 年 4 月 15 日在中国国内首次开考；（4）新中小学生汉语考试（YCT），国家汉办研制，2006 年试考。

1.2.8 计算机辅助汉语教学

对外汉语教学界在教学和研究中使用计算机从 20 世纪 80 年代就开始了。迄今为止讨论计算机辅助教学的文献在 400 篇以上（参看郑艳群，2006），讨论的内容主要集中在三个方面：教学科研资源的建设、多媒体汉语教学和基于网络的远程汉语教学。

1.2.8.1 教学科研资源的建设

学界在把信息处理技术运用到教学研究和项目研制方面一直带有开拓性。其主要特点是项目不大，但在同一时期都走在其他领域的前面，所完成的项目一般都被鉴定为"国际或国内领先"。例如以下三个语料库对学科建设产生了较大的影响，在思路和方法上也都有一定的先进性。

第一，"汉语中介语语料库"，1995 年由北京语言学院研制成功。该语料库包括从北京和外地的九所高等院校收集的 96 个国家和地区的 1635 位外国留学生的成篇成段的汉语作文或练习材料 5774 篇，共计 3528988 字，对其中 1041274 字的语料，进行了分词、词性标注及一些特殊的语言学标注。该语料库被中介语理论的创立者塞林格称为世界上最大的中介语语料库。国内不少硕士、博士论文和重要的中介语研究的论文都曾利用或基于这个语料库的语料。

第二，"现代汉语语法研究语料库"，1995 年由北京语言学院完成，库存生语料 2000 万字，分词和词性标注语料 200 万字，并有部分句法标记。200 万字的精语料库是从语体、题材、体裁三个方面全面平衡后选取的平衡语料库。

第三，"现代汉语句型语料库"，1995 年由北京语言学院完成，语料库对 400 万字的语料进行了句子切分，对 34 万字的语料进行了句型分类统计的粗加工，对 28 万字的语料进行了句型分类和句法结构分析的精加工，为汉语教学提供了相关的依据，也是首次用语料库方法进行的相关研究。

1.2.8.2 多媒体汉语教学研究

对外汉语教学界的多媒体教学有很长的历史。例如中国第一部对外汉语教学电视录像片《中国话》摄制完成于 1981 年 10 月。此后，给教材制作的多媒体配套产品、专门制作的音像教学片层出不穷，这方面的研究也颇为丰富。如有学者结合对外汉语教学的实例，详细讨论了操练与练习型、指导型、咨询型、教学模拟型、游戏型等五种主要计算机辅助汉语教学的基本类型，并通过具体的教学实验讨论当前技术条件下开展多媒体汉语课堂教学的情况。（参看郑艳群，1995）

1.2.8.3 基于网络的远程汉语教学研究

现代远程教学以网络教学为主要形式，学界近年来也有不少成果发表。如有学者在 1997 年论述了面向 21 世纪开展基于因特网的远程对外汉语教学研究的重要意义和深远影响。有学者讨论基于因特网的对外汉语教学语料库建设及在线检索程序开发，研讨如何在网络环境下满足更大范围的语料检索需求，实现共享。有学者结合教学实践，讨论了在网络汉语课程中通过交流区、学习论坛进行"人—机"交互的交际练习。

网络教学的发展带动了众多网络资源和网络课件的开发。例如有学者介绍了中美两国政府教育领域最大的合作项目《乘风汉语》的主要结构和设计理念，有学者介绍了《生存汉语》网络课件的设计思路。

1.2.9 汉外语言文化对比

汉外语言文化对比研究与对外汉语教学的教学设计、教材编写、课堂教学都直接相关。通过语言对比，可以发现汉语与外语的共性与个性，根据不同母语背景的教学对象的特点和难点，采用侧重点不同的教学策略，有针对性地采取具体的教学方法，可以减少母语负迁移作用的影响，同时也可预测和解释学习者的偏误。

1.2.9.1 汉外语言对比

1977 年，吕叔湘先生针对对外汉语教学的学科建设发表了题为《通过对比研究语法》的讲话，提出要认识汉语的特点就要跟非汉语比较，无论语音、词汇、语法都可以通过比较来研究。吕先生的这一倡导得到了广泛响应。

有学者分析了 20 世纪后 20 年英汉语法对比研究，认为 20 世纪 90 年代对外汉语教学领域的汉英语法对比研究在研究的思路、方法和认识上都有很大发展，对语言现象进行了更广泛、深入的探索。研究者逐步建立起一种开放型、全局性、思辨性的研究模式，表现出较强的开拓精神和立体化思维的特点，主要表现为：语序对比研究的开展、多元化的研究视角和分析方法、对语义分析的加强、解释性分析的加强。（参看贾钰，2000）

20 世纪 90 年代中后期，来自韩国、日本的留学生占据较大的比例，因此这一时期关于汉语与韩语、日语对比的文章占了很大的比重，尤以汉韩对比为多。据统计，《汉语学习》《世界汉语教学》等学术期刊及第六、七届国际汉语教学讨论会上有关韩汉对比的文章有 60 多篇。

从 30 年发表文章的总体来看，比较的语言主要是英语、日语、朝鲜语 / 韩语，也有少量法语、德语、俄语、越南语、阿拉伯语、斯瓦希里语、豪萨语等汉外语言比较。比较的内容涉及语音、词汇、语法、汉字、语用等各方面。

1.2.9.2 汉外文化比较

汉外文化对比在 20 世纪 90 年代集中研讨语言教学中的文化因素时是一个高潮，以后也陆续有成果发表。这些年研究的主要问题包括：汉英交际语差异、"礼貌"的文化特性、影响言语礼貌性的语用因素、语用与文化、中外熟语的文化内涵差异、中日文化的差异、中国与英美文化交际中礼貌原则的差异、文化比较与汉语教学的关系等。

1.2.10 教师发展研究

对外汉语教学事业的发展和学科建设的关键是教师。我国对外汉语教学事业是由一代著名学者（周培源、吕叔湘、周祖谟、王还、朱德熙、邢公畹、郭预衡、邓懿诸前辈）创立的。此后，从 1961 年至 1964 年，国家先后选拔了 156 名中文系学生进行三年出国储备师资培训，成为事业的核心骨干和学科的开创者、学科建设的中坚力量，至今仍发挥着重要的作用。1965 年，北京语言学院为兄弟院校教师举办对外汉语教师培训班，揭开了对外汉语教学师资培训的序幕。1983 年北京语言学院开始了对外汉语专业的本科教育，1986 年开始了本专业的硕士研究生教育，1999 年开始了以对外汉语教学为方向的博士生教育，2007 年设立了汉语国际教育专业硕士学位，学科人才培养体系日臻完善。

1.2.10.1 教师知识和能力结构研究

有学者提出，对外汉语教师有不同的类型和不同的层次，对不同类型和不同层次的教师在素质的要求上应当有所区别。有学者认为，对外汉语教师的知识结构包括：汉语理论知识、语言教学法理论知识、语言学知识和心理学知识，以及文学、文化知识；对外汉语教师的能力结构体现在教学方面则应包括观察能力、分析辨别能力、思维判断能力、想象创新能力、口头表达能力，以及组织能力、交际能力和应变能力。有学者指出，对外汉语教师要树立很强的学科意识和学习、研究意识，还要树立自尊自重的意识。有学者认为，应培养派遣到国外任教教师的跨文化交际意识和应对在国外工作时的文化冲突、预防文化休克的能力。有学者认为，汉语教师必须逐步增强运用现代教育技术的主动性和自觉性，不断完善知识结构，成为现代教育技术的使用者。

1.2.10.2 教师培养和培训研究

有学者在 1987 年从学科建设的角度提出加强教师队伍的建设，认为一方面有必要培养本专业的硕士、博士作为对外汉语储备师资，另一方面必须对现有教师进行培训。有学者认为，教师培训应当体现以学员为中心的原则，考虑其不同的特点，满足其特殊需要；应当体现教学相长的原则——在教师为主导的前提下注重启发式、加强师生互动；应当贯彻理论与实践相结合的原则，尽可能给学员以一定的教学实习机会。有学者认为，汉语教师培训班的课程设置应当包括对外汉语教学理论、面向教学的汉语本体知识、课堂教学的内容与方法、汉语测试、教材的使用与编写等。

自 20 世纪 90 年代开始，陆续出版了数种教师培训教材；21 世纪以来，也有多种教师培训教材问世。

1.2.10.3 学科人才培养研究

对外汉语教学的人才培养是指为培养汉语教师和研究者而进行的学历教育。近年讨论的焦点在研究生的专业课程设置上。有学者认为，对外汉语教学专业的研究生应设置五大类课程：基础理论类，包括以应用为原则和目的的语言学、教育学、心理学等学科的基础理论；教学法理论及实践类，重点研究汉语作为第二语言教学的理论与实践，包括教材编写与课堂实习；外语类，一定要开设第二外语，特别是小语种；文化知识类，包括中国文化特质、风俗特征以及外国文化常识等；社会学、伦理学类，包括这些学科的基础理论与内容，以及教师所应有的礼仪风范、与人交往的基本规范等。（参看陈绂，2005）

这方面的重要成果是学历教育的教材建设，如商务印书馆正在出版的 22 种对外汉语本科系列教材，北京语言大学出版社正在出版的研究生系列教材。

1.2.10.4 制订《国际汉语教师标准》

为适应汉语加快走向世界对汉语教师能力的需求，国家汉办组织国内外语言教学的专家和汉语教师，经过多轮研讨，制订了《国际汉语教师标准》（外语教学与研究出版社，2007）。此标准在总结对外汉语教师培养的理论和实践的基础上，借鉴国际第二语言教师能力的研究成果，根据国内外汉语教师的实际和发展需求，确定了对汉语教师的五类能力要求，为 21 世纪国内外汉语教师的培养和培训，提供了先进的理念和具体标准（参看 2.2）。

1.2.11 海外华文教育研究

据有关方面公布，世界范围内学习汉语的人数已逾 3000 万，一个不容忽视的事实是，其中华侨、华人学习者至少占 70%。另据不完全统计，目前世界各国不同类型的华文学校和华文教学机构总数超过 10000 个。

因此，有学者提出，基于历代前贤的教学实践和宝贵经验，特别是最近 20 多年的长足发展、理论探索的同步跟进，华文教育正在成为一个独立的学科。

有学者认为，海外华文教学有自己特殊的研究领域、研究对象，它有别于国内对青少年的语文教学，有别于对外汉语教学，也有别于国内少数民族的双语教学，同时又不同程度地兼有上述各种教学的某些性质。

有学者认为，华文教育的特殊性表现为如下五点：特定的学习者群体、相关的语言背景、深远的文化渊源、不同的学习环境、专门的教学理念。有鉴于此，华文教育应是隶属于语言教育门类下的一个独具特色的学科。

有学者从华文教学的跨国、跨境、跨文化和性质多样的特点出发，认为华文教学当地化主要体现在以下几个方面：语言要素的当地化、文化内容的当地化、语料的当地化、教学方式的当地化、教学管理的当地化、师资的当地化等。

当前华文教育研究还集中于以下几个方面：华文教育中汉语教学的性质，华文教育与对外汉语教学的关系，华裔学生的汉语学习特点，华文教育的学科建设，华文教育的教育方针、培养目标、教材教法等。

1.2.12 汉语国际推广研究

有学者认为，新中国的对外汉语教学在经过 55 年的发展之后，于 2005 年 7 月进入了一个新时期。以首届"世界汉语大会"的召开为契机，我国的对外汉语教学在继续深入做好来华留学生汉语教学工作的同时，开始把目光转向汉语国际推广。这在我国对外汉语教学发展史上是一个历史的转捩点。

《中国语言生活状况报告 2007》有如下记载：汉语国际传播是持续多年的社会热点话题。2007 年 11 月国家汉办发布《国际汉语教师标准》《国际汉语能力标准》。2007 年 3 月，国务院学位办下发关于《汉语国际教育硕士专业学位设置方案》的通知；首批设置汉语国际教育硕士专业的试点院校已有 24 所，计划招生 1000 余人。2007 年 188 个国家和地区的各类来华留学人员达 19 余万人次，来华留学生数量、生源国家和地区的数量均创中国历史上的新高。2007 年有 4000 多名志愿者到 42 个国家从事汉语教学。孔子学院自 2004 年开办以来，全球已有 210 所，分布在 64 个国家和地区，开设汉语课程 1200 多班次，学员 46000 人；2007 年 12 月在北京召开了第二届孔子学院大会，来自世界 64 个国家和地区的孔子学院代表相聚北京，共商大计。（参看李宇明，2008：14）

有学者认为汉语国际推广应当重视语言标准建设与竞争策略，认为应尽快研制面向全球的汉语学习教学与评估标准；建立标准的兼容机制和竞争机制；开发基于标准的、面向海外的新型汉语教材，满足海外汉语教学市场的需求。

有学者认为，加快汉语走向世界，首先得靠科学发展观来指引。科学发展观是我国人民从事各项事业的重要指导思想和根本保证，它要求我们采取科学的态度，按事物的客观规律办事。要落实科学发展观，首先就得正确地发现、了解并掌握事物本身的规律，就得加强研究。

有学者讨论汉语国际推广中的文化问题。认为在文化内容的选取上，要以积极的内容为主，以介绍现当代为主；介绍传统文化，应以对现实仍有意义或重大影响的观念、习俗等为主。

有学者认为要切实改变教材编写"本体系统性"的传统模式与思路，创新机制、体制，用产业化的运作思路整合资源，改变以往某些教材编写者仅仅凭借教学经验编写教材的做法，借鉴海外外语教学的经验，组织教育学、语言学、心理学、信息技术等相关专业学科的专家联合攻关，编写符合学习者心理发展特点与语言学习规律的高质量教材。

有学者讨论汉语国际推广背景下海外汉语师资培养问题，分析了海外汉语师资短缺问题的实质所在，并就此提出对汉语国际推广背景下对外汉语教师素质观和建设培育与输出相结合、指导与考核相结合的培训模式的思考和建议。

二、重大学术进展

2.1 重大事件

2.1.1 学科发展大事记

1978年，吕必松在"北京地区语言学规划会议"上提出"要把对外国人的汉语教学作为一门专门的学科来研究"。

1979年，原北京语言学院内部刊物《语言教学与研究》正式在国内公开发行，成为对外汉语教学学科的第一份学术刊物，到2007年底，共发行128期。

1983年6月，"中国教育学会对外汉语教学研究会"成立，1988年独立为"中国对外汉语教学学会"，到2001年共举行了七届学术讨论会。

1984年，北京语言学院开始研发汉语水平考试（HSK），1990年该考试正式实施。1992年，国家教育委员会发布《中国汉语水平考试（HSK）办法》，开始在国内外推广汉语水平考试（HSK）。

1985年，北京语言学院、北京外国语学院、上海外国语学院、华东师范大学等四所大学开设了第一批"对外汉语"专业。

1985 年 8 月，第一届国际汉语教学讨论会在北京举行，来自 20 个国家和地区的 260 名代表参加了会议。到 2005 年，共举行了八届讨论会。

1987 年，"国家对外汉语教学领导小组"成立，由国务院七个部门和北京语言学院组成。"国家对外汉语教学领导小组办公室"为领导小组的日常办事机构。2006 年更名为"国家汉语国际推广领导小组"，国务院任命陈至立任组长。

1987 年 8 月，世界汉语教学学会成立。

1987 年 9 月，对外汉语教学专门的学术刊物《世界汉语教学》公开发行。到 2007 年底，共刊行 82 期。

1988 年 9 月召开第一次全国对外汉语教学工作会议，提出"对外汉语教学是国家和民族的事业"。1999 年召开第二次全国对外汉语教学工作会议。

1989 年 5 月国家教育委员会《关于印发〈全国对外汉语教学工作会议纪要〉的通知》中指出："发展对外汉语教学事业是一项国家和民族的事业。"

1990 年，国家教育委员会发布《对外汉语教师资格审定办法》，并从 1991 年开始组织实施。

1992 年 5 月，"语言学习理论研究座谈会"召开。

1993 年，《中国教育改革和发展纲要》提出要"大力加强对外汉语教学工作"。

1994 年底，"对外汉语教学的定性、定位、定量问题座谈会"召开。

1997 年底，"语言教育问题座谈会"召开，2000 年召开了第二次同类会议。

1998 年，对外汉语教学专业列入新版研究生教育博士学位目录。

2004 年，教育部颁布《汉语作为外语教学能力认定办法》。

2004 年 11 月，全球第一家孔子学院在韩国汉城建成。到 2007 年底，共建成 210 所孔子学院。

2005 年 7 月，世界汉语大会在中国北京举行。这是中国首次召开的以汉语为主题的高层次国际研讨会。大会的主题是"多元文化架构下的汉语发展"。

2005 年 9 月，党和国家领导人对"汉语加快走向世界"做出重要指示，以后又有数次重要指示。

2006 年 3 月，国务院办公厅转发《关于加强汉语国际推广工作的若干意见》，提出要实现发展战略、工作重心、推广理念、推广机制、推广模式和教学方法方面的"六个转变"。

2006 年 7 月，召开全国汉语国际推广工作会议，陈至立指出，要树立新的汉语国际推广观，强调要加强汉语国际推广能力建设。

2007 年 3 月,国务院学位委员会颁布《汉语国际教育硕士专业学位设置方案》。

2007 年 12 月,国家汉办公布《国际汉语教师标准》和《国际汉语能力标准》。

2008 年 3 月,国家汉办公布《国际汉语教学通用课程大纲》。

2.1.2 30 年来重大问题讨论

2.1.2.1 关于建立"对外汉语教学"学科的讨论(1978—1984)(参看施光亨主编,1994:34;刘珣,2000:48)

伴随着我国改革开放的步伐,对外汉语教学事业加快了发展,产生了学科建设的需求。1978 年在"北京地区语言学科规划座谈会"上,吕必松针对国外第二语言教学学科理论研究很受重视而我国对外汉语教学理论研究比较薄弱的现状,提出"要把对外国人的汉语教学作为一门专门的学科来研究;应成立专门的研究机构,培养专门的人才"。1982 年 4 月在北京语言学院召开的中国教育学会对外汉语教学研究会筹备会上,正式确立"对外汉语教学"的学科名称。语言学界诸前辈纷纷支持。王力 1984 年 6 月题词:"对外汉语教学是一门科学。"朱德熙 1984 年 11 月说:"实际上这是一门学问。在国外已经变成一门学问,这需要研究。"林焘 1984 年指出:"研究对外汉语教学是门学问,是具有理论性的一门学问。"1984 年 12 月,当时的教育部部长何东昌指出:"多年的事实证明,对外汉语教学已发展成为一门新的学科。"

2.1.2.2 关于"学习理论"的讨论(1992 年底)(参看程裕祯,2005)

为了进一步深化我国的语言教学理论和教学法的研究,推动我国语言学习理论研究的开展,1992 年 5 月 14—18 日,在北京清华园宾馆举行了"语言学习理论研究座谈会"。会议讨论的主要问题是:(1)语言学习理论研究的范围;(2)第一语言学习和第二语言学习、儿童母语学习和成人外语学习;(3)语言"习得(acquisition)"和语言"学习(learning)";(4)课堂教学和自然习得。此次会议的重要意义在于把"语言习得理论"提到了一个新高度。从重视"教什么""怎么教"到重视"学什么""怎么学",是一个理论认识上的飞跃。吸收和借鉴国外语言习得理论,结合我国对外汉语教学实际,把注意力放在学生身上,以"学生为中心"是学科深化的一个重要标志。学者们还提出了我国今后语言学习理论研究的任务、重点、方向和方法。

2.1.2.3 关于学科定位的讨论(1994 年前后)(参看刘珣,2000:29-31)

20 世纪 80 年代后期中、高级阶段对外汉语教学的规模逐步扩大,外国学生对学习中国文化、了解中国社会表现出更大的兴趣。同时,受到当时语言学界和文化学界"文化研究热"的影响,以及我们自身对语言教学交际原则认识的提高,学界形成了研讨文化教学问题的热潮。在讨论中有学者提出"对外汉语教学的学科内容是汉学,而不仅仅是语言培训"，要进行"系统的文化知识的教学"，"与国外大学的中文教学接轨"，"把学校办成汉学家的摇篮"等，有学者提出把学科性质改为"对外汉语文化教学学科"。这些观点引起了一场关于学科发展方向、专业建设、课程设置、课堂教学和教师队伍建设的讨论。1994年12月举行的"对外汉语教学的定性、定位、定量问题座谈会"，就学科的性质与内涵、对外汉语教学中语言教学与文化教学的关系等问题进行了深入的讨论，在一些原则问题上达成了共识，明确了学科的第二语言教育的性质，强调了学科的语言属性，统一了学科的大方向。会议也探讨了语言教学与文化教学的关系，推动了对语言教学中文化教学的重要性及具体内容的深入研究。

2.1.2.4 关于"语言教育学科"的讨论（参看程裕祯，2005：225-226）

1997年底，第一次"语言教育问题座谈会"在广西南宁召开。会议围绕建设"语言教育学科"进行了相关的研讨。讨论的主要问题包括：（1）语言教育与语言学的关系；（2）语言教学与心理学、教育学的关系；（3）语言教学与教学法理论的关系；（4）语言教育与政治思想教育、文化宣传的关系。2000年1月在海南师范学院举行了第二次"语言教育问题座谈会"。会议有以下六项参考议题：（1）语言教育的目的和目标；（2）语言教育在国民教育中的地位和作用；（3）语言教学与语言教育的联系与区别；（4）某种语言的特点对该语言教学法的影响；（5）语言教育或教学研究的成功经验；（6）21世纪的语言教育和语言教学。两次会议都是由对外汉语教学界发起主办，邀请了少数民族汉语教学界、外语教学界及语文教学界的专家和教师，四方面的学者汇聚一堂，就不同门类语言教学之间的共性和个性教学对比及综合研究展开讨论，并特别对作为新型专门学科的对外汉语教学的学科建设给予更多的关注和探讨，推动了我国语言教育问题的研究，在整体上促进了我国第一语言教学、第二语言教学及双语教学等不同门类学者、教师之间的交流和合作。

2.1.2.5 关于汉字教学的讨论

20世纪60年代，北京语言学院就曾进行过"先语后文，集中识字"的汉字教学实验。20世纪末，学界召开过多次汉字教学研讨会，如1998年在法国巴黎召开的"国际汉字教学研讨会"，同年在清华大学召开的"汉字应用与传播国际研讨会"。新世纪以来，随着汉语学习者的大幅增加，汉字教学问题的研讨更为热烈。新世纪的研讨，主要涉及以下问题：

第一，对汉字教学的认识。学界普遍认为，在世界汉语教学中，汉字教学是其面临的最大的问题，也是最大的挑战之一。汉字教学是汉语作为第二语言教学不同于其他第二语言教学的最大区别之一。汉语作为第二语言教学的教学模式与教学方法的创新，归根结底，要从汉语和汉字的特点出发，要结合汉语和汉字应用的特点。只有突破汉字教学的瓶颈，创建具有特色的汉语作为第二语言教学法，才能全面提高综合运用汉语的能力。（参看赵金铭，2008：4）

第二，汉字教学的思路。目前较流行的汉字教学法有：先独体，后合体；汉字部件教学；偏旁部首教学；等等。有学者主张，在汉语学习的初始阶段，对汉字要采取整字认读，整字识记，而不宜做过细分析。当学习者识记了一定数量的汉字之后，再分析部件构成、偏旁部首，以类相从，扩大识字量。（参看赵金铭，2008：4）有学者在分析儿童母语识字的过程之后提出"语文分开，先语后文；先认读，后书写；由易到难，分层次教学；认多写少"的教学思路。（参看崔永华，2008：17-23）

第三，吕必松提出的汉字教学思路。近年来，吕必松在反思半个多世纪的汉语教学之后，提出一种以"字本位"为理论基础的"组合汉语"教学思路。他认为，跟音节具有双重身份一样，汉字也具有双重身份：它既是汉语的书写符号，也是书面汉语的语言单位和语法单位。因此，汉字教学不但是书写符号的教学，而且也是语言单位和语法单位的教学，是书面汉语教学的基础和基本组成部分。教汉字也是教汉语，切不可把教汉字仅仅当成教书写符号。他认为，作为一种教学路子，"组合汉语"包括以下两个要点：以字为基本教学单位，而不是以词为基本教学单位；区分书面汉语教学和口头汉语教学，按照口头汉语教学和书面汉语教学的不同要求设计课程和课型。作为一种教学方法，"组合汉语"包括以下三个要点：按照二合法，由字的生成元素到字，由字到词（字组），由词到句子，逐级组合生成；书面汉语从汉字教起，汉字教学从笔画教起，注重形、音、义、用的结合；各级语法单位的结构分析都遵循形式结构和语义结构相统一的规则。（参看吕必松，2007：107）

2.2 标志成果

2.2.1 现代汉语词汇的统计与分析

该项目由王还、常宝儒等研制，1979年11月开始，至1985年3月完成。该项目对现代汉语不同体裁和内容的200万汉字的语料进行了词语切分、统计和分析，统计出汉语各级词语的出现频率、使用度和覆盖率等方面的数据。1985年7月，由国家教委科学技术司主持通过鉴定。有关专家认为，该项目达到了国内外先进水平，其成果不仅将对语言教学的科学化产生深远影响，也会为语言研究、中文信息处理、机器翻译、文字改革等提供重要的基础资料。该项目的主要成果是编纂出我国首部《现代汉语频率词典》（北京语言学院出版社，1986），以及《汉语词汇的统计与分析》（外语教学与研究出版社，1985）、《常用字和常用词》（北京语言学院出版社，1985）。

2.2.2《实用现代汉语语法》

刘月华、潘文娱、故韡编写，1983 年由外语教学与研究出版社出版。本书总结了以往对外汉语教学语法体系的研究成果，成功地描述了这个具有学科特点的现代汉语语法体系。正像作者所说，本书的重点就是外国人学习中经常会遇到的语法难点，凡是外国人难以理解和掌握的语法现象，本书都做了尽可能详细的描写。本书是当时对外汉语教学迫切需要的一本综合各家语法理论、为解决教学实际问题而编写的实用语法著作。吕叔湘评价该书"是一本很有用的书……有不少内容是别的书上不讲或一笔带过。而这本书里有详细说明的"。

2.2.3 汉语水平考试（HSK）

这是北京语言大学 1984 年开始设计研制的国内外首个用于测试母语为非汉语者的标准化汉语水平考试。这是我国对外汉语教学领域中的一大突破，填补了我国汉语测试的空白。1990 年 2 月 20 日，汉语水平考试（初、中等）通过国家教委组织的专家鉴定。1992 年 9 月 2 日，国家教委发布了第 21 号令，确定汉语水平考试为国家级考试。1993 年 7 月 28 日，汉语水平考试（高等）通过了国家汉语水平考试委员会组织的专家审定。1997 年，汉语水平考试（基础）通过鉴定并推广。到 2007 年底，累计考生人数已超过 130 万（含国内少数民族考生）。近 20 年的使用效果和相关研究表明，汉语水平考试是一个科学化、标准化程度很高的，可靠、有效的考试，在国内外同类考试中亦处于先进水平。

2.2.4《汉语水平等级标准和等级大纲》

1987 年 6 月，对外汉语教学研究会委托北京语言学院、上海外国语学院、北京师范大学、南开大学、北京大学等五所高校研制《汉语水平等级标准和等级大纲》（以下简称《标准和大纲》），研制组由李景蕙等七名教师组成。到 1988 年 1 月编制完成了《词汇等级大纲》和《语法等级大纲》。此项研究总结了建国以来对外汉语教学的经验并吸收了相关的研究成果，分析了各类教学大纲和教材，对涉及的等级项目进行了全面的统计，并借鉴了国外相关的语言水平等级标准。《标准和大纲》既给语法、词汇等规定了各级总量，也给听、说、读、写、译等方面规定了量化标准，是促进对外汉语教学走向科学化、标准化、规范化的重要步骤。

2.2.5 汉语中介语语料库

汉语中介语语料库由储诚志、陈小荷等研发，1995 年完成并通过鉴定。该语料库收集了北京和其他地区的九所高等院校的来自 96 个国家和地区的 1635 位外国留学生的成篇成段的汉语作文或练习材料，计5774篇，3528988字。语料登录有作者姓名、性别、年龄、国别、第一语言、文化程度、语料类别、写作时间等23项属性。然后从中抽取出740人的1731篇语料，共1041274字，进行了分词、词性标注及一些特殊的语言学标注，并对其中的非规范形式（例如：错字、别字、繁体字、拼音字、非规范词等）做出标记，登录其相应的规范形式。系统具有语料抽样、断句、分词、词性辅助标注、自动标注以及语料的主题检索、全文检索和数据浏览等各种功能。该语料库的建立不仅在我国是首次，在世界上也无先例。中介语理论的创始人塞林格参观后说这是他见到的最大的中介语语料库，应当让大家都知道。语料库建成后被学界各方面研究中介语和进行偏误分析的专家学者广为采用，成为本科学研究的一个重要的资源库。

2.2.6《外国人学习与使用汉语情况调查研究报告》

该项目由高彦德、李国强、郭旭历时两年多研究完成，涉及89个国家和地区、1178名调查对象。该课题调查的重点是学习者学习汉语的目的、就业情况，不同专业人员对基本语言技能掌握运用情况及主要困难，对语音、词汇及语法的掌握情况及需求，对课程内容及教材的评价与需求等。调查方法主要采用问卷和座谈。这是对外汉语教学界有关学习者个体因素大规模研究的首次尝试，调查的资料及所得的结论对教学设计有重要的参考价值。调查报告1993年由北京语言学院出版社出版，其数据为众多相关研究所引用。

2.2.7 教学大纲

教学大纲是教学研究的最终成果之一，体现着教学实践和教学理论的水平，对教学有直接的指导作用。30年来学界研制的主要教学大纲如下：

水平和标准大纲

《汉语水平等级标准和等级大纲（试行）》，1988年由中国对外汉语教学学会研究完成。

《汉语水平词汇与汉字等级大纲》，1992年由国家汉办组织修订完成。

《对外汉语教学语法大纲》，1995年由国家汉办组织修订完成。

《中高级对外汉语教学等级大纲（语法·词汇）》，1995年由孙瑞珍主编完成。

《汉语水平等级标准与语法等级大纲》，1996年由国家汉办组织修订完成。

《对外汉语教学初级阶段教学大纲》，1999年由杨寄洲主编完成。

教学大纲

《二年制文科班课程设置计划及有关问题（讨论稿）》，1982年由北京语言学院研究完成。

《高等学校外国留学生汉语教学大纲（长期进修）》，2002年国家汉办编制。

《高等学校外国留学生汉语教学大纲（短期强化）》，2002 年国家汉办编制。

《高等学校外国留学生汉语言专业教学大纲》，2002 年国家汉办编制。

2.2.8《国际汉语教师标准》《国际汉语能力标准》《国际汉语教学通用课程大纲》[1]

此三项皆由国家汉办组织研制，于 2007—2008 年间陆续公布。

《国际汉语教师标准》对从事国际汉语教学工作的教师应具备的知识、能力和素质进行了全面描述，旨在建立一套完善、科学、规范的教师标准体系，为国际汉语教师的培养、培训、能力评价和资格认证提供依据。《国际汉语教师标准》由五个模块组成，分别为：语言基本知识与技能、文化与交际、第二语言习得与学习策略、教学方法、教师综合素质。《国际汉语教师标准》适应了新形势的发展，实现了在标准上跟国际语言教学的接轨，标志着对外汉语教学对语言教学的认识达到一个新的水平。

《国际汉语能力标准》和《国际汉语教学通用课程大纲》以交际语言能力理论为指导，借鉴了多种外语和第二语言教学大纲的经验和成果，吸收了现阶段国内外汉语教学的成果及经验，对通用性的汉语言知识、文化知识等教学内容进行了梳理，并提供了可操作性的示例建议。《国际汉语教学通用课程大纲》规定汉语教学的总目标是"培养语言综合运用能力"，语言综合运用能力由语言技能、语言知识、态度与策略、文化意识四方面内容组成，体现了当前国际上流行的语言教学理念。

2.2.9 "对外汉语短期速成强化教学体系建设"

该项目由北京语言大学汉语速成学院项目组研究完成，项目组成员有赵金铭、迟兰英、毛悦、赵秀娟、谭春健。项目成果包括：（1）多样化的教学模式；（2）完善的课程体系；（3）科学严谨的教学规范；（4）独具特色的精品教材；（5）科学的测试体系和题库建设；（6）现代教育技术的应用；（7）教学科研成果（出版学术专著两部，发表论文102 篇，完成校级及以上科研、教改项目十多项，出版教材及工具书 39 册，译著七部）。本体系是在全国率先形成的完备的短期速成强化教学成果，对于在世界范围内推广汉语，加快汉语走向世界的步伐具有重要的示范意义和推广价值。此项目获 2004 年北京市高等教育教学成果一等奖、2005 年全国高等教育教学成果国家级二等奖。

2.2.10 主要教材

这里选择的是学界有评论认为已经为国内外广泛使用并产生较大影响的教材。

2.2.10.1《基础汉语课本》（李培元等编写，外文出版社，1980）

这套教材集以往对外汉语教材的长处和成功经验之大成，且在编排体例、语音教学

---

[1] 此三项中的后两项也应属教学大纲的研制成果。因情况特殊，放在这里讨论。

处理、语法的系统性和针对性、练习量和练习方式、课文内容等方面都有所创新。吕必松（1990：46）认为"是到那时为止按照结构法的路子编写的一部最成熟的教材。特别是语法点的编排和解释，把研究成果和教学经验融为一体，其科学性、针对性都是以前的教材所无法相比的"。刘珣（1994）指出，"《基础汉语课本》不仅当时在国内被广泛采用，而且在国外也产生了很大的影响，成为我国第一批走向世界的对外汉语教材"之一。

2.2.10.2《实用汉语课本》（刘珣等编写，商务印书馆，1981）

这是我国出版的第一部专供国外学习者使用的基础汉语教材。教材最早吸收了功能法的长处，探索了结构、功能和情景相结合的编写路子。教材出版后在国内外受到好评，出版过英、法、德、俄等注释本，仅英文版在20年间就印行了17次，行销五大洲，成为世界上使用地区最广的初级汉语教材。吕必松（1990：62）认为这套教材"不但代表了到那时为止的综合教材的最高水平，而且为探索新的教学路子做出了贡献"。邓守信（2004）说，在20世纪80年代到90年代"被全美超过四分之三的大专院校华语课程所采用"。1987年该教材第一、二册成为我国首部获奖的对外汉语教材。

该教材的"新世纪版"《新实用汉语课本》（北京语言大学出版社，2006）出版不足三年，发行50多万册。美国200多所大学，英国、加拿大、意大利、比利时、澳大利亚等国的一些教育机构，以及联合国中文培训中心都在使用这套教材；法国、德国、韩国、越南等国家的出版社还购买了版权。

2.2.10.3《初级汉语课本》（鲁健骥等编写，北京语言学院出版社、华语教学出版社，1986）

这套教材是北京语言学院于20世纪70年代进行的"改革精读课、加强听力和阅读教学试验"的成果。《初级汉语课本》是主干教材，与之配套的教材还有《阅读理解》《听力练习》《汉字读写课本》。这是我国编写的最早的对外汉语系列教材，主干教材《初级汉语课本》在语法项目的选择、编排和说明上多有创新之处，如用公式表示语法项目，尽量减少语法术语，将语法点化整为零分散教学，使该书的语法注释简明实用、针对性强。通过注释介绍交际文化和安排交际性练习的做法也是此书的首创。其配套教材《听力练习》是我国编写的最早的真正具有专项技能特色的汉语听力教材之一。教材出版后长期被国内外广为采用，获得专家和使用者的好评。

2.2.10.4《桥梁——实用汉语中级教程》（陈灼主编，北京语言文化大学出版社，1996）

这部教材走出了以往中级汉语教材"名家名篇"的文学路子，课文大都贴近现实生活，趣味性、科学性和语言教学的目的得到自然结合。这部教材在体例、语言点的解释和练习方式的设计上，继承了以往中级汉语教材的经验和传统，又有所创新，成为中高级汉语教材效法的经典，是国内外中级汉语教学的首选教材。

2.2.10.5《长城汉语》（马箭飞主编，北京语言大学出版社，2006）

这套教材用于基于网络多媒体技术开发的新型互式汉语学习模式。这种教学模式采用网络多媒体课件与面授教学相结合的多元混合教学方法，为学生提供了一种简单、有趣、快速的汉语学习方式。它也是一套完善的学习管理系统，学习者不仅能即时跟踪自己的学习进度，还能比较单元之间的学习成绩和学习效果。《长城汉语》多媒体课件体系由三个主要部分组成："生存交际""拓展交际"和"自由交际"。"生存交际"部分的主体课程又分为六个级别，分别涉及个人信息、生存交际、日常生活、学习工作、社会交往及综合交际等六个方面的实用内容。

2.3 理论创新

2.3.1 对外汉语教学总体设计理论

20世纪80年代，吕必松根据对外汉语教学的理论和实践，提出对外汉语教学总体设计的理论。其大致框架是：语言教学的全过程和全部教学活动可以归结为总体设计、教材编写、课堂教学和语言测试四大环节。

总体设计的任务是根据语言、语言学习和语言教学的一般规律，结合汉语和汉语教学的特点，提出全面的教学方案。

总体设计的内容和工作程序是：根据教学对象的学习目的确定培养目标和教学要求，根据培养目标和教学要求确定教学内容，根据学生的自然状况、教学要求和教学内容确定教学原则，根据教学要求、教学内容和教学原则确定教学途径。（参看吕必松，2007：20）

这一理论可以看作是有中国特色的对外汉语教学论的初始框架，在很长时间里一直是外汉语教学学科建设的核心理论，并在教学实践和理论探讨中不断得到充实。

2.3.2 "交际文化"理论

张占一1984年在《汉语个别教学及其教材》一文中从功能角度把语言教学中的文化背景划分成知识文化和交际文化两类：知识文化指非语言标志的、在两种不同文化背景的人进行交际时不对其直接产生严重影响的文化知识；而两种不同文化背景熏陶下的人，在交际时，由于缺乏有关某词、某句的文化背景知识而发生误解，这种直接影响交际效果的文化知识就是交际文化。赵贤洲（1989）也认为，"从外语教学角度看，把文化分为知识文化与交际文化较为可取"。他对交际文化的界定是："主要指两种文化的人进行交际时直接发生影响的言语中所蕴含的文化信息，即词、句、段中有语言轨迹的文化知识，它主要以非物质为表现形式。"对此，外语教学界的专家也给予了肯定，胡文仲、高一虹（1997：8）认为，"这样一种文化观对于对外汉语教学尤为适用"。有评论说，20 世纪 80 年代最有影响的是张占一提出的"交际文化"主张。"交际文化"的提出把对外汉语教学中文化研究的视角转为排除跨文化交际障碍所遇到的语言中内含的文化因素上。围绕"交际文化"理论的研讨和教学实践，把中国对外汉语教学界的文化和文化教学研究引向深入。

2.3.3 对外汉语教学语法体系

对外汉语教学语法体系是一种教学语法体系，它既不同于各种理论语法体系，也不同于中国人学习汉语的语法体系（如"暂拟汉语语法教学体系"），而是一种具有针对外国人的汉语教学的特点的汉语语法体系。如有学者说，这种语法体系应当建立在学习者学习汉语语法的规律、汉外语法的异同点、汉语语法本身的特点和规律三个方面之上，这样才能在项目的选择和编排、语法重点和难点的确定、语法项目的等级划分等问题上得到较好的答案。（参看张旺熹，1999）1958 年出版的《汉语教科书》所体现的教学语法体系被认为是对外汉语教学语法体系的奠基之作。刘月华等编著的《实用现代汉语语法》是描述对外汉语教学语法体系的代表作之一。同类著作还有：《现代汉语语法》（张维、许德楠，外文出版社，1984）、《外国人实用现代汉语语法》（程美珍、李德津，华语教学出版社，1988）。自 20 世纪 90 年代以来，随着汉语教学语法研究的发展，学界对汉语教学语法体系的认识也在不断发展。一个适合对外汉语教学的教学语法体系已经形成，这体现在相关的专著、教材、教学大纲和其他相关研究中。

2.3.4 分技能汉语教学模式

分技能汉语教学模式是 20 世纪 80 年代中后期我国学者综合听说法、功能法、交际法思想提出并逐步形成的教学模式。这是根据我国对外汉语教学的实际设计的一种具有中国特色的常规汉语教学模式。其主要特征是以综合课（或称"精读课"）为核心，按照听、说、读、写技能设置课程。鲁健骥等编写的《初级汉语课本》系列教材是第一部实践这一教学模式的教材。这种教学模式从 20 世纪 80 年代产生于北京语言学院之后，为国内正规汉语教学机构广泛采纳并持续至今。

2.3.5 "结构—功能—文化相结合"的教学思路

"结构—功能—文化相结合"的教学思路是 20 世纪 90 年代中期提出的。这是我国学者基于对外汉语教学的理论和实践，汲取了国外结构法和功能法的长处提出的一种教学思路。它既反映了对外汉语教学的主要内容，又反映了基本的汉语教学途径。有学者认为，"结构—功能—文化相结合"的教学思路是培养学生交际能力的有效途径，也是提高教学水平的基本保证，这"完全是我们自己提出的、带有中国特色的提法"。这种教学思路被国内汉语教学界广泛认同，并蕴含于教学大纲、教材和教学方法之中，在国外也得到一定的认可。

2.3.6 汉语国际推广的理念

汉语国际推广是根据国家和国际汉语教学的发展需要，加快汉语走向世界的重要举措。其核心思想是实现对外汉语教育模式的六大转变，即（1）从单一的对外汉语教学向全方位汉语国际推广转变，教学对象从大学扩展到中小学、成人学校，从学生扩大到商业人士、家庭主妇等；（2）将外国人请进来学汉语向汉语加快走出去的转变；（3）从专业汉语教学为主，向大众化、普及型、应用型的汉语教学转变；（4）从过去以大学为主，向中学、地方的教育部门、民办学校等全社会都参与的对外汉语教学转变；（5）从过去只有政府做，扩大到鼓励民间参与，充分发挥民间力量的转变；（6）从纸质教材面授为主向多媒体网络教学、应用现代信息技术为主的教学方式转变。汉语国际推广的理念提出以后，大大推进了汉语走向世界的步伐，对对外汉语教学学科的建设将产生深远的影响。

三、历史经验与未来发展

3.1 历史经验

有学者这样总结 20 世纪后四分之一时期对外汉语教学学科建设的成绩："到 20 世纪 90 年代为止，我国汉语作为第二语言教学理论建设取得的最大成就是基本上明确了本体理论的研究对象、研究目的、研究内容和研究方法。概括起来说：汉语作为第二语言教学本体理论的直接研究对象就是汉语作为第二语言教学本身；研究目的是揭示汉语作为第二语言教学的客观规律，推动各项教学活动沿着科学化、规范化和标准化的方向向前发展，不断提高教学的效率和成功率；研究内容包括教学性质、教学结构、教学过程（总体设计、教材编写、课堂教学、语言测试）、教学路子、教学方法、教学技巧、教学发展等等。研究方法是把汉语作为第二语言教学作为一个实体，研究这个实体的结构和这个实体结构的每一个构件以及各个构件之间的相互关系，结合教学实践揭示其中的矛盾和引起矛盾的各种内部和外部因素，提出解决矛盾的办法。由于基本上明确了本体理论的研究对象、研究目的、研究内容和研究方法，就为以后的继续研究打下了比较坚实的基础。"（参看吕必松，2007：23）

进入 21 世纪，有学者指出："随着我国经济的飞速发展，国际地位的不断提高，对外汉语教学面临着前所未有的蓬勃发展的局面，学习汉语的外国朋友正在成倍地增长，了解中国，学说中国话，可以说是已经成为世界的一种时尚。对外汉语教学本是一门新兴的学科，20 世纪 80 年代才确立了'对外汉语教学'的名称，才被承认是语言学领域中的一个新分支。这个新分支从一诞生就充满了青春活力，20 年来，教师队伍发展之快，教学水平提高之迅速，科研内容之丰富，是语言学其他学科望尘莫及的，成为当前语言学领域中发展最迅猛、影响最广泛的学科。"（参看林焘，2005）

作为一个年轻的学科，在 30 年的时间里能够取得这种成就，其环境因素有二：第一是国家的发展。对外汉语教学事业是随着新中国的诞生而诞生的；国家改革开放，推动了对外汉语教学事业的发展，事业的发展提出了对学科建设的要求；随着国家的全面发展和国际地位的提高，对外汉语教学事业迅速发展，又给学科不断地提出新的课题，提供了发展的机遇。第二是作为国家和民族的事业，对外汉语教学事业对国家的发展具有特殊地位，因此，其学科建设一直受到国家和各级领导的重视，受到语言学界几代学者的扶持，受到教育学界、心理学界、中文信息处理界和社会各界的支持和关注。

学科发展最基本的内因，是对外汉语教学界不懈的奋斗。第一代学者（包括周培源、吕叔湘、王还、朱德熙、邢公畹等等）以他们对事业的责任心、丰厚的学识、刻苦钻研的学风、宝贵的敬业精神，给学界奠定了良好的基础。这些优良传统代代相传，影响至今。

从取得的主要成就（即对业内业外产生重大影响的项目）来看，本学科的研究具有以下特点：第一，关注教学事业的发展，研究成果源于教学实践，面向教学实践，致力解决教和学的问题；第二，坚持从汉语和汉语教学的特点出发，在总结自己的理论和实践的基础上，不断汲取国内外语言教学、学习和认知研究的理论和方法，特别是学科前沿的理论和方法，形成了符合汉语和汉语教学特点的汉语作为第二语言或外语的教学理论和方法体系；第三，注重使用跨学科方法，通过合作攻关，完成重大项目，解决重大问题。

3.2 未来发展

汉语加快走向世界，给学科建设带来了前所未有的发展机遇，也对学科建设提出了巨大的挑战。机遇使事业发展，使对外汉语教学界受到前所未有的重视、支持，使我们的队伍迅速扩大，有了更广阔的作为天地。"今天汉语教学大发展的新形势又向我们提出了很多新的问题，……比如，如何加强对作为汉语教学主战场的海外广大地区汉语教学的研究；如何发展大众化、普及型的汉语教学；如何发动中小学的力量，特别是社会力量，来进一步推动汉语教学事业；为满足不同学习者的不同需求，如何探索更加多元化的教学模式和教材，进一步打造汉语母语国的品牌；为解决师资力量的严重短缺，如何尽快培养各种层次的汉语教师，特别是'种子教师'，等等。"（刘珣，2007：15）学界要肩负自己的历史使命，既要发扬以往的优良学术传统，梳理和利用以往的学术成果，又要扩大视野，用新的观念和加倍的努力，应对事业发展提出的新问题。多位学者反复强调，在未来的学科建设中，要认真对待以下问题。

3.2.1 学科建设要解决对外汉语教学事业发展的重大问题

崔永华（2005：49）指出，"解决学科面临的问题，是学科的生命价值所在。对外汉语教学学科作为一个应用性质的学科，应当重视研究的'应用性'，即重视发现和解决教学中的实践和理论问题"。当前对外汉语教学界面临的最大、最重要的问题就是汉语国际推广。汉语国际推广急需解决"三教"问题。正如陈至立（2007）所说："提高孔子学院的办学质量，必须解决好三个问题，这就是教材、教师和教学法。……作为汉语的母语国，中国有责任、有义务为解决这三大难题提供帮助。"养兵千日，用兵一时。对外汉语教学作为一个应用学科，在当前的首要任务就是要聚精会神地解决汉语走向世界中遇到的难题。例如教师问题，李晓琪（2007b：9）指出，时至今日，"一支比较整齐的对外汉语教师队伍已经逐步建立起来了，……但是不可回避的问题是，目前教师队伍的数量和质量还都远远满足不了日益增长的需求"。对于教学法和教学模式问题，李泉（2006：14）认为，应当"对课堂教学的现状进行调查和研究，在此基础上来探讨课堂教学模式、课堂训练方式、课堂教学原则等"。

3.2.2 加快已有科研成果的转化

30 年来，在"面向对外汉语教学的本体研究"方面，发表了不少成果，但是真正用到对外汉语教学实践（如教学大纲、教材、课堂教学）中的，却越来越少，语言习得和认知方面取得的成就也存在同样的问题。例如孙德金（2006：13）认为学界本身的"汉字理论研究和汉字教学研究缺乏有机结合"。林焘（1996）呼吁："近些年汉语轻重音和语调研究都取得了相当大的进展，是应该考虑如何把这些研究成果运用到汉语语音教学中的时候了。"就学习理论研究方面，徐子亮（2004）认为："如何将研究成果运用到教学实践中去，让我们的研究真正发挥其应有的作用，体现其实践意义，实现其应用价值，……也是我们今后的努力方向。"

3.2.3 加强教学研究

林焘（2005）明确指出："对外汉语教学的中心是'教学'，科学研究工作和基础理论建设都必须环绕这个中心展开。"但是，30 年来，我们直接研究教学（包括课堂教学、教材编写）的成果所占比例很小。所以李泉（2006：13）说："迄今与教学相关的教学理论研究成果总体上不算少，……但是，这些成果中宏观的、概论性的占有相当的份额。相对来说，与教学理论直接相关的具体化、专题化的研究还不够丰厚，有些方面的成果十分有限。"例如："课堂教学活动是第二语言教学的主要研究内容之一，十年来有一些这方面的研究发表；但总的来说，对教学的应用研究还不是很明显，一些教学实践的研究还停留在根据某种理论进行设计的阶段，因此常常流于'会如何''应该如何'的主观判定。……课堂教学实践的研究……采用多种方法，对教学活动进行量化分析，为教学效果的提高提供直接的数据参考。"（李晓琪，2006）再如："汉字教学研究……比较理想的做法是先进行一定的理论思考，再进行教学设计，并进行教学实验，最后拿出成果。遗憾的是，有不少文章在做了理论探讨后常常只是提出一些构想。"（孙德金，2006）可见，发扬理论联系实际的学风，加强对教学实践的直接研究，改变某些研究纸上谈兵、隔靴搔痒的倾向，是学科建设的一个重要任务。

3.2.4 更新教学理念

从 20 世纪末到 21 世纪初，国内外第二语言教学领域在教学理念和教学实践上都发生了很大的变化，但是这没有引起我们足够的重视。如在我们认为是研究重点的教学内容研究方面，赵金铭（2008：94）指出："一般说来，我们十分重视语言技能的训练，强调听、说、读、写均衡发展，仅此是不够的。现在人们更加关注的是，在某个级别学习者以这样的语言技能'能做什么'。过去，我们也注重语言知识的传授，语音、词汇、语法、汉字，近年来又加之篇章，这只是就语言本身而言。现在看来，似应在功能和话题的导引下，更加关注学习者的情感态度，即兴趣、动机、自信、意志和合作精神等影响学生学习过程和学习效果的相关因素。文化意识和学习策略近年来虽也多有研究，但零散而不成系统，还没有引起汉语教师的高度重视。"因此需要我们继承老一代学者的优良作风，关注国内外相关学科发展，不断学习、汲取先进的教学理念和方法，提高学科建设水平和教学水平。

参考文献

陈　绂．谈对外汉语教学硕士研究生的知识结构 [J]．语言文字应用，2005（A1）．

陈至立．在第二次孔子学院大会上的主题发言 [R]．第二次孔子学院大会．北京，2007．

程裕祯．新中国对外汉语教学发展史 [M]．北京：北京大学出版社，2005．

崔永华．以问题为导向的对外汉语教学学科建设刍议 [J]．语言教学与研究，2005（3）．

崔永华．从母语儿童识字看对外汉字教学 [J]．语言教学与研究，2008（2）．

邓守信．对比分析与语法教学 [G]// 中国人民大学对外语言文化学院编．汉语研究与应用（第二辑）．

北京：中国社会科学出版社，2004.

胡文仲、高一虹.外语教学与文化 [M].长沙：湖南教育出版社，1997.

贾　钰.近二十年对外汉语教学领域汉英对比研究综述 [J].世界汉语教学，2000（2）.

李立诚.北京语言大学的研究生教育与学科建设 [N].人民日报（海外版），2002-8-29.

李　泉.近 20 年对外汉语教材编写和研究的基本情况述评 [J].语言文字应用，2002（3）.

李　泉主编.对外汉语教学理论研究 [M].北京：商务印书馆，2006.

李晓琪.对外汉语口语教学研究 [M].北京：商务印书馆，2006.

李晓琪.汉语国际推广事业中的教材建设 [J].世界汉语教学，2007a（3）.

李晓琪.汉语国际推广事业中的教师队伍建设 [J].云南师范大学（对外汉语教学与研究版），2007b（5）.

李宇明.2007 年中国语言生活状况述要 [J].世界汉语教学，2008（3）.

林　焘.语音研究和对外汉语教学 [J].世界汉语教学，1996（3）.

林　焘."世界汉语教学与研究丛书"总序 [M]// 吕必松著.语言教育与对外汉语教学.北京：外语教学与研究出版社，2005.

刘　珣.新一代对外汉语教材的展望——再谈汉语教材的编写原则 [J].世界汉语教学，1994（1）.

刘　珣.对外汉语教育学引论 [M].北京：北京语言文化大学出版社，2000.

刘　珣.落实科学发展观，加快汉语走向世界——对《世界汉语教学》的期望 [J].世界汉语教学，2007（3）.

吕必松.对外汉语教学发展概要 [M].北京语言学院出版社，1990.

吕必松.对外汉语教学概论（讲义）[Z].北京：国家对外汉语教师资格审查委员会办公室，1996.

吕必松.汉语和汉语作为第二语言教学 [M].北京：北京大学出版社，2007.

施光亨主编.对外汉语教学是一门新型的学科 [M].北京：北京语言学院出版社，1994.

孙德金主编.对外汉字教学研究 [M].北京：商务印书馆，2006.

徐子亮.对外汉语学习理论研究二十年 [J].世界汉语教学，2004（4）.

张德鑫.对外汉语教学 50 年——世纪之交的回眸与思考 [C]//《第六届国际汉语教学讨论会论文选》编辑委员会编.第六届国际汉语教学讨论会论文选.北京：北京大学出版社，2000.

张宁志.汉语教材语料难度的定量分析 [J].世界汉语教学，2000（3）.

张旺熹.对外汉语语法教学问题研究的基本趋势 [G]// 陈章太等编.世纪之交的中国应用语言学研究.北京：华语教学出版社，1999.

赵金铭.论对外汉语教材评估 [J].语言教学与研究，1998（3）.

赵金铭.从对外汉语教学到国际汉语推广 [G]// 中国人民大学对外语言文化学院编.汉语研究与应用（第四辑）.北京：中国社会科学出版社，2006.

赵金铭.汉语作为第二语言教学：理念与模式 [J].世界汉语教学，2008（1）.

赵贤洲.建国以来对外汉语教材研究报告 [C]// 第二届国际汉语教学讨论会组织委员会编.第二届国际汉语教学讨论会论文选.北京：北京语言学院出版社，1988.

赵贤洲. 文化差异与文化导入论略 [J]. 语言教学与研究，1989（1）.

郑艳群. 汉语计算机辅助教学的基本类型 [C]//《第四届国际汉语教学讨论会论文选》编辑委员会编.
　　第四届国际汉语教学讨论会论文选. 北京语言学院出版社，1995.

郑艳群主编. 对外汉语计算机辅助教学的理论研究 [M]. 北京：商务印书馆，2006.

中国对外汉语教学学会、《世界汉语教学》编辑部、《语言教学与研究》编辑部. 对外汉语教学的定性、
　　定位、定量问题座谈会纪要 [J]. 语言教学与研究，1995（1）.

《中国语文》编辑部. 北京地区语言学科规划座谈会简况 [J]. 中国语文，1978（1）.

附录

附录一：重要文件政策

《中国汉语水平考试（HSK）办法》（国家教委，1992）

《关于加强汉语国际推广工作的若干意见》（国务院办公厅，2006）

附录二：重要学术组织

世界汉语教学学会

中国对外汉语教学学会

附录三：重要研究机构

北京语言大学对外汉语研究中心

北京语言大学对外汉语研究中心于 2000 年 9 月经教育部批准正式入选"教育部人文社会科学百所重点研究基地"。该中心多年致力于汉语作为第二语言的语言本体研究、教学研究、学习研究中具有前沿性的理论研究和具有普遍推广价值的应用研究，取得显著成就。截至目前，该中心已先后接纳 22 位校内研究人员和 5 位海外学者驻所研究，获得教育部人文社科重点研究基地重大科研项目 10 项，国家社会科学基金项目 12 项，国家自然科学基金项目 5 项，其他省部级项目和横向合作项目 40 多项，项目经费累计约 900 万元。出版学术著作数十部，在国内外重要学术期刊发表论文约 300 篇，获得各级各类科研奖励数十项。

该中心目前已完成的基地重大项目四项。

（1）"日韩学生汉语学习的认知研究"（崔希亮主持）。该课题研究日本留学生和韩国留学生两大群体对汉语的认知加工过程，揭示影响语言感知和理解的因素，了解他们学习汉语语音、词汇和语法的方法、策略，从而在科学的基础上更好地把握语言学习的规律，验证了语言学理论中的一些假说，为丰富和发展语言学理论、提高对外汉语教学水平做出贡献，为进一步研究其他母语背景学习者的认知过程打下了良好的基础。

（2）"基于中介语语料库的汉语句法研究"（赵金铭主持）。该课题在对大规模语料进行统计分析的基础上，对汉语中介语语法和汉语语法中的某些专题进行了系统性研究，在研究角度、研究方法

等方面都有创新，主要体现在：第一，利用"汉语中介语语料库"，采取定量研究与定性分析相结合的研究路线；第二，从中介语语料库中提取语料进行微观研究，发现了纯粹定性研究中一些容易被忽视的问题或不符合实际的地方；第三，从表达的角度出发，采取形式和意义相结合的中介语语法描写框架。该课题对留学生的汉语语法习得状况有了更完整、更全面的认识，发现了不少汉语习得背后隐藏着的汉语及汉语习得的规律。

（3）"面向对外汉语教学的多媒体资源库及检索分析工具研究"（宋柔主持）。该项目利用计算机文本处理技术研制汉语文本自动检索分析软件，可用来自动检索任意生语料中的字词及其各种属性；利用语言学成果和计算机信息检索、图形处理和语音处理技术，开发汉语教学多媒体资源库和计算机辅助学习软件，可免除语言教学研究资源的重复开发。该项目"面向语言教学和研究的汉语语料检索系统CCRL"获发明专利，"现代汉语通用分词系统及其应用"获2005年度教育部提名国家科技进步奖二等奖。"现代汉语通用分词系统"的技术作为发明专利已转让给微软、富士通、东芝、新浪、清华大学等著名公司和大学，支持了著名的新浪网"爱问"搜索引擎等应用软件。"语料检索系统CCRL"在本校全面推广，技术转让给中国传媒大学、中山大学、北京信息科技大学等单位，强有力地支持了语料库语言学的各项研究，被海内外众多语言研究者广泛使用。

（4）"基于中介语语料库的汉语词汇专题研究"（张博主持）。该课题建立了"中介语·汉语·教学"相贯通的汉语作为第二语言教学的词汇研究框架。透过中介语的词汇分布和词语偏误，一方面掌握外国学生汉语词汇学习的难易之处，另一方面对比分析汉语词汇与学习者母语词汇的共性与差异，突破本族人观本族语的有限，揭示深隐在母语者语感背后的、习焉不察的某些词汇现象和规律。既为汉语词汇研究提供新视角，也为对外汉语词汇教学、词典编纂和教材建设提供参考和依据。

附录四：重要学术活动

中国对外汉语教学学会（1~7届年会）

世界汉语教学学会（1~8届讨论会）

附录五：重大研究项目

国家社科基金重点项目

教育部攻关项目

汉语国际推广（中国人民大学，纪宝成，2006）

基地重大项目

日韩学生汉语学习与认知专题研究（崔希亮，2000，已结项）

基于中介语语料库的汉语句法研究（赵金铭，2000，已结项）

基于中介语语料库的汉语词汇专题研究（张博，2002，已完成）

面向对外汉语教学的多媒体资源库及检索分析工具研究（宋柔，2002，已结项）

汉语教学参考语法研究（张旺熹，2002立项，已中检）

欧美学生汉语语法学习与认知专题研究（孙德金，2001，在研）

汉语作为第二语言的能力标准（张凯，2006，在研）

全球文化竞争背景下的汉语国际推广策略研究（王建勤，2006，在研）

基于教学实验的对外汉语教师教学认知能力及培训模式研究（高立群，2007，在研）

面向外国学生的计算机辅助汉语正音系统研究（张劲松，2007，在研）

附录六：重大学术成果

中国高校一等奖成果

其他重大成果

附录七：重要学术阵地

《语言文字应用》（教育部应用语言学研究所）

《世界汉语教学》（北京语言大学）

《语言教学与研究》（北京语言大学）

《汉语学习》（延边大学）

《云南师范大学学报》（对外汉语教学与研究版）

《暨南大学华文学院学报》

《海外华文教育》（厦门大学）

《北京师范大学学报》（社会科学版）

附录八：其他重大事件

胡锦涛关于汉语国际推广的批示

孔子学院的建立

孔子学院大会

世界汉语大会的召开

国家重点学科的遴选

北京语言大学对外汉语研究中心于 2000 年 9 月经教育部批准正式入选"教育部人文社会科学百所重点研究基地"。

附录九：中国对外汉语教学学会历届学术研讨会的承办单位、举办时间及地点

届次	承办单位	举办时间	举办地点
第一届	北京语言学院	1983 年 6 月	北京市
第二届	西安外国语学院	1986 年 8 月	陕西省西安市
第三届	广州华侨补校 （暨南大学华文学院前身）	1989 年 1 月	广东省广州市

续表

届次	承办单位	举办时间	举办地点
第四届	上海华东师范大学	1992 年 1 月	上海市
第五届	深圳大学	1995 年 7 月	广东省深圳市
第六届	大连外国语学院	1998 年 7 月	辽宁省大连市
第七届	四川大学	2001 年 7 月	四川省成都市

（原载于邢福义、汪国胜主编《中国高校哲学社会科学发展报告（1978—2008）·语言学卷》，广西师范大学出版社，2008。刊载时改动较大，现呈现原文）

后 记

本书付梓之际，心里充满感恩之情。

感谢北京语言大学出版社给我这个结集成册的机会，使我得以对30年间发表的关于对外汉语教学的议论加以整理，集中起来呈献给同行。在一个人的学术生涯中，这种机会并不是很多，我格外珍惜。所以虽自知"难副"丛书名中"名家"之称，但还是接受了出版社的安排。

感谢刘珣教授、李泉教授慷慨赐序。1985年认识刘老师，他把对外汉语教学作为信仰，不忘初心、耕耘不辍，一直是我为人为学的榜样。30多年来，无论国内国外、顺利挫折，一直得到刘老师的教诲、鼓励、呵护、帮助、支持。此次结集成册，请刘老师作序，自然而然。跟李泉教授同道30年，感觉在专业、工作、为人上，常"于我心有戚戚焉"。交情多少有点"忘年"，但在我需要的时候，都能得到他的支持、鼓励、安慰。所以这次也请他赐序。原想借两位教授的光环为小册增辉，但是两位的溢美之词实在让我汗颜，不敢担当。明白两位不好意思推辞我的请求，现在倒轮到我受之有愧，却之不恭了。我就把这些话当作两位给我指出的努力方向了。

感谢出版社前前后后、上上下下这十多年对我无微不至的关心、照顾、提携。这本书由于我的拖沓和大大小小的疏漏，又让他们多吃了不少苦头，更为责任编辑唐琪佳、李凯及相关工作人员甘于为人作嫁衣的执着、用心所深深感动。

年届古稀，常常想到这辈子该感谢的人太多了，家人、老师、前辈、领导、同事、朋友、同学、学生、插队时的父老乡亲，还有众多海外的师长、同行、朋友、学生，难以一一。但各位对我的恩情，我永远铭记在心。

在此，还特别想表达对本领域近年辞世的三位杰出学者的深深怀念。他们是吕必松先生、张普先生、孙德金先生。吕先生1981年把我接进对外汉语教学的大门，跟他的同事一起，给我搭建了学业进步的阶梯。张先生1988年起不断对我指引、提携、支持，跟他研究所的同事一起帮助我，让我有机会在计算机和中文信息处理上有所感悟。德金是小弟，英年早逝，令人心痛。他对事业、对学校、对师友、对同事、对学生忠心耿耿，无私奉献，令人钦佩。我是他的热忱、无私的受益者之一，脑海里常常浮现出他忧国忧民、慷慨陈词、憨厚可掬的音容。三位先生德高望重，成就卓著，桃李满天下，一定在安享天国。

最后，愿这本小书能对同行稍有启发，不辜负出版社和责编的苦心、操劳。更衷心渴望得到海内外同行的慷慨批评和指正。

崔永华

2018 年 6 月 7 日